互惠·增能·创生
——学校与社区合作发展研究

李文淑 著

知识产权出版社
全国百佳图书出版单位
—北京—

图书在版编目（CIP）数据

互惠·增能·创生：学校与社区合作发展研究／李文淑著.—北京：知识产权出版社，2023.7

ISBN 978-7-5130-8807-7

Ⅰ.①互… Ⅱ.①李… Ⅲ.①学校教育—合作—社区教育—研究 Ⅳ.①G459

中国国家版本馆 CIP 数据核字（2023）第 117222 号

责任编辑：彭小华		责任校对：谷　洋	
封面设计：张国仓		责任印制：孙婷婷	

互惠·增能·创生
——学校与社区合作发展研究

李文淑　著

出版发行：知识产权出版社 有限责任公司	网　　址：http://www.ipph.cn
社　　址：北京市海淀区气象路 50 号院	邮　　编：100081
责编电话：010-82000860 转 8115	责编邮箱：huapxh@sina.com
发行电话：010-82000860 转 8101/8102	发行传真：010-82000893/82005070/82000270
印　　刷：北京九州迅驰传媒文化有限公司	经　　销：各大网上书店、新华书店及相关专业书店
开　　本：720mm×1000mm　1/16	印　　张：17.75
版　　次：2023 年 7 月第 1 版	印　　次：2023 年 7 月第 1 次印刷
字　　数：336 千字	定　　价：108.00 元
ISBN 978-7-5130-8807-7	

出版权专有　　侵权必究

如有印装质量问题，本社负责调换。

2021年度国家社会科学基金教育学重点项目"服务全民终身学习视域下社区教育体系研究"（项目编号：AKA210019）之成果

2022年度山东建筑大学校内博士基金项目"五育"融合视域下学校与社区合作体系研究（项目编号：X22041Z）之成果

前　言

　　学校与社区作为教育和社会的单位实体存在，其二者之间建立合作关系，对学生成长和社会可持续发展有着非常重要的作用。而探究学校与社区合作发展之路不仅是教育改革面临的重要问题，也是社区有效治理和社会可持续发展的真实诉求。但目前，学校与社区合作仍困难重重，面临许多亟待解决的现实问题，学校与社区合作研究也一直难以深入，是家庭、学校与社区合作研究中的薄弱环节，缺乏方向一致且具说服力的研究成果。

　　本书依据"问题—分析—建议"的逻辑框架，从学校与社区合作的价值取向、实践策略、困境、趋向等层面进行文献评述，以济南市历下区甸新一小和甸新社区、名玉小学与名玉社区为主要研究对象，采用文献法、访谈法、观察法的质性研究方法进行各类资料收集，并对资料进行分类整理和编码，以互惠理论、增能理论和教育生态系统理论为理论基础，对当前学校与社区合作的现状、困境和未来发展进行审视和分析。

　　本书中的学校是指教育者有计划、有组织地对受教育者进行系统的知识传递、提供学习服务等教育活动，以教育人、培养人的城市小学。本书中的"社区"是指在党的领导和政府的支持下，由一定数量的居民组成，配套有义务教育阶段的中小学，管理或组织等文体机构和生活设施比较健全的城市社区。

　　本书撰写的结构如下：

　　第一章绪论包括研究缘由、研究问题、研究框架、研究意义、研究综述和核心概念界定；第二章内容对理论基础和研究设计进行了分析；第三章内容是在对济南市历下区两所学校和两个社区进行调研的基础上对其合作博弈背景、参与主体的"行为—意识"、合作方式、实践内容的特点等方面进行系统审视和深入分析，并辅以案例的形式对相关合作实践进行深度解析、总结和反思；第四章是对学校与社区合作发展的现实困境和生成机理进行科学分析；第五章、第六章和第七章内容是分别从互惠、增能和协同创生角度分析了实现学校与社区合作深度、内涵和创新发展的维度、策略及建议。

　　本书的结论如下：

　　第一，学校与社区合作发展的现状整体呈现出"因循守旧"和"顺势而为"两个特质，两所学校和社区之间的总体合作发展水平极为不平衡，合作学校和社区的组织者所具有的能力、理念和行为表现出差异化；第二，学校与社区合作的参与主体"行为—意识"特征呈现出"背众""从众"和"出众"三个层面，其中，"背众"的行为主体意识是安于现状，体现在负能的个体和负能的合作关系两个方面，"从众"的行为主体意识是顺应时势，体现在抛离"一致性"的理性自利和瓦解"互惠性"的刻板印象，"出众"的行为主体意识是自主探索，表现在尝试自我增能和自主创新；第三，学校与社区合作的促成方式主要包括两个方面，其一是"审慎"与"友谊"的相互性，属于直接关系建构，其二是"家委会"与"社工"的嵌入，属于外力赋能合作；第四，学校与社区合作实践内容的特点主要呈现"政治合作""民生合作""经济合作""时际合作""德融合作"。

学校与社区合作发展的现实困境呈"内卷外困"和"举步维艰"的特征，包括三个方面：第一，"弱互惠"性学校与社区之间合作关系导致不同参与主体之间的受益失衡，表现在对融合理念的抛离导致"割裂"与"偏爱"、对共生责任的逃避导致"敷衍"与"模仿"、对传统规范的盘桓导致"表面"与"形式"；第二，"内卷化"学校与社区合作实践发展使得能量缺失，产生低水平专业学习力下的增能障碍，弱势自我效能下的内生认知错位，不完美公共理性下的局限性赋能；第三，"非定域性"学校与社区合作难以突破创新瓶颈，形同虚设的寡助止步于局域利他，迷惘的学校与社区合作道路荆棘。

基于现状调研和困境分析，本书认为，学校与社区的合作应从互惠、增能和协同创生三个发展维度来实现：首先，应从互惠角度出发重塑学校与社区合作的价值发展，从广泛互惠美德、政策导向和实践理性三个层面明晰学校与社区互惠合作的演化向度，以互惠共享的价值理念认同、自我导向学习与反思对话、民主协商与共同决策和支持合作必需的物质条件来落实学校与社区互惠合作的实践维度。其次，以增能深化学校与社区合作的内涵发展，以党政引领、政策保障、评估监督机制的完善来为合作增能；更重要的是，学校应围绕立德树人根本任务，转变心态，提高教师专业能力，强化服务社会职能，提高教育效能；社区应践行科学治理策略，有效发挥教育整体效能，推动社区多元群体参与，赋能社区话语权，统筹合作发展规划，实现自我增能。最后，学校与社区应协同创生、共同进步和赋能未来，以共同学习、互相学习、智慧学习、终身学习推动学校与社区合作成为终身教育、学习型社会建设的有机构成，以合作教育课程协同提升学生综合素养、以"请进来"和"走出去"协同创新人才培养，以完善合作平台构建协同强化教育效能，促使学校与社区合作成为实现教育现代化的节点，迈向学校与社区合作的创新发展。

目录
CONTENTS

第一章 绪 论　　001

一、研究缘由 / 001

（一）个人层面：不忘初心的七年之惑 / 002

（二）社会层面：挑战与发展机遇并存 / 003

（三）国家层面：教育现代化政策推进 / 009

（四）国际层面：本土化与国际化趋势 / 012

二、研究问题 / 013

三、研究框架 / 014

四、研究意义 / 016

（一）理论意义 / 016

（二）实践意义 / 017

五、核心概念界定 / 018

（一）学校 / 018

（二）社区 / 019

六、研究综述 / 041

（一）国内外学校与社区合作的研究进展 / 042

（二）以往研究的特点与评述 / 062

第二章 理论基础与研究设计　　067

一、理论基础 / 067

（一）互惠理论引发了合作机理的重构与实践转向 / 067

（二）增能理论提供了赋能与自我增能的思考视角 / 076
　　（三）教育生态系统理论揭示合作场域的结构分析 / 079
二、研究设计 / 081
　　（一）研究方法的选择 / 082
　　（二）研究对象的选择 / 084
　　（三）研究资料的收集 / 092
　　（四）研究资料的分析 / 093
　　（五）研究伦理说明 / 093

第三章 "因循守旧"与"顺势而为"：学校与社区合作发展的现状分析　　094

一、合作发展的博弈背景 / 095
　　（一）甸新小学与甸新社区之间的"强强联合" / 095
　　（二）名玉小学与两个社区之间的"尴尬周旋" / 101
二、参与主体"行为—意识"的多维审视 / 104
　　（一）安于现状的"背众"行为 / 105
　　（二）顺应时势的"从众"行为 / 114
　　（三）自主探索的"出众"行为 / 119
三、合作发展的促成方式 / 125
　　（一）"审慎"与"友谊"的相互性导致直接关系的建构 / 126
　　（二）"家委会"与"社工"的嵌入支持外力赋能合作 / 129
四、合作发展的实践内容 / 135
　　（一）标签化公共理性发展实态的"教育合作" / 136
　　（二）以资源赋能共生发展需求的"民生合作" / 140
　　（三）教育与管理层面和合博弈的"经济合作" / 143
　　（四）节假日互动活动协同组织的"时际合作" / 146
　　（五）日常教学与实践融合认同的"德融合作" / 150
五、小结 / 155

第四章 "内卷外困"与"举步维艰":学校与社区合作发展的现实困境生成机理　　158

一、"弱互惠"性学校与社区之间合作关系的受益失衡 / 158
　　(一)对融合理念的抛离导致"割裂"与"偏爱" / 158
　　(二)对共生责任的逃避导致"敷衍"与"模仿" / 160
　　(三)对传统规范的盘桓导致"表面"与"形式" / 163

二、"内卷化"学校和社区合作实践发展的能量缺失 / 166
　　(一)低水平专业学习力下的增能障碍 / 166
　　(二)弱势自我效能下的内生认知错位 / 168
　　(三)不完美公共理性下的局限性赋能 / 170

三、"非定域性"学校与社区合作难以突破创新瓶颈 / 175
　　(一)形同虚设的寡助止步于局域利他 / 175
　　(二)迷惘的学校与社区合作道路荆棘 / 177

第五章 互惠:重塑学校与社区合作的价值发展　　180

一、明晰学校与社区互惠合作的演化向度 / 181
　　(一)秉承学校与社区合作的广泛互惠美德 / 181
　　(二)规范学校与社区互惠合作的政策导向 / 184
　　(三)提升学校与社区互惠合作的实践理性 / 186

二、落实学校与社区互惠合作的实践维度 / 190
　　(一)互惠共享的价值理念认同 / 190
　　(二)自我导向学习与反思对话 / 193
　　(三)支持民主协商与共同决策 / 195
　　(四)提供合作必需的物质资源 / 197

第六章 增能:深化学校与社区合作的内涵发展　　201

一、为学校与社区合作关系"赋能" / 201
　　(一)坚持以党政引领,保持和强化合作底色 / 201
　　(二)加快政策化进程保障,提升合作权威性 / 203

（三）完善合作评估监督机制，提高榜样效能 / 205
二、学校与社区的"自我增能" / 207
（一）学校应围绕立德树人根本任务，提高教育品质 / 207
（二）社区应践行科学治理策略，统筹合作发展规划 / 212

第七章　创生：迈向学校与社区合作的协同创新发展　　219

一、成为终身教育和学习型社会建设的有机构成 / 221
（一）以共同学习丰富实践互动 / 222
（二）以相互学习推动共同进步 / 225
（三）以智慧学习引领深度探索 / 229
（四）以终身学习赋能合作未来 / 230
二、成为实现教育现代化的节点 / 232
（一）以合作教育课程协同提升学生的综合素养 / 232
（二）"请进来"和"走出去"协同创新人才培养 / 235
（三）完善合作平台的构建以协同强化教育效能 / 238

结　语　　242

参考文献　　246

附　录　　266

附录1：学校负责人访谈提纲 / 266
附录2：学生访谈提纲 / 267
附录3：教师访谈提纲 / 268
附录4：社区书记或管理人员访谈提纲 / 269
附录5：社区活动日常参与人员及社区居民访谈提纲 / 270
附录6：家长访谈提纲 / 271

第一章

绪 论

联合国教科文组织国际教育发展委员会在《学会生存——教育世界的今天和明天》中阐述道:"改进人的心灵和获得文化知识的可能性日益增加,因而社会与教育的密切关系在今天就显得特别重要了。"❶ 就教育与社会的发展结构而言,学校与社区作为教育与社会的单位实体存在,其二者之间建立稳固的合作关系对学生成长和社会可持续发展有着非常重要的影响力。学校、家庭与社区之间关系日益密切,学校与社区合作的相关政策改革及社会行动也在逐步推进,学前教育、基础教育、高等教育、成人教育和社区治理等各种方案都将学校与社区合作纳入必要措施之一。

然而,"时代发展是一个动态的整体,是一定时期政治、经济、文化等状况的总和,是一个客观的历史进程,其与教育发展之间的相互影响关系是十分复杂的,二者之间存有千丝万缕的关系,任何教育都会不可避免地刻有政治、经济、文化等社会因素的深深印记,其发展进程应是相互一致的,这意味着只在社会发展某一背景下研究学校与社区之间的合作关系终将是片面的,应理性思虑在社会整体发展的大环境之下,如何深化学校与社区合作关系的内涵性发展"。❷ 因此,随着社会与教育进入新时代发展时期,我们在推动整体教育的改革过程中要着眼于社会发展情境,紧扣时代脉搏,与时俱进,在整体社会的运转过程中把握学校与社区合作的"度",推动和深化学校与社区合作关系的发展。

一、研究缘由

党的十九大报告是中国特色社会主义进入新时代的一个政治宣言书,吹响了迈向社会主义现代化国家新征程的号角,这一方面标志着我国党和国家事业

---

❶ 联合国教科文组织国际教育发展委员会. 学会生存:教育世界的今天和明天 [M]. 北京:教育科学出版社,1996:174.
❷ 陈桂生. 人的全面发展与现时代 [M]. 上海:华东师范大学出版社,2012:125.

已发展到一个新的阶段和历史方位；从另一个方面来讲，我国社会整体发展所涉及的人口、经济、文化、教育等已呈现出新的发展样态、结构和多元化需求，也必然产生了更多新的问题和矛盾，亟待缓解。在这样一种机遇与挑战并存的情势下，以习近平同志为核心的党中央在充分继承马克思主义思想和高举"习近平新时代中国特色社会主义思想"旗帜的基础上，提出了教育改革与社会、社区发展的一系列新思想、新目标、新决策部署和新举措，为我们推动教育现代化与社区治理提供了强大的思想引领与方向指导。

在历史发展的脉络中，我国学校与社区关系这一研究领域受到的重视较晚。始于20世纪80年代初期的学校与社区合作是社会发展和教育变革的产物，关注的内容主要涉及社区资源的利用、家校社德育一体化以及社区实践活动等，这不仅与教育变革的局限性有关，也与当时的社会发展水平、背景和社区的具体情境相联系。换言之，学校与社区合作始于时代发展，伴随于时代发展，也应同步于时代发展，才能真正体现其合作关系的价值意义所在，才能促进教育改革与社会发展的同步进行，进而才能够培育青少年儿童具备适应新时代发展的综合素质、基本特质与能力。

实际上，真正探究学校与社区合作关系是近十年才逐步展开的，开始强调社区与学校合作的理论意义，在价值探讨的基础上侧重研究学校与社区关系，在教育实践中促进学校与社区最优化和高效的合作等，而这一研究趋势也在逐渐形成，越来越多的教育研究者和践行者投入推动学校与社区合作的理论研究和实践领域中，学校与社区持续走向对话与合作，从平行发展走向协同发展。而学校和社区作为终身教育过程实现的重要场域，随着教育改革和社会发展的不断前进，学校与社区如何实现进一步的资源优化配置和共享，强化深层次、根本性的合作，完善共同学习生态系统，建构具有"共同体"性质的深层次合作关系，这不仅是教育研究者和践行者所面临的新问题，也是新时代实现教育现代化、社会可持续发展和社区有效治理的真实诉求，受到了教育和社会领域的重点关注。那么，新时代我国教育与社区发展过程中所呈现的特征是什么？又为学校与社区合作带来了怎样的新问题、新挑战、新的发展视域与机遇？

（一）个人层面：不忘初心的七年之惑

2013年，硕士阶段的社会学专业知识学习和为期一年的社区实习经历给予了笔者迫切想深入探究学校与社区合作领域的极大动力及兴趣。那时，笔者的角色是一名社会工作实习学生，负责在社区中做一些辅助和协调性行政工作。印象最深刻的是每逢周三，社区居委会的电脑学习室会对外开放，每到此时，这个小教室里都会坐满年迈的爷爷奶奶们，他们渴望学习如何使用电脑的眼神至今令笔者记忆犹新，但由于教学人员缺乏，只有笔者和另外一名实习学生一同指导，虽然只有二十多位老年学生，但他们的小问题此起彼伏，有的老人甚至在拿着鼠标时，手一直在颤抖，很难做到双击或单击，然而终身学习的精神在这个小小的教室中萦绕，令笔者在肃然起敬的同时又充满困惑。

令人敬佩的是老年群体的持续学习精神，让人困惑和不解的是这实际上是大学与社区合作的一种典型模式，是具有可安排性和操控性的资源互补形式，换句话说，如果没有大学生来实习，就没有人来教这些老年人学习如何使用电脑。更为让人惊讶的是，笔者在社区实习过程中极少见到中小学与社区深度合作的境况，大多数情况下都是青少年、儿童、老年人等不同群体在社区居委会这个地理区域范围中进行各自的活动，仿佛社区是一个"兴趣培训机构"，设置了不同性质的"班级"，学校组织中小学学生来到社区开展他们的兴趣活动，老年群体也组织自己的活动，如吹、拉、弹、唱等文化娱乐活动，甚至有的时候是家里的老人陪伴孩子来社区参加活动，在旁边鼓励、呐喊、等待和照顾着这些青少年儿童。我不禁思考：这是学校与社区合作的初心吗？在这样的参与形式中我们如何感受到教育意义和合作价值的存在？学生参与这样的活动到底是否在浪费时间？很显然，这是一种"变质"的学校与社区合作方式。

带着这样的疑问和困惑，时隔七年，笔者再次走进社区和学校并融入其中，发现几年前的问题依旧存在，不同的是学习使用电脑换成了学习使用智能手机，以前的简洁教育教室换成了带有古韵色彩的、可以学习不同内容的专业老年教育教室，学生由只有周日参加社区活动变成了每天下午四点半都可以来社区学习，工作人员依旧忙于社区繁杂的行政事务，社区活动中依旧极少看到中青年人的身影，仿佛社区在专职做老年教育和兼职未成年人课后辅导，偶尔与学校互动来搞搞活动，以便完成上级领导交代的任务，一切都在井然有序地进行着，但各个主体之间的关系看起来又都是割裂的……

（二）社会层面：挑战与发展机遇并存

马克思指出，人的发展，"不决定于意识，而决定于存在；不决定于思维，而决定于生活；决定于个人生活的经验发展和发现，这两者又决定于社会关系，如果这个人的生活条件使他只能牺牲一切特性而单方面地发展某一特性，如果生活条件只提供他发展这一特性的材料和时间，那么这个人就不能超过单方面的、畸形的发展，任何的道德说教在这里都不能有所帮助，而且这个受到特别培植的特性发展的方式如何，又是一方面决定了为他的发展所提供的材料，另一方面决定于其他特性受压抑的程度和性质"❶。马克思的论述揭示了人的发展

---

❶ 马克思恩格斯全集（第三卷）[M]．北京：人民出版社，1965：295－296．

受制于时代发展的条件，随着时代的进步与发展，社会条件必然发生变化，人的发展也应有根本性的转变，才能适应时代，生存于这个时代。学校与社区合作作为一项重要的教育与社会发展事业，在实施过程中也同样受到政治、经济、文化等外部条件和教育内部条件的影响。

"社会是一个动态系统，总是处在不断的发展变化中，这种变化既可以来自外部社会环境压力，也可以来自内部发展动力，互动是人类社会活动的基本形式，而由于社会环境的变化和互动所带来的整合或分化达到一定程度，就会引起社会实体的基本单位——社区的结构发生质性变化，因此，这种因社区系统发生结构变化而引起的相关要素在时间和空间上的连续量变甚至质变的情势，称为社区变迁。"❶ 老龄社会的结构化、社区文化价值观的变迁、社区治理现代化和学习型社会建设等是新时代社区变迁过程中所呈现出的显著特征，这不仅为学校、社区以及学校与社区之间的互动合作关系带来了新的问题、挑战和前所未有的发展机遇，也使学校、社区及学校与社区之间的关系充满了进一步发展的渴望。博尔诺夫指出"人天生是一种文化生物"和"不断求新的生物"，这在其他人类学家那里也被称为"人的非特定化"❷，这意味着不断发展的社会整体为人的可塑和可教育提供了充分必要条件，从而为促进学校与社区合作关系的深入发展埋下伏笔。因此，通过分析老龄化社会、社区文化价值观、社区治理现代化和学习型社会发展的详情态势，我们可以更加深刻地理解社区变迁为学校与社区关系所带来的影响。

第一，老龄化社会。进入新时代，人口发展的主要矛盾正在由数量压力向结构性挑战转变，《世界人口展望 2019》中指出："全球 65 岁及以上老人在 1990 年约占总人口的 6.2%，2019 年上升到 9.1%，2050 年预计将达到 15.9%，低龄老人的增速会低于 80 岁以上高龄人口，全球平均预期寿命可能达到 77.1 岁。"❸ 从全球视角看，人口区域和结构的分布变化，人口数量的变动，刻画出全球老龄化的发展态势。

从我国人口年龄结构变动来看，"2023 年，预计老年人口占总人口的比重将超过 20%，进入中度老龄化社会，预计到 2045 年，每 4 个中国人中就会有 1 位老人"。❹ 这表明内部年龄结构在中国人口老龄化过程中已然显示出非常不同的新特征。

---

❶ 黎熙元. 现代社区概论 [M]. 广州：中山大学出版社，2016：76.
❷ 博尔诺夫. 教育人类学 [M]. 李其龙，等译. 上海：华东师范大学出版社，2001：14.
❸ 陈东升. 长寿时代的理论与对策 [J]. 管理世界，2020（4）：66–85.
❹ 贺丹. 把握人口发展趋势，促进人口均衡发展 [N]. 人民政协报，2018–10–25（2）.

"从表面意义上来看，老龄社会是人口年龄的结构老化，但在社会形态的层面上，老龄社会还包括经济结构与社会结构的变化和调整"❶，具有系统性和高度复杂性的特征，会给我国带来诸多挑战和风险。"国家应对人口老龄化相关战略课题的研究结果显示，人口老龄化将带来社会、经济成本的持续增长"❷，"从 2015 年到 2050 年，预计我国用于老年人的教育、养老、照料服务、医疗与设施等方面的相关费用占 GDP 的比重将由 6.6% 增长到 26.9%"❸，这势必深刻改变教育资源和社会公共资源的分配格局。老龄社会的影响已然涉及教育、人口、社会、经济、政治和文化等诸多领域，且各要素、各领域之间互相作用。

学校和社区正是教育资源与社会资源的基本聚集组织，老龄社会结构化所带来的一系列连带性教育和社会问题，使学校教育在代际关系、德育和师资队伍建设等方面面临更多亟待缓解的冲突，例如，"隔代亲"溺爱使学生养成的不良习惯，"全面二孩"政策对师资队伍管理造成的冲击等，使学校与社区合作的继续前行产生了更多新的问题、挑战和使命，老龄化社会俨然已成为学校与社区合作发展需面临的一个全新的社会背景。如果学校与社区关系没有在新的社会背景下作出改变或创新，一味坚持走传统合作的老路，那么，学校与社区关系的维系将会面临更糟糕的发展前景。

再者，教育的公共性特征决定了教育是实现个人发展、推动社会进步、维护个人或组织之间相互合作和缓解社会问题相互统一的方式。因此，不论是为了推动学校与社区关系的改善，还是出于承担社会责任，优化教育资源配置，学校与社区都应该共同采取具体行动，缓解由人口老龄化所带来的社区教育问题。

第二，社区文化价值观的变迁。"人类社会由许多部分组成，其'文本'是十分复杂的，且每部分都有其自己的一套准则、规范、任务和观念，这些准则、规范、任务和观念构成一定形式的社会实践活动，而社会文化价值观念则是这些社会活动的导向与标准的体系，它包含社区中的道德、礼仪、习俗、法律制度和宗教等，任何一个社区成员都有一定的价值观念和对事物的基本态度。"❹ 社区文化价值观念植根于社区所有成员在社会生活中所产生的需求和共同生活的方式，也是他们在共同生活的过程中所形成稳定的社会关系、共同的

---

❶ 倪超，邵俊霖，等. 中国人口老龄化：危害、趋势及对策 [J]. 中国人力资源开发，2014 (20)：73-77.

❷ 总课题组. 国家应对人口老龄化战略研究总报告 [M]. 北京：华龄出版社，2014：23-40.

❸ 总课题组. 国家应对人口老龄化战略研究总报告 [M]. 北京：华龄出版社，2014：33.

❹ 黎熙元. 现代社区概论 [M]. 广州：中山大学出版社，2016：78.

文化心态、行为动机、行为方式和行为趋向等方面，受社区政治、经济和文化发展程度的制约和影响，在客观上引导了社区所有成员的思想和行为，从而进一步影响了社区成员之间、社区各个组织和机构之间的社会交往和他们之间的社会关系。

目前，在城市社区中，社区文化价值观念的变迁呈现在人际关系日益复杂化、多样化，人们渴望彼此关怀和社会文化传承的需求日益增强，而体现在教育方面则是人们对教育日益重视，强调学习的重要性，尤其是学生的学校教育，如学区、择校、大班额、校外补习、学业成绩、德育等一直都是人们十分关心、探讨和焦虑的问题，反之，学校教育等问题亦时刻牵动着社会、媒体和大众的心弦，一旦出现问题易会在社会层面上掀起轩然大波。

由此可见，社区文化价值观念的变迁和学校教育是息息相关的，换言之，学校与社区文化价值观念变迁之间是相互影响的。如在教育改革初期，要使一些教育理念和方式为社会大众所理解和接受，必然需要适度沟通，那么，改善学校与社区关系便成为至关重要的桥梁，通过关系改善，一些因学校教育问题引起的社会争论也必然迎刃而解。

而且，当学校与社区之间建立合作关系的观念逐渐被学校和社区大部分成员认可时，学校教师、学生和社区人员才不会带有抵触情绪和消极理念来开展和参与合作实践活动，这就会使得参与者把学校与社区合作和自身利益联系起来，从而提高积极参与的动力。之后，随着学校与社区合作理念的逐步确立，该社区和学校所有参与人员的文化价值观念和行为会受其影响。

虽然学校与社区合作已然开展多年，但学校与社区组织机构合作的理念其实并未真正被社会大众接受，人们内在心理认知所秉承的传统观念并不是一朝一夕所能改变的，所以，其实践活动和合作模式一直趋于形式化。对此，学校和社区应努力赢得更多的时间和发展空间投入这项惠及社区所有成员的带有社会教育性质的项目中，以充满着跨越式和突破式的发展态势，不断拓展和创新合作机制、模式、策略之路。

第三，社区治理现代化的发展趋势。改革开放以来，公共管理的理论创新和反思，以及社会转型的推动，使治理理论广泛应用到社区实践和理论研究层面，社区逐步由"管理"迈向了"治理"层面。"社区治理理念的产生和发展过程既是完善民主制度的积累与实验，也是社区增权的结果和社区文化价值观变迁的过程"❶，"社区治理相关政策的提出与确立，标志着正迈向更高的现代

---

❶ 张永理. 社区治理［M］. 北京：北京大学出版社，2019：107.

化和民主化进程水平"❶。

社区治理意蕴社区中的多个组织、多元主体之间应进行合作互动，共同实施对社区整体事务的管理和提供公共资源，从而实现社区组织机构和所有成员的可持续发展和整体利益最大化的过程。学校作为社区教育体系中的组织之一，应承担相应社会责任，与社区内其他组织机构之间建构互惠合作的关系，这不仅是学校治理面临的问题，也是实现社区有效治理的重要途径，是对学校和社区管理提出了更高的要求。实然，学校与社区合作是为我国社区治理实践与理论研究创造了一个发展的契机，是社区参与向广度和深度的纵向更新，进而要探索出适合于中国社区情境的本土化治理模式，需要学校与社区内其他组织机构的通力合作。同时，这也强调了我国学校与社区合作的内在创新性比其他国家要强烈得多，也为教育研究者和实践者的探索提供了巨大空间。

第四，终身教育的持续发展与学习型社会的建设。保尔·朗格朗曾提出"终身教育包含了从一个人的出生到生命的终结期间所受各个教育发展阶段之间的所有各项内容、各个方面之间的有机联系，这是一个不间断的发展过程"。❷ "终身教育具有新的研究领域和广阔的视野"❸，而进入新时代的终身教育内涵无疑需要更为复杂和丰富化的深度解读，以国际视野和本土情怀来审视终身教育的新蕴意。

因此，对于终身教育而言，面对主体间割裂的状态和时代的发展压力，不同组织机构和系统之间的融通，以及由其生成的教育合力，对终身教育的持续发展有着极大的影响，故而"包容全纳""互学共鉴""跨域学习""研学共同体"等一系列教育理念应运而生，虽概念多元，但都蕴意出学校与社区合作的核心发展诉求和渴望。

终身教育强调终身学习宗旨，也强调个体持续一生学习和发展的全程性和多样性，但不同主体之间的联结性在终身教育实践中容易被忽视。伴随着终身学习凸显出的可持续发展价值和意义，学习型城市建设、终身教育与终身学习的关系更为密切，形成教育合力，更加强调满足学习者的需求和整体参与，加强各类教育之间的密切联系。"教育整体包括学校、家庭、社区和社会的多元学习活动，其借助社会结构和情境以及大众媒介来获取并改进智慧"❹。

终身教育把所有教育看作一个整体，学校与社区在终身教育体系中占据了

---

❶ 田玉荣. 非政府组织与社区发展 [M]. 北京: 社会科学文献出版社, 2008: 9.
❷ [法] 保尔·朗格朗. 终身教育引论 [M]. 周南照, 陈树清, 译. 北京: 中国对外翻译出版公司, 1985: 15–16.
❸ JessupFW. Preparation for lifelong education [J]. Prospects in Education, 1970, 1 (2): 25–29.
❹ 顾明远, 孟繁华. 国际教育新理念 [M]. 第2版, 海南: 海南出版社, 2003: 37.

非常重要的位置,是实现终身教育的重要场所和载体。学习型社会将学习看作每个人的一项基本权利,奉行终身教育制度。在此意义上,终身教育所蕴含的学习和教育理念在促进学校与社区合作关系生成的同时,相应的合作也在推进终身教育理念的落实和学习型社会的建设,如表1-1所示。在终身教育持续发展和学习型社会建设的诉求下,社区、学校与家庭合作,致力于提高成人教育、老年教育和青少年儿童教育等不同层面的教育学习水平。

表1-1 学习型社会与终身教育、终身学习的内在要义

	终身教育	终身学习	学习化社会
针对性	对现行教育制度的超越和升华	一种生存方式	超越学校教育范畴,社会共同参与教育
		一种主体转移	学习是每个人的一项基本权利
原则性	改革现行教育制度,构建未来教育体系的原则	基于学习者的自主性	拥有终身教育体系,奉行终身教育制度
			坚持以学习者为中心,满足学习者的学习需要
			既要求有个体对学习的卷入,又要求有群体对学习的参与
教育时间:终身	教育贯穿人的发展的一生	学习是一个终身的过程	
教育内容:全面	教育覆盖人的发展的全部	学习是一个全面的过程	
教育空间:全覆盖	教育必须成为有效而便捷的一体化体系	无所不在	
教育目的:双重	教育既作用于个人,又作用于社会	目的在于建立自信和能力,适应社会变化	既有利于个人的发展,又有助于社会的进步

任何政策措施和改革策略都有其时间和空间维度上的生命历程,随着时代的更迭,终身教育在理论研究和实践中所衍生出的困境和问题,不断挑战着社区治理体系和学习型社会的建构。而学校和社区在活动设置与参与者需求不匹配,活动内容与参与者学习特征相偏离,以及学校与社区的教育资源未能得到有

效整合等一系列问题的背后凸显出合作过程中缺少对教育对象"人"的主体地位的关注，也使我们更加清晰了在终身教育发展过程中的组织之间、主体之间和组织与主体之间的割裂关系是明确存在的，而且在割裂中存有融通的需求。

（三）国家层面：教育现代化政策推进

沿袭历史脉络梳理政策文件可以发现，从20世纪80年代末开始，学校与社区合作的相关政策内容在逐步完善，支持力度不断加大，如表1-2所示。❶学校与社区合作观点的鼓励和倡导最初是因为强化德育的客观需要。

表1-2　国家教育宏观政策中的学校与社区合作发展要求❷

时间	名称	核心内容
1993年	《中国教育改革和发展纲要》	吸引社会各界支持学校建设，参与学校管理，优化育人环境
1995年	《中华人民共和国教育法》	学校应当同基层群众性自治组织、企业事业组织、社会团体相互配合，加强对未成年人的校外教育工作
2001年	《关于基础教育改革与发展的决定》	学校要与社区建立良好的公共关系，充分挖掘和利用社区教育资源，为中小学生提供形式多样的社会实践锻炼机会
2003年	《普通高中课程方案（实验）》《基础教育课程改革纲要（试行）》	3年中学生必须参加不少于10个工作日的社区服务，获得2学分。学生毕业时，3年中要获得116必修学分，其中包括研究性学习活动15学分，社区服务2学分，社会实践6学分
2004年	《关于进一步加强和改进未成年人思想道德建设的若干意见》	建立健全学校、家庭、社会相结合的未成年人思想道德教育体系，相互配合和促进。开展富有吸引力的思想教育和文体活动，真正把教育引导未成年人的工作落实到基层

---

❶ 陈红梅. 教育共同体现视域下学校与社区互动的研究——基于现代学校制度建设的思考 [M]. 武汉：华中科技大学出版社，2015：4.

❷ 文献参考：国务院关于基础教育改革与发展的决定 [J]. 甘肃政报，2001（13）：16-21；关于实行《普通高中课程方案（实验）》的通知 [J]. 内蒙古教育，2008（15）：6-9；中共中央关于进一步加强和改进未成年人思想道德建设的若干意见 [J]. 海南政报，2004（6）：3-7；国家中长期教育改革和发展规划纲要（2010—2020年）[J]. 中国德育，2010（8）：5-22；中华人民共和国中央人民政府. 教育部关于印发《国家教育事业发展第十二个五年规划》的通知 [EB/OL]. (2012-06-14) [2018-12-07] http：www. gov. cn/gongbap/content/2012/content_2238967. htm.

续表

时间	名称	核心内容
2010年	《国家中长期教育改革和发展纲要（2010—2020年）》	引导社区参与学校管理和监督。坚持教育公益性原则，健全政府主导、社会参与、办学主体多元化、办学形式多样化，学校教育与社会社区教育共同发展的格局
2012年	"十二五"规划	把学生走进社区开展不同形式的实践活动列入教学安排

近几年，关于推进与深化学校与社区合作的相关文件数量明显增多，细则要求也更全面。随着国家教育政策的不断完善，针对学校与社区合作的政策愈来愈深入、具体和全面，以实现教育现代化为宏观长期目标，为二者建立更稳固、互惠的合作关系指明了发展方向，启示了教育研究者、实践者与社区社会人员在未来创新道路上需作出怎样的努力，学校与社区合作依旧任重道远。其中，以下几个文件具有重要的指导意义，如表1-3所示。

表1-3 国家实现教育现代化宏观政策中的学校与社区合作发展要求[1]

时间	名称	主体内容	重心
2016年	《中国学生发展核心素养总体框架》	培养学生现代公民所必须遵守的道德准则和行为规范，增强社会责任感，提升创新精神和实践能力	社会与学校需共同努力培育学生

---

[1] 文献参考：林崇德. 中国学生核心素养研究 [J]. 中国教育学刊, 2017 (3)；杨淑萍. 公共精神的生发逻辑及青少年公共精神的培育途径 [J]. 教育研究, 2018 (3)；中华人民共和国中央人民政府. 国务院关于印发国家教育事业发展"十三五"规划的通知 [EB/OL]. (2018-01-19) [2017-12-07] HTTP://WWW.GOV.CN/ZHENGCE/COTENT/2017-1/19/CONTENT_5161341.htm；中共中央、国务院印发《中国教育现代化2035》 [EB/OL]. 2019-02-23/2020-01-09. http://www.gov.cn/xin wen/2019-02/23/content_5367987.htm；中共中央国务院关于全面加强新时代大中小学劳动教育的意见 [M]. 北京：人民出版社, 2020：1-5；中华人民共和国中央人民政府：2021年全国教育工作会议召开 [EB/OL]. 2021-01-08/2021-02-07, http://www.gov.cn/xinwen/2021-01/08/content_5 578265.htm.

续表

时间	名称	主体内容	重心
2017年	《国家教育事业发展"十三五"规划》	发挥社会的教育作用，整合利用资源，学校和社会文化基础设施共享共建，提升教育开发层次和水平	教育要为了人和社会的发展
2017年	习近平在党的十九大报告中	加快建设学习型社会，学校、家庭、社会要密切配合，协同育人	基础教育是全社会的事业
2019年	《中共中央关于坚持和完善中国特色社会主义制度、推进国家治理体系和治理能力现代化若干重大问题的决定》	发挥网络教育和人工智能优势，创新教育和学习方式，加快发展面向每个人、适合每个人、更加开放灵活的教育体系，建设学习型社会	构建服务全民终身学习的教育体系
2019年	《中国教育现代化2035》	全面落实立德树人任务，明确学生发展核心素养要求，强化学生动手能力、实践能力和创新能力	以政策立法的方式实现对学生需求、权利及发展的支持
2019年	《加快推进教育现代化实施方案（2018—2022年）》	建成服务全民终身学习的现代教育体系和全社会共同参与的教育治理新格局的总体目标；推动社会参与教育治理常态化，建立评价监管机制	全方位协同推进教育现代化，推动全社会关心、支持和主动参与教育现代化建设
2020年	《关于全面加强新时代大中小学劳动教育的意见》	学校和社会合作培养学生劳动观念、精神、能力和习惯的实践活动	凝聚共同推进教育发展的力量
2020年	"十四五"规划	建设高质量教育体系，坚持立德树人，提升教师教书育人能力素质，增强学生文明素养、社会责任意识、实践本领、身体素质和心理健康教育	坚持教育公益性原则，建立健全学校家庭社会协同育人机制

续表

时间	名称	主体内容	重心
2021年	全国教育工作会议	落实立德树人根本任务，持续完善德智体美劳全面培养的育人体系	健全家庭学校社会协同育人机制

客观而言，推动我国学校与社区合作的动力虽主要来自外部力量，如国家政策、学校课程改革、社区管理等客观因素，却对学校与社区合作关系的建构起到十分重要的作用。

通过梳理政策历程，我们既能够清晰地看到政策的变革与社会进步、经济发展、教育需求息息相关，也理解到学校和社区互动合作的进步得益于政府政策的推动和教育改革内生的需求，尤其是推动教育现代化的系列宏观政策要求中都明确提出要大力深化学校与社区的合作关系，并给出宏观合作发展方向和根本遵循。国家法律政策的明确表述表现出对社区力量和资源的高度重视，迫切希望学校能够引入社区资源实现对课程、德育、制度体制的教育改革，为未成年人的健康成长建立法律保障；同时，也希望能够有效地发挥学校在社会治理中的作用，构建人人有责、尽责、享有的合作共同体，进而完善终身学习体系，建设学习型社会。

但我们也发现，政策内容中并未明确提出中小学学生在社区参与过程中与互动主体合作的方式与策略，也未能制定学校与社区合作过程中明确的运作保障机制，更未设置专项财政支持，整体过于笼统概括，只大致给出了模糊的指导方向而已，亟待通过深度调研和研究进一步完善和充实政策内容。总之，我国的宏观政策层面针对实现教育现代化的要求，对学校与社区合作提出了更高的目标与实施细则，并多次强调其合作对于教育和社区治理现代化的重要价值。

（四）国际层面：本土化与国际化趋势

如今的世界正处于国际化发展的大趋势中，全球化、国际化趋势意味着由于科技、交通、信息的发展，加之教育人工智能等AI技术的不断突破，使得各个国家在许多方面面临同样的发展难题。学校与社区合作作为教育实践和理论领域的一个应用科学方向，不可避免地要面对全球化和国际化的发展趋势，面对由于这个趋势所带来的挑战。这也使我们意识到各国在不断加强交流合作时所面临挑战和问题的相似度与共性。

尽管各国的政策、制度文化和政治传统存在差异，但这并不排斥不同文化体系之间的合作、交流、互动和认同，更为重要的是，学校与社区合作作为教育领域的科学知识体系，应处于不断更新发展的趋势中，并能够容纳不同内容、不同国家、不同文化和不同发展水平的知识。学校与社区合作的发展也正是一个因共性而走向国际化、因差异而走向互动和交流的发展过程。这不仅需要我们的不懈奋斗，也更需要其他国家的努力。

但不懈努力的前提是要明确知悉我国现有学校与社区合作的发展水平和具体内容是怎样的境况。尽管各国范围内的互动、交流和合作在不断加深，但各国的历史、文化、制度和现实基础的差异化也是根深蒂固的。因此，不能因为各国之间在学校与社区合作的问题上存在相似性和共同性，就可以不重视我国的社区变迁、传统文化、社会发展水平、人口结构和现实境况的差异对相关问题的影响。

从大部分文献中，我们可以发现，我国学校与社区合作的理论和实践有许多是在借鉴国外的理论和经验，并且成为学校与社区合作研究中的一个主要论题，尤其欧美等发达国家的学校与社区关系研究正呈现多态化，以一种多学科、多层次、多视角的研究立场主导着这一领域的整体发展态势。更为重要的是，虽然我国开展了许多学校与社区合作实践项目，但不可否认的是，我国学校与社区合作的研究者和实践者未能对这些丰厚的经验积累作出系统的理论总结、分析和提炼，提出一些能够反映我国基础教育、社区教育发展特色，包容我国教育和社区发展经验在内的，可以有效地指导学校与社区合作实践的中国化的理论知识，系统性的实践成果总结与研究的理论意识仍然不足。当然，这也为我国学校与社区合作的实践与理论研究创造了一个发展契机，同时也在变革着教育研究的范式，为这个时代和世界教育的整体进步做出独特的"中国贡献"。

二、研究问题

学校与社区合作研究所涉及的是学校教育和社区生活过程中的平凡而特殊的社会现象，是一种润物细无声的教育方式，是一种带有伦理性的社会实践研究，是研究者与学校或社区中各种人员频繁沟通交流的过程，并不只是受社会某一现象或环境影响而产生的，是与社会整体发展有着千丝万缕的关系，具有一定的复杂性，认知这样一个过程也十分困难。因此，在整个研究过程中的问题也将一直贯穿始终，需要研究者具有统整性思维和逻辑，才能透过现象发现本质。

本研究的核心问题是学校与社区合作关系应如何纵深发展？即其演化维度和发展结构应是怎样的？依据这个核心问题，本研究致力于全面考察济南市历下区甸新小学与名玉小学与社区合作的实然现状，试析学校在与社区合作过程中所呈现出的特征、困境、影响因素与发展趋向。具体包括下面三个问题。

第一，当前学校与社区合作的真实状况究竟如何？意味着什么？教育置身其中的社会是一个十分复杂的"巨型场域"，更是一个难以想象的复杂场域之网。面对教育现代化的要求，社会转型、社区变迁、老龄化社会等社会发展情境下，传统的学校与社区合作模式显然已不能够为学生的综合素养培育带来更大的教育效能，那么，面对如此复杂和多维度的发展境遇，学校与社区合作的真实行动和实践状况是怎样的？是否有进一步打通学校教育与社区教育的时空界限，改善合作关系？

第二，当前学校与社区在合作发展过程中遇到了哪些问题与困境？学校与社区合作过程中必然会面临着儿童、青少年、管理人员、教师、家长和社区居民等多样化群体，也必然会牵涉多个组织之间的利益纠葛，这与学校内部那种单纯的教育关系大相径庭，这其中所涉及的社会关系、个体利益、人情世故、突发事件等方方面面不是凭想象就能够解决的，合作过程也并不一定是一帆风顺的，是需要人与人之间的互动沟通、相互理解和相互支持，部门与部门之间的相互协调、相互配合和相互帮助才能完成。那么，在真实的合作过程中，学校与社区遇到了哪些问题与困境？

第三，未来学校与社区合作应怎样科学、合理、纵深发展？学校与社区之间应该如何进行合理合作才能够满足社区发展与学校教育的需求？是否能够通过在学校与社区合作中改善和维护组织之间及群体关系来实现融通和共同发展？如何破解学校与社区的合作困境，构建学校与社区合作的运作机制？从根本上破解学校与社区合作持续表层化、机械化、任务化弊端和困境的策略、方法是怎样的？

三、研究框架

学校与社区合作是在纷繁复杂的社会情境中开展的，本研究尝试通过理论分析、实践调研，根据合作的现有问题和困境，提出辩证、科学、合理的发展建议，为教育工作者提供参考和借鉴。而作为教育基本理论研究者，本研究是建立在当前教育与社会宏观发展的背景之下，以致力于缓解学校与社区合作的困境和以促进学校与社区合作的良性发展为基本立场，以学校教育质量和社区整体教育水平的提升为改革方向，以建设学习型社会为指导思想，以推动互惠、增能和协同创生为合作发展目标。因此，本研究是从教育改革的角度出发，以学校作为实施改革的主体，在与社区合作的过程中扮演主导角色，社区也是重要合作力量，但不对社区变革和行政管理性问题进行深度研究。

如表1-4所示，本研究认为，可以依据学校与社区合作开展的不同维度，从时间维度、空间维度、主体维度、内容维度和价值维度五个维度出发来具体分析学校与社区合作的现实状况。例如，时间维度可以从日常、周末、寒暑假和节假日为切入点来分析合作的开展情况；空间维度可以从校内、社区等区域来展开调研；主体维度是以校长、教师、班主任、学生、家长、家委会、社区书记、社区工作者、社会工作者、社区日常参与人员为参与主体的角度出发多维分析他们的行为及意识；内容维度则是从课程、教学、实践活动、政治和民生层面来具体分析；价值维度则是从学生成长、教师能力、校长领导、社区发展、社区工作人员管理对理念和实践的价值取向。由于时间、空间、主体、内容和价值往往是属于同一关联事件中发生，所以，本研究将五个维度相互渗透并总结为参与主体的"行为——意识"审视、合作方式、合作内容三个层面来阐释学校与社区合作的现实状况。

表1-4 学校与社区合作发展研究的分析维度

维度	内容
时间维度	日常、周末、寒暑假、节假日
空间维度	校内、社区
主体维度	校长、教师、班主任、学生、家长、家委会、社区书记、社区工作者、社会工作者、社区日常参与人员
内容维度	课程、教学、实践活动、政治、民生
价值维度	学生成长、教师能力、校长领导、社区发展、社区工作人员管理

在调研和维度分析的基础上，本研究认为，学校与社区合作可以从互惠、增能和协同创生的三个发展维度重塑合作发展之路，如图1-1所示。这三个维度各有侧重，且维度之间是相互促进和相互作用的关系，因为单纯的互惠合作理念变革，不是学校与社区合作的全部，并不能替代其他机制的变革，与之相应的，合作过程中的教师能力提升、社区工作者管理能力的提升、校长领导力、班主任等的发展都应随之发生变革或创新。学校与社区合作过程中的行动之路，从根本上来讲，是构建和完善学校与社区合作的生态发生机制、过程机制、动力机制和协同创新机制，从而促进学校与社区合作的内涵发展、创新发展，以及重塑合作发展的价值维度，解决学校与社区之间应如何合作、合作愿景是什么，破解合作之难。

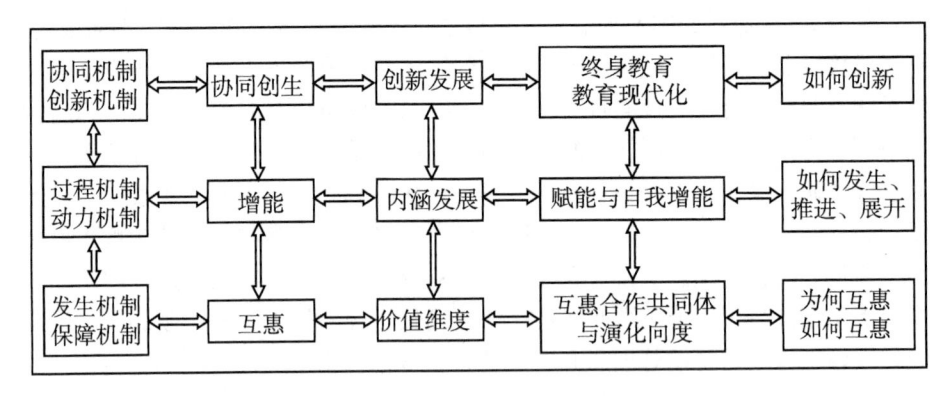

图 1-1　学校与社区合作发展研究的分析思路

四、研究意义

学校、家庭、社区紧密结合，教师、家长、学生与社区和其他社会组织机构人员之间的沟通互动，创建互相支持、互相促进和互相合作的共同发展机制，扫除学校与社区之间的"边缘领域"，并通过政府适时制定政策予以支持和推动，是促进青少年健康发展的一项亟待落实的关键举措，同时能够为学习型社会的建设构筑牢固基础。因此，研究学校与社区合作，尤其是在当代社会背景下探究学校与社区之间的合作关系发展现状、互动策略及未来发展趋势是非常必要的，具有十分重要的理论与实践意义，也是新时代的教育和社会发展诉求。

（一）理论意义

首先，本研究基于微观视域对学校与社区合作展开一次系统和规范的质性研究，弥补国内在此领域的研究欠缺，综合运用访谈法和观察法等质性研究方法，突破已有研究在方法应用方面的局限性和单调性，掌握真实反映学校与社区合作发展现状和困境的一手资料，以此作为优化和完善学校与社区合作机制、路径的现实依据，有助于科学审视宏观教育理论与实践之间的交互和生成质量，探寻教育理论内生转化为实践层面的有效机制。

从教育研究的角度审视，学校与社区合作发展研究属于微观视域的教育研究，学校和社区中的参与主体之间的合作关系及他们共同完成的实践背后都有一定的理论支撑，而且所有合作主体的主动或被动参与行为和期待都是处在一定的教育发展背景、时代背景，所隐蕴其中的教育与社会、教育实践与教育理论、学校与社区等不同层面关系的研究也正是理解实践所不能忽视的理论问题，有益于认同和提升教育理论转化实践的质量，探寻其中的相互内生转化机制。

其次，本研究在相关理论的基础上清晰了社区发展的相关概念和新时代特质，特别是在社区研究的背景下凸显了学校与社区合作的当代特质，深化了学校与社区合作在教育改革背景下的研究价值，从而为学校和社区关系的内涵的清晰奠定了新的基础，有助于深化教育现代化改革、社区治理、社会发展等相关课题的研究，为其提供理论研究依据。

教育现代化改革、社区治理和社会发展等相关课题都属于宏观教育与社会发展研究，学校与社区作为内容载体，其合作关系则是这些课题研究必不可少的重要论点，学校与社区之间合作关系的深度、取向和发展趋势研究能够为相关课题研究提供理论支撑和依据，提高课题研究质量、水平和可信度。

再次，本研究有助于推动学校教育、社区教育等相关教育研究，从而深化基础教育理论研究。

学校与社区合作发展研究在一定意义上来讲是一种社会实践活动，但其实践研究取向中交织着教育导向、政策导向、社会境况、社区参与、社会价值观影响等综合作用。为深入探讨这一问题，本研究沿着概念重释、理论依据、发生维度、困境分析、政策建议的逻辑结构尝试研究如何突破学校与社区合作发展瓶颈和质量提升。叶澜曾指出，"教育研究以研究教育的动态转化和综合生成，释析其生成过程中的客观规律为理论研究目的"[1]，由此可见，学校与社区合作不仅是学校教育和社区教育研究的重要构成，也是基础教育理论研究的内生与相互转化。

（二）实践意义

学校与社区合作在实践过程中的政策落实、制度化推广、实践模式以及实践困境等现状预示着已有合作方式在实践转化过程中出现的内生性问题。显然，传统的公式化或局部化的实践改革不能满足学校与社区合作对教育的空前需要。因此，在需求与问题、困境共存的现状中，需要教育研究者、实践者、政策制定者正视现有问题，回应和解决问题。

本研究更为强调学校与社区合作从实践现状出发，落实到"全程、全面、全人"实践层面的创新，注重从整体和个体层面系统化探索合作策略、机制、管理等举措，并试图在实践合作层面提出自己的设想和建议，打破传统社区教育和学校教育独立发展的桎梏，使得学校与社区之间实现互惠、增能与协同创生，社区教育与学校教育共同发展。一方面建构科学、合理的学校与社区合作未来发展规划；另一方面深入细化学校和社区的利益主体，根据主体不同的特

---

[1] 叶澜. 教育学原理 [M]. 北京：人民教育出版社，2007：14.

点拟订合作策略，即以学校与社区之间的资源共享、互惠互利、自我增能、赋能和协同创生为载体、抓手，完善教育体系的建设与发展，缓解学校与社区合作的障碍和困境，从根本上整合教育资源。

而且，学校与社区合作研究不仅应以面向未来为价值取向，更重要的是能够彰显中国社区的发展特色，对学校、社区、社会教育的发展以及教师、学生、家长和其他社区居民之间的关系，甚至当代教育生态、生命质量产生极为重要的影响。除了关注学校与社区合作的互惠与协同发展之外，本研究也关注学校、社区的自我增能和赋能，探索参与主体合作能力提升的策略，有助于逐步消除学校与社区之间的隔膜，提高教育改革成效和深化相关政策实施力度，为更加科学和细致的政策制度的制定提供合理依据，为持续合作拓宽道路，促进社区各方面的发展，提高社区治理水平，维护社会稳定。

五、核心概念界定

（一）学校

"学校是指教育者有计划、有组织地对受教育者进行系统的知识传递、提供学习服务等教育活动，以教育人、培养人的专业化社会组织和专门机构"❶。目前，大部分地区的相关文件明确指出，新建社区必须配建学校。如2019年6月13日，惠州市自然资源局发布的关于《惠州市住宅项目配套教育设施建设管理试行办法（草案）》要求"达到居住区、居住小区和居住组团规模的商品住宅、保障性住房项目需要配套建设义务教育中小学和幼儿园的用地及建筑物、构筑物及其附属设施"❷。这在一定程度上说明未来社区配建学校的布局规划已成为必然的发展趋势，基础教育阶段的中小学及幼儿园位于社区内的事实也将对学校的发展和规划产生非常重要的影响，为学校与社区之间合作关系的维系发挥有效作用。学校虽然承担的是未成年人的教育，但学校是社区的一部分，是属于社区终身教育事业发展的一个重要阶段，应当与其他社区中的成人教育及老年教育组织合作，共同推动社区教育体系的完善，提高社区的科学治理水平。

学校教育指的是学校通过专门设置的系列课程来实现教授学生知识与技能的一般过程。"学校教育通常分为小学和中学阶段，所有适龄儿童有义务接受

---

❶ 李兴洲. 学校功能与现代学校制度建设 [M]. 北京: 开明出版社, 2007: 18.

❷ 惠州市自然资源局. 惠州市住宅项目配套教育设施建设管理试行办法 [EB/OL]. 2019-7-26/2020-1-27. http://www1.huizhou.gov.cn/pages/cms/huizhou/html/jgfk/7675926a9d934555981715d6af7d76bc.html?cataId=26e9e342e60b4864986189d86ff11042.

特定年限的学校教育"❶。本研究中的学校是指城市中的各类小学。

（二）社区

关于"社区"，我们并不陌生，无论在现实生活中还是教育理论中，"社区"一词的提及率是非常高的。当我们走在城市的大街小巷时，常常会发现"××社区"的字牌闯入我们的视野；当我们打开电视时，会发现新闻中会提及贯彻政策进社区、进街道和进农村的提示，尤其是在2020年年初关于"战疫情·基层防控"的新闻报道中，着重强调了"聚焦社区防控，精准掌握人员流动情况"的要求及建议；当我们翻看网页或筹划买房时，也会发现"花园社区""欧式社区""高档社区"等广告宣传铺天盖地；当我们走进图书馆或翻看书籍时，我们也会发现关于"社区"的文献越来越多，而我们自己也生活在某个社区环境之中。

"社区"不仅是个家喻户晓的生活化概念，实际上，"社区"是属于社会学的研究范畴和教育学的基本概念之一，从20世纪80年代至今，众多社会学家甚至教育学家从不同的角度对"社区"概念进行了定义和剖析。这不是因为对"社区"一词难以作出界定，也不意味着"社区"不重要。❷所谓重要的基本概念，就是那些在本学科中每个研究者都不可避免地使用的概念，因而，由于研究者们的研究角度、兴趣、学科背景、理论基础或所要解释的问题不同，他们对"社区"一词的释义必然存在差异。

在探讨关于"学校与社区合作"的议题时，经常有研究者提及："何谓社区?"或"你研究中所指的'社区'代表什么?"那么，在学校与社区合作中的"社区"应该是什么内涵？这是一个十分棘手的问题，因为，教育研究者们对"社区"概念并无一致的看法，甚至不断有人质疑"学校与社区合作中的'社区''社区感'到底是否存在？""学校在与社区合作过程中是与怎样的'社区'进行合作?""到底应该是'社区居委会'还是'社区'?"等一系列问题，而在学校与社区合作研究相关的文献或书籍中，也少谈"社区"的详细概念，只是着重指出自己所研究议题中的"社区"是指什么。

大部分教育研究人员及实践者会下意识地认为学校与社区合作中的"社区"就是指社区居委会，这与当前我国政策规定的"社区观"是脱不开干系的。现实生活中，我们接触的社区也确实以如此形态存在，以社区居委会或街道办事处等实体组织服务于我们的生活、教育、社交和经济等需要。那么，

---

❶ 安东尼·吉登斯，菲利普·萨顿. 社会学（第七版）[M]. 赵旭东，等译. 北京：北京大学出版社，2014：829.

❷ 何肇发. 社区概论 [M]. 广州：中山大学出版社，1991：1-2.

"社区"只是具有如此形态和内涵吗？作为教育研究者，在如此感官理解"社区"的基础上研究学校与社区的合作关系是片面的，缺乏深层次分析的行为，这也是学校与社区合作一直存在局限和未曾深入研究的原因之一。因此，要加强学校与社区之间的合作，加快教育的民主化建设，必须了解学校面对的"社区"。理解社区是教育研究者开启研究的基石，未曾彻底地掌握社区内涵便开始研究或实践，无异于建造空中楼阁，不可避免的隐患随时可能会发生，更无从谈"深入"。这样的窘境使探讨社区的内涵、意义以及要素变得极为重要。所以，我们要从根源处深度理解和掌握"社区"的意涵。

"社区"作为社会学的一个核心概念，从被早期社会学家创建者 H. S. 梅因、马克思、滕尼斯、托克维尔、迪尔凯姆等人关注时算起，已有约 200 多年的历史，而"社区"也是这些社会学家经常论述的重要概念。❶ 由此可见，"社区"概念的演进经历了一段漫长的历史变迁过程，从欧美国家到中国，从学术话语中的逻辑探讨到政治话语中的政策规定，这样复杂的演变过程影射了社会的发展与变迁。❷

1. "社区"概念的溯源与变迁

（1）"社区"概念的溯源。

大部分学者一致认为，"社区"这一概念起源于近代西方社会，但至于是哪位学者创造了这一词语却众说纷纭。❸ 斐迪南·滕尼斯（Ferdinand Tonnies）在 1887 年出版的传世佳作《共同体与社会》（*Gemeinschaft and Gesellschaft*）一书中提出了"社区"一词，该书在欧洲的丹麦、意大利、俄国、美洲等国家和地区产生了很大反响。

滕尼斯认为，"社区是由同质人口组成的、具有共同价值取向的、守望相助、亲密关系、疾病相抚、富有人情味以及出入相友的社会团体"❹。社区内的社会关系是紧密的、合作的和富有人情味的。社区作为一个以血缘为纽带，与道德相关联的概念，表达了传统乡村社会与现代都市社会的两种截然不同的人际关系和社会整合方式，非常注重二者精神层面的不同。因此，在民国时期，我国也有学者根据书中大意，把滕尼斯的这本书译为《礼俗社会和法理社会》。❺ 一般认为，"社区概念是伴随着西方工业文明和城市化进程的发展而提出的，滕尼斯研究社区的目的也是探讨传统社会关系如何不断地为现代社会关

---

❶ 孙龙,凤笑天. 近二十年来社会学中国化的理论与实践 [J]. 社会科学动态, 2000 (11): 18 - 21.
❷ 卡尔·马克思. 资本论 [M]. 第一版序言, 1867 年 7 月 25 日.
❸ 袁秉达,孟临. 社区论 [M]. 上海: 东华大学出版社, 2000: 1 - 2.
❹ 斐迪南·滕尼斯. 共同体与社会 [M]. 林荣远, 译. 商务印书馆, 2019: 32 - 45.
❺ 何肇发. 社区概论 [M]. 广州: 中山大学出版社, 1991: 11 - 12.

系所取代的过程以及由这一转化过程所引发的一系列社会问题"❶。

第一次世界大战前后,"查尔斯·罗密斯将'社区'(Gemeinschaft)译成了英文'community',主要是指在一起生活、工作的人的共同体,这和滕尼斯的'Gemeinschaft'一词的含义已有区别"❷。从此,"社区"很快成为美国社会化的主要概念之一,但含义发生了很大的变化。在英文中,它的初始含义是指在人类社会的空间和地域结构中,人们生活的共同体和亲密的伙伴关系,如欧盟(European Union)的前身"European Economic Community",就被译为"欧洲经济共同体"。

"社区"概念在西方起源虽早,但最早是由美国芝加哥大学的帕克(Rorber Eara Park)在20世纪30年代来华讲学才得以引入中国,是一个典型的外来词。中国古代有"社"和"区"的含义,但没有"社区"的含义。关于"社",钱穆曾说道:"中国有社,乃土地神。十室之邑乃至三家村皆可有社。推而上之有城隍庙。一国之神则称社稷。稷为五谷神。中国以农立国,故稷亦与社同亲同尊。"❸《周礼》中记载:"二十五家为社",因而"社"又是古代地方基层行政单位之一。关于"区",一是指行政单位,区域,地区。二是指量,古代四升为豆,四豆为区。《左传·昭公三年》记载:"齐旧四量:豆、区、釜、钟。"三是指居处。

1948年,费孝通指出,"帕克认为,'Society is not community'(社会与社区不同),就想出了用'社区'这个名称表达'community',这个词其实是我们一些年轻人在燕京大学的宿舍里思考出来的"❹"其初始含义是指区别于血缘关系的一种以地区为范围发展起来的人际关系"❺。自此,"社区"一词在我国学术、政治、文化和生活中逐渐成为一个通用词语。

(2)"社区"概念的变迁。

第一,学术话语中的变迁。如前所述,在滕尼斯的视野中,他所提出的"社区"强调人际之间的亲密关系、社区认同感和共同文化意识才是社区的精髓,代表的是乡村社区。随着社会的不断发展和变迁,滕尼斯的"社区"概念的内涵和外延也在不断改变、丰富和多样化:1995年美国社会学家乔治·希勒里(George A. Jr. Hillery)通过文献总结发现有94种社区定义,其中69种定义

---

❶ 张永理. 社区治理 [M]. 北京:北京大学出版社,2019:4.
❷ 唐忠新. 中国城市社区建设概论 [M]. 天津:天津人民出版社,2000:2.
❸ 钱穆. 现代中国学术论衡 [M]. 北京:生活·读书·新知三联书店,2001:192.
❹ 费孝通. 从人类学是一门交叉的学科谈起 [J]. 广西民族学院学报(哲学社会科学版),1997(2):3.
❺ 邓敏杰. 创新社区 [M]. 北京:中国社会出版社,2002:4.

认为，社区有三个本质因素，即"社会互助、地区和共同约束"❶。在不同的文化背景、国家、地区、发展阶段和历史时期条件下，都会产生不一样的社区定义。

在西方学术界，大多数学者主要从社会群体、过程、社会系统、社会功能、地理区划（自然或人文）、归属感、认同感或社区参与等角度来界定社区的概念，但都认为包含以下四个要素：一是社区都有相对稳定的、独立的地域场所；二是都是以一定社会关系为纽带组织起来的有一定人口数量的群体；三是都有一个能够维护该地域、社会秩序和群体利益的管理组织机构；四是生活在这个社区的人们具有地域归属感和心理认同感。

"在中国学术界，自从费孝通将英文'community'翻译成'社区'以来，我国学者对社区的理解便含有地域性的因素"❷。社区被界定为一个相对独立的地域性社会，被视为实地调查的基本单元和观察中国的实体。这与滕尼斯提出的"Gemeinschaft"在含义上已经发生了一定的偏离。尤其是在20世纪30年代，中国的部分社会学家受社会人类学功能学派奠基人马林诺夫斯基（Bronislaw Malinowski）的影响，他强调只有在一个自成一体的、边界清晰的社会单位里，渗透于整体文化中的不同因素及其功能才得以研究。

其中，以吴文藻、费孝通两位学者对"社区"的概念界定最具代表性，"通过深入社区实地开展研究，增进对中国社会结构的整体认知"❸。吴文藻指出："社区至少包括人民、居住地域，生活方式或文化这三个要素。"❹ 费孝通认为："联系着社会人民的生活是有时空的坐落，因此以全盘社会结构的格式作为研究对象必须是具体的社区"。❺ 社区是具体的和可观察的，而社会则具有抽象性和宏观性，社区是社会的缩影，是一个地域范围内人们实际生活的具体表现形式。这也在一定程度上强调应在中国现实社会本土化的具体情境中进行实地调查研究。

20世纪四五十年代至80年代中期之间，关于社区的学术研究一度中断和充满波折。80年代以后，学术界关于社区的研究重新兴起，但在概念界定方面仍众说纷纭，莫衷一是。据不完全统计，学术界关于社区的定义已有300多种，

---

❶ 乔治·希勒里. 社区的定义：一致的地方——乡村社会学 [M]. 北京：教育科学出版社，1995：118.
❷ 丁元竹. 社区研究的理论和方法 [M]. 北京：北京大学出版社，1995：24.
❸ 孙龙，风笑天. 近二十年来社会学中国化的理论与实践 [J]. 社会科学动态，2000（11）：18-21.
❹ 吴文藻，费孝通，王同慧. 花篮瑶社会组织 [C]. 南京：江苏人民出版社，1988：导言.
❺ 费孝通. 乡土中国；生育制度 [M]. 北京：北京大学出版社，1998：91.

而一部分定义存在随意性和泛化性。在这里，本研究列举了部分学者对"社区"概念的定义，如表 1-5 所示。

表 1-5　20 世纪 80 年代以来部分学者关于"社区"概念界定统计表❶

学者	"社区"概念界定（含公开发表时间）
何肇发	社区就是区域性的社会，换言之，社区就是人们凭感官感觉到的具体化的社会（1991 年）
周建军	从中国的实际情况看，"社区"一般是聚集在一定区域范围内的社会群体和社会组织，根据一套规范和制度结合而成的社会实体，是一地域社会生活共同体（1995 年）
袁秉达	社区就是在一定地域范围内，发生特定的社会关系和社会活动，形成特定的生活方式和文化心理，并具有成员归属感的人群所组成的相对独立、相对稳定的社会实体（2000 年）
王晓燕	在我国，一般认为，社区是进行一定的社会活动、具有某种互动关系和共同文化维系力的人民群体及其活动区域（2001 年）
徐勇	社区是指由聚居在一定范围内的人们所组成的社会生活共同体，是由一定的人口、地域、设施、管理机构、文化现象和社区意识等要素构成的小社会（2002 年）
马仲良	社区是指聚居在一定地域内的人们所组成的社会生活共同体（2003 年）
范国睿	社区是生活在一定地域内的个人或家庭，出于对政治、社会、文化、教育等目的而形成的特定范围，不同社区间的文化、生活方式也因此区别开来（2013 年）
刘视湘	从社区心理学的角度来讲，社区是某一地域里个体和群体的集合，其成员在生活上、心理上、文化上有一定的相互关联和共同认识（2013 年）

---

❶ 表 1-5 中的定义分别来自：何肇发. 社区概论 [M]. 广州：中山大学出版社，1991：3；周建军. "社区"概念辨析 [J]. 住宅科技. 1995 (10)：13；袁秉达，孟临. 社区论 [M]. 上海：中国纺织大学出版社，2000：3；王晓燕. "契约型"社区的生成和发展 [J]. 城市建设与发展. 2001 (1)：21；徐勇，陈伟东. 社区工作实务 [M]. 北京：高等教育出版社，2003：1；马仲良. 社区建设简明读本 [M]. 北京：中国青年出版社，2003：3；转引自刘视湘. 社区心理学 [M]. 北京：开明出版社，2013：23；刘视湘. 社区心理学 [M]. 北京：开明出版社，2013：60；张永理. 社区治理 [M]. 北京：北京大学出版社，2014：15.

续表

学者	"社区"概念界定（含公开发表时间）
张永理	从公共管理的角度来看，社区是指居住在同一地域内的人群有着共同生存的需要、共同的生活服务设施、共同的文化、共同的利益、共同关心的问题而形成社会互动的地域性的社会共同体（2014年）

总体来说，从学理角度看，关于"社区"概念的界定主要分成功能主义和地域主义两大类。"社区"的意义局限于地域层面上。

第二，政治话语中的变迁。如果概念所能提示的内容和取向都难以单独解释中国式社区的起源和持续存在，那么，我们可能需要追溯到更加遥远的时空，从政治话语的变迁中寻找蛛丝马迹。事实上，中国城市社区的组织形态、制度框架和空间构型是多种多样的理论和实践不断层累和交汇的混合物，在这一复杂发展谱系中，我们能够辨认出不同时期的支流，如表1-6所示。

表1-6 政治话语中的社区变迁

时间	主题	备注
1949年	为了肃清国民党的残余势力，打压各类帮派团伙	建立了关于城市人口普查和登记的"知识"，社区和居民委员会开始作为执行机构浮现出来
1950年	天津市试点开设居民委员会	
1954年	《城市居民委员会组织条例》	确立了这一组织形式在全国范围内的法律形式，同时建立的还有作为区政府派出机构的街道办事处，与被称为基层群众自治组织的居民委员会一同构成街居制的治理架构
1986年	民政部成立了基层政权和社区建设司	第一次把"社区"概念引进到了实际工作中
1986年12月24日	民政部关于《探索建立农村基层社会保障制度的报告》	建立我国农村社会保障制度，要从我国国情出发，以国家、集体、个人承受能力为限度。当前，要以"社区"为单位，以自我保障为主，充分重视家庭的保障作用。这标志着"社区"概念第一次以肯定意义出现在了我国政治话语体系的官方文件中

续表

时间	主题	备注
1989 年	《中华人民共和国城市居民委员会法》	将居委会表述为"居民自我管理、自我教育、自我服务的基层群众性自治组织"
2000 年底	《民政部关于在全国推进城市社区意见的意义》〔中办发（2000）23 号〕	社区是指聚居在一定区域范围内所组成的社会生活共同体，并对社区划定了范围

"目前，城市的社区范围，是指在社区体制改革后进行规模调整的居民委员会辖区。"❶ 文件包括了以下几个部分：群体性人群、地域范围、组织制度、生活设施及社区居民有共同利益。由此可见，政府对"社区"内涵的界定与学术界有显著差异。"政府'错用'并'误读''社区'概念的学术意义——社区是指一种新的城市行政管理地域单元，而不是有机联系的、有共享的理念认同的社会群体"❷，与"农村"相并列。因此，20 世纪 80 年代以来的很长一段时间内，政府下发的政策文件中经常可以看到"进机关、进企业、进社区、进学校、进农村"这样的用语。

2009 年以来，随着城市化进程加快，各种社会问题的涌现以及城市新成员的加入，在政府政策的官方文件内容中，开始把"社区"延伸到了农村，并出现了"城乡社区""农村社区"等词汇。这说明政府根据不同时期的社会发展情况对"社区"概念做出了调整。此时，"社区"在城市主要是指居委会辖区、街道办事处辖区以及一些城市划分的社区委员会辖区。

通过政府政策内容与学术话语的对比，我们能够清晰地看到，这种以城市的政权建设或行政管理的基础单位来划分的"社区"强调地域界限，忽略了社会心理，并不注重自然形成的邻里关系、认同感、归属感等内容，对"社区"概念的理解明显存在分歧，这几乎是对滕尼斯所提出的"社区（共同体）"内涵的翻转。

中国社区建设虽然吸收了西方社群主义的元素，但对于社区居民的民主权利和自发行动仍然有所限制，具有行政意味的居委会能一定程度支配社区内的资源。居委会不再拥有改革前"单位制"对职工在政治控制、资源分配、社会身份和道德权威上的全面掌控，绝大多数社区居民对于居委会活动通常持"事

---

❶ 姜振华，胡鸿保. 社区概念发展的历程 [J]. 中国青年政治学院学报，2002（4）：123.
❷ 李文茂，雷刚. 社区概念与社区中的认同建构 [J]. 城市发展研究，2013（9）：78-82.

不关己高高挂起"的冷漠姿态。社区想实现理想中的邻里守望、居民互助的功能，首要的任务是动员居民参与到治理过程中，但事实上真正参与其中的主要是在资源上依赖着居委会的低保户、政治层面上的党员，以及社区中的退休老人，而社区中的大部分居民即新中产的主体，他们往往不太关注社区的相关活动，因此，虽然社区及居委会已然覆盖整个城市的网络，但在很大程度上无关小区居民的日常生活。相应地，近年来，小区中基于产权利益联结而成的业主委员会获得了快速发展，因其与本研究范畴疏远，此处按下不表。

换言之，我国社区的地域范围的基础是预先规定的，而社区共同利益感、归属感等社会心理的培育是后期行为，且在"法定社区"中试图培育这种"共同体"关系认同是非常困难的。

了解和掌握"法定社区"的结构、功能、具体职能、任务等方面是非常有必要的，如表1-7所示。因为，学校与社区在维系互动合作关系的过程中，具体也会涉及实体机构或组织之间的斡旋和关系建构，而不是仅靠人际互动和精神交流。但本书并不是否定辨析学术话语中的社区概念没有意义，而是侧面强调对这些内容的理解对学校与社区合作的理论研究、实践推动和目标愿景设定有着非常重要的指导作用。

表1-7 中国法定社区的结构与具体职能❶

形成原因	自上而下改革的产物和国家政策推动
管理方式	从政府管理向社会自治和服务管理型转变，自治程度低
行政区划	省、市、区（县）、街道（镇、乡）、社区，市区街三级直属的行政管理，无行政级别
财政来源	主要来自政府财政拨款，但工作性质不同，拨款单位也不同
管理体系	城市基层社区管理组织是居民委员会，社区工作人员的主体是社区干部，由三年一次的换届选举产生，社区工作人员属于非事业非公务编制
工委会设置	居民委员会一般包括：人民调解、治安保卫、社会福利、文教卫生、妇女代表和青少年教育六大委员会
教育体系	从幼儿到老年的学前、中小学、成人、老年等终身受教育的过程
社区文化	依托城市文化管理机构，管理街道居委会或社区服务中心的文化活动

---

❶ 黎熙元. 现代社区概论 [M]. 广州：中山大学出版社，2007：168-209.

在欧美国家的学校与社区合作研究中，大多数研究者所指的"社区"并不是"法定社区"❶，他们在研究中强调的居住在区域之外的社会亲密关系不应该被忽视，正如韦尔曼和雷顿所言："有一部分人将自己的社会关系局限在邻里之间，但社区居民应该从场所和地域局限中解放出来，所有人应该重视与居住地之外的各种关系保持社会交往。"❷ 因此，我们意识到一个问题：大部分国内学者在研究学校与社区合作方面提出的借鉴国外经验是否可取？尤其是在没有理清国内外"社区"内涵差异的情况下。而当我们理解这些差异之后，我们又应怎样才能科学合理地借鉴国外经验？这些问题都是在学校与社区合作之路上必须解决的"绊脚石"。

当然，我们区分学术话语和政治话语的差异并不是谴责或提出某一方存在不妥和错误，而是为了挖掘学校与社区合作存在困境的根本原因。目前，虽然关于社区概念的理解和规定众说纷纭，莫衷一是，但这与世界各国的发展水平和实际状况是相符合的，与我国的发展实情是一致的，反映了特定的时代背景和变迁。同时，更为重要的是，通过分析，教育研究者和践行者应该反思：学校与社区合作应如何在实现本土化的基础上建构符合我国社区实情的未来发展前景，实现学校与社区共同发展的目标，而这是建立在深入理解和掌握社区内涵的基础之上的。

论述完社区相关理论，使得我们对于社区概念的理解更为清晰了，虽然社区的概念和理论不接地气，但社会中的社区却是真实存在的，并在人们大脑中产生和形成了刻板印象。本研究认为，滕尼斯式"社区"才能称为"共同体"，因为，德文原文中的滕尼斯所解释的"社区"本意即为"共同体"，只是由于中英文翻译逐步扭曲了它本来的含义。如前所述，社区的概念在教育学研究中已被广泛使用，但也存在相当程度的曲解与误用，而且这种现状仍在蔓延，在一定程度上扭曲了社区的真实面目。

首先，关于社区范围大小和边界的定位是一个比较复杂的问题。目前存在着"世界社区""大社区""全球社区""微型社区"等概念，事实上，把社区范围定得过大或过小都是不恰当和不严谨的。❸ 目前，我国城市每个社区以管辖1000—3000户居民较为合适，乡村社区则以一个乡村或乡镇为宜，且以居民

---

❶ 谢芳. 美国社区 [M]. 北京：中国社会出版社，2004：17.
❷ Wellman B, B Leighton. Networks, Neighborhoods, and Communities: Approaches to the Study of Community Question [J]. Urban Affairs Quarterly, 1979, 14 (3).
❸ 徐永祥. 社区发展论 [M]. 广州：中山大学出版社，1991：35.

关系比较亲密、互动频繁的社会群体居住地来划分社区，更接近国际标准和符合我国国情。❶另外，在关于社区是真实的还是虚构的问题上，一些批评家认为："在边界的象征中构建社区的想法会导致过分强调排斥作为社区条件的必要性，大多数社会的现实是某种程度的多元文化主义。"❷因此，与学校的弱异质性相比，社区的强异质性决定了社区的类型必定多种多样。

其次，由于特殊行业、特定称谓、特定地点、特殊职业而与社区结合产生的"××+社区"等新名称或概念的合适性问题，引发了对于社区和归属的重要性以及是否有可能在没有共同的地方意识情况下维持社区的争论。如"高校社区""沿海社区""企业社区""单位社区""心理社区""军事社区""地域社区"等提法都还值得仔细商榷。当然，"街道社区""社区干部""社区政府""行政社区"这些词在有一定程度上是由于计划经济体制思维模式的影响与遗留，彻底改变还需时间。任何一个具备物理属性的现实社会中的社区所具备的要素都应同时包括心理与地域等内容。因此，不应该用机构、企业、住宅区、居民等来定位社区，尤其是我国社会发展正处于转型的关键时期，要科学合理地界定社区概念，从而符合社区有效治理和深化发展的趋势。

最后，关于社区的辩论中还涉及社区与传统和现代的关系，这个问题与传统社会、后传统社会和现代社会的性质有关。我国历史上传统王朝时期的基层社会是社区吗？有人认为是，"《尚书》中说，'八家为邻，三邻为朋，三朋为里'"，这里的'里'即为我国古代城市社区，也叫'坊''蕃坊'，乡村社区称为'庐'或'村'❸。严格来讲，这些说法是在特定时代的特殊称谓，不符合后期及现代的历史现实，如我国秦汉以来的乡里社会应该称为"士绅社会"，而不能称作某社区。后传统社会和现代社会由于多元性、复杂性和网络化等影响因素比较多，社会性质在不同国家也有所差异，因此，要考虑个人与社区的关系、社区的可能性以及持不同政见者的可能性等方面。尽管在社区是否扎根、边界、领域、类型、关系上存在很多分歧，但人们普遍认为社区可以采用后传统的形式，在时空中不断延续过去，随社会所变迁，不受个人主义的威胁，并包蕴未来。

---

❶ 单菁菁. 社区情感与社区建设 [M]. 北京：社会科学文献出版社，2005：25.
❷ Epstein, J. L. School and family partnerships [J]. Encyclopedia of educational research (6th ed.)：2002：1139-1151.
❸ 卜奇文. "蕃坊"社区模式与澳门模式 [J]. 萍乡高等专科学校学报，2003（3）：1.

(3)"共同体"与"社会"。

为了进一步能够掌握和理解"社区"蕴意,深化对"社区"的元认知,以及把握学校与社区合作的方向和发展主线,有效区分社区、共同体与社会的内涵和理论是十分必要的。学校在建立与社区合作互动关系时,也必须参照有关的社区理论,因为理论是认知、心理与情感发展的基础,能够协助研究者与践行者思考,也有利于学校与社区合作实践的推进。

有助于社区内部及学校与外部环境联结的社区理论之一是关于 Gemeinschaft 和 Gesellschaft 的理论,它是社会学界学者研究社区的理论基础,是研究社会变迁最持久、成果最丰硕的一个概念❶,是由德国社会学家滕尼斯在1887年提出的,用以描述人类社会从渔猎、畜牧到农业社会,再到工业社会有关价值的改变,从 Gemeinschaft 逐渐向 Gesellschaft 变迁。在这种理论中,社区是建立在面对面的关系基础上的,但它却在衰落并为个人主义所取代,成为一种社会运动,其特征是从地位到契约,从乡村到城市,从传统到现代。

社区的相类似概念之一是库利(Cooley)所提出的"初级群体关系(Primary group relationships)"和"次级群体关系(Secondary-group relationships)",或者为首属—次属群体,前者强调自然、理所当然的关系,与 Gemeinschaft 相类似;而后者偏向理性与契约式的社会关系,较接近 Gesellschaft 的内涵。虽然 Gemeinschaft 和 Gesellschaft 被概略地翻译成"社区(共同体)"与"社会",但并不能完全代表此两个词的意涵,再加上教育领域中涉及"社区""共同体"与"社会"研究的相关内容逐渐增多,深入辨析其意涵就更重要了。

①Gemeinschaft 和 Gesellschaft 的意涵。滕尼斯以 Gemeinschaft 和 Gesellschaft 来形容人类社会的关系。虽然德文 Gemeinschaft 被翻译成英文 community,意为"社区"或"共同体",但"社区"和"共同体"两个词在中文语境中的意涵是存有差异的。因此,为了深度剖析学术界对"社区"意涵的元认知,理解中文语境中的"社区"与"共同体"之间的差异,本书中的 Gemeinschaft 主要强调德文原文语境中的含义。

在概念上,Gemeinschaft 和 Gesellschaft 之间并非互斥,而是同时存在的连续体,所有的人类社会都有不同程度的 Gemeinschaft 与 Gesellschaft 特质,也就是说,在现实中既找不到完全符合 Gemeinschaft 的典型结构,也找不到完全符合 Gesellschaft 的典型结构。在滕尼斯的理论框架中,Gemeinschaft 和

---

❶ Berns, R. M. Child, Family, School, Community: Socialization and Support [M]. Fort Worth, TX: Harcout Brace College Publishers, 1997: 23.

Gesellschaft 都是假设的理想类型，在分析时用于和现实的社区作比较。

滕尼斯在《社区（共同体）与社会》一书中曾指出："所有亲密的、个别的、与排外而聚集在一起的生活，就是我们所知道的 Gemeinschaft（社区）的生活。Gesellschaft（社会）则是有一个人的公共生活——是世界本身。在 Gemeinschaft 的家庭中，一个人从出生就住在那里，与其福祸与共。当一个人走入 Gesellschaft 时，就像是走入一个陌生的国家一样。"❶

详细来说，Gemeinschaft 包括三种形式：因血缘、宗族而建立的；因地区、邻里而建立的；因心志、友谊而建立的。第一种因血缘、宗族而建立的 Gemeinschaft 最具联结力，不受时间和空间的局限，如亲子关系不受距离的限制；第二种因地区邻里关系而建立的 Gemeinschaft 联结力较低，成员之间可以有短暂的地域距离，但须有定期聚会或共同的信仰、习俗加以支持，如宗派、朝会或节庆的团聚；关系最脆弱的是因心志、精神和友谊朋友关系而建立的 Gemeinschaft，成员是因为有共同的价值、目标、技能、技术、兴趣而结合，如社团，须经常聚会，成员之间的互动和合作才有可能长期维持固定关系。近年来，随着城市化进程加快，交通便捷、网络通达而形成的社会人员流动事实，使得第三种极少受限制和极具自愿性而建立的心志、精神和友谊性社区，对现代社区的有效治理和共同体关系建构，极具启示性，也凸显了学校与社区合作的新时代意义。

相对于 Gemeinschaft 的含义，Gesellschaft 则指的是人际之间公共社交的世界，此种关系的建立是因市场化需求，基于理性意志而作出的自愿选择结果。❷如为了获得他人奖赏、利益交换而努力工作或学习，以及在商业贸易中因金钱交易而建立的买卖或雇佣关系。在 Gesellschaft 中，人际之间的关系是契约和磋商的结果，相互利益非常重要，成员所能发挥的功能是特定的，只针对某一特定事务与他人接洽，为达成共同目的而相结合。❸ 成员的身份和地位根据个人技能水平的高低而定，如科层制管理体系就是典型的 Gesellschaft。表 1-8 比较了 Gemeinschaft 和 Gesellschaft 的意涵。

---

❶ 斐迪南·滕尼斯. 共同体与社会—纯粹社会学的基本概念 [M]. 林荣远, 译. 北京: 商务印书馆, 2019: 33-34.

❷ Lutz, F. W., and Merz, C. The politics of school/community relations [M]. New York, NY: Teachers College Columbia University. 2000: 73-89.

❸ Kindred, L. W., Bagin, D., and Gallagher, D. R. The school & community relations (5th) [M]. Bostan, MA: Allyn and Bacon. 2004: 23-56.

表1-8 Gemeinschaft 和 Gesellschaft 意涵的比较[1]

Gemeinschaft	Gesellschaft
1. 传统的部落关系，基于地方、宗族、友谊等	1. 公共社交的世界，基于市场需求、相互利益
2. 关系多为非自愿的，属本质意志	2. 关系多为自愿的，属选择意志
3. 人们彼此互动的动机、理由是强调内在意义，重视关系的重要性	3. 人们互动的动机常基于利益的考量，或是遵守契约的规定使然
4. 功能是扩散的，与相同的人从事许多不同的事务	4. 功能是特定的，只针对某特定事务与某人接洽
5. 互动关系被视为理所当然的，最明显的是父母、子女、夫妻、兄弟姐妹关系	5. 人与人的互动基于共同目的或相互利益性而定，科层体制即为一例
6. 人际间的承诺是理所当然的，而非蓄意地选择	6. 人际间的承诺是基于契约，相互利益，谈判、磋商是重要工具
7. 缺乏选择，人们常抱怨被无形的规范困住，无法翻身	7. 选择较多，自己所做的与被契约强迫的选择均存在，有时因选择而丧失
8. 种族同质性高，较少地区与社会流动，职业世袭，家庭决定身份，有一种中文 we-they 的关系，排外	8. 异质性高，地区与社会流动多，社会流动基于个体所具备的技能和能力水平

②个体在 Gemeinschaft 和 Gesellschaft 中的角色。个体在 Gemeinschaft 和 Gesellschaft 中的角色是指个体在与他人互动时的行为、关系、身份和功能角色等的表现形式是怎样的，这对于个体及社区发展整体来说是十分重要的，对学校与社区互动合作关系的建构也极具启示作用。从上述内容我们可以得知，由于 Gemeinschaft 和 Gesellschaft 在结构、形式、功能、关系等方面的不同，个体在 Gemeinschaft 和 Gesellschaft 中也必然存在很大差异。

总体来讲，在 Gemeinschaft 的结构中，个体在家庭中的角色是独特的、不可替代的，与家庭的关系较为密切。同时，个体所发挥的角色功能是全面的、扩散的，个体与他人之间的了解和互动关系也是全面性的，使得家庭内代际之

---

[1] 资料来源：根据滕尼斯《社区（共同体）与社会》[M]. 林荣远，译. 北京：商务印书馆，2019：33-79；林明地. 学校与社区关系 [M]. 台北：五南图书出版股份有限公司，2016：49-53 的资料整理而成。

间的关系亲密度较高，且是非正式的关系性质。❶ 另外，个体相关信息的隐私性较低，私人领域与公共领域重合。

但在 Gesellschaft 的结构中，"个体角色的可替代性较高，个体的身份、地位、等级与其本身所具有的技能、能力水平相关联，同时，个体的隐私性较高，并由于角色性质为专业人员的机会较多，与他人的关系是正式的、特定的、片面的，个人信息需要维系固定、长期的关系才能获知。"❷ 所以，个体与他人之间最终建立的互动关系往往是片面的，个人领域与公共领域是分隔的。为了能够更加直观、清晰地呈现两种结构之间的差异，详见表 1-9。

表 1-9　个体 Gemeinschaft 和 Gesellschaft 中所扮演的角色差异❸

1. 个体身份由家庭、文化角色而定	1. 个体身份由工作性质而定，基于能力、技能、职位等而定
2. 功能角色不可替代、不易互换	2. 功能角色是可以互换的
3. 角色重叠与扩散。个体之间彼此相识，从事不同活动，有很多机会交谈	3. 角色独特明确，个体之间共同从事许多种类活动的机会不多
4. 隐私性较低，相关信息共享	4. 资讯流通有障碍，须蓄意建立联系
5. 来自家庭、社区的监督多。个体的朋友是家人朋友的可能性大	5. 朋友是经过选择的，家庭与社区的监督较少
6. 学生在学校的表现情况信息传播快，且常经过非正式方式加以传播	6. 学生在学校的表现情况信息经常以成绩单、奖状、获奖等正式方式通知
7. 个体的生活是整体性的、相互关联的	7. 个体的工作与生活可以适度分开，个人的私生活与工作表现关联不大

③社区主义与个人主义取向。人类社会长久以来一直存在这样一个争论：是追求个人利益重要还是集体利益重要，也就是说个体性或群体性（社区性）何者比较重要？个体性强调个人的利益、需求、权利是最重要的；群体性则强调个人是集体（社区）成员之一，须承担相应的责任、义务和权利，以及社

---

❶ Merz, C., and Furman, G. Community and schools: Promise & paradox [M]. New York: Teachers College Press, 2000: 45-47.

❷ Merz, C., and Furman, G. Community and schools: Promise & paradox [M]. New York: Teachers College Press, 2000: 48-49.

❸ 资料来源：参考 Merz, C., and Furman, G. Community and schools: Promise & paradox. New York: Teachers College Press, 2000: 24-78; 林明地. 学校与社区关系 [M]. 台北: 五南图书出版股份有限公司, 2016: 54-57 的资料整理而成。

区有效治理和整体发展的任务。同时，这里也存在与之在本质上相关联的问题，对学校与社区合作的真正意义发出了灵魂拷问：实现学校教育发展重要还是社区整体发展重要，在实现目标过程中又应如何权衡学校和社区之间的利益关系？

与 Gemeinschaft 和 Gesellschaft、首属—次属群体的概念类似，另一个有助于理解学校与社区互动合作关系的社区概念或理论包括社区主义（Communitarianism）和个人主义/自由主义（Individualism）两大取向。

社区主义作为一种道德、社会和政治思想的潮流，于20世纪80年代初出现，是对约翰·罗尔斯（John Rawls）的《正义论》的批评，是一种有机体的、功能性的社区模式，强调社会系统是最根本的实体，生活在其中的个人被理解为一种社会嵌入的主体，具有社会性，参与具有整体性的社会系统生活。"在社区主义的社区取向之观点中，人与人之间在利益上的敌对是不利的，完整的、真正的人生只有在个人领悟、体验和认知到其与社会系统之间关系时才能真正实现。"[1] 因为人一旦成为人，就具有社会性和对他人的义务，且必须以实践此义务的方式行动。

在本体论上，社区主义者反对个人主义"原子论"和"契约式"的基本观念；在方法论上，社区主义在解释和辩护中强调了历史和社会环境的重要性；从规范上讲，社区主义强调与成员身份有关的社区和社区承诺、义务和忠诚的内在价值。总之，社区主义认为，光靠法律命令、社会契约无法使人自愿地创造健康、有用、彼此互助的社区，反倒是共同的传统、亲密性、共享价值以及彼此承诺关怀他人等重要因素，才是联结人与人之间，形成社区的关键。

与社区主义相反，个人主义倾向于强调个人理性、选择自由和自主权，并将保护和执行个人权利视为国家的主要目标，将生活问题归于私有领域，强调个体之间的平等性、独立性、自我导向，且个体是社会系统最根本的实体单位，社会系统应尊重并保护如原子般的个人利益，至于其所组成的社区就必须依赖规定得相当详细的契约加以规范。另外，个人主义认为个体应以理性作为行为选择的依据，追求自我的愿望实现，为自己负责，从而维护社会秩序。总之，在个人主义的社区观点中，追求自我利益是合情合理的，人际关系维护依赖的是人们会依据合理性而行动的假设，或参照共同契约、法律法规和自愿意愿，这与 Gesellschaft 强调正式契约和法律规定的要求相似。

---

[1] Beck, L. G., and Foster, W. Administration and community: Considering challenges, exploring possibilities. In: J. Murphy and K. S. Louis (eds), Handbook of research on educational administration [M]. San Francisco, CA: Jossey-Bass Publishers, 2005: 337–358.

④统整的观点。通过对社区（共同体）和社会相关概念的深度剖析，我们能够理解和察觉，在现代社会中，在思想、文化多元化的发展条件下，Gemeinschaft（相对于 Gesellschaft）和社区主义（相对于个人主义）的理想已不再是现代复杂和异质社会的可行选择，但却成为现代社会在教育、经济、政治等各方面发展所追求的某种"共同体"建构目标，而我们所追求的"共同体"实然是滕尼斯所解释和假设的理想愿景中的"社区"。也可以说，滕尼斯式的"社区"形态就是"共同体"，现实社会中的社区发展已偏离滕尼斯式"社区"，因此，人们日益向往和呼喊滕尼斯式"社区"的回归，即追求"共同体"目标的实现。

滕尼斯作为对共同体（社区）思想探讨的第一人，更为强调人与人之间的亲密关系、共同精神追求、归属感和认同感。但随着社会的不断变迁，在强调归属、认同和建构某种"共同体"的重要性时，社会的发展现实及对多元文化主义的反应意味着在一定程度上社会依旧在接受差异和渴望丧失文化同质性之间摇摆。这也意味着，如今，顽强的个人主义者和传统的社区主义者之间已经没有严格的分界线了，纯粹的 Gemeinschaft 和 Gesellschaft 也几乎是不可见的，现代社会中的大部分组织呈现一种 Gemeinschaft 和 Gesellschaft 同时存在之混合体的特质。但不可否认的是，关键的差异和分歧仍然存在，如社区发展应重视"共同体"建构还是科学有效治理？学校与社区合作的目标应追求建构滕尼斯所强调的"共同体"愿景还是建立有社会契约、法律法规约束的科学管理体系？如果兼顾两个目标的实现，又应采取什么措施？

其实，"现代社会的学校也具有 Gemeinschaft 和 Gesellschaft 的混合体特质"❶。公立学校是属于政府财政拨款并统一管理的教育组织，依据法律法规实施对学生的教育，学生接受的教育是义务、权利，教师、行政人员、校长的工作职务、条件、期望、业绩与正式关系大都以有法律效应的合同或契约为依据，而非依据自然意志而行，这些事实都偏向了 Gesellschaft 的特质。但学校也有或应具有 Gemeinschaft 的特质，如学校教育应秉承关爱和以学生为本的思想来培育学生的优良道德品质，教师应基于内心意愿和带有慈爱之心来激励、关心、协助和照顾学生的学习及生活，而不是冰冷地执行教学任务，而教师之间也应存在共同的精神追求、价值和友谊，而不是片面的业绩竞争关系。

所以，对于学校教育而言，Gemeinschaft 和 Gesellschaft 哪一种形式占据主导地位，将会影响学校组织内部的关系和品质，继而会影响学校与社区及外部社会环境之间的互动合作关系，更不利于学校与社区合作建立共同体目标的实

---

❶ 林明地. 学校与社区关系 [M]. 台北：五南图书出版股份有限公司，2016：56.

现。决定学校较具 Gemeinschaft 或 Gesellschaft 的关键因素是人际互动的形式，有关时间与地点的不同，如城市或农村，反而不是关键影响因素。因为，学校如果重视 Gesellschaft 为主导的价值取向，则学校组织内部和与社区之间关系的性质将倾向合理性、契约性、正式化和法律性，缺乏对社区的信任和利益的维护，这种不具共享精神、价值和归属感的关系，何谈在未来与社区建构"合作共同体"。但如果学校重视 Gemeinschaft 为主导的价值取向，学校与外部社区所建立的关系将会呈现非正式、无承诺、无法律保障的特征，缺乏科学管理体制，未来的合作关系必定也不会长久维系。

总而言之，我们不是要讨论 Gemeinschaft 或 Gesellschaft 哪一种形式正确，而是进一步从宏观社会与其微观基础的视角出发，思考社区研究对于理解整个宏观学校与社区运作逻辑的认识论意义。我们要以统整的观念来理解和发展学校及其与社区的合作关系，强调应同时重视个人主义与社区主义的社区价值取向，强调接受学校教育的全面性、整体性，以及对社区集合体承诺感之关系的必要性，即"允许多元主张的自由观点，以及涉及相互尊重支持无形规范之压力的社区主义目标"❶。正如诺订（Noddings）认为："关怀与正义的社区是以深度、关怀的人际互动关系为特色，强调个人基本权利、自尊、关怀他人的重要性与可能性，也指出了给予和接受关怀、爱护他人的人际关系的重要度。"❷学校组织内部人际关系和学校与社区之间的互动形式、关系、目标应兼顾 Gemeinschaft 与 Gesellschaft 的特性，能融合个体与群体、个性与共性以及对个体和群体的承诺，亲密人际关系、民主参与和正式制度共有等。

2. "社区"的新时代特质与本研究中的"社区"

通过把当代现实放入长时段的谱系进行重释，我们既能看到社区在历史长河中的延续性，也可以更加准确地认知到社区发展现状在新语境下的独特性与现代性。即科学技术的进步，人类社会的生活、交往、居住环境等已然发生了翻天覆地的变化，而作为社会的基本单位和人们生活的场域——社区，也产生了前所未有的实质性变化。

（1）社区的新时代特质。

理想中的社区，应如滕尼斯所言，人们之间的关系密切、互相关怀、具有共享价值和共同归属感，但在现代复杂社会中，由于交通便利、高科技沟通方式通达、国际化、无所不在的竞争、市场化机制及专业化加强等社会发

---

❶ Selznik, P. The moral commonwealth: Social theory and the promise of community [M]. Berkeley, CA: University of California Press. 2000: 34.
❷ Noddings, N. On community [J]. Educational theory, 1996 (46-3): 245-267.

展趋势，纯粹具有"共同体"特性的社区是几乎不可能存在的，传统的社区内涵在现代社会中已有了新的意蕴。换言之，全球化与代表本土化的社区整体重构，文化多元与整合，科技发达是现代社区的重要意涵，具体表现在以下几个方面：

第一，社会流动增多，人口特征异质性较强，社区类型多样，人口老龄化加剧。社会流动现象是由于城市化、交通便利、教育、工作调动等因素造成的人们在地理空间的流动，伴随着社会的微观基础之一——社区中的人口特征异质性增强，运转方式差异化，构成不同的社区形态和类型。当前，我国城乡社区有五种基本类型：一是以在各级党政机关、企事业单位的工作人员为主要居民的单位制社区；二是新建商品房住宅小区或"物业管理小区"，又包括经济适用房小区、"两限房"小区、"回迁房"小区、保障房小区、廉租房小区等亚类型；三是老旧街区，如北京老城区的胡同、大小杂院；四是"城中村"和"城边村"，这是我国城市化进程中特有的城市现象，也是进城务工人员居住较多的一类社区；五是乡村社区，从一定程度上来看，传统乡村与社会学中的"社区"意涵最为相似，但近年来，"乡村居民的从业与居住形态也发生改变，我国的乡村社区也已逐步演化为一个人际关系复杂、多元的人居系统"❶。

此也使我们注意到"虚拟社区"的逐渐兴起，"传统上，社区的界限是根据地域的接近度来划分的。接近度使社区的成员具有共同的目标、监督程序和管理行为。但现在，基于价值观的划分可能比基于地理位置接近度的划分更普遍。地理位置上的接近仅仅是表面的，而价值则是内在的"❷。目前，具有共同价值、共有文化、精神追求的一类社区的主要表现形式为社会团体或组织，当然，这里的共有文化不是涵盖一切的大文化，而是罗伯特·雷德菲尔德（Robert Redfield）意义上的"小传统"，是大众文化。因受时间、场所、工作性质、退休与否、家庭条件等因素的制约，居民的自组织能力增强，社区中每一类群体都有属于自己的社交团体、组织或网络，社区居委会的自组织则以助老、育幼、娱乐的类型较多，如图1-2所示。

但无论社区呈现的样态和类型怎样，近年来，我国社会人口结构的变化都在呈现出老龄化发展趋势，社区人口比例中的老龄人口在逐渐增多，只是目前表现在不同类型社区中的老龄人口比例不同，且少子高龄化现象也在不同的社

---

❶ 赵小平，陶传进. 社区治理：模式转变中的困境与出路 [M]. 北京：社会科学文献出版社，2012：13-25.

❷ 美国德鲁克基金会. 未来的社区 [M]. 魏青江，等译. 北京：中国人民大学出版社，2006：149.

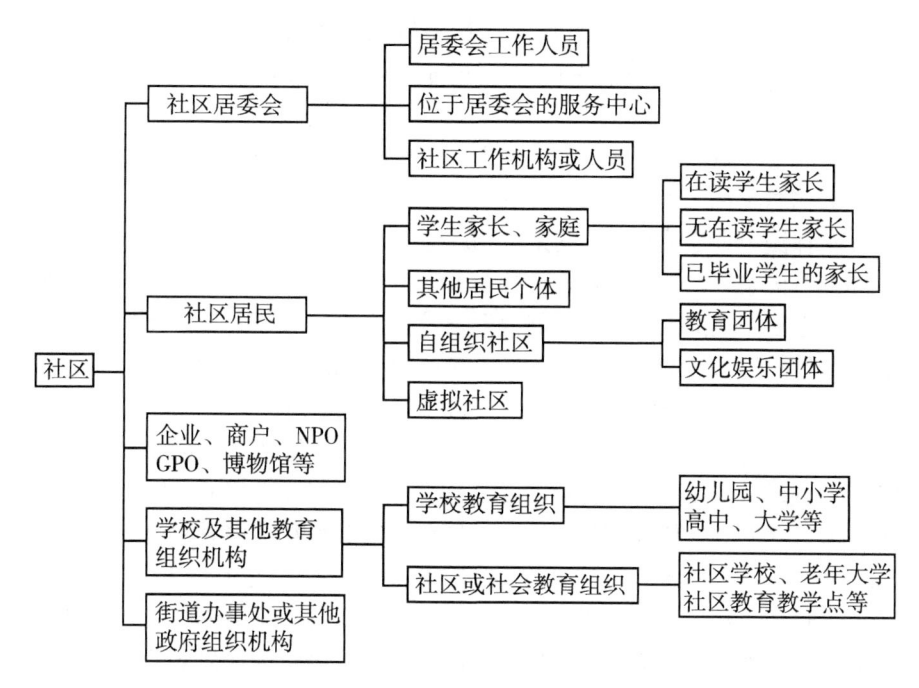

```
                    ┌─ 社区居委会 ──┬─ 居委会工作人员
                    │              ├─ 位于居委会的服务中心
                    │              └─ 社区工作机构或人员
                    │
                    │              ┌─ 学生家长、家庭 ──┬─ 在读学生家长
                    │              │                  ├─ 无在读学生家长
                    │              │                  └─ 已毕业学生的家长
                    ├─ 社区居民 ───┼─ 其他居民个体
                    │              ├─ 自组织社区 ─────┬─ 教育团体
     社区 ──────────┤              │                  └─ 文化娱乐团体
                    │              └─ 虚拟社区
                    │
                    ├─ 企业、商户、NPO
                    │   GPO、博物馆等
                    │
                    │                                  ┌─ 幼儿园、中小学
                    ├─ 学校及其他教育 ─┬─ 学校教育组织 ─┤   高中、大学等
                    │   组织机构       │                │
                    │                  │                └─ 社区学校、老年大学
                    │                  └─ 社区或社会教育组织 ── 社区教育教学点等
                    │
                    └─ 街道办事处或其他
                        政府组织机构
```

图 1-2　学校与社区合作层面上的现代社区基本构成

区中逐渐凸显。这对社区中的人际关系维系、社区教育、经济发展以及社区治理都带来极大的影响，并产生了一系列社会问题。如社区公共活动、教育和事务的参与群体主要为老年人，中青年群体除公共、生活及个人利益需求与居委会接洽之外，极少参与社区其他事务等社区现状，这对于以人际关系互动为重要合作方式的学校与社区关系建构来说具有启发性意义，这说明学校与社区在人际合作互动方面所关注的主体设定应有所转向。

　　第二，人际关系多层次，价值规范复杂多元。现代管理学学者彼得·德鲁克（Peter F. Drucker）从知识的角度针对人类社会演进过程中知识所扮演的角色提出了三个阶段：第一个阶段的"工业革命"强调知识应用于工具、过程以及产品的产出等；第二个阶段的"生产革命"重视生产线的组织、自动化、机械化，以提升生产力；第三个阶段则是依赖于专业工作者对于新知识的发展与应用，是一种"管理革命"。❶ 由此可见，现代社会在人际关系、组织互动的过程方面已经发生了质的改变，同理，社区亦具有这些发展特质。社区在不断完善发展的情境下逐渐由社区管理转为社区治理，在寻求社区市场经济和

---

❶ 王如哲. 知识管理的理论与应用：以教育领域及其革新为例［M］. 台北：五南图书出版股份有限公司，2012：45-65.

民生事业发展的基础上，开始转向权衡辖区内教育与民生之间的相互渗透，改善社区内人际关系的单一取向，在不同群体之间建立联结关系，促进社区整体发展。

由于社会异质性程度较高，现代社区中的人们虽然都生活在同一区域内，但是个人的思想观念和价值观是多元、自由的，不受社会限制，且人们的社会行为受法律法规和道德规范的约束。相应地，人际关系也更为复杂化、多样化，不只是单一的宗族、邻里、乡村等社会关系，人际关系已不受距离、时间的约束，而是会因个人的工作性质、能力及与他人亲密度等因素随时发生变化，变动性高，短暂性事务增多。同一社区内不同家庭之间的人际交往理由大部分涉及公共事务和个人利益需求，除此之外极少有其他互动机会。

第三，人们渴望彼此关怀、相互合作的需求日益增强，社会文化传承的需求也日益递增。即使因为社会的不断发展变迁，距离和空间的隔断，以及人际关系的复杂多变，人们很难长久维系亲情以外的其他社会关系，但人们仍设法维系类似 Gemeinschaft 的社区特性及其互动方式，以满足人与人之间的互动、情感、友谊、合作和联系等需求。例如，即使单位制、科层体制几乎已经成为现代社会运行的法则，但通常受科层体制和单位制严格管理之下的正式组织机构成员，大多数组织机构内部或组织机构之间的人员仍以非正式的方式互动沟通，这样的沟通方式，以及其所呈现出的互相合作、关怀、友谊等，也多数是同学、朋友以及间接血缘的亲属关系等形态。

从另一个角度来讲，无论社会发展有多迅速，科技有多发达，人与人之间彼此关怀、互动沟通、建立友谊、相互联系和合作以及渴望归属感等需求依旧十分强烈，如儿童青少年不仅需要家长的关爱和支持，也需要教师和社会的教导和帮助；老年人也渴望关怀和沟通，希望发挥余热；中年人除了具有对家庭照顾的责任，也希望家人能够给予关爱和付出，渴望社会提供更好的保障和福利。而且人们在困难重重的生存环境中，仍努力通过各种方式来完成各项工作任务，以促进社会的进步与可持续发展。同时，这也从侧面反映出了社会的内在需求，不仅表现在人际关系维系、社会关爱上，也呈现出社会的精神象征体——文化传承的需求也在日益递增，这对于学校与社区合作关系的建立和维系有很大的启示。

第四，强调知识的管理和应用，以及学习型社区建设和发展。现代社会和科学技术的不断进步，都离不开知识。知识已经成为个人和各个组织最为重要的宝贵资源。个人如何获取知识，掌握知识，应用知识到现实生活和工作中，在个人的成长、发展、提升能力、竞争力提高及挑战应对等方面成为重要影响因素。从组织机构的角度来讲，除了考虑人员的能力、数量和有效管理之外，还要考虑如何调动人员力量实现组织发展目标、利润达成和集体利益等。因此，在现代社区中，越来越多不同学历层次的群体都开始注重继续学习和丰富知识储备，提高个人学习能力，参与各种类型的职业培训、社会教育、成人教育，社区中的退休中老年人也都积极参与社区教育和文化活动，充实学习和生活，建立人际关系网络，缓解心理压力，结交具有共同精神和价值观的学习伙伴，从而缓解了一系列社会问题，许多社区甚至整个社会的学习氛围也日渐浓厚，具有成长与发展的动力，推动了学习型社区的建设。

第五，社区治理日趋现代化、成熟化和民主化，社会工作者的中介及协调作用日益凸显。随着我国社会转型的推动和治理理论在社区研究与实践上的应用，社区"管理"已慢慢转型为"治理"，治理更强调各类主体和组织机构之间的互动与合作，是社区增权和完善民主制度的积累过程，推动社区参与向更深和更广程度发展与创新。在当前，我国的社区治理还处于初期发展阶段，社区凝聚发展力量还比较薄弱，社区内不同性质组织机构的角色与功能对治理发挥着非常大的作用，社区内不同主体和组织之间的良性互动关系对于社区治理的健康发展也至关重要。因此，为社区青少年、儿童实行教育的学校与居委会和社区其他组织机构之间建构互动合作关系对教育治理现代化与有效社区治理具有十分关键的作用，并能够在合作运行过程中发现教育和社区发展的相关问题，分析和解决问题，以促进社区共同利益实现和实现社会整体持续健康发展，当然，在这个过程中，作为实现社区治理现代化和民主化不可缺少的推动者——社会工作者也必然在其中扮演核心角色。

社会工作者在社区治理中发挥了重要作用，是遵循社会工作理念、运用理论、方法、技巧来解决社区居民等在生活、学习、管理中遇到的困难，改善人际关系，解决社会问题，培养居民自助、互助、自决的精神，帮助社区与其他社会组织机构之间实现互动和沟通。近年来，随着社区治理水平的不断提高和实现有效管理的需求，社区要求工作人员需具备社会工作专业技能和能力。

（2）社区教育、社区治理、居委会与居民小区。

社区教育是"旨在提高社区所有成员的生活质量和整体素质，特定区域内整合教育资源，开展满足他们追求精神生活的充实、终身学习的需求和自我完善的要求，旨在建设和发展社区，消除社区的社会问题，服务区域经济建设和社会建设的教育活动"。❶ 社区教育是"在市、区县、街道（镇）、社区（村）分别设立以社区大学、社区学院、社区学校、社区教学点四级组织机构，老年

---

❶ 厉以贤. 社区教育学原理 [M]. 成都：四川教育出版社，2003：23.

大学和各类社会教育培训机构为组成部分的综合体系"❶。目前，在全国范围内，社区教育的受众主要是成年人群和退休人群，但大部分研究提出了教育对象单一，以老年人群为主，课程开发缺乏提升高度和拓宽领域的动力，资源匮乏，没有处理好与社区内各种学校的关系等问题。

社区治理是指"社区多个组织、多元主体之间的互动合作，共同管理社区公共事务，完善社区居民自治，提供公共产品，实现社区可持续发展和公共生活整体利益最大化"❷。从这一角度来讲，学校是社区综合教育体系中的主体之一，是社区教育事业的重要组成部分，学校与社区中其他组织机构之间的合作对宏观意义上的社区治理扮演了重要的角色，此时，社区是指包括居民委员会在内的位于社区范围内的各种社会组织机构。因此，学校和社区之间是息息相关、共存共生、命运休戚与共的关系，社区成人教育和中老年教育、基础教育及社区综合教育之间建立合作关系是十分必要和具有时代发展意义的。

在我国，街道办事处是我国城市基层管理模式，是政府的派出机关。居委会是"社区居民委员会""城市居民委员会"的口语化简称，它本身不属于行政序列。但从改革开放至今，"在我国，居民委员会异化为街道办事处的下属机构的现象已不足为奇，居委会对基层政府成为全面依附的关系，基本上失去了应有的自治性，成为官方化、行政化的居民组织与准政府机构。"❸我国目前"实际所存的社区，其基本框架和范围是来自于居委会、街道、村委会等的制度安排"❹。"受到行政化体制的约束，是'place'，而不是'community'"❺。

居民小区是指以城市交通干道或自然界限所规划的相对独立、一定的地域范围，具有一定的人口规模和公共服务设施，但成员之间不一定具有亲密的伙伴关系，是人们日常生活居住的场所。

居民小区与社区有一定的共性，如具有一定的地域范围，侧重居民的日常生活，在心理归属感和共享精神上或许存在共性。但是，居民小区不能等同于社区，二者之间的关系也不是部分与整体、"点"和"块"的关系，居民小区的管理较少具备社区的自治性特征与要求。社区带有明显的人文含义，拥有一套维护自身形象的价值标准和行为规范。

---

❶ 文锦. 面向未来的社区成人教育课程开发 [J]. 成人教育, 2005 (8): 47.
❷ 田玉荣. 非政府组织与社区发展 [M]. 北京: 社会科学出版社, 2008: 14.
❸ 唐忠新. 城市社会整合与社区建设 [M]. 北京: 中国言实出版社, 2000: 26-38.
❹ 林尚立. 社区民主与治理: 案例研究 [M]. 北京: 社会科学文献出版社, 2003: 313.
❺ 林炳秋. 社区发展的理论与实践——上海市社区研究优秀成果汇编 [M]. 上海: 上海交通大学出版社, 1999: 37.

（3）本研究中的"社区"。

教育要冲破"校园象牙塔"的局限，去与发展中的社会对话，与社会公众对话，应在知识生产的意义上强调实践范畴，强调理论与实践的统一。❶ 或者说，教育不能脱离实践和社会发展现实状况，要产出鲜活、可靠的教育知识必须借助实践才能实现，且教育知识必须能够得以有效运用来实际化解各种社会问题，从而维护教育与社会的基本秩序，教育发展与社会发展才能合二为一。进一步来讲，学校与社区合作过程中要关注社区发展真实状况和需求，以使学校与社区在维系和深化合作关系中始终保持利益一致，才能全面有效地发挥学校与社区合作的教育效能和社会效能，满足学校和社区的真实发展需求。所以，学校与社区合作中的"社区"或本研究中的"社区"要在确认理论研究范畴的基础上与社区的现代特质保持一致。详细来说，本研究中的"社区"具有如下三个特点。

第一，中国特色的社区，在中国共产党的领导和政府支持下，由一定数量的居民组成，配套有义务教育阶段的中小学，管理或组织机构如社区居委会、社区服务中心、非政府组织（NGO）、公益非营利性社会组织（NPO）等文体机构和生活设施比较健全的城市社区，属于地域性社会。

第二，学生的家长是本社区或邻近社区的居民，大多数适龄儿童或青少年能够就近入学，因为义务教育阶段的中小学学校对口服务范围内的社区通常包括多个社区或居民小区，所以，学校与社区之间是配套建设关系。社区中的成人和中老年人能够就近参与本社区或邻近社区的教育与服务机构所组织的活动和课程，社区组织机构的管理人员比较健全。这里要表明的是，虽然家长属于社区居民，学校与社区合作也涉及家校合作层面，但本研究中并不深究家校合作内容，重点在学校与社区合作层面。

第三，本研究强调社区是超越地域范围的一类社会组织与系统的社会性人际关系"集合体"，而不是人际关系"共同体"。即当作为"主体"时，社区是指社区居民、社区党组织和社区居委会，而作为"要素"时，社区是指作为实践之地的物理空间及其承载的物体或基于特定物理范围之上的社会空间及其内容物，比如将社区视为资源平台、社交空间等。

六、研究综述

近年来，国内外学者针对学校与社区的互动、合作与关系层面进行了一系列理论与实践方面的探索和研究，教育学科领域的研究者也开始高度重视这一研究

---

❶ 金生鈜. 保卫教育的公共性 [J]. 教育研究与实验, 2007 (3): 7-13.

领域的相关问题，学校与社区合作的学术关注度在逐渐上升。学校与社区合作过程中的诸多话题逐渐引起了人们的热切关注，与学校、与社区合作相关联的学校教育、青少年社会教育、家庭教育、隔代教育、老年教育等研究也备受关注，许多社会学者与教育学者从政策、关系、理念、策略、机制等方面进行了探讨。

但通过梳理国内外学校与社区合作方面相关的文献却发现，此研究领域的科研成果一直不甚丰富，缺乏方向一致、聚焦且具说服力的研究成果，依旧具有较大的深度研究空间和拓展机遇。因此，本章内容将对国内外学校与社区合作的研究现状进行剖析，主要包括价值取向、实践策略、合作困境和发展趋势方面。

（一）国内外学校与社区合作的研究进展

近几年，众多国内外学校与社区合作研究学者逐步聚焦到此研究领域的过程中，出现了一些期刊、博士、硕士学位论文。这些学者在强调对学校与社区合作的理论意义和实践价值探讨的基础上，侧重研究家校社合作的理论、实践和未来展望，在教育实践中促进学校与社区最优化和高效的合作，以班级或学校的组织形式与社区合作开展活动等。针对他们的研究思路与转向，研究者将总结和论述相关合作价值取向、合作实践策略、困境、局限和发展趋势。

1. 合作的价值取向研究

（1）国外研究进展。

从传统意义上来讲，国外在学校与社区合作关系研究过程中依然存在两个至关重要的道德论题，并构成合作实践的基础，即工具价值取向和民主平等价值取向。而事实上，在"工具"和"民主平等"之间并不存在一个明确划分的分界线，一切还要以时间、地点、条件和对象为转移。

概括来讲，参与合作的主体是学生，国外大部分研究学校与社区合作的初衷是"为了确证其对学生全面健康成长存在一定价值，同时兼顾确证其促进学校、社区、社会发展的宏观目标"[1]。学生的综合素养发展是支撑学校与社区合作的基本架构，因此，一般以围绕在实践活动中提高学生的社交能力、创造能力和批判思维能力等为中心来进行研究或是对学校与社区合作目标的探讨。如贝恩斯（Berns）从社会化与社会支持力的观点出发，指出"家庭、学校与社区对于儿童生长与发展的影响力，指出其合作的必要性是协助儿童社会化，助长学生学业成就与教师教学效能，提升教育品质，适应外部环境变迁，增加社会

---

[1] Joppa, M. C., Rizzo, C. J., Nieves, A. V., & Brown, L. K. Pilot investigation of the Katie Brown educational program: A school-community partnership [J]. Journal of School Health, 2016, 86 (4), 288-297.

支持力之目的"❶。

学校与社区合作是学校治理过程中解决教育问题的方法之一，带有一定的工具价值取向，尤其面对城市或农村学校一些突出的教育问题，如学生道德发展、心理健康、社会化问题等。具体表现在"学校与社区合作能够缩小贫富差距下学生学习表现差异化的现象，能够丰富课程教学内容，能够缓解抑郁症等青少年精神健康问题"❷。为了提高学校与社区合作的水平，欧美国家普遍出台了一系列政策、制度和法案，成立了推动相关参与合作的组织机构或引进社会工作等第三部门的社会支持，甚至为保障学校与社区合作的顺利推进设置了相关管理体制和运行机制，如美国的21世纪社区学习中心计划（CCLC, The 21st Century Community Learning Center）❸。

基于民主平等的价值取向是对工具取向的批判，认为没有触及"民主性"和"平等性"的学校与社区合作观是消极的，没有达成价值共识。如有研究认为"学校与社区合作普遍属于'协同惯性状态'，其中的效果输出率很慢，这种'协作惯性'与合作成员在制定议程、实施综合服务和评估效果时的权力斗争或不平等问题密切相关"❹。米歇尔·范登布罗克（Michel Vandenbroeck）等研究者强调，"即使合作过程中存在一致或不一致的意见，真正的学校与社区合作会为民主协商和对话创造平等的机会和空间，因为社区内蕴含了既多元又矛盾的价值观、利益需求和对幸福的理解"❺。也有研究提出："如果在学校与社区合作中没有积极和充分地解决民主平等问题，就会不利于实现教育目标，降低合作服务的质量，消极的社区参与，甚至阻碍未来的合作。"❻

---

❶ Epstein, J. L., & Sanders, M. G. Prospects for Change: Preparing Educators for school, Family, and Community Partnerships [J]. Peabody Journal of Education, 2017 (81-2): 81-120.

❷ Nora S. Laho. Enhancing School-Home Communication Through Learning Management System Adoption: Parent and Teacher Perceptions and Practices [J]. School Community Journal, 2019 (1): 117-122.

❸ Epstein, J., Galindo, C., & Sheldon, S. Levels of leadership: Effects of District and School Leaders on the Quality of School Programs of Family and Community Involvement [J]. Educational Administration Quarterly, 2011 (47-3): 462-495.

❹ Amanda Stefanski, Linda Valli, Reuben Jacobson. Beyond Involvement and Engagement: The Role of the Family in School-Community Partnerships [J]. School Community Journal, 2016 (26-2): 135-147.

❺ Gross, J. M. S., Haines, S. J., Hill, C., Francis, G. L., Blue-Banning, M., Turnbull, A. P. Strong School-community Partnerships in Inclusive Schools are "part of the fabric of the school...we count on them." [J]. School Community Journal, 2015 (25-2): 9-34.

❻ Amanda Stefanski, Linda Valli, Reuben Jacobson. Beyond Involvement and Engagement: The Role of the Family in School-Community Partnerships [J]. School Community Journal, 2016 (26-2): 135-147.

近年来，学校与社区合作过程和内容中所蕴含的民主对话空间，受到了国外研究者的关注。以佐藤学先生为代表，他认为民主平等的参与实践文化是提供一种多元群体和组织互动合作与共同决策的空间，以促进互惠共生。❶ 学校与社区合作是践行教育民主的一种方式，民主式合作能够激发合作中的创新和多样性发展。布莱恩（Bryan）等批判理论家认为，与边缘化学生所在的社区合作或推动其"社区参与"可以促进民主治理和社会公正，学校与社区应该将对方视为平等的合作伙伴，并平等分配他们的机会、成果和责任。正如哈贝马斯的交往行为理论中所讨论的那样，所有成员都应享有平等的权利和机会参与交往行为。这意味着合作应有意建立治理结构和流程，以促进参与性和包容性决策过程。也有研究者强调"集体利益行动和共同目标是学校与社区合作的必要条件，应鼓励他们将目标问题视为自己同样面临的集体问题，从而增加集体力量和在个人、文化与结构层面上的赋权"❷。

（2）国内研究进展。

之所以以"学校与社区合作关系价值取向研究"作为第一个层面来展开综述，是因为本研究认为，国内大部分研究者对学校与社区合作的目标价值取向存有一定程度上的片面性论证。人与人之间为何要寻求合作？确实是为了寻求共同目标才会产生合作，但不能够忽略的重要一点是：所有参与者都能从中获益的情况下才有可能产生并维持长久持续的合作。

不可否认，很多文献对学校与社区合作的目标价值取向都是以共同努力促进学生健康成长为目标价值取向的，如"学校应帮助社区和家庭统一思想认识，养成科学合理的育人观"❸"为提升学校影响力、树立良好形象和获得更多的教育资源，学校运用沟通手段与各种信息传播技术，与社区进行良好的合作"❹"学校与家庭、社区合作，把个性化培养和规模化教育有机结合起来，实现以学生为中心的教育情境空间"❺"学校、家庭和社区合作的基本价值取向

---

❶ Michael T. O'Connor, Frank Daniello. From Implication to Naming: Reconceptualizing School-Community Partnership Literature Using a Framework Nested in Social Justice [J]. School Community Journal, 2019 (29): 297; 301; 306.

❷ Hands, C. Creating links between the school and the community beyond its walls: What teachers and principals do to develop and lead school-community partnerships [J]. Teaching and Learning, 2015 (9): 1-15.

❸ 翟晓磊,李海鹏. 论学校在"校-家-社"关系中的主导地位——空间、权力和知识视角下学校、家庭和社区关系研究 [J]. 中国教育学刊, 2020 (11): 49-53.

❹ 黄崴. 公共教育服务研究的创新力作——评《公共教育服务体制探索》[J]. 岭南师范学院学报, 2017 (1): 164-166.

❺ 吕玉刚. 着力深化教育教学改革 全面提高基础教育质量 [J]. 中小学管理, 2020 (1): 25-29.

应该是促进学生的健康成长,为学生的终身教育发展奠基,坚持'五育'并举,只有立足于学生成长,学校与家庭、社区之间的合作才是有价值的"❶。

学校与社区合作将促进学生健康成长、提高学生综合素养以及为学生谋福利等价值目标取向是正向的、积极的、有意义的价值取向,确实可以成为共同努力实现的目标。但以这种合作目标为取向的合作项目可能是不会长久持续下去的,因为他们提出家庭、学校与社区合作的观念是建立在家校合作的基础上的,其合作假设是所有的家长均来自社区,所有社区的居民家里都有或将会有孩子,都会进入学校接受教育,学生应该接受社会性层面的教育,所以学校与社区合作的共同目标必然是围绕促进学生成长为价值目标。但他们忽略了重要一点,即社区的构成、功能、组织、职能管理、需求等方面是十分复杂多元的,社区不只有家长这一类群体。所以,从本质上来讲,目前大部分研究学校与社区合作或者研究家庭、学校与社区合作都是依旧在研究家校合作,也可以说,他们研究的学校与社区合作是在研究学校与社区中的家长合作而已。

从他们的研究层面上来讲,这样的合作也确实能够进行下去,因为学校与家长一直会有共同努力的目标,但不能说学校与社区合作能够长久持续下去,因为除了社区中的家长群体,社区中的其他组织机构、群体、个人都没有获得他们所真正需要的利益,这样的合作如何能够实现共赢?如何能够持续?如何能够称为"学校与社区合作研究"?从现实层面和理论层面来讲,这是不科学的、不合理的,不但扭曲了学校与社区合作本来所应具有的价值目标取向,而且带偏了大部分学校与社区合作的研究者们的价值观,在他们所认为的"能够实现互惠共赢"的基础上推动"实际上并不能实现互惠共赢"的合作。从根本上来讲,这是一种研究逻辑不严谨的表现。

但有一部分研究者在努力充实和完善学校与社区合作的价值取向,例如,他们认为:"学校和社区应依据相关政策法规,基于教育一体化理念,制定双方都应遵守的制度,明确共同目标,促进教育共同发展"❷,"虽然学校和社区各有不同的发展目标,但应以建设终身学习教育服务体系和促进社区成员的全面发展为共同目标"❸,"学校与社区合作虽有以学校或社区为主导的模式,但

---

❶ 王正勇. 学校与社区合作的问题与对策——基于攀枝花市 M 乡的调查 [J]. 西昌学院学报·社会科学版, 2019 (3): 44-46.
❷ 邵晓枫, 刘文怡. 中国学校与社区的教育共同体演进与构建时空 [J]. 现代远程教育研究, 2020, 32 (4): 86-92.
❸ 陈红梅, 田媛. 影响学校与社区互动的因素分析——基于湖北省武汉市的调查 [J]. 中国教育学刊, 2012 (7): 38.

具体在实践中用怎样的模式,要具体情况具体分析"❶,"学校和社区把对方的发展作为促进自我发展的一部分,把对方作为重要部分列入,是其合作教育实践共同体的最高境界。学校和社区应统一规划,建立共享的教学、师资、课程等教育资源服务中心,共同研发学习资源,为学生、家长和社区居民提供支持服务"❷。

  当然,也有学者开展了更加具体的研究,例如,林明地将学校与外部环境的关系、学校与社区的组织机构关系、学校作为"社区"的内部关系、学校内部所有人员之间的关系、学校人员与社区人员的关系等按从宏观到微观的写作方式将以上关系的处理计划、方案、措施、实施、评估等非常细致地详述出来,并提出了"维系好视学校为'社区'的内部关系"是影响学校与外部环境(社区)的影响因素之一,强调"攘外必先安内"的思路。"学校内部各个组织、机构、层级之间的关系维系与冲突事件的处理,是以防学校在处理与外部环境(社区)关系时出现责任推脱、分工不清、沟通不全面等问题的重要影响因素,应塑造学校和社区成为'关怀的学习社区'"❸。

  陈红梅基于社会转型的时代背景和建立现代学校制度的重大变革,建构学校与社区的关系,破解学校与社区互动的难题,探索构建促进儿童健康成长的教育共同体。她认为"学校之外的事情比学校内部的事情更重要,它们制约并说明校内的事情"❹。因此作者采用了问卷调查法、访谈法、案例法、比较法、文献法来剖析学校与社区互动的困境因素,但作者始终未提到学校内部关系的维护问题,一直将研究重点放在学校与外部环境(社区、企事业、居民)互动的方式、机制、困境等方面,而且没有根本性地解决问题,只是以建设教育共同体的宏观愿景来指导学校与社区互动。随着社会的发展和教育的变革,我们应该以新的眼光和视角来研究常态性困境持续存在的本质原因,作出新的指导。

  2. 合作的实践策略研究

  (1) 国外研究进展。

  目前,就国外推进学校与社区合作实践的模式和活动内容而言,大多是由学校发起的,并且认为对于某些社区,学校应该扮演积极的"家长"角色或行为。如有研究"在以学校为立场开展的合作项目中,社区中的组织机构、专业工作人员和社区居民群体所承载的教育资源和教育职能被学校认可为'有用'

---

❶ 刘阳. 论教育共同体的内涵与构建原则 [J]. 外国中小学教育, 2014 (10): 38.
❷ 田静. 从隔离走向融合:学校与社区的关系与变革探析 [J]. 继续教育研究, 2010 (2): 109.
❸ 林明地. 学校与社区关系 [M]. 台北: 五南图书出版股份有限公司, 2016: 30 - 70.
❹ 陈红梅. 教育共同体现视域下学校与社区互动的研究——基于现代学校制度建设的思考 [M]. 武汉: 华中科技大学出版社, 2015: 4.

的资源，对学校的自身发展有着重要作用"[1]。更有研究"将学校与社区合作描述为'学校运作方式'的结构，所认同和期待的学校与社区合作是以提供多样资源支持学校的治理、活动项目和决策为前提，能够积极参与合作的社区才被认为是理想型社区"[2]。因此，这种缺失多元化声音参与的决策过程和利益主体单一化的"家长式"合作行为遇到了挑战，使得学校处于主导地位，社区处于附属地位，其合作形成表层化、非制度化和功利化的互动关系，最终阻碍合作的进程，难以形成良性的共生关系。

但有人为之辩护，指出"家长作风"对社区的利益、价值、福祉和需求是有好处的，并指出以学校为发起方而形成的合作现象与社区本身事务繁杂是脱不开关系的。虽然在理想的学校与社区合作过程中充满了实现共同目标的价值理念，但由于学校和社区进入合作领域的目的、动机、发展水平和具体境况是不尽相同的，因此，一个实际的合作项目会同时具有其他各自不同的价值目标。就学校与社区合作的实现过程，有研究认同其是社区与学校的共享教育资源，以完善的社会教育环境与资源进行反哺，同时具有向学校或家庭个体浸润社区特有的文化、道德标准、价值观念和行为标准等意识形态方面的特质。但无论如何，即使在预见合作会带来价值和利益的条件下，"家长作风"也不应该存在于学校与社区合作过程中，因为可能会忽略其中一方的真正需求。

正如桑德斯（Sanders）所表达的"合作是一个过程，而不是一个事件"[3]。"学校能否动员社区参与到学生教育过程中""学校怎样激发社区的合作"以及"社区应以何种方式与学校合作"的这一类问题还值得继续深究，毕竟学校无法强迫社区与其合作，但学校可以设计和带领学生参与社区文化、教育或志愿活动，激励多元社区群体参与学生教育过程，充分发挥社区优势，引导学生健康成长。如有研究强调学校与社区合作在关注实现学校利益的同时，应注意社区中的多元群体特征，要设计多种参与方式让社区中的不同群体参与学校事务，如学校财政审核、学校发展规划、教育活动策划等。而关于如何激发和促进合作的问题，有研究指出学校与社区应确立以共同目标、共同责任、建立认同和有效协商的原则为基准，强化互惠合作的激励效应和合作价值的

---

[1] Gregoric, C., & Owens, L. The impact of school-community involvement on students, teachers, and the community [M]. Transforming the future of learning with educational research, Hershey, PA: IGI Global, 2015: 221-239.

[2] Hiatt-Michael, D. B. (Ed.). Family involvement in faith-based schools: A volume in family-school-community partnership issues [M]. Charlotte, NC: Information Age, 2017: 145-167.

[3] Sheldon, S. B., & Turner-Vorbeck, T. A. (Eds.). The Wiley handbook of family, school, and community relationships in education [M]. Hoboken, NJ: Wiley Blackwell, 2019: 24-56.

共享性。

乔伊斯·爱普斯坦（Joyce Epstein）认为："学校与社区合作是学校超越传统教育使命，实现集体知识生成的过程，学校与社区关系应保持共生和互惠的对话状态，应坚持全部成员均参与、主动积极经营、持续地双向沟通、善用多元媒体（文字、语言、形象及活动媒介）、把握适时时机以及采用多样化营销策略等关系经营原则。"❶ 如汤普森（Thompson）认为："学校与社区将对方视为生命共同体是一种理想的合作状态，真正的合作关系象征着一种连续性的相互承诺、共同负责以及相互受益的稳定关系。"❷ 戴维斯（Davies）强调："学校与社区需在尊重、关怀、互惠、平等等信念的引导下，为学校教育品质，学生教育发展、家长教育以及社区进步的共同目标，寻求资源互惠互享、彼此参与、合作、沟通以及服务。"❸ 威尔姆斯（Willems）则提出了三种推动学校与社区的教育经验：真实教学、基于问题的学习和服务学习，来强调"让学生参与与校外存在的环境和社会文化结构相一致的活动，将确保学校环境与现实生活任务之间更大程度的平行，有助于学生有意义地学习学术知识"❹。

（2）国内研究进展。

无论理论研究还是其他研究，都应该是为了更好地支持实践。事实上，目前大部分研究学校与社区合作的研究者们也都是以提出完善实践策略为目的。

概略而言，因为研究学校与社区合作的研究者大都来自教育学领域，所以，他们所提出的策略和建议大部分是关于如何强化学校与社区之间的合作以为学校和社会发展带来更大的教育效能，但有些研究却只针对社区该如何采取行动支持学校教育、教学和课程学习层面来提建议。例如，何亚新认为："社区是影响学生价值观和健康成长的微观因素，可以将社区元素纳入班级文化建设，将大型活动迁移到社区，为学校活动提供场所，同时可以引导社区群众参与其中，共同感受多元文化魅力；为了让学生的学习视野不受空间局限，社区可以

---

❶ Epstein, J. L., & Sanders, M. G. Connecting Home, School, and Community: New Directions for Social Research [M]. In M. T. Hallinan (Ed.), Handbook of the sociology of education. New York: Kluwer Academic/Plenum Publishers, 2012: 285-306.

❷ Linda Valli, A Stefanski. Typologizing School-Community Partnerships: A Framework for Analysis and Action [J]. Urban Education, 2016 (7): 719-721; 734-747.

❸ Miller, P. M., & Hafner, M. M. Moving toward Dialogical Collaboration: A Critical Examination of a University-school-community Partnership [J]. Educational Administration Quarterly, 44 (1), 2018: 66-110.

❹ D. Cameron Hauseman, Katina Pollock, and Fei Wang. Inconvenient, but Essential: Impact and Influence of School-Community Involvement on Principals' Work and Workload [J]. School Community Journal, 2017 (27-1): 83-90; 100-102.

向学生开放学习室、图书馆、活动室、展览室等教育资源;学生也可以主动参与社区服务项目、卫生与安全宣传等活动中,增长心智、提高实践技能及人文素养。"❶ 张旭宁指出:"应合理利用社区德育资源,社区不仅能为学生提供实践的场所,还隐含着包括敬老服务、文明邻里、传统文化、社会风尚等丰富德育资源,是学生接触社会、学习服务意识的重要途径。"❷

当然,也有其他学者思虑较为全面,从终身教育和建立学习型社会层面提出促进学校与社区合作的建议,如厉以贤认为:"社区教育形成了家庭、学校、社区三结合教育的网络,应在此基础上,建立起以社区为依托整体育人、提高全民族素质的新格局,建立青少年全方位教育发展与社区发展相联系、互相促进,教育和社会互相沟通、双向参与、双向互动,推进终身教育、终身学习、迈向学习型社会的社区教育新观念。"❸ 他的观点不仅强调了学校与社区合作应该从社区出发采取积极行动,也明确指出学校应该自主创新,与社区协同促进合作发展。

另外,不仅研究者们在探索学校与社区合作的实践路径,许多学校和社区的实践参与者、组织者和管理者也在积极探索如何改进、创新和建构一系列互动合作机制。例如,郁琴芳总结了部分学校机制创建的实践案例,指出应该因校制宜,根据学校的具体情况具体分析,创建适合自己的管理机制,将构建"教育共同体"或"生命共同体"设置为学校与社区互动合作的愿景。她认为通过分析学校案例可以发现,主动方不同,所设置的机制也是不同的,从政府、社区、学校出发和从幼儿园、小学、中学出发所构建的机制都存在差异。由于每个学校、社区的情境不一样,无法统一机制模式,可以发展自己的特色。例如,从政府出发,上海市黄浦区教育局在推动学校、家庭、社区三位一体育人机制的实践中推出"社区教育委员会""街道——校长联席会议""市民学习基地""蜻蜓心天地——黄浦区未成年人心理健康辅导中心暨家庭教育指导中心"等一系列机制,从政府的高度自上而下来保证家校社合作互动的有序高效开展;从社区实际情境出发,主动与家庭教育、学校教育相融合,上海市徐汇区街道社区学校推出了长桥社区家庭教育指导新机制,全力打造"社区搭台、学校支持、专家引领、教师指导、家长主角、学生主体"的新型家庭教育指导运行机制;从学校出发,由学校实际情况设计与社区、家长合

---

❶ 何亚新,刘宗霞,钟燕. 小学班级文化的建设策略 [J]. 教育科学论坛,2016 (6):6.
❷ 张旭宁. 普通高中"班级德育资源"的整合与有效利用 [J]. 教学与管理,2016 (5):20.
❸ 厉以贤. 社区教育·终身教育·学习社会 [J]. 中国成人教育,2001 (11):5-7.

作的一系列机制。❶ 由于学校主体的特殊性,学生异质性强,各类问题突出,因此,学校主动性相对社区与政府而言相对强烈,思路与行动也进行了同步探索。

综上可以看出,近几年关于学校与社区合作的发展状态与以前不重视合作的状态已明显不同,尤其是政府及各个学校、社区都开始在合作事宜中投入热情,学校、社区实践者和研究者都已然意识到这件事情的重要性,而且都已经采取了行动。但由于理念指导和理论基础不牢固,许多策略、路径和机制的建构并不完善。因此,这需要研究者们继续深入探索,为实践者提供专业督导,使社区、学校在机制创建过程中能够合理掌握具体教育和管理层面的"度",以免出现用力过度、物极必反的情况。

3. 合作的困境问题研究

(1) 国外研究进展。

首先,对于学校与社区合作的确证性问题研究而言,大多数研究的假设是一种能够对参与主体带来积极影响的教育力量。但是,关于学校与社区合作的教育课程会给学生、社区和学校带来何种具体影响却没有达成共识。在部分研究中,"对促进学生全面综合发展的理解,主要是以学生的自我效能感、人文素养、凝聚力、实践技能和社会交往技能的获得或成绩提升为关注点"❷;也有部分研究强调"学校与社区互动合作关系,尤其是社区居民和其他社区组织机构参与到学校范围内所组织的教育活动,对学生的综合能力提升方面的积极影响,论述了学生在参与社区文化教育和志愿服务过程中道德素养、学习服务意识和社会生活能力的提升"❸;还有一部分研究关注"学校与社区合作能够帮助学生缓解由学校向社会过渡的心理健康和生活能力,具体涉及学生的日常校外或毕业后的社会生活适应问题"❹。

而关于学校与社区合作为学校和社区所带来的利益,大多数研究则集中在社区的有效治理、学校文化发展、品牌创建、资源共享和公民教育等问题上,更为宏观的意义是探讨"推进终身教育、终身学习、学习型社会和社区教育新

---

❶ 郁琴芳. 家校合作 50 例——区域设计与学校智慧 [M]. 上海:华东师范大学出版社,2018:23-89.

❷ Powell, K. G., Peterson, N. A. Pathways to effectiveness in substance abuse prevention: empowering organizational characteristics of community-based coalitions [J]. Human Service Organizations: Management, Leadership & Governance, 38 (5), 2014: 471-486.

❸ Jangmin Kim. Building Transformative School-community collaboration: a critical paradigm [M]. 2017: 6.

❹ Grant, K. B., Ray, J. A. Home, school, and community collaboration: Culturally responsive family engagement [M]. Thousand Oaks, CA: Sage. 2016: 34-78, 81-89.

观念的发展"❶。"随着学校制度的完善和社区治理水平的逐步提高,学校与社区之间更加深入的互动和合作逐渐增多,空间范围不断扩展,合作渠道也越来越多"❷。

其次,在学校与社区合作的具体行动问题研究中,国外部分研究关注了第三组织机构为合作带来的协助、影响和效能。"欧美国家的社区大多是以城市为地域单位,其高度的居民自治和非政府非营利性组织在社区发展中发挥了突出功能作用,诸如美国的学校协议会制度、德国的学校会议制度和英国的学校理事会制度等实例都是非政府组织集结社区力量参与学校事务或与之沟通衔接的社会组织,在一定程度上也体现了欧美国家对学校与社区关系的重视,并将学校与社区合作定位为教育体系的核心"❸。另外,基于欧美国家高水平的社区社会工作,福尔曼(Fruman)提出:"义工和社会工作组织是学生与社区关联的重要桥梁,在学校与社区合作中扮演了协调者和中介者的角色,对于学校与社区伙伴关系的建立最具启示性。"❹

同时,值得注意的是,少数民族裔的学校与社区合作也是国外教育研究的一个重要论题。如美国的教育领导者在比较了具有不同社区背景的学生学业成绩之间的差异后,在《每个学生都成功法》(*The Every Student Succeeds Act*,ESSA)中强调了州和地区应保障多元社区的积极参与责任。有部分研究基于对社区中不安全因素与人口构成的复杂性,聚焦于生活贫困、离异家庭、暴力或药物滥用、高辍学率等问题学生来研究他们所处的社区与学校的合作境况。其中,有研究指出:"社区因素超过学校因素影响了学生的健康成长,学校与社区合作可以塑造与强化关怀的支持系统。"❺关于一些特殊学生,如有残疾或心理问题的学生,他们的学校与社区合作问题也引起了研究人员的重点关注。

最后,无论学校与社区合作的众多积极案例如何,都必须认真考虑其影响

---

❶ Valli, L., Stefanski, A., Jacobson, R. Typologizing school community partnerships: A framework for analysis and action [J]. Urban Education, 51 (7), 2016: 719 - 747.

❷ Casto, H., McGrath, B., Sipple, John W., & Todd, L. "Community Aware" education policy: Enhancing individual and community vitality [J]. Education Policy Analysis Archives, 2016 (50), 3 - 5, 7 - 8.

❸ Casto, H. G. "Just one more thing I have to do": School-community partnerships [J]. School Community Journal, 2016 (1), 139 - 162.

❹ Green, T. L. From positivism to critical theory: School-community relations toward community equity literacy [J]. International Journal of Qualitative Studies in Education, 2018 (4), 370 - 387.

❺ Henry, L. M., Bryan, J., Zalaquett, C. P. The effects of a counselorled, faith-based, school-family-co-mmunity partnership on student achievement in a high poverty urban elementary school [J]. Journal of Multicultural Counseling and Development, 2017 (3), 162; 178; 180 - 182.

力的可测性和可评估性。伯恩斯坦（S. Bernstein）曾提出，除非价值被界定、被评估和被实施，否则将是消极的价值。❶ 有研究"以学生成绩来确证和认同学校与社区合作价值的可被测量，使用等级线性模型进行差距分析，比较参与学生与非参与学生的数据测量结果来检验学校与社区合作的影响力，发现在学生出勤率、毕业率、教育愿望和合作方面产生了积极成效，学生的判断思维能力、组织能力和运用知识处理问题的能力得到提升"❷。相关研究还发现："社区对学校资源的使用率提升，该地区的安全感、社区自豪感和参与度越会提高，青少年犯罪或酗酒等问题也会缓解。"❸

但也有研究对学校与社区合作的教育质量、精确性和异质性持有怀疑态度，指出其带来的价值效应存有偶然性和不确定性。如有研究"从不同年龄组学生的各种需求、兴趣方面的差异性以及家庭教养环境的复杂性角度来强调学校与社区合作对学生影响的片面性，从合作周期指出对学生影响的短暂性"❹。也有研究指出："难以从相关数据中发现学校与社区合作对学生学业成绩和学术技能的影响，这种以学校与社区合作的内容层面来检验对学生的影响是'不合理的''非正式的'，或仅仅是基于利益相关方团体在合作伙伴关系中的满意度而做出的假设，甚至为其贴上了'华而不实'的标签。"❺ 这种带有批判性和质疑性的态度表明，学校与社区合作的目标、理想在特定的研究者和实践者的思想中有可能被异化，这是我们在思考学校与社区合作之间关系时必须重视并解决的一个问题，因为目标不仅一直被看作是相关研究者和实践者的偏爱，而且也是学校与社区合作方法所产生的源泉。

（2）国内研究进展。

发展的道路必定不会平坦，问题也会接踵而至。国内学校与社区合作策略、机制的制定、实行、完善、反馈、修正等环节依旧存在着很多弊端，值得深入

---

❶ Evans, M. P., Hiatt-Michael, D. B. (Eds.). The power of community engagement for educational change [J]. Charlotte, NC: Information Age. 2016: 100.

❷ Kathryn McGinn Luet, Brianne Morettini. "It's Pretty Bad Out There": Challenging Teacher Perspectives Through Community Engagement in a Mentor Training Program [J]. School Community Journal, 2018 (28), 159 – 186.

❸ Hal A. Lawson·Dolf van Veen. Developing Community Schools, Community Learning Centers, Extended-service Schools and Multiservice Schools [M]. Springer International Publishing Switzerland, 2016: 334 – 336.

❹ Tate, W. F. Research on schools, neighborhoods, and communities [J]. The American Educational Research Association. 2012 (4): 57 – 67.

❺ Bernita L. Krumm and Katherine Curry. Traversing School-Community Partnerships Utilizing Cross-Boundary Leadership [J]. School Community Journal, 2017 (27 – 2): 99 – 110.

研究，具体表现在政府、学校、社区在制定管理机制、互动机制、长效机制、评价机制的过程中依旧缺少统一的指导思路、模板、思维和行动指导，每个学校、社区都在根据社会教育情境的不同探索适合自己区域发展的一系列机制，在实践行动中进一步探索机制的限制性，并不断完善，但却缺乏方向一致性。

对此，有些研究者也提出了合作困境存在的原因：一种是"学校问题派"，例如，刘爽、王景英提出学校与社区关系存在的问题包括学校以"教育专家"自居，双方沟通不畅，社会参与者重视与重点校的互动，资源开发有争议等几个方面，并认为："学校和社区在处理相互关系时应该遵循人本、公正、民主的伦理原则，注意互相监督、共同发展，以获得双方共赢利益。"❶ 另一种则是"社区问题派"，例如，张玺认为："社区居民中青少年的父母都忙于工作，没有业余时间参与社区活动，但祖父辈的年龄又比较大，对孩子的教育容易力不从心，社区工作人员年龄相对较大，大多是大专学历，因此，受社区工作人员思想观念和知识结构的限制，以及对相关教育知识体系、学生思想特点的掌握度不足，设计出来的教育课程体系往往不能满足学生对实践和知识学习的诉求，很难吸引他们广泛参与。"❷

另外，也有研究者从整体、宏观角度提出了问题所在的原因，如顾霁昀从学校与社区合作的现状审视入手，研究了当前我国学校和社区合作在组织保障、整合资源、愿景认识等方面的诸多问题。她认为，首先，如果学校与社区的合作的相关组织保障不健全，没有经费、督导评价和政策法规等保障，缺少对行政力量的约束和必要的配套机制，那么，合作可能只是流于形式；其次，在合作过程中，资源开放的深度和广度不够，资源整合度不充分，将会限制合作的进一步开展；最后，"对合作愿景的认识不明晰，终身教育理念蕴意学校与社区之间应建立相互理解、认同、共赢的合作关系"❸。

对于学校与社区的合作困境，诸多研究基本归因于资源缺乏、机制不健全、管理政策制度不完善等几个因素，很难在这些文献中找到归因于人与人之间关系性质的蛛丝马迹。其实，"学校中心"意识依旧根深蒂固，许多学校仍以"教育专家"自居，并没有意识到互惠合作对学校和社区发展的积极意义，仅仅将社区当作辅助机构和学校教育的补充，忽略了社区在学生社会实践中的教育实力，教师参与意识淡薄，没有达成一致认同，而由于社区管理者也常忙于

---

❶ 刘爽，王景英.论学校与社区关系伦理[J].吉林教育，2011 (9)：31.
❷ 张玺.论青少年社区教育的困境及实践路径——以绵阳市游仙区Y社区为例[J].河北青年管理干部学院学报，2017 (11)：14.
❸ 顾霁昀.从"文化孤岛"走向"文化共同体"——学校与社区"教育一体化"的校本探索[J].上海教育科研，2018 (4)：53-55.

繁杂行政事务，对于合作表现得并不积极，加之存在管理上的混乱等合作问题其实都透露出人与人之间没有建立互惠交往关系的理念。

4. 合作的发展趋向研究

（1）国外研究进展。

教育既是国际社会的共同议题，也是各个国家的战略问题。国际社会已经意识到学校与社区合作的重要性并达成了一系列未来持续深化合作的基本共识。

第一，充分利用社区整体资源，在宏观的社会系统中缓解教育问题。2002年《马德里国际行动计划》提出："社区应尽可能提供一切资源和条件促使青少年儿童能够积极参与社区志愿活动，充分和有效地参与其社会的经济、政治和社会生活，为整个一生的个人发展、自我实现和幸福提供各种机会。"鼓励各国将青少年儿童的教育渗透到社会各个领域，如"在青少年问题中考虑代际沟通，如此，青少年教育被分解为包括社会保护、消除歧视、世代关系等的具体议题，而不再只是一个宏观议题"❶。

由于越来越多的组织、企业、公众参与，欧美国家的学校与社区合作布局正逐渐机制化、平台化，强调年龄层次多元化关系建构的价值体系，从政策决策层面强调了以学校、社区、企事业单位等不同社会组织合作的形式，从心理、教育、健康维度为青少年提供系统化、多元化的社区互动合作机会，缓解社区发展问题和青少年的教育问题，促进学校、社区和其他社会组织机构的合作发展。

第二，重视引导青少年儿童的多元社会参与，进而缓解宏观社会问题。大量的研究证实："青少年儿童参与社会实践活动对个人、家庭、社会、学校和教育来说都是有一定价值的。"❷ 欧美国家在学校与社区合作的开展中不仅重视青少年儿童的"社会化"教育，也十分重视通过这样的合作形式来缓解一系列社会社区存在的宏观问题。

如欧美国家的老龄化特征比较明显，也是最早进入老龄社会的国家，面对这样的人口压力，欧美国家在社区服务、社区照顾、社区教育等方面面临一系列棘手的问题，他们并没有气馁，"而是将目光转移到了合理开发老年资源，充分利用老龄化优势来协助学校所开展的青少年儿童教育，成为一种典型的学

---

❶ Matilda White Riley, Robert L. Kahn, Anne Foner. Age And Structural Lag: Changes in Work, Family, And Retirement [M]. London: The Johns Hopkins University Press, 1994: 55.

❷ Morow-Howel N., Hinterlong J., Sherraden M. (Eds). Productive Aging: Concepts and Challenges [M]. Baltimore and London: The Johns Hopkins University Press, 2001: 70.

校与社区合作运行模式"❶。自 2003 年以来,英国一直采取多项教育变革举措,从改善一系列领域(教育、卫生和社会关怀)成果的目标出发,而不只是关注经济上处于不利地位的儿童和家庭的个人学业成就,关注学生的环境和生活机会,并得到了教育部(Department for Education and Skills,DfES)的资助,提供包括保健服务、成人学习、社区活动、学习支持和上午 8 点至下午 6 点儿童保育等服务项目。❷ 另外,还开展了一些比较有特色的社区教育项目,旨在缓解社区老龄人群、家长或社区居民与青少年儿童之间的关系、沟通和互动情况,改善个人生活机会的规定,同时考虑到更广泛的社会背景,并以当地社区的需求和动机为导向。

科学合理的学校与社区合作指导体系应有明确的需求和机会使学校成为家庭支持和社区发展的中心,统筹社区资源,确定最佳方案和服务配置,以优化学校和社区互相参与的质量,建立与社会和经济发展机构协调供应和职能的机制。

教育过程是通过获取和分配资源、资本和可获得的支持而形成,社区的经济环境和资本受教育过程的影响。学校是有能力在建立社区发展目标方面发挥一定作用的教育机构,具体体现在学校对外开放和关注其教学所依赖的家庭和社区支持系统的影响程度。因此,学校与社区合作可以成为实现更广泛的社区发展和社会支持目标的载体,依据教育对个人、家庭和社区的潜在影响,可以更好地设计和实施教育政策举措,从而实现学校发展、教师职业目标和学生健康成长,同时增强家庭和社区教育功能。

第三,不断深化学校与社区合作关系研究。其他国家的学校在与社区合作过程中不只是借用家长、社区和社会力量服务自身发展,也帮助家长提升家庭教育技巧和指导能力,为社区和家长赋能,提供文化、终身学习、专业教育引导等方面的资源和信息,并以"开放学校"的运营模式为家长、社区和社会成员提供包括基础设施、师资等在内的能量和资源。这种以实现所有参与主体利益和发展目标的学校变革发展过程为家长、社区和学校提供了增能和互惠共生的发展空间,其本质上是学校将家长、社区力量融入变革的内在发展机制中,促使学校由外延式发展模式逐渐转为内涵式发展模式,使边界透明化,实现家长、社区等"外部"生态转化为学校"内部"生态,而不是附加在固有结构和

---

❶ Butler, Robert. Productive Aging, in Bengtson and Schaie eds [M]. The Course of Later Life, Springer, 1982: 55—64.
❷ Department for Education, Organisation, services and reach of children's centres: Evaluation of children's centres in England (ECCE, Strand 3) [R]. Research report, 2015: 9 – 13.

内在机制上的补救力量，从而推动学校能够有效协调内外资源，建构起共同发展的"聚集辐射机制"和社区合作的双向互惠关系。

合作关系的不断深入正是建立在这种相互影响的双向关系的基础上，因为在复杂多变的条件下，广泛的相互作用需要不断的注意和变动，并不断地在生长的有机体内部与种种外部环境建立更广泛的和不断增加的复杂联系。

如日本的大泽社区与学校在合作伙伴关系建立之初就明确地提出了互惠共生的发展愿景："为每一个学生提供更为优质的教育和多元学习机会，使大泽社区成为区域教育的典范。"❶ 这个目标传递出一种共识："家庭、社区、学校以及社会其他组织机构都是整体教育生态系统中的一分子，植根于共同创建的社会环境中，学校与社区合作是一项长期、有计划却充满不确定的旅程，没有任何一个主要的教育问题仅仅是一个'系统内'的问题，如学校教育质量问题，都不可能只是依赖学校预先设定的解决方案来实施，而是由每一个合作参与主体共同商议并采取行动实现的。"❷ 但更值得我们注意的是，"'达到'愿景和目标只是暂时的，最有力度的共同愿景是那些包含有为未来进一步扩展变革范围和深度的基础，并认识到个体的和机构的发展将总是处于机能性的紧张之中。认识并的确重视这种紧张，把价值观和不断进行的机制结合起来是非常重要的"❸。

（2）国内研究进展。

第一，社区发展相关理论与实践研究内容中明确提出应通过社区与学校合作实现资源共享与整合。近年来，我国对社区发展的组织化和制度化方面进行了深入探索，但实践中仍存在问题。刘晓论提出："社区居民一般是通过参与社区管理者组织的活动来参与社区事务管理的，学校与其他社区机构只是有事的时候才会来社区，参与渠道单一，居民参与率低，参与人员分布不均衡等问题普遍存在，大多数参与社区活动或事务的人员是老年人，中青年与青少年儿童极少参与，也极少有各类群体在社区中互动沟通的机会，这极大影响了社区资源的共享与整合，不利于家庭、社区与学校和社会组织机构之间的互动合作。"❹

社区教育研究主要集中在成人教育和老年教育的课程开发、教育管理模式

---

❶ 文部科学省中小学择校制度的实施状况［EB/OL］. https://www.mext.go.jp/a_menu/shotou/new-cs/1387014.htm. 2018/10/23.

❷ 佐藤晴雄. 学校改变、区域改变，通过相互参与计划推进家庭、学校、社区合作的方法［M］. 东京：教育出版，2017：13.

❸ 张德伟. 日本教育体系改革的理论基础［J］. 比较教育研究，2014（10）：7-14.

❹ 刘晓论. 我国城市社区治理中的居民参与研究［J］. 新乡学院学报，2016（4）：57.

等方面。❶ 而近年来，社区教育在大力发展青少年儿童教育，拓展教育内容和范围，为青少年儿童提供了很好的课余学习空间，这实际上为学校与社区在教育融通层面提供了机遇。❷

"教育的社会属性决定了纯而又纯的教育是根本不存在的，教育的地位形成、职责履行、自身状态、角色扮演，是其实际社会地位与教育对社会发展进程的态度共同作用的产物"❸。这意味着"教育既受制于社会，又反作用于社会"❹。所以，实现教育的现代化变革不能闷头前行，要考虑社会发展与辖区所在社区环境的情况，与社会社区发展同步，否则可能将是无效之举。

蔡斯敏强调社区治理是城市发展的"最后一公里"，是一项系统性的工程，"在社区治理过程中，应引导和调动社区内学校、企业、家庭和其他组织机构内的积极参与，学校作为社区内的核心教育组织和重要一分子，要与社区居委会协同合作，互惠互利，建构可持续的多元主体协同共赢模式，社区才会在政治、经济、文化、教育等方面获得全面发展，生活在社区中的所有群体才能真正获益"❺。这意味着随着社区治理现代化的逐渐推进，对学校、社区以及学校与社区合作提出了更高的要求和目标，为此，学校与社区应肩负起相应的职责，共享资源，共同努力创建和谐社区。

通过对社区参与和社区教育研究现状的总结发现，老年人依旧是社区常态事务和活动以及社区教育服务的主体，社区服务和教育水平在逐年提高，但由于资源匮乏、体制机制不完善、专业师资不足等因素的制约并不能够满足社区参与主体——老年人以及社区居民日益增长的多元化需求，社区教育服务和发展依旧存在很多问题，需要寻求政府、学校、机构和社会的支持和合作，而社区发展的研究者们也在努力促成这一事宜。

教育问题的解决不仅牵涉学生，也牵涉社区，如令众人头疼的隔代教育问题。随着老龄化现象的加重，隔代教育越来越普遍，而隔代教育方式不恰当就容易产生代沟。胡守钧指出："代沟从根本上说是文化沟，代际的文化差异形成了隔膜，因为差异的存在，价值判断和对生活的看法就不一样，就难免会产生差异、冲突和矛盾。"❻ 有调查显示，"5% ~10% 的儿童都和他们的祖父母生

---

❶ 吴遵民. 联结学校与社区，创造社区教育共同体 [C]. 第四届东亚终身学习研究研讨会，2018 (11)：168.
❷ 厉以贤. 社区教育学原理 [M]. 成都：四川教育出版社，2003.
❸ 吴康宁. 教育究竟是什么——教育与社会的关系再审思 [J]. 教育研究，2016 (8)：4-12.
❹ 侯怀银. 社区教育 [M]. 北京：北京师范大学出版社，2015：7.
❺ 蔡斯敏. 多元主体参与社区治理 [N]. 山西日报，2020-9-22 (11).
❻ 胡守钧. 走向共生 [M]. 上海：上海文化出版社，2002：276.

活在一起"❶。《中国家庭发展报告2016》中提到,在1－5岁儿童中,由祖辈照料的比例达到了41.1%,说明孩子的大部分时间是与老年人相处,加之退休政策改革,延迟退休年龄将会对当前的隔代教育模式带来冲击,即老年教育出现问题,将由于隔代教育的连带作用,青少年的教育问题将不可避免。而如今的大部分学校,因为追求管理方便及学生安全防护而变得封闭,且在学生教育和课程学习中遗忘了世代间的文化传承。孙雅妮等认为:"我们应该清楚地认识到隔代教育的利与弊,发挥其教育优势,克服种种负面影响,强化文化导入,开设'祖辈学堂',设立'隔代教育咨询站',重视社区与学校间的相互沟通和互动合作,形成教育合力,构架祖父辈桥梁,保持教育的一致性。"❷

第二,强调合作与学生的"社会化"和教育的"现代化"密切相关。迪尔凯姆在对教育的研究中提出,教育是一个"社会化"的过程,许多研究者倾向于认为学校与社区合作能够以各种方式实现学生的"社会化"教育。曹永康指出:"在中国,社区教育中正能量型的社区休闲文化实际上承担了儿童需求的'社会化'功能,社区休闲文化的意义不仅是家长、社区居民与儿童共同生活、共同参与活动,而是在'给予'和'反馈'的互动中,在尊重彼此的基础上,吸收异质者带来的新的要素和要求,融通儿童与其他群体彼此之间的'异质性因素',通过现实的实践活动,弥补社会发展过程中社区休闲文化教育功能缺失,进而实现中国社会文化整体建设的和谐发展。"❸

也有学者认为社区蕴含丰富多元的资源,能够为学生的"社会化"教育提供支持和帮助,例如,李少元指出:"社区应协调管理,转变观念,建立组织,领导重视,提高水平,搞好'家教',动员'三老(老干部、老党员、老教师等)'发挥余热,同时,他还强调学校、家长、社区的共同获益,以及教育资源的利益共享,避免形式主义,要注意与人力资源、财力资源、时间资源及空间资源同步综合利用,不能只看到社区教育资源对学校学生的德育作用。"❹

个人责任与公共行动在社会政策体系运行过程中是一种义务与权利对等的关系。进一步来说,要实现青少年儿童稳定与发展的双重效应,青少年儿童与社会其他群体沟通交流的需求不能只依靠个人来实现,而是需要通过以社区群体为主体的社区和以学生群体为主体的学校之间的合作来落实。

---

❶ 陈改君. 城市家庭隔代教养问题及对策 [J]. 河南财政税务高等专科学校学报,2016(5):87－89.

❷ 孙雅妮,赵文博,王嘉宁,等. 隔代教育现状存在的问题及解决对策的研究 [M]. "十三五"规划科研管理办公室专题资料汇编,2018:672－675.

❸ 明艳. 老年人精神需求"差序格局" [J]. 南方人口,2000(2):56－60.

❹ 李少元,李继星,等. 农村社区教育的问题与改进建议 [J]. 教育研究,1999(9):33－36.

纯粹的教育自给自足发展是不现实的，纯粹不理会社会发展、社会转型、社区变迁的教育也是不存在的，只理会社会发展的其中一个层面带给教育的影响更是不理智的，社会的发展为教育带来的宏观与微观影响是不可避免的，政治、经济、文化等方面带给教育的不仅仅是政策层面，关系、生活、合作、日常、教学、活动等多元层面都必然要思虑宏观社会与周身社区，关注其发展详情并辅之以助，落实到学校与社区合作的理论和实践层面中，这样，学校才能科学地全面发展，社区也能够获得综合有效治理，社会也必将和谐进步。

范国睿、陈婧指出："2019年是我国教育现代化提质与提速的开局之年，国家密集出台了大量现实针对性强、彼此关联、辐射范围广和便于实践实施的相关政策文件，大力推动教育现代化改革纵深发展，围绕构建德、智、体、美、劳全面培育的教育体系，以内涵发展全面提高义务教育质量。"❶ 这对学校层面的教育、教研绘就了多样化特色的发展格局，也为学校所在辖区社区的教育辅助工作指明了前进的方向。例如，"在学校教育评估监测层面，应进一步清理学校与社会的治理关系，研制合理合作方案，鼓励社会社区多方主体参与学校教育质量评估，为学校出谋划策，改善教育管理，优化教育决策，指导教育工作提供科学依据"❷。这不仅蕴意拓展学校与社区的合作范围，也为学校与社区合作开辟了新的途径与道路，为学校与社区合作政策化、科学化、合理化奠定了基础，充分体现出教育宏观政策对学校与社区合作带来的纵深影响，使其合作价值发挥最大效能。

社会与教育的前进式发展带来了一系列社会问题，对学校、社区、学校与社区合作产生了新的挑战，引起了众多研究者的共鸣，迫切需要探索解决的策略方案。但通过对学校与社区合作研究的相关文献得知，仍有部分教育研究者并未关注社会与社区发展需求，甚至并未提出要在学校与社区合作中关注社区利益，而相关教育政策制定的内容中也没有提到合作应惠及社区，进而导致了学校与社区合作利益主体的单一化，发展状态停滞不前。因此，学校与社区合作理论和实践研究应关注每一个参与主体的利益，这俨然已成为学校与社区合作需满足的一个根本合作要求。

第三，将社会、社区问题的解决视角逐步转向寻求学校与社区的合作。社会结构的稳定和社区治理现代化趋势催生社区工作新使命，伴随着结构性调整的变迁，我国的一些社区问题正由个体问题向群体问题、家庭问题向社会问题

---

❶ 范国睿，陈婧. 以蓝图引领发展——2019年我国教育政策评析［J］. 现代教育管理，2020（9）：1-13.

❷ 中共中央办公厅国务院办公厅印发《关于深化新时代教育督导体制机制改革的意见》［EB/OL］. （2020-02-19）［2020-02-23］. http://www.gov.cn/zhengce/2020-02/19/content_5480977.htm.

转变、由隐性问题向显性问题转变，由相对单一的社会领域问题向经济、政治、教育、文化、生态等多领域问题转变。

社区变迁本身并不必然导致社会问题，而是将其放在具体的社会、经济、教育和资源环境背景下，才有可能表现为社区问题。"社区问题的产生是由于社区转型与社会经济结构、公共政策的不相适应，而社区教育的问题则是与教育结构的错位发展和结构不匹配而导致的，受制于学校教育缺位、社区教育单一化、资源不足的影响，加之受就业和收入、生育率、社会保险等作用机制变量的影响，最终会加剧社区教育问题的严重程度"❶。因此，当前学校与社区合作的社会价值和特殊意义需要得到承认和重视，其责任主体应社会化、多元化，而非单一化、独立化。

目前，学校与社区合作的基本职能是以学生发展为中心，与社区合作亦围绕社区的硬件设施资源、社区工作人员、社区家长，忽略了作为社区日常生存的主体人力资源能够为学生德育带来的教育优势和社区居民真正的精神需求。"而社区发展的核心和现状也是处于独立状态，一是社区与学校合作的目的依旧停留在利用学校硬件设施资源和机械性的行政工作目标要求，二是社区与学校合作仍以目标和任务为导向，而非问题和需求为导向，仅仅是基于表层化的利用性质和片面化的任务性质的合作，合作缺乏人道主义，背离终身教育体系建设的初衷，没有准确把握终身教育发展的内在本质要求"❷。社区教育的目的是解决社会问题和矛盾，以强化学校与社区合作关系来缓解社会问题，除了为学生教育提供优质条件，也必然应该满足社区居民的利益需求和社区发展条件。

第四，学习型社会建设的内在本质要求学校与社区应该有效合作。厉以贤从建立学习型社会的层面提出："社区教育完善了学校、家庭、社区相互融通的教育网络，基于此，构建提高全民素质、以社区为依托整体育人的新格局，促进青少年全方位教育发展与社区教育发展互相联系、互相促进，教育和社会互相沟通、双向参与、双向互动，推进终身教育、终身学习迈向学习型社会的社区教育新观念。"❸

庄俭提出，按照《国家中长期教育改革和发展规划纲要》所确定的目标，在工作中应重点思考几个问题："使终身教育、终身学习理念在全社会和学校得到广泛确立，应健全和完善终身教育、建设学习型社会的管理协调机制，鼓励政府部门、企事业单位、各级各类学校和社会教育机构提供教育教学资源，

---

❶ 彭希哲，胡湛. 公共政策视角下的中国人口老龄化 [J]. 中国社会科学，2011 (3)：121 - 138.
❷ 吴遵民. 联结学校与社区，创造社区教育共同体 [C]. 第四届东亚终身学习研究研讨会，2018 (11)：170.
❸ 厉以贤. 社区教育·终身教育·学习社会 [J]. 中国成人教育，2001 (11)：5 - 7.

积极推进学校教育改革,充分开发和利用全社会教育资源,培养学生终身学习、自主学习的理念和能力。"❶ 他的观点蕴意出学习型社会建设和终身教育的必然要求,提出:"终身教育所倡导的学习化社会是一种集家庭、学校、社会为一体的社会协作体,强调所有的学习者、学习群体、社会团体之间应建立以对话为基础的交往关系,在沟通、互动与合作中使主体自我学习得以实现。"❷ 这是对学校与社区关系走向趋势的目标指引,要使学校与社区实现真正的双向联结,必须打破学习者之间沟通的界限,建立共生的、多元的、可持续的对话和交往机制,从而真正实现教育与生活的统一。

在此背景下,仅仅将新时代学校与社区合作的使命局限在民生保障和改善之狭隘领域,显然不利于将学校与社区合作嵌入终身教育发展大格局和学习型城市建设的战略安排中。新时代社区发展的愿景是多维度、多方面的,除了民生保障的需求是亘古不变的,物质、精神生活的高品质,自我发展和价值的实现,亲情陪伴、老少同育以及社会生活的深度参与都应该在学校与社区合作中有所实现。

第五,强调第三部门对学校与社区合作的中介和补充作用。有学者对社区中的社会工作者进行了研究,提出社区与学校的合作需要社会工作的介入。近年来,大部分社区在人才招聘时都要求有社会工作专业学习背景。"推动学校与社区合作,将社会工作理念融入学校教育研究,并进行社区教育技术、理念和方法的变革,是推动我国基础教育发展的一条重要途径"❸。

学校与社区在合作过程中通过社会工作者的引导、协调与沟通作用,能够有效推动学校教育与社区教育、老年教育以及各种形式的成人教育之间的融通,协调整合资源并分工合作,遵循终身教育的思想构筑与学校教育整合的体系,在技术手段上由非专业化向专业化转变。

"社会工作者在社区服务中担任合作者、参与者、中介者、倡导者、教育者和赋能者的角色,同时他们会协助社区成员认清社区在发展教育上所具有的潜在资源,尽量将所能动用的人力、物力及财力资源调动起来,配合学校与社区合作开展的活动"❹。因此,已经有很多社会学领域的研究者提出,应该加大对社会工作机构的政府财政支持力度,派驻更多专业社会工作者进入社区和学

---

❶ 庄俭. 发展终身教育 推进学习型社会建设 [J]. 继续教育,2012 (11):3-5.
❷ 李春生. 终身学习背景下学校和社区关系的重建 [J]. 比较教育研究,2002 (4):47.
❸ 宣兆凯. 学校社会工作理念与 21 世纪中国社区教育发展 [J]. 北京师范大学学报(人文社会科学版),2001 (2):55-60.
❹ 许远抗. 社会工作者在社区治理中的功能定位研究——以晋江市为例 [D]. 福建农林大学,2013:40-50.

校，组织、协助学校与社区之间建立共赢、持续的合作关系。

通过对国内外学校与社区合作的相关研究进行总结分析后，我们可以发现，国外学校与社区合作研究的理论意识非常强烈，许多学校与社区的合作实践都有着明确、系统的指导理论，存在许多不同的取向和选择。尤其欧美等发达国家的学校与社区关系研究正呈现多态化，以一种多学科、多层次、多视角和多立场的研究态势，在实践的基础上检验学校与社区合作的有效度，相关知识内容也从学校与社区合作的组织结构建构到行为理论体系和合作模式的创新。解决教育问题的视阈从历史分析转向寻求社会支持发展，呼吁进一步推进实践和针对相关问题采取政策保障，在全面实践的过程中重视、确证、检验、创新和完善知识结构。

目前，我国关于学校与社区合作这一研究领域的相关论文和著作数量较少，换言之，即聚焦性和具体性的研究成果较少，而且大部分都是在家庭、学校与社区合作的相关研究中会涉及学校与社区合作研究的内容，或者在社区教育、校外教育、隔代教育、区域教育、终身教育等宏观研究领域内会提及或有部分内容强调学校与社区合作的重要性，也可以说，概略性研究内容较多，专业性内容极少。即使有些硕士或博士学位论文是研究学校与社区合作，但并不细致、具体，质性研究几乎很少，大多是以数据形式呈现较为宏观的互动状态。

我们要剖析、理解和掌握国外已有的学校与社区合作理论和实践内容。因为，在学校与社区合作研究的专业化水平方面，欧美等发达国家的研究范式在一定程度上依然主导着学校与社区合作领域的整体发展趋势，对研究样本、实践研究成果和理论研究方向有着非常显著的影响。国内相关研究在介绍和借鉴他国经验时，也较少关注我国与欧美国家社区在性质、结构、组织体制、人口特征、历史文化背景和所处发展阶段等因素之间的显著差异。对此，我们也应该注意，欧美国家的社区与我国的社区在地域范围、自治程度和组织机构设置上是存在差异的，虽然学校都是社区内的学校，但与学校互动的社区是不同的。而任何差异之中也总是蕴含着共性，这并不妨碍我们借鉴学习国外的理论和实践经验，也不会妨碍双方之间的沟通和融合。

（二）以往研究的特点与评述

通过从宏观和微观层面对一系列国内外学校与社区合作研究文献的梳理，我们能够明确地感受到差异的存在，同时，我们也发现，教育与社会发展为学校与社区合作带来了许多挑战和机遇，国家政策在不断地完善，为两个机构的合作指引了方向，实践和理论研究也取得了成效，许多学者致力于研究学校与社区合作关系的价值、困境、策略、方式和机制构筑，为合作奠定了基础。但依然存在许多尚未解决的问题和极大的可深入发展空间。而学校与社区合作在如何应对和缓解这一系列新旧问题方面仍然深陷困境之中，举步维艰，应该引起教育领域研究者们的重点关注和深入探索。

第一，合作价值实现域的关注呈片面性和单一性。社区教育研究领域中的众多学者意识到并提出了社区应通过与学校的合作来关注社会问题，希望通过学校与社区合作实现社区利益需求和社会问题的解决；而研究学校与社区合作的众多学者虽认识到经济社会发展和社区中蕴含的有利于学生教育的丰富知识、经验和技能，但却忽略了社会发展、社区变迁、社区治理中所带来的合作与发展机遇，甚至并未明确提出在学校与社区合作中应该关注社区中其他群体的个人利益，只是片面地为了学生的"社会化"发展而寻求与社区的合作，依旧在研究以实现学生利益为导向的学校与社区合作应该如何实现。

近年来，社区教育和治理政策明确规定了各级各类学校应该为社区教育提供资源支持，学校教育政策中也明确规定了社区和各类社会机构应该为学生发展提供资源和支持，但双方都是从单向服务的角度而制定的政策，在高举积极推进社区现代化治理大旗时，社区教育研究却将理论和实践发展的视角收敛在发展社区教育和解决社区问题的层面，学校教育研究也将研究视角框固在一切为了学生的健康、成长与发展，以群体视角抹杀了系统结构和全面可持续发展视角。另外，社区教育研究方向的多数文献中强调出鼓励多元主体来参与社区教育活动中，其中尤其对带领青少年儿童参与社区教育颇为重视，甚至在社区教育中也逐渐广泛设立青少年教育的学习体验项目及实践活动，为青少年儿童参与奠定了基础，但这些研究内容中并未凸显其教育的独特之处，且现实的教育场地容纳率过低，满足不了大数量学生同时学习的需求，依旧存在很多弱势，所以还须强化基础建设与研究，提高对学生的吸引力和老师的信服率。

到目前为止，学校与社区开展的互动或合作，除了社区成人教育类学校（社区学校、公益或非公益性教育机构）与中小学合作形式之外，大部分都是为了学生全面发展而进行的合作。学校与社区合作的状态仍然维持在社区服务学校的一种单项式合作，合作目标是实现学生的"社会化"发展，并未考虑社区参与主体的利益需求，而社区工作人员也只是将合作看作行政任务来完成。仅仅以学生为利益主体的学校与社区互动合作是不完善的、片面的，如此形式的合作理念偏离了终身教育体系构筑的"全面、全程、全人"的根本性要求。以学校为利益核心的合作要求，而社区单向性的回应体系必然会阻碍其合作和互动的持续性，不能为社区参与群体提供服务的学校与社区合作很容易中断。

第二，理论研究与实践研究脱节。从目前的研究情境来看，理论研究的热度不够，至今未形成权威、成熟的合作指导理论，且当前的理论研究只是为解释合作提出了一个约略的方向，远未提出细致的分析路径。我们发现，事实上，社区教育研究领域的学者们已经意识到并提出了解决社区教育困境的策略方式，并在理论上给出了指导方向，这种指导性质属于同学科领域内的跨专业指导，但实际情况是，践行此方案的教育专业或学校教育机构依旧没有意识到学校与社区合作困境的根源是参与主体人际关系联结的问题，没有从全局性、整体性、长远性的层面探索原因，导致了现在的理论与实践脱节，跨专业指导的断裂，政策制定缺乏部门之间的融通，学校与社区合作进展始终持续停滞不前的现象依旧存在。众多策略方案的提出也只是处在"纸上谈兵"阶段，并未在实际中践行，从这个意义上来说，理论与实践的严重脱节就与当前的学校与社区合作停滞不前的困境不谋而合了，一方面直接促成了学校与社区合作的深入发展研究思路，从另一方面来讲，促成了学校参与主体与社区参与主体合作关系研究的必要性，理论建立在实践基础之上才能够立足，实践是检验理论的试金石。

第三，相关政策制度内容不完善。政策内容趋于宏观，缺乏具体专门的实施细则、合作平台和运行机制。目前，国家层面出台的大量教育政策与社区发展政策中涉及学校与社区合作的内容，但都是作为其中一条宏观倡议来提出，并没有出台更为具体的实施细则或措施指导，理论和实践指导方面的专著更是寥若晨星，专门研究这一方向的学者也是屈指可数，有待强化跨学科之间的合作研究。

换言之，即顶层设计比较完善，但操作层面有所欠缺。更重要的是，在课程教学指导与实践活动层面上，虽然我国许多学校作出了很多努力和创新项目，但缺少理论层面的经验总结与宣传，这使得学校与社区合作缺少成熟经验的借鉴和引导，无法为合作的可持续深入筑造根基，使其成为空中楼阁。这是我国促进学校与社区合作过程中亟待完善的短板，当然，这也意味着我们有更多机遇来加强教育研究，发挥科研在实践中的价值。一方面，学校与社区合作的理论研究者和实践者应注重在实践基础上的经验总结，借鉴但不能照搬他国理论内容和经验，逐步推进合作进程；另一方面，学校也要以科研为指导，通过专业引导、团队合作、教师培训、课题研究等教育教学活动来积累经验、突破难点和创新实践策略，从而为学校与社区合作相关法律政策和制度措施制定提供依据，保障合作行动逐渐正规化和制度化。

第四，研究内容与成果过于单薄。大部分教育研究者研究学校与社区合作是在普遍意义上谈的，包括理论、实践、困境、策略等方面的研究也只是在教育普遍意义上进行宏观的探讨，并未结合时代背景，也未从整体层面复杂地思考合作的深层含义。学校与社区合作背后所面对的社会是一个极为复杂的巨型场域，如果脱离当代社会与教育发展背景，那将会与现实情况所背离，将会是不合理、不科学的，而且从目前的时代发展形势来看，亟待加快和纵深推进学校与社区合作。

而在梳理国外研究的文献中，我们也能够发现，关于当代学校与社区合作的实践研究成果是零星的，在综合度、复杂水平上也是不够的，学校与社区合作的研究利益主体依然是单向的，与国内研究现状有着本质上的相似度，尤其是专门专业介绍学校与社区合作实施细则或理论指导方面的书籍暂时未发现的，有的只是在其他社会研究、社区研究或教育研究某一方向中的一个章节会宏观介绍应如何推动学校与社区合作来促成这一研究方向的深度发展，当然，这也表明当前社区发展改革与学校与社区合作之间有着藕断丝连的关系，如果学校与社区没有作出积极的行动来回应，不做出升级与深化，继续保持原有合作模式，那么只是短暂的消极作用，而走形式、浪费时间才是产生的长期消极效能，更坏的是给社区居民留下了学校教育的坏印象，阻碍了教育的长期可持续发展。

综上所述，在社会发展的背景下，迫切需要我们用结构性、复合性、综合性和发展性的视角来看待学校与社区合作发展中的问题。

首先，终身教育、学习型社区和城市建设，未来老龄化高峰、教育治理现代化以及顽固社会问题的长期性的巨大惯性将推进政府、社区工作及学校职能的转变，也决定了这个转型的过程应该是一个以政府为主导的社会协同治理过程，需要社区、学校、社会组织机构提供支持，互惠互利，共同合作发挥作用，注重实践合作内涵和外延的拓展，而不是仅仅依靠社区、学校或政府部门。❶

其次，社区治理现代化与教育现代化的发展变革对于学校来说是有压力的，学校的职能也将必然会发生改变。当全社会的环境和性质发生改变的时候，中小学在进行青少年教育的同时应该要承担相关社会责任，并对中小学教育性质和职能进行再思考。当然，尽管社区的职能相对较弱，但社区依旧是教育责任的主体和基本支持系统，而且在未来很长一段时间社区的地位和作用都不能被完全替代，因此，学校可以通过与社区之间互惠、增能和协同创生的合作方式来承担责任，以此来缓解社会发展与教育发展所带来的治理问题。

另外，目前的学校与社区合作已经不是单纯的资源共享问题，而是学校与社区之间、个体之间、社会学与教育学跨学科之间的相互合作，这将是一个更新的理论与实践视野，也是学校与社区合作未来深化研究不可避免的发展趋势，

---

❶ 李运华. 老龄社会与我国学龄前儿童保育模式的变革 [J]. 贵州社会科学, 2018 (4): 63.

也将使学校与社区合作提高多个阶梯。我国学校与社区合作的相关研究不应一味地模仿和进行独立领域研究，应该是在不同学科领域的研究者们共同交流、学习的基础上开展研究才会使其更厚重和深化，同时辅以借鉴国外经验，在我国社区特色的情境下，形成具有中国本土特色的研究范式。

最后，合作的本质内涵是促进所有参与主体的全面、自由发展，效能取向的单一性不能称为互惠和增能，只能称为利用。因此，学校与社区的双向合作应是以实现所有参与主体利益和关系联结为基础，使得学校与社区间能够共同建构知识，促进社会参与，增加青少年参与社区活动频率，以学校和社区合作互动为载体、媒介和取向来促进所有参与主体之间的沟通理解，在相互结伴学习的环境中提高学习效果，进而实现学校与社区的互惠、增能和协同发展。

第二章
理论基础与研究设计

一、理论基础

事实上，自20世纪70年代以来，西方国家大都进行了学校与社区合作的教育改革，即使在我国，学校也不再是所谓关起门来与世隔绝的一方净土，学校正在与社区发生着千丝万缕的联系。对于这项教育改革以及学校与社区之间正在逐步建立的密切合作关系，赞成者和积极行动者有之，旁观者和敷衍行动者亦众。从目前来看，理论沉淀与反馈已滞后于实践进程，在实践过程中并未对理论进行拓展和创新，也没有融合。学校与社区合作进程中的困境与障碍依旧存在，众多学者并未结合时代发展和现实困境的背景来对相关理论进行延伸，导致理论与实践的脱节，进而理论思想的指导无法解决实际问题，这迫切需要我们深刻的反思。

对于其间的是非曲直，自有时间的检验为证。但作为研究者，我们对于学校与社区合作的评判当然不能只是停留在一时一地的基于有限直觉经验感受和间接聆听而产生共情或道德义愤上，而是应该有更深远的理论视角。

在本研究中，互惠理论、增能理论和教育生态系统理论为学校与社区合作的发展提供了理论支撑，成为本研究得以深入推进的出发点，使介入过程具有更多的合理性。

（一）互惠理论引发了合作机理的重构与实践转向

1. 互惠的概念与特征

（1）"互惠"的内涵。

"互惠"有二意：一是互动的关系，如一个动作引起反应的动作，或身心二者互为因果的关系；二是"取"和"予"的交互动作。如在人际活动中，若人我关系之基础建立在"人如何待我，我亦如何待之"。严格地说，互惠是指人我之间付出与取得的平衡，且以双方均蒙其利为原则。孟子说"敬人者，人恒敬之"，常被视为互惠的原则。一般而言，互惠关系预设的事实：一是人际活动的参与者均体认到别人对己的重要性；二是双方均蒙其利；三是肯定公道（Impartiality），因为站在人皆平等的立场上，互惠的双方均承认彼此的付出及得到的恰当而对称，两者皆恰如其分。❶

维基百科中对"互惠"的解释为：相互性（Reciprocity），是一个社会心理学的概念，指一个正面的行为做出后带来另一个正面的行为，来奖励其行为。他人的友善带来人们反应更友好、更乐意合作；相反，向他人显示敌对的姿态会令人更难受，甚至派生暴力。

歌德尼（Gouldner）认为"互惠"是"构筑给予回报义务和帮助的道德规范，有助于稳固社会体系，并适用于所有的社会文化，也就成为交换的潜在机制"❷。孔德首次提出了"利他"❸概念，认为人同时存在利己和利他的动机，道德是用利他主义对利己主义和自私的本能进行约束。互惠利他主义与利他主义不同，互惠利他主义指人们只会在他人一开始做了一些事才会回报，即你帮了我，我也帮你做一些事；如我不希望被别人陷害，我也不会陷害别人，这理论亦与中国哲学中的"己所不欲，勿施于人""己立立人，己达达人"同出一辙。

互惠理论是我们理解人与人之间社会交换的产生以及交换各方的态度和行为发生改变的根本机制。互惠理论从肇始以来，一直是国内外学者们的重要研究课题，该理论既涉及社会和社群构成的基础问题，涉及个人之间、组织之间产生合作和维系合作的深层问题，也涉及个人行为选择的优化问题，这些复杂的问题被不同研究领域、思想流派的学者们在各自不同的特点、不同层次、角度、发展方向基础上以不同的研究话语揭示了出来，具体表现在以下五种路向。

第一种是生物学视角下的互惠理论。克鲁泡特金（Peter Kropotkin）论证了所有生物的进化规律、构成要素、进化法则并非竞争，而是互惠合作；威尔逊认为人与人之间的互惠合作行为是通过基因遗传获得的，是人类的本性，如亲缘关系之间的互惠行为；特里弗斯在对蝙蝠分享失误行为实验研究的基础上指出，在动物群体或两种动物的交往中，互惠行为可能存在，前提是具备实判对

---

❶ 学术名词暨辞书资讯网［DB/OL］. 国家教育研究院，2012.
❷ Gouldner, A. W. The norm of reciprocity: A preliminary statement［J］. American Sociological Review, 1960, 25, 161–178.
❸ 合作行为可能给合作的个体带来超过成本的净利益，因此完全可以由自利的动机所推动。市场交易就是这样的例子。在市场交易中，合作也是一种互利，也就是说它能够给行动者和他人同时带来净利益。但是合作也可能给个体带来净成本，这意味着，行动者如果选择不合作，就可以增加自己的适应性或其他物质收益。在这样的情况下，合作就构成了某种形式的利他主义。参考：塞缪尔·鲍尔斯、赫伯特·金迪斯. 合作的物种——人类的互惠性及其演化［M］. 张弘，译，杭州：浙江大学出版社，2015：3.

方和防骗的能力。他们从生物学视角下研究互惠行为的特点与机制,为建构科学的互惠理论奠定了基础。

第二种是从文化学的视角来论证互惠理论。威尔逊认为,生物进化与文化进化协同并行、相互作用,才能实现人类互惠行为的延续,将互惠合作行为理解为文化传承和塑造的结果。道金斯则提出了谜米(meme)的概念,即"在生物进化过程中,以及在观念、语言、行为方式、信仰等的传递过程中,一种与基因所起作用相似的东西"❶,这个东西被认为是文化的基本单元,是以模仿的方式来获得传递。在谜米的驱动下,人与人之间实现合作,并在互惠合作中走向稳定和进化,继而代代传承。

第三种是从人类学视角下的互惠理论,主要是从礼物与商品、交换的时间、空间和亲情距离,交换目的以及工具性表达上来解释互惠合作的合理性和价值。马林诺夫斯基指出,人类的礼物、商品交换是普遍存在的,是一种再分配和社会再生产的方式,但交换的意义和形式随文化差异而不同。帕里和布洛克认为:"礼物作为人际关系维系的纽带,与声望、地位、权力紧密相连,即可变为一种政治操控手段,其交换的频繁程度是区分人与人之间关系亲疏的量尺。"❷

第四种是从社会学视角下的互惠理论,是主要从社会关系的角度来解释人与人之间的这一社会性合作行为。其中,在宏观层面,泰勒(Michael Taylor)、斯坦(Arthur Stein)、拉波波特(Anatol Rapoport)、米尔纳(Helen Milner)等一些学者指出,互惠合作行为在人类社会和国际、国家层面广泛存在,国家之间可以通过自我实践实现互惠的普遍化,互换合作的存在源于国家为获得可预期的未来收益、自我延续和维系人类共同体的需要。在微观层面,亚当斯和威尔逊认为互惠行为源自个人对社会规则、规范遵守进行学习内化,以及主观社会感受和公平感,是对得失进行衡量的产物。

第五种是从经济学视角论证的互惠理论,将利己作为互惠行为的最终目的,从"经济人"的理性出发,是目前非常重要的、研究较为深入、主导和流行的趋向。这一理论流派对互惠理论的研究主要集中以下方面。

1971年,特里弗斯(Robert Trivers)提出了互惠理论,是一种实施恩惠的个体付出代价来帮助受惠者,非亲属个体之间相互交换利益和适合的代价的行为,期待的是希望以后能够在再次合作中获取更大的利益回报,阐释了人与人之间的合作和相互依存的合理性,将感性经验上的合作上升到理论高度,设计

---

❶ R. Dawkins, The selfish gene [M]. Oxford: oxford university press, 1976: 330-386.
❷ 阎云翔. 礼物的流动 [M]. 上海: 上海人民出版社, 2000: 13.

出"囚徒困境"❶的经典模型来论证人际合作的进化过程,而且指出在这个过程中,通过人类的反复实践终而建构相对稳定的策略选择,逐步成为现代社会中解释各种人与人之间、组织机构之间为何产生合作行为的精致工具。普赖斯(G. R. Price)和梅纳德·史密斯(Maynard Smith)提出了进化稳定策略(ESS——Evolutionary Stable Strategy)❷,分析自私个体如何实现进一步合作。

艾克斯罗德(Robert Axelrod)研究运用博弈论话语论证合作进化的内在机理和原初动因,认为:"个体的利他行为和合作本质上是一种生存策略,在遇到利益冲突时,个体没有采取背叛的策略而是合作策略,是在有机体竞争过程中的制胜之策,人选择合作是期望以此获得良好声誉,之后能够得到第三方的奖励,而不只是来自受惠个体的回报,也称为间接互惠理论。"❸ 后来,他使用数学化和计算机方法,研究如何摆脱"囚徒困境"从而实现稳定长期的合作。他认为:"一报还一报(TFT, tit for tat)策略具有无与伦比的优势,综合了报复性、清晰性、善良性和宽容性,因此,互惠是建立在长期合作基础之上的。"❹ 在此基础上,艾克斯罗德又通过重复博弈实验得出:"在重复博弈和缺乏外部强制合作的情况下,如果再次合作的概率极高且合作收益大于背叛,如此,在一定初始比例下维持和产生基于回报的合作,就能够在合作中产生一种

---

❶ 囚徒困境(Prisoner's Dilemma)是指两个被捕的囚徒之间的一种特殊博弈,说明为什么甚至在合作对双方都有利时,保持合作也是困难的。囚徒困境是博弈论的非零和博弈中具代表性的例子,反映个人最佳选择并非团体最佳选择。囚徒困境既可以发生在彼此利益冲突的博弈人之间,也可以发生在其成员拥有共同利益或目标的一个集团内部之间。对于理性人来说,如果背叛对自己有利,那么他根本不在乎他的背叛对象是敌人,还是朋友。竞争中有合作的希望,希望中有背叛的诱惑,这就是博弈的现实。奥尔森为这个困境所开的药方,比如"有选择的激励""强制性的外部权威"虽是一条显而易见的途径,但容易导致二阶搭便车行为,从而导致世界范围内的"社会困境"。在这种情况下,如果没有任何的合作机制在起作用,那么,最有可能的是每个人都选择背叛,最终每个人都深受其害,这便是囚徒困境的要义所在。参考:曼瑟尔·奥尔森. 集体行动的逻辑[M]. 陈郁,译. 上海: 上海人民出版社, 2014: 3 – 5.

❷ 进化稳定策略同时也是纳什均衡策略:(1)每一个有效、公平的社会一致政治制度背后,必定可以找到一个博弈和演化的基础。政府若要取得对民众长期而稳定的统治,那么它的自上而下的法律和政策就不能仅仅建立在暴力威胁或宣传"洗脑"的基础上,而是必须取得多数民众的自下而上的自觉或自发的服从;(2)就博弈、演化和实践理性而言,一方面要充分看到它们各自的长处和彼此相互补充、相辅相成的关系,另一方面又必须时刻防止它们对自身范围的僭越,使之安分守己,各司其职。参考:赫伯特·金迪斯. 理性的边界:博弈论与各门行为科学的统一[M]. 董志强,译. 上海: 上海人民出版社, 2011: 21 – 25.

❸ 菲尔德. 利他主义倾向——行为科学、进化理论与互惠的起源[M]. 赵培,等译. 长春: 长春出版社, 2005: 23.

❹ 罗伯特·艾克斯罗德. 对策中的制胜之道——合作的进化[M]. 吴坚忠,译. 上海: 上海人民出版社, 1996: 97.

互惠，作为博弈的、自我实施的、内生规则或机制。"[1]

卢吉诺·布卢尼（Luigino Bruni）区分了三种形式的互惠，如图2-1所示，一是负面互惠，指的是交换双方明确交换资源的等价性和回报时间，维护自身利益并使其最大化，即使损害他人利益也在所不惜，具有高度自利性、平等性和即时性。负面互惠强调的是以纯粹利益交换为目的，并不是为了给予对方帮助，是一种理性自利论，常发生于陌生人、竞争者或敌人之间；二是平衡互惠，是指交换双方之间公平、平等的利益交换，不一定是立即或在短时间内接受者就要回报对方，但双方都会遵守互惠规范，给予对方回报，发生于社会距离中等范围的群体中；三是广泛互惠，是指无条件的相互性，交换双方不会明确回报的资源数量、时间和质量，互相关注对方的利益，具有弱互惠利他主义精神，在交换过程中表现出仁爱和舍己为人的美德，家庭亲人之间就属于这种互惠。[2]

马歇尔·萨林斯（Marshall Sahlins）从平等性、即时性和利益性三个维度来描述互惠，其中，平等性是指交换双方交换时给予对方资源价值的相等程度；即时性是指交换双方互惠周期的时间；利益性是指交换双方在交换中的利益动机。[3]

平等性	高 high	高 high	低 low
即时性	高 high	高 high	低 low
利益性	自我利益 self-interest	相互关注 mutuality	关注他人 concern for others
互惠形式	负面互惠 negative	平衡互惠 balanced	广泛互惠 generalized
互惠规范	负面互惠规范 negative norm	积极互惠规范 positive norm	
交换的类型	经济型 economic		社会性 social
社会价值取向	竞争 competition　个人主义 individualism	合作 corporation　利他主义 altruism	
文化价值导向	个人主义 individualism	集体主义 collectivism	
公平偏好种类	赋予特权 entitledness	公平敏感性 equity sensitivity	仁爱 benevolence

图2-1　互惠与合作交换关系过程中的连续体[4]

---

[1] 罗杰·迈尔森. 博弈论——矛盾冲突分析 [M]. 于寅，等译. 北京：中国人民大学出版社，2015：13-20.

[2] Luigino Bruni. Reciprocity, Altruism and the Civil Society: In Praise of Heterogeneity [M]. London: Routledge Taylor & Francis e-library, 2008, xiii.

[3] 陈长燊. 互惠的美德：博弈、演化与实践理性 [M]. 上海：上海人民出版社，2017，56-76.

[4] Shore, L. M., Tetrick, L. E., Lynch, P., & Barksdale, K. Social and economic exchange: Construct development and validation [J]. Journal of Applied Social Psychology, 2006, 36, 837-867; Sahlins, M. Stone age economics [M]. New York: Aldine De Gruyter. 1972; 邹文篪，田青."投桃报李"——互惠理论的组织行为学研究述评 [J]. 心理科学进展，2012 (11)：1879-1888.

互惠是一种基于物质或精神交换而形成的社会关系，这种关系因互惠交换的形式与对人对己的利益性等方面的不同而呈现出积极互惠规范和负面互惠规范，同时指向竞争、个人主义、合作、利他主义等不同的社会性价值取向和文化价值导向，呈现出赋予特权、公平敏感性、仁爱的公平偏好种类。由此可见，当交往的一方友好地给予他人帮助，并对回报的平等性、即时性、利益性期望值较低时，主体间形成的交换关系才是一种积极互惠或泛化互惠。

（2）"合作"的内涵。

"合作"的概念在日常生活中和社会观念中都扮演了重要角色，是一个社会出现和维持的必要条件，"合作"常被解释为不少于两个主体之间为了共同目标而一起行动。阿克塞尔罗德说："关系的持续性是合作的基础，当对策者具备了可能对双方有利的试错学习条件，通过成果策略的选择或模仿其他成功者剔除策略的、不成功的盲目过程从而达到共同合作。"[1] 从长远的角度来看，合作模式的条件是否稳定成熟是非常重要的，分享合作剩余，是合作的直接动机，持续性的频繁互动和长期行为是合作演化的两个条件。

那么，基于互惠的合作定义是：合作是指人们同他人一起从事互利活动且完全可以由自由的动机所推动的行为。具体而言，任何一种互惠都可以看作是一种合作，因此，有多少种互惠就有多少种合作，包括弱互惠合作与强互惠合作。在共同目标方面，也有程度上的强弱之分，弱共同目标是以生存竞争为背景的合作，比如合作博弈中所说的合作，包括"竞合博弈、和合博弈、共生博弈"[2]；而强共同目标，则是不以竞争为目标的单纯合作。据此，我们可以给出如下排列，表示基于互惠的合作达成现实上的、从易到难的、理想型合作的、从弱到强的序列：

弱合作（合作博弈）→弱互惠合作（理性自利合作）→强互惠合作（利他合作）→无条件利他合作（共同目标合作）

因此，本研究认为，互惠合作是指个人之间、组织机构之间在相互物质或精神交换的基础上，以对方均蒙其利为原则，建构使每一个参与主体都能在合作关系中受益的科学运作形式、规范和价值导向，终而形成一种长期稳定的共赢、共生、共同发展的互动合作关系。

---

[1] 罗伯特·阿克塞尔罗德. 合作的进化 [M]. 吴坚忠, 译, 上海：上海译文出版社, 2007：126.
[2] 竞合博弈是指竞争中有合作, 合作中有竞争, 以满足局中人的期望收益最大化为前提；和合博弈依赖于局中人之间起协调作用的强制性约定或社会契约；共生博弈是指博弈双方之间相互依存、优势互补、相互促进, 是单纯的、非竞争的合作关系, 这种关系不仅体现为基于反馈机制的相互影响, 还体现为相互促进。

2. 强互惠行为

当然，要理解互惠理论，仅仅从理性自利论、亲缘互惠和利他互惠来解释是不够全面和深入的，随着利他互惠理论研究遇到了理论困境，尤其是当群体存在异质性时，群体成员的行为会变得异常复杂，其合作行为都会发生变化，因此，一些学者在此基础上提出了影响深远的强互惠理论，强互惠理论为更好地探寻和解释人类社会上广泛存在的合作关系所发生的动因、运行机制、演化过程和维系方式开辟了新的研究方向。

"人类之所以能维持比其他物种更高水平的合作关系，是因为群体中存在一定数量的强互惠者，他们不但实施合作行为，而且会不惜花费成本惩罚破坏规范的群体成员，即使不能预期这些成本可以得到补偿"❶。我们把激励这种行为的"社会偏好"❷叫作强互惠，"强"这一术语的用意在于从完全非道德的、自涉的互惠中区分开来，后一种互惠在没有回报的前提下是不会被采纳的。由于强互惠可以通过选择不合作而增加博弈收益，如此行动的动机就是标准生物学意义上的利他偏好，这种偏好正是利他合作的一种重要直接原因。

"强互惠中隐藏了一种利他主义的现实性，有些人认为它对合作现象给予了最有说服力的解释。"❸ "强互惠的核心特征是一种惩罚他人的机会主义行动和回报他人的无条件慷慨行为的倾向，而且此时的回报与惩罚都不会受到未来收益的影响。"❹ "在有强互惠者存在的群体中，他们会严厉惩罚背叛者的行为，且可能其成本会较高，所以，可以说，强互惠能够在一定程度上抑制群体或组织中的背叛责任、逃避和'搭便车'❺行为，推动群体或组织合作的进一步创

---

❶ 塞缪尔·鲍尔斯，赫伯特·金迪斯. 合作的物种——人类的互惠性及其演化 [M]. 张弘，译. 浙江大学出版社，2015：23-45.

❷ 社会偏好是指对他人利益的考虑以及对非物质利益的追求，既包括对他人福利的关注——无论是正面的还是负面的——也包括维护伦理规范的愿望。

❸ 例如赫伯特·金迪斯等人认为，合作既不像传统社会学家和人类学家所主张的那样，源于个人私利服从群体需要的人类本质，也不像许多经济学家和生物学家所推崇的那样，乃是自利或涉己行动者为最大化其长期受益而彼此互动的产物，它是源于强互惠因素的普遍存在。相对而言，个人私利服从群体需要的假定对于互惠性提出了过于严苛的要求。相反，基于长期预期收益的纳什均衡 [进化稳定策略（ESS——evolutionary stable strategy）] 则对互惠性提出了过于薄弱的要求，人类的实际状态乃是介于两者之间。

❹ 赫伯特·金迪斯，等主编. 道德情操与物质利益：经济生活中合作的基础 [M]. 李风华，等译. 北京：中国人民大学出版社，2015：221.

❺ 搭便车者亦称为机会主义者，是合作的大敌，彻底消除搭便车现象对于任何一个现实社会都是不可能的，因为搭便车者在很多情况下拥有更高的达尔文适应度，在对他们的惩罚中也容易遇到"二阶搭便车者"——当某个人自己不去惩罚搭便车者，让他人来承担惩罚的可能代价而自己坐享其成。依此类推，还会有"三阶搭便车者""四阶搭便车者"……最终使搭便车问题面临一个令人难堪的"滑坡效应"。

新和演化，但强互惠者要自付成本，因此，本质上是利他惩罚行为。"❶

虽然强互惠可以产生和维持较高水平的组织或群体之间的合作，那么强互惠行为是如何自然选择得以驱动和演化出来的？对此，部分学者是这样解释的："一是从群体选择的视角来看，群间选择的压力在某些层面更偏爱强互惠行为，即使群内选择的演化压力会压迫强互惠行为，但可以促使强互惠行为通过群体选择的力量进一步演化。"❷ 二是基于非对称的视角，"强互惠与合作之间的演化逻辑是存在差异的，组织或群体中背叛者的频率与合作者对背叛者的成本劣势没有关系，但强互惠行为较为普遍时，其成本劣势却会下降，正是这种非对称机制可以支持强互惠在大规模群体中演化"❸。三是基于文化演化的视角，"人的社会学习普遍是复制大多数人和成功者的行为，可以使人类获得高适应行为，而且正是这种收益偏好和从众传播机制使得社会建立起合作和惩罚的规范，稳定在演化均衡中的群体和组织的强互惠合作行为"❹。而当合作发展到普遍而均衡时，自然选择必然会偏爱强互惠基因。

强互惠是人类行为演化中能够找到的最为自然也是最为"激进"的利他主义形态，共存于所有文化形态中。然而，不同文化形态下，关于强互惠在类型和程度上都存有差异，不同政治传统和经济、文化、教育发展背景下，人们的强互惠行为表现呈现很大的异质性。国家法律、制度和政府政策对于引导甚至建立强互惠行为机制产生了很大的作用。正如肯·宾默尔（Ken Binmore）所言，"当道德行为从大家庭中的亲缘选择拓展到由强互惠支撑的陌生人社会中时，它采用的是一种比训练我们像爱兄弟一样爱所有人更加微妙的方式"❺。但是强互惠如果真要在组织或群体合作中发生作用，仅仅依赖政治手段是严重不足的，还要降低互惠性组织中群体或个人实施惩罚的成本，引入第三方外部机

---

❶ 强互惠与其他弱互惠或利他行为的区别在于：利他无须条件，善意不依赖对方行为；弱互惠依赖于对方行为，之所以需要支付短期成本来帮助别人，仅仅是因为可以从中获取长期或者间接利益；而强互惠是在目前和未来都不能期望得到受益的情况下也会愿意支付成本来奖励合作和惩罚背叛的行为。

❷ H. Gintis, Strong Reciprocity and Human Sociality [J]. Journal of Theoretical Biology, vol. 206, 2000: 169 – 179.

❸ R. Boyd, H. Gintis, S. Bowles, P. J. Richerson, The Evolution of Altruistic Punishment, Proceeding of the National Academy of Sciences of the United states of America [J]. vol. 100, no. 6, 2003: 3531 – 3535.

❹ J. Henrich, and R. Boyd, Why People Punish Defectors: Weak Conformist Transmission can Stabilize costly Enforcement of Norms in Cooperative Dilemmas [J]. Journal of Theoretical Biology, vol. 208, 2001: 79 – 89.

❺ 肯·宾默尔. 博弈论与社会契约：公正博弈 [M]. 潘春阳，等译. 上海：上海财经大学出版社，2016: 67.

构推动组织或群体合作的创新发展。

社会是一个十分复杂的系统，有着十分复杂的人际关系，组织与组织之间、人与人之间的关系是非常复杂的，强互惠者不依赖未来的回报，偏好是内生的，动力机制是自激励的，能够弱化个体自私冷酷的算计和理性，呈现出一种社会正义感，对人类社会的持续合作是十分重要的，但强互惠理论并不能取代理性自利论、互惠利他主义，因为它们有各自适用的领域。

3. 互惠理论和学校与社区合作的发展

通过对互惠理论核心内容与强互惠行为的梳理，我们能够清晰地看到学校与社区之间相互依存关系的存在，也理解了合作所具有的复杂性和目前合作所处的阶段，明确了未来要实现学校和社区深度合作还有很长的一段路程，还要经过众多理论研究者、政策制定者、实践者和参与主体的共同努力才能够达成。

在这个意义上，学校与社区合作发展的理想情境与互惠理论所构想的愿景相互契合，互惠理论也就自然而然地成为本研究思路闪现的理论基点之一，为学校与社区合作的创新发展提供了新的指导方向，为学校与社区合作的再审视提供了新的研究视角，也为实现青少年儿童与社区群体之间的互动、学生教育与社区教育融通的创新性提供了新的研究路径，引导我们以一种更为灵活性、整体性、开放性的眼光来全景式地探究学校与社区的合作，剖析合作困境与如何持续、深度发展的本质根源。

综上解析，我们能够理解到，互惠的本质在于合作关系中实现每一个参与主体的异质共生、共赢，统一个人利益与集体利益，最终实现共同发展。这意味着要在异质的学校与社区系统之间建立可持续合作关系，首先，需要明确共同发展的变革目标，建立平等互助的互动形式和互惠关系；其次，要保持合作共赢的信念，通过学校"内部"与"外部"生态的相互联系形成资源聚合体，以避免产生"不平等获益""单向受益""搭便车"和"寄生"的合作关系，从而获得长远发展的潜能，促成互惠关系的良性循环。这种长期的互惠关系不仅有利于每个参与主体的发展，也将赋予学校教育事业，乃至社区和社会可持续发展的动力。由此，合作关系的宏观演变趋势应走向互惠共生，即从外延式转向内涵式发展。

一些强互惠行为是可以通过学校与社区合作中的参与主体实践来演化生成并在组织之间、群体内部及组织内部稳定发展的，当这种强互惠行为得以普遍稳定均衡，参与主体的强互惠行为可以有效抑制学校与社区合作过程中的投机行为，投机行为、纯合作以及强互惠同时存在，对促进学校与社区之间可持续合作网络的拓展、创新能起到积极作用。而这样目标的达成不仅需要完善国家规章制度和政府政策，建立威慑机制来促进强互惠者演化和组织合作秩序，也需要第三部门的协助，共同努力，降低合作成本。

（二）增能理论提供了赋能与自我增能的思考视角

1. 增能的概念与特征

增能理论，又名赋权增能理论或增权理论（Empowerment Theory），本研究中称其为"增能理论"。"增能"（Empowerment）最早是社会福利研究学界的词语，目前已成为社会学、管理学、教育学的核心理论之一，且频频被用于社会工作实务与管理领域，近些年，也被频繁适用于教育学研究领域中。20世纪60年代时，增能理论就是一种孕育了实务和实践工作取向的市民权利、妇女运动和社会维护观点的一种开创性理论。

增能，又译作增权、赋能，简意为"个体或群体有更多、更大的责任，有更好的能力去做应该做的事情"❶。增能理论的开创者是所罗门（Solomon），1976年，他在对居住在美国的非洲裔黑人少数民族进行研究过程中，描述美国社会中大部分黑人群体长期遭受宏观环境、优势群体和同辈群体的压迫与负面评价，面对如此困窘的局面，他主张社会工作者应介入，增强黑人群体的权利，赋予他们自我能力提升的力量，解除被定义的"制度性种族主义"强加在黑人群体身上的疏离与压迫，增进黑人群体的自我效能和社会变革。之后，所罗门出版了一本《黑人赋权：压制性社区社会工作》的书籍，书的核心内容包含增能理论的初步理论和实践框架，为进一步研究奠定了基础。

当然，也有学者认为增能理论出自他人。例如，学者王思斌在《社会工作概论》一书中指出增能理论是马克思主义的核心思想转化而来，马克思认为，现实社会中的个体、家庭、群体、社区、社会与社会工作有着密切联系，应该给予社会工作实践以相应的理论支持，将社会工作实践与社会变革的目标相呼应，从而以社会变革的方式解决现有存在的社会问题，因此，对马克思主义思想认同的社会工作者提出了增能理论。

20世纪80年代以来，众多社会学者又对增能理论进行了深度探索和延展。如美国社区心理学家李波特（Libert）认为"Empowerment（增能）"一词是指"社会上的个体能够根据个人意志对自己的生活进行主宰"❷。库鲁斯（Bret Kloos）则认为"增能是心理学上'自我效能'的激发状态，旨在强化提升个人效能意识，增强个体的主观能动性，以达到感知事态并能控制事态发展过程

---

❶ Robert Adams. Social work and Empowerment［M］. Pal-grave Macmillan Limited, 2003：5.

❷ 周晶晶，耿俊华. 赋权增能：成人教育发展新视角［J］. 成人教育，2016（06）：1-5.

的水平。"❶ "Bandura（班德瑞）把权力定义为获得所需要的东西的能力，Prinderhughes（普林德哈哥）把权力定义成为实现自己利益对影响自己生活空间的力量施加影响的能力。"❷ 也有学者认为增能理论带有一丝政治色彩，应该是一个单独的定义，可以理解为人们有能力去掌控自己的生活，行使个人权利，也能够帮助自己或他人、群体提高生命的品质以达到自我发展的目标，体现出助人自助的价值观取向。

实质上，大部分学者对增能理论有共同的认知：一是"个体主动模式"，即强调需要增权的个体或群体能够以自我的主观能动性，以恰当的方式，获得个体或群体的自我成长和激发自我潜能，从而形成增权赋能的一个过程；二是"外力推动模式"，即借助外部力量去挖掘和激发社会群体或弱势群体的能力和内在潜能，在此基础上，以个体主动模式和外力推动模式不断建构和循环实现对群体或个人达到增权赋能的目标。❸

相关研究者认为对增权的解释有三个维度："一是形成策略和资源以实现集体和个人的目标；二是建构能力和知识以理解个人环境的政治和社会现实之网；三是发展有积极意义的潜能与自我感。"❹

而对于增能的解释种类可以归结为以下三点："有能力分配社会、组织、家庭或社区等系统资源的能力；有影响他人行动、信念、感受或如何思考的能力；有能力获得自己需要的东西。"❺ 这些种类的划分理念来源三个基本假设：一是体现出对人的尊重和信任；二是相信每个人都有独特的个性；三是相信每个人都有自我改变、自我反思、自我成长并不断争取进步的能力。在具体实践过程中，增强个体的内在能力，不断巩固已有成效，逐步提高个体对自己生活的控制和安排能力，这不仅是影响个体整体的成长和变化，也影响个体之间、群体之间的互动、合作以及影响他人的实践目标。换言之，增能可以体现在个体层面、社会层面和人际交往层面的具体行动过程中。

2. 增能的实务

常言道："授人以鱼不如授人以渔"，增能的实务目的便是支持和帮助无权

---

❶ Bret Kloos. Elizabeth Thomas. Albraham Wandersman. Maurice［M］. J. Elias. James H. Dalton，2012：87.
❷ 袁蓓. 增能视角下大学生就业心理困境、原因与社会工作介入研究［D］. 济南：山东大学，2018：13.
❸ 叶长红. 赋权增能理论下中小学教师专业发展的新路径［J］. 教学与管理，2019（6）：7-9.
❹ 韩淑萍. 我国教师赋权研究的回顾与反思［J］. 内蒙古师范大学学报：教育科学版，2010（03）：13-17.
❺ 张时飞. 上海癌症自助组织研究：组员参与、社会支持和社会学习的增权效果［D］. 香港中文大学博士毕业论文，2001：24-25.

群体或弱势群体扫除现有社会结构中出现的社会障碍，改变弱势现状，降低无力感，激发他们的个人潜能，从而提高自我认识和自信，使得个体能够依靠自己的能力去获取需要的社会资源，改善个人生活和工作状况，其核心价值是"助人以实现自助"❶，包括三个层面："一是在个体层面上，得以控制所处环境和自身生活能力的影响与融合能力，包括心理和实际控制能力两个方面，不同元素的权重存在差异，个体增权或不同群体的侧重点不同；二是在人际关系层面上，个体能力的提升离不开人际关系，人际关系不仅可用以增加社会资本或社会资源，还可提升自身形象，维护公平的社会环境；三是社会参与层次的增权，指向对社会政策的影响，表达个体利益诉求与参与分配社会资源，争取与健康社会和进步文化相匹配的社会平等与公正待遇。"❷

增强权能取向的实践架构主要着力于协助受到政治压迫或经济实力不足的弱势群体或个体，协助改变他们的生活结构和环境，以增强他们的权能使其适应生存环境。

在增能理论中，个体或群体的能力并不是一成不变的，每个人都能够通过自己的努力改变现状，获得相应权利和提高技能。如果一个人或某一群体被身边的朋友和研究者判定为能力缺失的人，无法正常与他人、环境、社会沟通交往，甚至在实现自我价值过程中出现一系列障碍，那么这个人或一类群体就会被整个社会判定为对社会无价值、无能力的人。这种短暂性的"被判定化"和"被定义化"容易使得个体衍生出更多心理障碍，甚至恶化原有可好转的个人发展条件，丧失独立解决问题和控制环境的能力。其实，从本质上来讲，这类个体的能力只是被暂时隐藏起来了，增能取向的思想者认为，每个人的能力是不断变化的，无能力者或无权者是可以通过自己的努力和他人的帮助去逐步克服障碍的，是能够改变现状的。

因此，增能理论不仅成为社会学研究的重要视角，也先后应用于公共卫生、社区工作、精神健康、人文服务、教育和社会发展等实践领域，尤其对社会上的边缘群体进行关注，激发弱势群体或个体的主观发展能动性，提高所服务群体的能力、权利和社会参与，使他们具备自我发展和带动他人发展的能力，从而掌控自己的生活。

3. 增能理论和学校与社区合作的发展

增能理论作为一种新的研究视野，致力于服务弱势个体或群体，是缓解他

---

❶ 操太圣，卢乃桂. 教师赋权增能：内涵、意义与策略 [J]. 课程·教材·教法，2006（10）：78-81.

❷ 胡国华. 基于社会支持和赋权增能理论的老年教育价值功能探析 [J]. 中国成人教育，2020（19）：15-19.

们在生活和工作中问题的有效策略。因此，从增能理论的视角来分析，学校与社区合作在本质上是建立相互信任和互相合作分享的平等伙伴关系，通过互动合作过程中，掌握沟通技巧，觉悟到他人和自己的潜在能力，从而能够有效利用自己的能力促进合作。学校与社区合作过程中的每位参与者都有自己的内在潜能，通过他人赋能与自我增能，参与者能够有效发挥自己的潜能，意识和反思到自己独立识别、解决问题、控制事件等能力，主动改变周遭环境，实现增能的个人、增能的人际合作关系、增能的学校与社区合作等理想目标。

其实，增能理论的研究视角可以转变一种固化思维，可以完善解决问题的介入方法，即抛弃旧的认识，充分重视学校与社区合作过程中每位参与者的能力的不同之处，重视他们的现实能力、潜在能力、能力的领域及表达方式，不能因为不是专业人士便忽略他们的其他能力。具体表现为：一是优势互补，学校与社区应该在合作过程中充分发挥自身优势，为对方增能；二是要善于发现和挖掘对方的潜能，促使学校与社区合作过程中的每位参与者都能够意识到参与其中是一个能力提升的过程，实现自我增能；三是为对方赋能，学校和社区合作中应共享自我发展和双方合作所需的资源，赋予对方话语权，聆听不同的建议，为合作助力。

（三）教育生态系统理论揭示合作场域的结构分析

1. 教育生态系统的概念与特征

杜威指出："当每种活着的动物清醒时，会不断与所处的环境发生交互作用，这是给予和取得的一个过程，从周围事物中回收并作用于周围的事物——刺激和印象——经验的框架便在这个过程中组成了。"❶ 法国学者艾德加·莫兰也指出："越是复杂的生命系统，就越会有自主性和吸附于生态系统，具有汲取环境中组织和原始能量的复杂性，生命系统就变得更复杂。"❷ 研究有机群体之间、环境与有机体之间关系的科学是生态学，帕克和伯吉斯是最早用生态学视角研究人类社会问题的学者，他们认为，社会是由许多空间分割却分布统一的可独立移动的个体组成，人类自身或与周边形成的联系形式是选择和竞争的结果。人类与其他有机体生物没有区别，都生存于客观存在的自然环境中，以及与自然环境紧密联系的社会环境，共同构成一定的人们赖以生存的社区，而居住在一定社区中的人们之间的关系则是一种共生关系。

单纯从字面上理解"共生"是指共同生存、生长和生活，而德国真菌学家德巴里认为："不同生物密切生活在一起就是共生。"斯格特则认为："共生并

---

❶ 杜威. 我们怎样思维：经验与教育 [M]. 姜文闵，译. 北京：人民教育出版社，1991：30.
❷ 艾德加·莫兰. 社会学思考 [M]. 阎素伟，译. 上海：上海人民出版社，2001：83.

不是一方依赖另一方的寄生关系，而是不同生物之间在生理层面上达到一种平衡的状态和相互依存程度。"[1] "人类生态系统不仅包括不同社会群体之间的生物共生关系，还包含有文化和有目的的人类交互行为所构成的复杂关系"[2]。

美国教育学家劳伦斯·A. 克雷明是教育生态学的先驱者和倡导者，1976年，他在著作《公共教育》一书中首次正式提出了教育生态学概念，获得了众多学者的高度评价。他认为，教育生态系统中的每个元素（学校、教育者、学生等）都存在有机的联系，是一个复杂、动态并呈现为有机统一与矛盾的生态系统，因此，对于学校来讲，既要有自己的教育和管理安排，也要注重与其他机构之间的合作、联动，既要保持自身的完整，又要保持与整体环境的平衡。

教育的生态系统研究主要分为微观和宏观两个层面。教育微观生态系统研究是指对学校、教室、座位分布及教学设备等对学生教育的影响，可以缩小范围到师生关系、教室文化、同学关系、课程设置、学生心理状态或生活空间以及课程评价等方面的细致分析。教育宏观生态系统研究则是指分析以教育为中心的各类生态环境系统对人类交互作用的关系，各种宏观教育系统之间的关系、功能、特征，应采取的各种对策和教育的宏观运行机制等。

2. 教育生态系统理论和学校与社区的发展

学校与社区的合作便属于教育宏观生态系统研究的一个重要方面，是分析学校与社区这两个亚教育体系在宏观教育生态系统中的关系问题。因此，从本质上来讲，学校与社区合作是在异质性基础上因价值、规范、目标等不同而构建起兼容并包、相互依存、共荣共生的一种相互依存关系，"学校社区化、社区学校化"[3]。"只有学校在与其他组织或群体的合作过程中建立联系，作为独立存在的、有差异的单位，才能获得持续发展的意义"[4]。学校总是存在于一定范围的社区中，学校中的各个主体，尤其是学生，是不可能脱离社区生态环境而独立生活的。同样的，社区的宏观经济发展状况对学校发展也产生了不可忽略的影响。因此，学校与社区之间是相互作用、相互影响且相互依存的关系，更重要的是，这些关系存在于社会政治、经济、文化、教育、生态等诸多层面。只有学校与社区在合理的范围内分享、利用资源，互动交往、相互依存、共同

---

[1] 洪黎民. 共生概念发展的历史、现状及展望 [J]. 中国微生态学杂志，1996，8 (4)：50-54.
[2] 尾关周二. 共生的理想：现代交往与共生、共同的思想 [M]. 卞崇道，等译. 北京：中央编译出版社，1996：23-25.
[3] 范国睿. 教育生态学 [M]. 北京：人民教育出版社，2000：163.
[4] 吴飞驰. 关于共生理念的思考 [J]. 哲学动态，2000 (6)：22-25.

成长，注重合作的整体性、多元异质性、开放性，社会的整体进步便会体现在学校与社区合作关系的改善上。具体表现为：

其一，教育生态系统的整体性强调优化个体所在整体的功能和完善自身整体，关注系统内部各个组织之间，尤其是学校与社区之间的相互促进和依存关系，以共生单元的差异性为基础形成异质共存性，力争达到相互依赖和促进而又彼此独立的发展状态。学校与社区是社会系统中共生共存的原子，只有原子之间的不断互动，产生新的粒子，才能使社会整体持续发展下去。承担共同教育责任是学校与社区合作的价值共识，能够激发多元主体行为的协同创生意识。

其二，多元异质性是指存在社会生态整体中的异质要有互补性资源，有一定的利益相关性，而且不同主体互动时的利益需求、价值选择和取向也是多元的。学校与社区属于不同的组织机构性质，其包含的主体也是多元的，学校有学生、教师、管理层等，社区有家长、社区居民、物业管理者、居委会和各类企事业单位等，要平衡和协调互动中各类参与主体的利益诉求和价值选择，从而把利益摩擦和政策代价的负面影响减至最小，必须要在达成价值共识的基础上坚持平等、尊重、互惠、共赢的合作理念，才能加深和拓展合作。

其三，开放性强调生态系统的共生系统间、各个要素间以及外界与系统之间的相互促进、影响和共同行动的动态生成，立足于联系和发展。❶ 学校与社区是具有不同使命的组织机构，要竭力争取与辖区内部和外部主体之间的互动合作，以协同创生理念促进学校与社区的共生共荣，从而更加深刻地把握合作场域存在的客观性和结构性，升华合作成效。

二、研究设计

学校与社区合作研究所涉及的是一种带有教育意义的社会实践，是学校与社区合作过程中不同角色的参与者、组织者和组织机构之间的频繁互动，共同走向促进学生健康发展和实现学校与社区利益目标的过程。这一过程具有相当的复杂性，想深度理解和掌握这一过程也就十分困难。因而如何用科学的研究方法，用何种研究方法是十分重要的，这决定了研究者看问题的角度、认识研究对象的方式和对研究现象侧面和深度的理解，即"通过科学的研究方法才能

---

❶ 胡守钧. 社会共生论［M］. 上海：复旦大学出版社，2006：20-23.

发现研究对象的不同表现，不同的表现可能反映着研究对象有差异的本质特征"❶，以形成对学校与社区合作的科学认识，进而推动学校与社区合作关系的互惠、深度、全面、持续和协同发展。

科学的研究方法需要研究者注重社会现象的相关性和整体性，对所发生的事情进行关联式、整体的考察，了解和考察现象的基本现状、社会文化背景以及与其他现象之间的关系。因此，本研究主要采用文献研究法、访谈法和观察法，以保障研究顺利开展。

（一）研究方法的选择

1. 文献研究法

首先，主要查阅我国和其他国家有关学校与社区合作的经典专著、相关学术期刊论文等中英文献，尤其是研究者在挪威特罗姆瑟大学访学期间所阅读、分析和整理的译自美国、英国等的一些文献专著，这些文献专著的内容以学校与社区合作、互动、关系研究为主，分析与国内外学校与社区合作相关的学校教育、家校合作、学社关系、社区教育、社区治理、老年教育的历史背景、现状、需求和发展趋势，并进行分类统计和整理，从整体上掌握和理解学校与社区合作关系的相关政策内容、历史轨迹、发展现状、发展情势、潜在问题和未来发展需求，为进一步的调研和研究奠定基础。

其次，主要查阅与学校与社区合作关系发展相关的教育学基础理论研究方面的专著、译著和期刊文献。如着重查阅一些对教育本质、教育目的、教育形式、教育哲学和社区概念、社区理论及社区变迁等方面的相关理论研究内容，以及论述拓展、转移或开阔教育学理论研究方向的相关文献，如对社区教育、终身教育、校外教育的热切关注，对强化不同主体之间的互动沟通、异质组织合作和对促进学生全面发展与提高综合素养等内容。

同时，查阅与学校与社区合作关系相关的国内外教育与社会政策、规定，对相关政策的历史沿袭、分析、评价等方面的文献专著。如其他国家在学校与社区合作方面出台的一系列政策，以及我国为持续推进家庭、学校与社区合作和学校与社区合作所制定的一系列相关政策，对其进行梳理和分析，洞悉国内外学校与社区合作政策发展及研究的主要视角和基本现状。

另外，密切关注国内外关于学校与社区合作关系方面的教育研究观点，提炼

---

❶ 陈向明. 质的研究方法与社会科学研究 [M]. 北京：教育科学出版社，2000：24-38.

并整理分析研究者曾参与的"NERA2018 - 46th"❶ "NERA2020 - 48th" "ERNAPE 2020❷"国际会议中关于学校与社区合作的观点，阅读并分析联合国教科文组织的系列报告、终身教育发展系列论坛以及家庭、学校与社区合作的相关会议内容，从中获悉国内外学者和国际社会对学校与社区合作发展的认知及对新时代教育发展形势的解析、判断和观点。

2. 访谈法

"在教育相关研究中，研究者与研究对象之间极易在时间上呈现高度片段化特征，虽然研究对象很愿意参与进某个研究，但研究也不该是对研究对象耐心的测试，而且在这样一个十分注重自我隐私保护的现实社会中，研究者多方面、多层次、多范围地频繁接触研究对象是对参与式观察限制和封闭的"❸。所以，限制的存在使得研究者将深度访谈作为一种技巧来对待，这对于本研究主题来讲是十分适用的。因为学校与社区合作的开展形式与学校的日常教学常态不同，是属于间断性的、局部性或整体性的，在学校或社区中开展，属于比较特殊的教育与社会现象。

具体来讲，研究者在选定研究对象之后，首先，征得学校校长、老师、学生、家长、社区工作人员、社会工作者、社区居民等访谈对象是否同意一对一受访和是否同意录音的意见，根据研究对象的意愿和空闲时间来共同商议具体访谈的时间和地点；其次，在访谈过程中，研究者会与研究对象进行深度的交谈，营造开放、友好、放松的访谈氛围，鼓励访谈对象讲述自身的真实感受和在学校与社区合作过程中的成长经历，以及在这个过程中遇到的矛盾、问题、困难、期望和未来规划等，仔细聆听访谈对象的"言外之意"，并及时针对访谈对象的内容讲述循序追问其中的细节和原委，有助于及时发现新信息、新资料和新问题，根据每个访谈对象的表述内容、神态变化和表情态度及时灵活地调整访谈时间和内容，一般访谈时间为一个小时左右；最后，随着访谈信息的

---

❶ 北欧教育研究协会（NERA）努力促进教育调查和支持使用研究提高教育。此外，它旨在加强教育作为一门学科在北欧社会的知名度，并为北欧研究人员以及他们与国际社会之间的合作提供一个平台。NFPF/NERA 成立于 1972 年，已成为北欧国家教育研究人员的会议场所。该协会的核心活动包括每年举行一次同行审查会议，出版《北欧教育研究》杂志，以及支助各组成网络正在进行的工作。

❷ 欧洲家长教育参与研究联盟（ERNAPE）成立于 1993 年，致力于欧洲及世界各地的家长与教育问题的学术研究、教学与出版。ERNAPE 每隔一年举办一次学术会议，吸引着大量来自欧洲、美国、加拿大、澳大利亚、南非、中国等地学者的参与，具有较强的国际影响力。同时，ERNAPE 通过同行评议出版发行《国际家长教育参与杂志》(*The International Journal about Parents in Education*)，是该领域具有学术影响力的国际期刊。

❸ 葛忠明. 长度访谈：一种经验社会研究方法 [M]. 中国海洋大学学报，2012 (3)：83 - 89.

获得和深入，研究者会每天总结和分析访谈内容，反思访谈的不恰当之处和遗漏之处，对访谈大纲进行完善和修订，以确保访谈问题的遣词造句和切入角度能够适用于下一阶段的访谈对象。

3. 观察法

学校与社区合作的特殊性在于其过程不具备教学研究的常态性与日常性，研究者没有必要也没法长期固定在学校或社区进行观察，合作的过程具备间断性和不连续性，是属于在一个时间段发生的合作事件或实践活动。因此，在调研期间，研究者断断续续在两所学校与其所在的社区对其活动事件进行了参与式观察，如图2-2所示，这里的参与式观察主要是指研究者参与学校与社区合作开展的活动项目，参与主体不知道研究者的真实身份，如名玉第一社区居委会组织的活动，研究者对学生参与其中的整个过程进行观察等。

在研究开始前一个月的每周工作日期间，研究者保持每天上午进入学校，下午进入社区，参与社区和学校的日常及其组织的实践活动中，之后，研究者便保持每周随机两天的进场频率，因为这类合作事件发生的时间间隔较长，与日常教学类事件性质不同。由于2020年是疫情防控特殊时期，所以许多学校在7月份就进入了暑假，包括研究者所调研的两所学校，但暑假中他们开展的与社区合作活动和相关事件，研究者进行了选择性参与和观察。由于是疫情防控期间，所以活动次数较少。8月下旬开学到9月末，研究者也进入学校与社区开展了有针对性的调研。

图2-2 研究者进入学校和社区进行参与式观察

（二）研究对象的选择

研究者在一段固定时间内进入访谈对象所在的社区和学校环境中，通过直接感知收集资料，并描述和解释现象，有计划、有步骤地考察社区动态现象，收集相关资料并对现象中的各种因素之间的关系进行分析，掌握真实信息。❶

---

❶ 谭祖雪，等.社会调查研究方法（第二版）[M].北京：清华大学出版社，2019：147.

通过参与观察法或非参与式观察法针对当前事件或已过去的事件对当事人进行访谈，既包括对新资料的收集，也是对研究现象的验证和确认，在渐进过程中掌握学校和社区整体情况的基础上，深入认识所研究现象的本质和规律。

1. 研究区域的选择

为了能够充分细致地反映出目前学校与社区合作关系的实然现状、问题与发展趋向，本研究确定研究对象为山东省济南市历下区小学学段的学校与其所在的社区，理由如下：

第一，济南市是山东省的副省级城市，是山东省省会，环渤海地区南翼的中心城市。济南市共辖12个县级行政区，包括10个市辖区、2个县，其中，历下区的基础建设、地区生产总值（GDP）、人民生活（人均可支配收入）、服务业增加值、对外经济、科技事业等方面均居市内四区首位。"历下区辖区13个街道，146个居民社区，位于济南市区东部，总人口近60万人，共20万余户，2018年12月，被民政部确认第三批全国社区治理和服务创新实验区，建有小学29所，九年一贯制学校13所，私立学校2所，其中小学学生在校人数为54386人"❶。

"历下"一名，取意于大舜帝耕作于历山之下。历下区历史文化悠久，它不仅是济南的老城区，也是济南的文化与教育大区，山东大学、山东师范大学、齐鲁工业大学、山东中医药大学、山东艺术学院等十几所著名高校的主校区皆位于该区内。

2016年4月19日，济南市人民政府在《关于印发济南市国民经济和社会发展第十三个五年规划纲要》中明确指出："要不断激发教育发展活力，以教育现代化为统领，把增强学生创新精神、实践能力、责任感作为重点任务贯彻国民教育的全过程，深化教育综合改革，鼓励社会力量提供多样化教育服务。"❷

近年来，历下区的基础教育与社区教育发展水平一直居于济南市区首位。在社区教育方面，"全国数字化先行区""百课千讲"和"慧爱父母学堂"等被评为全国"终身学习品牌项目"。

基础教育方面则实施了一系列教育改革措施，主要包括"实施德育综合改革，推进德育课程一体化建设，挖掘家庭、社区、社会资源，全面落实《山东省中小学德育课程一体化实施指导纲要》，推动德育课程一体化；根据不同学

---

❶ 资料来自山东省省情资料库-历下区志 [DB/OL]. http://lib.sdsqw.cn/ftr/ftr.htm. 访问日期：2020-10-2.

❷ 关于印发济南市国民经济和社会发展第十三个五年规划纲要 [EB/OL]. http://jndpc.jinan.gov.cn/attach/-1/1805221402320087307.pdf, 访问日期：2020-10-12.

段学生的认知能力和成长规律,构建学科(专业)育人、思政育人、实践育人、文化育人的'四位一体'德育体系,将'立德树人'贯穿教育教学全过程;建立中小学校外辅导员制度,充分利用社区人力资源,充实德育工作者队伍,巩固完善全科、全员、全方位、全过程育人的有效机制,大力开展家庭、学校与社区合作;开展中小学家庭教育实验工作,完善家长委员会和相关协调制度,组建家庭教育专家指导委员会,举办家庭教育现场观摩交流活动,探索建立符合山东实际的家校合作新模式;加强传统文化教育,2017年7月,出台《山东省推进中小学生研学旅行工作实施方案》,开展省级研学基地评选和国家级基地推荐工作,争取中央彩票公益扶持金1.77亿元,用于青少年校外综合实践基地建设,发挥社区教育资源对学生的教育作用;总结校长职级制改革工作经验,完善改革配套制度,深化中小学校长职级制改革,探索学校去行政化的新举措、新方法、新路径;指导各级各类学校构建起校园文化、课堂教学、艺术展演、课外活动的'四位一体'美育育人格局,上好美育课程,建立学生艺术素质测评指标和制度,为家校社合作夯实基础"❶。由此可见,济南市历下区在学校与社区合作领域奠定了良好基础,具有一定的发展实力和代表性。

第二,历下区的优质小学和优质社区较多,本研究选取了历下区的甸新一小❷和名玉小学❸,以及两所学校所在的甸新社区❹与名玉社区❺进行了从2020年6月到9月为期四个月的调研。"之所以选取小学学段,主要是因为小学学段与社区的实践内容更为丰富和深入,合作意识最强,时效性较高,幼儿园次之,而中学因要面临中考与高考的压力,难以兼顾与学生升学无关的其他项目活动,所以是最弱的"❻。幼儿园之所以相对较弱,可能是因为幼儿的身心发展阶段还不适合频繁走出校园和广泛参与社区活动,办学目标和教师整体教育水平等方面与小学也存有一定差距,而近几年,由于小学教育评估政策倾向于提升学生综合素养,小学校长们更关注办学特色。

甸新一小是济南市的优质学校之一,是历下区口碑最好的小学,是省级规

---

❶ 资料来自山东省省情资料库—山东年鉴2018—基础教育[DB/OL]. http://lib.sdsqw.cn/ftr/ftr.htm,访问日期:2020-10-2.
❷ 注:已做匿名处理。
❸ 注:已做匿名处理。
❹ 注:已做匿名处理。
❺ 注:已做匿名处理。
❻ 陈红梅. 教育共同体视域下学校与社区互动的研究—基于现代学校制度建设的思考[M]. 武汉:华中科技大学出版社,2015:36.

范化学校，山东省教育系统先进集体，济南市历下区未成年人思想道德建设先进单位，杨××名校长工作室，荣获了许多省市级教育荣誉，今年还被评为了2020年度战"疫"榜样团队。而其所在的甸新社区也是历下区的社区教育示范基地，精神文明建设示范点，近几年，尤其在社区治理精细化和创新社区服务层面取得了优异成效。那么，作为历下区最优秀的小学，也作为济南市众多家长追捧的优质小学之一，其在学校与社区合作方面的现状究竟是怎样的一番景象？又作出了怎样的努力与行动？研究者对这些都充满了疑问与好奇。

研究者选取的第二所学校是名玉小学，是济南市的一所普通小学，虽然教育水平与百姓口碑没有达到甸新一小的优秀水平，但也取得了不错的教育成就，拔尖算不上，可做众多普通小学中的沧海一粟。选择这样一所普通学校，一方面，是为了与优质学校进行对比，虽宏观教育政策都一样，但学校的执行力度是否一致还尚未知晓；另一方面，特殊性并不代表普遍性，所以研究者也希望了解普通学校水平的学校与社区合作的真实宏观或微观状况；最为重要的第三点是因为这所学校所在的辖区社区与其对口服务的社区不是同一个社区居委会，也就是说，这所小学距离名玉第二社区居委会非常近，但是却属于名玉第一社区居委会辖区管理范围内，这种情况在很多社区都是普遍存在的，而且又代表了一种学校与辖区外其他社区合作的类型，所以研究者必须且需要明晰这一类学校与社区之间的合作关系到底是怎样的一种真实状况。

2. 深度访谈对象的选择

深度访谈的目的不是一般化概括，研究者需要与足够的主体交谈才能发现并理解研究现状，"足够"并不寓意多，而是少。克拉伯契和米勒（Crabtree & Miller）认为："用更多的时间与关注与较少的人进行交谈，要好于和更多的人进行泛泛的肤浅的交谈，通过深度访谈，研究者能够在较少的访谈对象身上获得较多的文化范畴。"[1] 因此，在甸新一小和名玉小学及其所在的两个社区调研期间，研究者重点对两所学校的校长、副校长、德育负责人、教师、学生、家长，对社区书记、社区工作人员、社区活动日常参与人员进行了深度访谈。

通过与访谈对象之间深度、双向的对话交流，鼓励访谈对象描述出自身参与学校与社区合作的经历、体验、感受和理解，表达出个人真实的观点，从而系统地收集有关学校与社区合作的相关资料，就学校和社区当前的合作现状、

---

[1] Crabtree, B. &Miller, W., A Qualitative Approach to Primary Care Research: The Long Interview [J], Family Medicine, 1991: 23, 2: 145-151.

开展特色、学校发展定位、校长教育理念、教师素质、学生感受、家长看法、社区发展理念、社区特点、社区资源配置、社区工作人员素质、社区常态参与人员建议等方面进行了深入挖掘，了解当前济南市小学教育段学校与社区合作的现状和详细境况，以期全面呈现济南市历下区学校与社区合作的现实发展样态，进而总结分析出学校与社区合作关系所呈现出的特点、优势、需求、存在困境和问题以及发展趋向。

在这里需要说明的是，甸新一小和名玉小学两所学校中的校长、德育负责人、四年级师生和家长是主要且最重要的深度访谈对象。因为一是四年级处于小学的中间年级段，学生是学校与社区合作的直接参与者，他们的感受是最直观的，相对来说比较适合；二是学校与社区合作层面涉及学校公共管理与办学特色、方向层面上的相关问题，校长与中层管理人员比教师更为熟悉，思考也更多，而且学校负责人的实践决策与价值判断往往是合作相关具体工作的关键决定者，起着非常重要的作用；三是一线教师是学校与社区合作过程中的微观指导与协调者，更具实践敏感性，也是关键过程的参与者与观察者；四是家长是学校与社区合作过程中的参与者或观察者，是与学生亲密交流与接触时间较多的主体。此外，研究者也偶尔关注其他年级，以及学校的其他事件。

选择社区书记、工作人员与社区常态参与人员作为深度访谈对象是因为：一是社区书记或负责人是协助街道党工委、党组织开展工作，统筹管理社区事务、传达政府政策制度，结合社区实情指导社区工作人员分工开展社区教育、服务、管理等方面工作，解决社区问题，对社区宏观与微观事务有着明确的掌握与理解；二是社区工作人员作为基层工作者虽接受社区书记的直接管理，但对于社区具体事务与社区居民的接洽、沟通交流、互动等方面有着直观感受和想法，而且目前大多数社区工作人员都具有社会工作专业学习背景或持有中级或高级社会工作者证书，这代表他们有着非常专业的社区事务处理能力，对于一些社区与学校的互动合作事务也有着自己的个人观点；三是社区常态参与人员是指除了纯粹来社区服务中心中办理业务的其他社区居民，这些社区居民日常或周末会来社区服务中心的活动室或学习室参与各种文化娱乐、艺术学习及教育活动，他们也有自己对社区与学校互动合作现状的理解与需求。以下是深度访谈对象的信息汇总（表2-1、表2-2、表2-3、表2-4、表2-5），非结构式访谈对象的信息此处将不予列出。

表 2-1　甸新一小深度访谈对象的具体信息与编码

姓名	性别	学校职务	教龄或工作年限	访谈时间	编码
杨校长	男	校长	26	2020-08-24 9:00-11:30	DXSPMY1
王校长	女	副校长 德育负责人	20	2020-8-25 9:00-11:10	DXSPWW2
刘老师	女	班主任；英语老师	16	2020-8-25 14:00-15:30	DXSTWL3
陈老师	女	班主任；语文老师	13	2020-8-26 9:00-10:00	DXSTWC4
李老师	女	班主任；数学老师	13	2020-8-26 10:00-11:00	DXSTWL5
赵老师	男	班主任； 道德与法治老师	10	2020-8-27 9:30-10:30	DXSTMZ6
王同学	男	四年级（2）班大队长	0	2020-8-25 15:35-16:20	DXSSMW7
李同学	女	四年级（1）班	0	2020-8-27 10:35-11:20	DXSSWL8
刘同学	女	四年级（3）班中队长	0	2020-8-28 10:00-10:50	DXSSWL9
家长	女	四年级（2）班	10	2020-8-28 10:00-10:40	DXSPWZ10
家长	女	四年级（1）班	10	2020-8-28 10:40-11:20	DXSPWL11
家长	女	四年级（3）班	11	2020-8-28 11:20-11:40	DXSPWQ12

表 2-2 甸新社区深度访谈对象的具体信息与编码

姓名	性别	职务	工作年限	访谈时间	编码
许书记	女	社区书记	8	2020-06-02 9:00-11:30	DXCSWX1
李××	女	负责社区教育的工作人员	5	2020-06-02 13:30-14:20	DXCGWL2
刘××	女	负责社区服务的工作人员	5	2020-06-02 14:30-15:20	DXCGWL3
杨××	男	全科社工	4	2020-06-02 15:30-16:30	DXCSMY4
李××	女	社区日常参与人员	退休	2020-06-03 13:30-15:00	DXCPWL5

表 2-3 名玉小学深度访谈对象的具体信息与编码

姓名	性别	学校职务	教龄或 工作年限	访谈时间	编码
梁校长	女	校长	24	2020-09-14 9:00-11:30	MYSPWL1
王校长	女	副校长 德育负责人	23	2020-09-14 13:30-15:10	MYSPWW2
李老师	女	班主任；道德与 法治老师	27	2020-09-15 9:00-10:00	MYSTWL3
刘老师	女	班主任；数学老师	15	2020-09-15 10:10-11:00	MYSTWL4
张老师	女	班主任；语文老师	19	2020-09-15 11:00-11:45	MYSTWZ5
李老师	女	班主任；英语老师	15	2020-09-17 10:30-11:10	MYSTWL6
贾同学	女	四年级（1）班大队长	0	2020-09-22 9:30-10:00	MYSSWJ7

续表

姓名	性别	学校职务	教龄或工作年限	访谈时间	编码
张同学	男	四年级（2）班	0	2020-09-22 10:00-10:30	MYSSMZ8
江同学	男	四年级（3）班	0	2020-09-22 10:30-11:00	MYSSMJ9
家长	女	四年级（2）班	7	2020-09-23 11:00-11:30	MYSPWL10
家长	女	四年级（3）班	9	2020-09-23 11:30-12:00	MYSPWQ11

表2-4 名玉一居深度访谈对象的具体信息与编码

姓名	性别	职务	工作年限	访谈时间	编码
郭书记	女	社区书记	12	2020-6-10 9:00-11:30	MYC1SWG1
李××	女	负责社区教育的工作人员	6	2020-6-11 10:00-10:30	MYC1GWL2
王××	女	负责社区服务的工作人员	7	2020-6-11 10:30-11:00	MYC1GWW3
李××	女	全科社工	5	2020-6-13 10:00-10:30	MYC1SWL4
赵××	男	社区日常参与人员	退休	2020-6-13 11:00-12:00	MYC1OMZ5

表2-5 名玉二居深度访谈对象的具体信息与编码

姓名	性别	职务	工作年限	访谈时间	编码
杨书记	女	名玉二居社区书记	18	2020-8-18 9:30-11:30	MYC2SWY1

续表

姓名	性别	职务	工作年限	访谈时间	编码
李××	女	负责社区教育的工作人员	4	2020-8-14 9:30-11:00	MYC2GWL2
王××	女	负责社区服务的工作人员	5	2020-8-17 13:40-15:30	MYC2GWW3
李××	女	社区日常参与人员	退休	2020-8-20 14:00-15:30	MYC2OWL4

注：表格中学校访谈对象采用的编码方式为：学校名称-学校-姓-性别-职务-序号；社区访谈对象采用的编码方式为：社区名称-社区-性别-姓-职务-序号。

（三）研究资料的收集

研究者在2019年寒假期间曾去历下区名玉社区对辖区小学与社区居委会进行预调研，虽然只是与社区工作人员、教师、家长们非结构式畅谈一些合作问现状问题，但也使研究者发现了很多在相关文献阅读中没有的问题，更让研究者深刻体会到了这些问题亟待解决的迫切性，理解了理论与现实之间的差距是巨大的，也更坚定了研究者研究学校与社区合作关系并缓解其合作困境的决心和信念。

2020年，由于学校与社区要进行疫情防控的特殊原因，研究者将资料收集和调查都集中安排在6月1日到9月30日，并插空进行，晚上进行每天的调研总结。而为了提高本研究结果的可信度，更加有力地说明学校与社区合作期间"发生了什么""为什么发生"和"发生后影响"，除了对两所特定学校和其所在的社区进行了调研外，本研究又采用目的性随机抽样调研了两个社区与学校的周边环境和居民，与生活在社区中的居民进行非结构式访谈，并进行了随机性的非参与式观察。这对于教育现象比较复杂而有关理论又不十分完善的学校与社区合作研究来讲是非常适用的，有助于广泛地获取学校与社区合作更多的信息，达到细致中不失宏观，而宏观中不失细节的调研效果，能够更好地充实研究结果，确保研究结果的真实性和有效性。

在访谈和收集资料的过程中，研究者也注意自我审视个人经历、接受的教育、所处的环境、个人生活体验——特别是与研究对象类似的体验，厘清与访谈对象之间的关系，避免丧失观察和分析的能力。因为研究者几年之前在济南市历下区的其中两个社区中实习过一年的时间，负责管理、帮忙与参与社区服务中心所开展的相关活动，并作过活动记录与现场观察，对社区有一定的了解，而且研究者的家就在访谈对象所在的历下区名玉社区，长期在社区中生活，难免要与社区和学校接触，且附近便是访谈对象所在的甸新社区，有着天然的地理优势与便利条件。所以，研究者与访谈对象保持一种彼此熟悉的关系对双方对话交流是有利的，但也要保持一定距离，这是研究者反省和批判的重要前提。

（四）研究资料的分析

深度访谈后的重要环节是整理、转录、编码和分析所收集到的所有资料阶段，研究者会反复阅读转录的访谈文本。一是要确认、倾听、观察访谈对象的"发声"，在转录文本中发现访谈对象自己的术语，并继续寻找类似的或其他"发声"，如社区人员讲到其对学校老师的印象时用了"高冷"这个词来描述；二是扩大观察的深度和范围，试图发现这些"发声"背后的原因与假设，而之前所进行的文献回顾与文化反省也同样是这些发声背后的理由及假设的依据；三是进行比较，即阅读了这些访谈对象的转录文本后，对所获得的信息进行对比，发现其内在联系与区别；四是主题的选择与归类，将转录文本从文化范畴转化为分析范畴，即将访谈对象个体的观点与感受转化为访谈对象整体的行动与思维的性质，总结与分析出影响因素与存在的共性问题。

另外，研究者会根据对甸新小学与名玉小学与所在社区开展的相关活动进行参与式观察，然后以个案分析的形式呈现出来。个案调研可以弥补访谈的事实偏差，通过案例研究，可以对学校与社区合作过程中的细节、整体、因素进行非常细致的观察和记录，有助于发现和理解合作的目的与内涵，这与作为参与者的观察研究者有异曲同工之妙。"要避免理解本身变成不可能的使命，理解的一方既不应舍弃自己的理解角度，又应从被理解的角度去理解其行为，这是理解过程的一个双向原则"[1]。所以，本研究将以教育叙事的方式选择具体的学校与社区合作开展的活动案例，对案例的开始、过程与结果进行分析，包括具体安排、参与状况、行为表现、个人感受及活动效果等方面。

（五）研究伦理说明

在研究者与访谈对象进行深度交流的过程中，研究者一定会认真严肃地对待访谈对象的叙述内容，对所有访谈对象进行匿名处理，不会发生越俎代庖的情况，更不会恶意修改访谈对象的观点。每次访谈前，研究者都会标明研究意图与目的，讲明匿名处理办法，在征得访谈对象同意后方可进行录音，如若访谈者不同意，那就绝对不会录音，如在访谈张老师（MYSTWZ5）的时候，她就不同意录音。研究者会用访谈对象熟悉理解的词汇进行访谈，避免产生沟通内容上的曲解。在进入研究对象开展的活动中进行观察的时候，研究者会秉持价值无涉的原则。最后，研究者会合理规范引用其他文献。

---

[1] 陈向明. 质的研究方法与社会科学研究 [M]. 北京：教育科学出版社, 2000: 195-200.

第三章

"因循守旧"与"顺势而为"：
学校与社区合作发展的现状分析

歌德讲"理论全是灰色的，生命的金树才能长青"❶，也许复杂的实践活动的确需要非常高的理性水平和非常缜密的思辨，但这并不意味着这里所需要的正是书斋里的思辨家所提供的那些。佐藤学在《学习的快乐——走向对话》中也曾说："不限于教育，凡是旨在问题的现实解决的实践性探索，总是以置身于具体的情境，从情境的内部接近问题的立场为特征的。"❷ 佩什金在对学校与社区关系的研究中强调："了解其合作的现实状况固然是重要的，但更为重要的是发现和描述社会环境中支配人们行为的潜规则以及对这些规则的认知与理解，从宏观与微观认识中把握问题所在的根本之处。"❸ 这意味着研究者正在解释的事件是参与者已经解释过的，而且，参与者所解释的是在具体学校与社区合作环境中以某种方式传递、接收和建构的信息，研究者不仅要将所有的信息在理解的基础上整合、归类和再分析，还要统合其中的共性与差异所在，析辩并呈现出现实问题中所蕴含的根源，从而对学校与社区合作的整体与内在有个系统性的认知与把握，才能有针对性地进行理论建构与策略研究。但对于学校与社区的合作关系建构来讲，影响深远的、致命的并不是解决问题，而是显性与隐形问题的发现是否及时，研究者与参与者是否意识到问题的存在性。

"社会现实是由具体的背景、事件和过程所组织的，具有连续性和动态性，因此资料必须复原到事物发展的进程之中寻找处于特定情境中事件发生和发展

---

❶ 歌德. 浮士德［M］. 钱春绮，译. 上海：上海译文出版社，2013：90.
❷ 佐藤学. 学习的快乐——走向对话［M］. 钟启泉，译. 北京：教育科学出版社，2004：340.
❸ 沃尔特·范伯格，乔纳斯·F. 索尔蒂斯. 学校与社会［M］. 顾明远，译. 北京：教育科学出版社，2006：78.

的动态过程以及各个因素之间共时的联系"❶。这意味着学校与社区合作并不是孤立存在的,想要深层次理解学校与社区合作的现实状况就不能忽略实践情境中的具体事件,因为合作过程中的行为表现要在具体情境中才能呈现出来。❷因此,研究者将会在叙述一个完整的历时性事件进行情境分析的同时进行类属分析。基于研究者研究学校与社区合作的客观立场,本研究将紧扣实践特点,动态揭示调研学校与社区的合作背景、经验、真实经历与实质性问题所在。

一、合作发展的博弈背景

(一) 甸新小学与甸新社区之间的"强强联合"

济南市历下区甸新小学位于甸新街道甸新第一社区辖区范围内,学生来自甸新社区,是一所省级规范化学校,始建于1986年,拥有三千多名学生,近150名教师,是一所师资力量雄厚、社会口碑极好的学校,济南市的众多家长都争相购买甸新小学学区房。从2002年至今,甸新小学以"为学生一生幸福奠基"作为教育的价值追求和出发点,以"幸福教育"作为主旨教育思想,努力寻求与社区、家长建立合作关系,以促进学生德、智、体、美、劳和谐发展为合作目标。

甸新第一社区成立于1988年,是济南东部开发最早的一个社区,辖区面积是0.4平方公里,现在管辖的人口是2 992户、11 530人。以前是一个开放式的老旧小区,经过近几年的发展,社区现在有9座不同规模的商业楼宇,还有两个社区综合体,包括济南市的一些企事业单位,有济南港华燃气有限公司、济南公交总公司的总部、济南甸新一小、山东省考试中心,还有历下区人社局、人力资源创业园。所以,这是一个以老小区为主要构成的复合型城市社区,社区服务的不只是社区的纯居民,还有大概200多家单位和组织。社区偏老龄化,60岁以上的老人比例在19%左右,社区的老龄服务和青少年服务水平较高。

1. 德育课程之"幸福小管家"

从2002年起,甸新一小为了推动学校与社区合作,由学校领导主导、老师们共同自主讨论研发了一套德育课程体系,这套体系是根据不同年级学生的成长发展特点开展不同系列教育活动,再结合学校与社区进行互动合作来开展教学,理论与实践相结合,而且有专门负责的家委会与教师配合联系社区人员和社会其他单位,形成一整套运作流程,为学生的德育发展、社区资源的有效

---

❶ Maxwell, J. Understanding and validity in Qualitative Research in Education [M]. Harvard educational review, 1992: 62, 297-300.

❷ 潘慧玲. 教育研究的取径: 概念与应用 [M]. 上海: 华东师范大学出版社, 2005: 15.

利用、教师德育教育负担的减轻、家长需求的满足、学校特色与竞争力的提升以及品牌的创设都奠定了良好的条件、机遇和坚实的基础。当然，这也不是短期就能够形成与发展起来的，这与甸新一小的历史和历届教师的辛勤努力、细心研究、关爱及了解学生的情况脱不开关系的。

"在学校，老师们都有一句口头禅：'作为老师，爱学生是首要的责任'。校长在2002年就确立了'幸福教育'的办学理念。后来，杨校长将幸福的内涵解释为：意义+快乐+智慧=幸福。在这一理念的引领下，学生的培养目标进一步明确：健康、负责、好学。即从人与自我、人与社会、人与工具三个方面培养学生适应未来的能力和品质。之后，学校建构'思维生长型课堂'，实现教学由知识传授到全面育人的转变。学校课程全面培养学生健体、审美、学习、合作、实践、生活'六大能力'，内容覆盖学校、家庭、社会三个领域，形成'促进学生能力生长'的基础型、拓展型、兴趣型课程。"（DXSTMZ6）

目前，学校以"幸福小管家"课程为主要载体，建立起课堂、课程、活动、家校社四位一体的德育工作实施渠道，合力育人，开设健体、艺术、书香、创意数学、科技、生活与实践六大领域的40多门课程，研发出7大主题、60项主题德育课程，每个年级的学生都有确定的德育活动主题、活动目标和活动内容，将德育课程体系化、阶梯化、系统化。

"幸福小管家"并不是单纯地带领学生参与社区实践活动，每次主题活动学校都设计了前测调查问卷、活动纪实、家长评价等内容，在主题研究中培养学生的生活能力、实践能力和社会能力。

"比如六年级的'家庭财务小管家'系列课程中，学生分组进行专题实践体验：'适度合理消费'组通过采访、调查问卷的方式了解市民购买年货的原则和计划；'我家的年货清单'组则走进各大商场、超市进行现场调查、采访，根据家庭购物清单进行购物并将费用进行整理；'不同时代的年货对比'组通过采访的形式了解不同时期人们所青睐的年货，并进行总结。通过购买年货，让学生体会到'当家才知柴米贵'的道理。"（DXSTWL5）

参与实践活动后，学生们都感触颇深。老师们也能真实地见证到学生的成长，系列德育课程真正有效地给学生们提供了锻炼和实践的机会，学生们在参与体验中增长见识，在生活实践中培养了能力。活动结束后，学校还会结合"幸福护照"跟踪记录，进行星级活动评选，在学校进行成果展示，并评选出"明星小管家"。"幸福小管家"德育课程不仅培养了学生的能力，也对校社、家校、亲子关系和师生关系有着明显的改善和促进。

目前，该学校与社区合作都是依托于"幸福小管家"，包括"身心良健小管家""美食美味小管家""居家打理小管家""传统民俗小管家""出行规划小管家""家庭财务小管家",都是依托于社区资源来开展的,比如爱在重阳、敬老爱老社区活动,还有组织节能、防溺水、防疫等各个方面的活动。

防疫期间,他们针对各年级学生特点组织学生居家学习,为疫情防控贡献了自己的一份力量。

"一、二年级的学生可以编写主题为'疫情防控,我们在行动'的疫情防控小儿歌,可以用身边可用的材料自制小卡片;三、四年级的学生可以制作主题为'疫情防控,我们在行动'的疫情防控知识卡片或者加油致敬卡片,使用家中可以利用的卡片制作即可;五、六年级的学生就是制作主题为'疫情防控,我们在行动'疫情防控知识手抄报或者加油致敬手抄报,也可以创作小诗歌来表达对疫情防控一线工作者的敬意。同时,鼓励学生们可以拍摄疫情防控小知识或者加油致敬小视频,为疫情防控加油,号召学生把自己在疫情防控工作中好的做法制作成'秀米'发到学校的公众号上,把自己的防疫宣传转发到自己的家庭群、同学群、社区群、家长朋友圈中,号召大家科学防疫,共同把在疫情防控工作中的正能量传播出去。"(DXSTWC4)

甸新一小和社区之间的合作,很多都是依托于"幸福小管家"课程,在开展活动的过程中,他们会跟社区进行互动交流,如出行规划或家庭财务,以及深入社区菜市场之类的联动,这些事情是老师们单独跟社区联系,或者是与家长一起合作联系社区,基本不需要学校帮忙。

甸新一小是济南市的优秀小学,但这样的荣誉和社会赞誉不是一朝一夕就能够获得的,从2002年确立"幸福教育"的理念之后,学校便逐渐展开与家庭、社区社会之间的互动,建立合作关系,为学校发展和学生全面健康成长创造有利条件,让学生走出校门,接触社会。学校教育理念和办学思路的转变促进了学校与社区之间合作关系的建立,并达成一致的价值观念,学校努力挖掘社区教育资源,社区也愿意与学校资源共享,形成一定的良性循环之后,学校并没有停止持续探索的脚步,而是在学校领导和老师们多年实践经验总结的基础上研出一套适用于整合社区资源,推动校社合作,与学生德育教育融合在一起的学校与社区合作德育课程体系。这不仅将学校与社区合作上升到课程学习阶段,也将合作实践经验凝练为理论认知,依托系统性、整体性和个性化的课程体系指导,加之家委会的协助,甸新一小与社区合作在逐步深入和拓展,这使学生德育工作更为合理化、实践化、体系化和清晰化,提高了学校的知名度和教育竞争力,提升了学生的道德素质和实践能力,也为社区的有效治理贡献了学校的一份力量。

历届校长的教育情怀和"幸福办学"的教育理念对甸新一小的综合快速发展起到非常重要的促进作用,其中,将教育由知识传授向全面育人转变,将学校课程改革向全面培养学生健体、审美、学习、合作、实践、生活"六大能力"转向，内容覆盖学校、家庭、社会三个领域，形成"促进学生能力生长"的基础型、拓展型、兴趣型课程，为学校与社区之间合作关系的建立找到了突破口，学生幸福，家长才能幸福，社区和学校最终才能长久发展。

教师是带领学生参与社会实践和与家长亲密接触的中介者和联结者，所以，老师们的一手经验也是学校进行实践经验总结和课程理论建构的重要基础，甸新一小的老师们在自我探索和不断总结的基础上为甸新一小的整体教育水平提升起到了积极促进作用。

学校与社区之间达成一致的利益诉求和资源共享是合作关系建立的基础，虽然是建立在领导之间关系融洽和家委会协助的前提下，但在一定程度上，弥补了社区资源不足的状况，促进社区发展，提高居民社区参与度，有助于社区整体全面发展和提高居民的生活质量。

但学校与社区合作的路途也并不总是一帆风顺的。实际上，2017年甸新社区在经历领导换届、政府大力支持和资源增补之后，对学校教育协助的需求有减无增，这说明学校与社区合作是建立在社会经济、政治和文化发展基础之上的，必然要根据社会发展和社区变迁适时作出策略调整，才能够使社区与学校的利益需求平衡。但甸新一小在面对与新社区领导不熟识的尴尬境况下，学校逐渐淡化与甸新社区之间的合作关系，在家委会的协助下拓宽与其他社区的合作路径，虽然能够暂时缓解学校教育发展的困境，但并不是明智之举，隐藏的问题也慢慢显露了出来。看完后面的社区发展背景解释，我们就能够理解这一点了。

2. 社区教育之"全龄学习社区"

甸新社区居委会大楼共三层，1 000平方米，一楼和二楼主要是给居民做服务，用于居民开展各类活动。甸新社区现在推行全科社工服务，即一名工作人员就能够处理所有的公共服务事项。一楼有居民的大教室，有协商民主议事厅，有图书馆、社工驿站；二楼主要是文体的排练室，音乐教室、书画教室，还有一个正能量记者团的志愿者服务站；三楼是职业社委书记的设计展馆，因为甸新第一社区的前党委书记、居委会主任陈××同志，刚建居时就在此工作，直到2017年去世，她在这里工作了30年，她是中国共产党的十八大代表和全国优秀校长助理，所以甸新社区就把整个三层打造成一个展览馆，现在已是一个党员教育培训基地、社区干部培训基地和红色教育基地。居委会大楼往北100米是老年活动中心，包括社区卫生服务站、康复中心、老人社区食堂、老年日间照料活动中心，所以，甸新社区的为民服务载体总共是1 700平方米。

甸新社区刚挂的牌子叫"全龄学习社区"，目的是细化到每一个年龄段都可以在社区里通过"教育联盟"的支撑，找到适合自己感兴趣的课程。"教育联盟"是2019年成立的，因为社区里除了甸新一小这种学校教育资源，还有很多民营的教育培训机构资源，都很喜欢和社区联合搞活动，当然，他们也是看中社区教育这个平台，于是，甸新社区就选择了其中比较优质的28家教育资源和甸新一小，成立并孵化了"教育联盟"。

"关于与小学合作方面，甸新社区已持续多年，包括下午4：30延时课堂、冬令营、夏令营，这都是必办的。以4：30课堂为例，孩子们都习惯了，每周一到周四是写作业时间，每周五是他们的兴趣班时间，社区在每次准备兴趣班之前都会把'教育联盟'的单位组织一起开会，大家一起商议开展哪一个项目，然后再由其中一个机构认领这个项目。如果某个机构认领这个项目，就要免费给孩子们上一个学期的特色课程，有助于广告宣传和招揽生源。比如小学层面，近期开展的是机器人课程；中学方面，是与新东方合作设立一个晚间辅导班；老年方面，是设立了周三的瑜伽课，还有一些其他的课程是在民营教育机构，地点就在社区居委会旁边的和瑞广场里，名字是'七色光'，所以，'教育联盟'涉及每一个年龄段的课程。"（DXCSWX1）

甸新社区和甸新一小的合作比较频繁，因为双方经常在一起做活动，如夏令营是多年来一直持续在做的项目，这里的孩子都是甸新一小的学生，但夏令营项目都是线上招募，每期最多的招募25个孩子。线上招募最常用的就是微信群，针对儿童青少年方面，有专门的家长微信群，家长们也知道每年社区课程的发放时间段，而且家长们可以从线上报名，不需要学校为媒介。总之，甸新一小的孩子在社区有非常多的实践和学习平台，社区还设有民乐班，孩子可以免费学民乐，民乐班的老师都是社区退休老人，他们在退休前都是比较专业的民乐老师，所以，社区居民已经非常熟悉社区教育平台的各类项目了。

疫情结束之后，甸新社区就打造了"柳芽成长计划"，因为他们发现，孩子们从小学开始，每到假期就会到社区参与实践活动，每个年龄段的学生们很多都选甸新社区，所以，社区成立了"柳芽成长计划"。具体来讲，就是社区设立了"成长志愿积分存折"，学生来甸新社区做志愿活动、社会调研或者参观学习等，社区都会给他们盖个章。当然也存在有的学生不参加实践就只让家长来盖章的现象，对此，社区工作人员就回复："学校和教委有这个要求，是让孩子在学习的同时一定要参与社会实践，如果你的孩子不来真正地参与实践，就只让家长拿一张表来盖章，我们这是肯定不给你盖的。"（DXCSWX1）

当然，作为社区居委会工作人员，他们也考虑到，因为有时学期最后几天，时间有限，学生们也没有选择，所以，甸新社区就规定：如果学生平时有空闲的时间来社区参与过实践，只要拿出有盖过章的"成长志愿积分存折"，社区就可以在学生需要的时候给他们盖社会实践的章。

甸新社区设立此计划是因为社区资源比较丰富，所以，他们的老年教育和青少年的服务做得都比较好，之后，他们提出了达到全龄学习的目标，希望把每一个年龄段的居民都能够凝聚到社区里面，把有相同兴趣爱好的年轻人聚集到一起，成为宣传正能量的一种方式。

甸新社区是一个"老"小区为主要构成的复合型"新"城市社区。这里的"老"是因为社区设立的时间很早，设居时入住的那一批人已经成为社区中的老年人群体，小区建筑也较为老旧，由于属于市中心地段，很难拆迁更新社区建筑群。而这里的"新"则是指由于社区辖区内小学、初中教育水平由于前期努力发展而名列济南市前茅，近些年，年轻家长们争相购买该社区内的学区房，并搬来居住，使社区群体更新换代，增加了中青年家长群体数量，为社区带来了年轻活力，当然，也使得该社区的房价一路飙升；另一个"新"是2017年，老书记陈××同志不幸逝世后，在她领导下的繁荣社区迎来了一位新的、年轻的社区书记，同时也带来了更多新的社区发展思路，大刀阔斧地进行了一系列改革，使社区治理呈现出欣欣向荣的新面貌。这位新书记充分利用政府资金和政策支持，不仅将社区居委会建筑内容系统化、层次化整合，将资源体系化利用，也大力引进社区民营教育资源，整合社区所有教育资源，将甸新一居打造成历下区的品牌社区和教育基地。

但美中不足的是，由于新书记与学校领导不熟识，而且在社区教育不断自我发展的情况下，社区与学校关系在一系列因素的影响下由顶峰逐渐跌落，由互帮互助、温馨亲情逐渐变为公事公办和点滴合作，也就是说，以前好不容易建立的密切合作关系在自强不息的自我发展过程中渐行渐远，成为两座"孤岛"。

那么，"孤岛"是如何产生的呢？

这种境况的影响因素实际上也是目前大多数学校和社区合作广泛存在的问题：一是社区教育在政府大力支持下，水平逐渐提高，实际上，并不大需要学校资源的补充，而且随着微信群的普及，原本需要借助学校寻求家长、居民参与的合作需求也没有必要了；二是学校在家委会的协助下，可以利用家长的社会关系与社区内的其他组织机构、专家甚至其他社区内的组织机构和专家取得联系，建立合作关系。所以，近年来，家校关系和研学旅行搞得如火如荼，获得了极大程度上的发展，而且学校如果需要社区协助的时候，双方公事公办即可解决问题。在这样的情况下，学校与社区的领导都认为没有深入合作的必要而逐渐忽略近处资源所能带来的优势，没有做到"强强联合"，进而使得近几年学校与所在辖区的社区合作实际上并无实质性进展，在大众所看到的欣欣繁荣的学校与社区密切合作关系的假象下，实际上，内里已经问题百出，合作表面的秩序下隐藏着巨大的无序。

　　社会进步、经济发展和社区变迁能够为社区发展和学校变革带来优越便利的环境条件，但同时也会带来更多挑战，战胜挑战的策略并不是自我适应和习惯，更不是闷头发展，而应该是相互合作、相互协助，才能够共同进步，带动社会持续发展，否则不但自我发展受限，也会阻碍社会、经济、教育和文化的不断前进。

　　（二）名玉小学与两个社区之间的"尴尬周旋"

　　名玉小学作为济南市首批小区配套学校，于2010年9月1日正式开学，先后被评为：济南市语言文字工作先进单位、济南市绿色学校、历下区教书育人先进单位、历下区职业道德先进单位、历下区未成年人思想道德建设工作先进单位等。学校定位于高起点、高标准、高品位的现代化双语对外交流学校，秉承"培养具有国际视野的现代中国人"先进办学理念，确立"以学校之美，育师生之情，塑名士品格"的办学目标，坚持"高起点规划，高标准建设，高质量达标"的发展思路，营造高雅的校园环境氛围，形成中西文化融合的办学风格。如今，学校育人环境优美，教师队伍素质稳步提升，学生综合素质优良，在社会上享有美誉。

　　名玉小学的学生都来自名玉小区一区、二区和三区，其中，名玉小区一区属于名玉第一社区居委会管理，名玉小区二区和三区属于名玉第二社区居委会管理，名玉小学属于名玉第一社区居委会辖区管理范围内，但地理位置靠近且"双报到"单位是名玉第二社区居委会。

　　大多数小学的生源都是来自学校所在社区和周边社区，这是非常普遍的现状，但其中也蕴含着一个普遍存在的合作问题，即在当前政府和教育部门管理、政策规定和实际需求等前提条件的限制下，学校究竟该与哪个社区建立正式合作关系？是辖区管理所在社区还是地理位置所在的社区？学校又应该与那些没有建立正式合作关系的生源社区建立怎样的关系？提出这样的疑问并非空穴来风，因为随着城市化的不断拓展，城市社区的精细化治理也在持续完善，这就意味着大部分学校的生源都来自周边不同的社区，但学校所受辖区管理的社区居委会是固定的。

　　一所学校运行中的学生、教育、活动和各类管理事务必然要面对两个或多个社区居委会，但现实中，学校内部教育和管理已然分身乏术，那么，与多个社区居委会建立合作关系并维系好各类合作需求必然是不现实的。有些研究者们也许会诧异，一所小学与多所社区居委会建立合作关系预示着有更多可利用的社区资源可以利用，这么好的事情怎么可能没法实现呢？《荀子·儒效》中有言，"不闻不若闻之，闻之不若见之，见之不若知之，知之不若行之"，理想总是美好的，实践却是复杂的。

名玉第一社区居委会建于 2010 年，服务范围是名玉小区一区，名玉小学位于辖区服务范围内。社区设有活动中心，有全科社工项目，除了老年人参与，还有名玉小学的一些孩子参与。社区居委会有 4:30 课堂、家长学校，周一到周五，孩子放学以后会在居委会里面，有专业的社工给他们指导文化课。孩子们去社区居委会可以在图书馆看书，或社工带他们做手工之类的。像寒暑假，孩子们白天都在居委会里，社工除了辅导他们的功课外，还组织他们进行一些能力拓展、示范等训练。

名玉第二社区居委会成立于 2014 年，服务范围是名玉小区二区和三区，名玉小学就在居委会附近。社区居委会设有科普教育活动室、宣传文化活动室、未成年人活动室、图书馆、四点半学校、老年学校、家长学校等。居委会以"党建区域化"为抓手，整合社区各类资源，双向互动，策划了"芳邻共建""聚爱同行""社区节""小报童义卖""四点半课堂""同心圆"等公益文化品牌项目，2018 年荣获济南市担当作为"出彩型"好团队称号和历下区"五星级"党组织。

2012 年，附近居民小区都属于名玉第一社区居委会管理和服务的时候，名玉小学还邀请该居委会共同组织"六一"儿童节。到了 2014 年，双方就不合作了，由于人口数量增多，设立了名玉第二社区居委会。2015 年开始，政府出台共建单位的政策要求之后，名玉小学和名玉第一社区居委会也就彻底没有合作关系了，变成纯属地职能服务关系。目前，社区居委会的共建单位在一般情况下都是政府划分的。

可以说，名玉一居必须为名玉小学提供职能上的纯服务，因为上级规定要按属地进行管理和服务。

如疫情防控期间名玉一居为学校提供安保服务，"六一"儿童节为学校捐赠图书，同时，很多学生的爷爷奶奶、外公外婆都是名玉一居艺术团里的骨干力量，可以资源共享。但这都是名玉一居纯粹给学校提供的职能服务，学校领导也是如此认为，原因是现在名玉小学和名玉一居不是共建单位，学校的党组织和对接单位也不是名玉一居，而是名玉二居，所以，学校处于尴尬两难的境地。

"原本 2020 年 6 月份，名玉一居和学校都商议好了组织一个"六一"儿童节合作的活动，结果却不了了之，学校领导很抱歉地跟一居领导谈完了，后来又很抱歉地说：'不好意思，因为我和你不是共建单位，学校很为难。'"（MYC1SWG1）

实际上，虽然学校与名玉一居之间的互动合作没有了，但是学校开展活动时却直接去找该社区所属的舞蹈队和合唱队的队长谈合作事宜。

"如去年春节，学生放假之前组织一次主题活动，学校就联系名玉一居所属的老年文艺队伍参与了此次活动，因为这些老人的孙子、孙女、外孙女都在名玉小学。虽然社区组织的老年文艺队伍属于居民自愿组织参与，但队伍的服装属于名玉第一居委会所有，所以，为了缓解此事的尴尬，名玉小学的领导在出于尊重的情况下，在活动结束后打电话给一居书记告知并说明了情况。"（MYC1SWG1）

如疫情防控期间开学，因为名玉小学是名玉一居辖区管理单位，名玉一居和街道办事处应例行检查学校是否满足开学复工标准，一居书记就给校长打电话说：

"校长，开学了，如果需要志愿者的话，咱们小区里的居民都很愿意，因为他们也都接送孩子。"校长婉言拒绝了。（MYC1SWG1）

那么，名玉小学与其共建单位和双报到单位——名玉二居之间的合作关系又是怎样的呢？

研究者调研发现，虽然名玉小学在名玉二居附近，但双方并没有建立非常密切的合作关系。也就是因为现在政府要求学校与名玉二居进行单位共建和党员"双报到"，涉及学校和社区合作这一块，否则学校也不可能与他们合作。名玉小学并不属于名玉二居辖区内管理，他们属于名玉一居专属网格化管理，但学校又是他们的共建单位，所以，像"六一"、重阳等节日，名玉二居会与学校共同开展活动，做敬老、爱老的德育教育以及在后勤保障方面的简单合作。

"名玉二居设立的四点半课堂，想让学校派老师来担任一下四点半课堂的老师，但是他们一直以工作繁忙为理由推托，目前，一直都是居委会旁边的单位——齐鲁晚报社给二居免费申请的一些培训机构老师。"（MYC2SWY1）

从名玉小学与社区合作的整体事件中所反映出来的现象是非常具有代表性和普遍性的，现在很多学校的学生都不止来源一个社区，而且学校的地理位置和所在辖区并不总是重合的，所以，这从侧面反映出一类学校与社区合作中普遍存在的问题。

名玉小学的学校层面与名玉二居开展的合作主要是共同举办节点庆祝活动，教师党员去名玉二居协助清扫社区环境卫生；班级层面与社区合作，主要是学生在教师的带领下参与社区活动，或者在家委会和辅导员的带领下，以中队或小队的形式参与社区实践，还有家长带领学生自主报名社区四点半学校等。按理说，名玉小学与名玉二居是属于"名正言顺"的合作关系，应该会有更多意义深厚的合作绩效，但事实上并没有，"忙碌"仿佛已经成了很多学校没有与社区开展深入合作的一贯理由，体现出敷衍的一面。而名玉小学与名玉一居之间的关系更糟糕，除了职能服务项目之外，名玉一居提供的其他服务和支持，学校都认为是一居社区的职责所在，不但未做出回应，还婉拒一居提出的共同举办活动要求。名玉小学与所有社区的合作现状用一个词来总结就是"泛而不深"，体现出了工具性的一面。

与甸新一小的不同之处在于，甸新一小与社区是较强的两个组织，而名玉小学的事件让我们觉得是强和弱的两个组织在寻求合作，仿佛名玉一居和名玉二居在寻求学校能够与之建立互帮互助、共同发展的合作关系，而名玉小学对名玉一居的态度是"欲拒还迎"的心理状态，拒绝但行动上不愿得罪对方，而对名玉二居的态度则是"敷衍了事"，按照上级部门要求开展一些流程性合作。

对此，名玉小学的管理层和老师们认为主要原因表现在：一是老师们确实教学工作繁忙，无法抽身去做额外的志愿服务；二是即使在节假日，如果没有上级的政策规定，老师们也不敢擅自去社区教课，否则可能会被追究责任；三是因为学校按照规定需要对共建单位进行"双报到"，开展相关合作活动，没有余力再与其他社区开展合作活动，辖区社区居委会为学校提供服务是职责所在；四是其实学校本身在目前的合作事件中并未真正体验到合作所带来的不可替代的成效和价值；五是学校缺乏与社区合作方面的专业指导，所以在探索过程中，难免会出现一系列令社区不满意的事情，但都是在相互磨合和商议过程中，合作之路要谨慎前行，不断完善。

事实上，从我国现在的社区发展和教育改革现状来看，学校与社区合作之路必定是充满荆棘的，而且比校内组织学生参与程序化的实践活动要复杂很多，并不是简单由家委会和教师带领学生参与社区活动那样简单化，学校与社区合作的过程和结果蕴含着的真实价值是非常重要的资本。其实，作为教育方面专业的学校应该是主动方，认识到周边任何一个社区的资源，去和这些社区建立合作关系，而不是只看到规则约束的一面，反而忽略了其他社区的巨型隐藏资本。

实际上，我们也能够注意到一点，名玉社区在寻求与社区合作的过程中绕过了名玉第一社区居委会这个中介者，但事后又礼貌性地告知了居委会。这一番尴尬的操作行为本应该可以避免，可是因为双方不是共建单位所以没有建立合作关系，才会故意绕开。可见，体制内的"紧箍咒"力量是多么强大，对学校与社区合作的影响力和操纵力是多么巨大。但我们不应该被这股力量束缚住，应该在实践基础上反思如何利用这股力量来为教育改革和社区发展谋取支持性资本。

二、参与主体"行为—意识"的多维审视

学校与社区是两个极为复杂的"巨型场域"，而当这两个场域进行交互合

作时，所形成的新场域将具有更为复杂的特性。❶ 这蕴意着在学校与社区合作过程中的不同主体必然会表现出错综复杂的行为特征。如若学校与社区合作过程是一个系统整体，那么，在这个系统与环境的互动中，将会包含着有序、无序、个体、群体与组织及其合作的过程，且这些包含物都是主体，主体具有自身维持存在的自主能动性。因此，当作为控制中心的系统对各个主体提出宏观指导，作为子系统的个体将会表现出极大的多样化行动方式，而当某个体足够强大，具有局部整体的功能与性质，便可能会具有创新意识，获得极大的自主性。

总而言之，由于各个学校与社区所处区域的经济、文化、教育、服务等方面发展水平的差异，学校中校长管理方式、教师教育水平、学生学习水平、教育资源配置差异，以及社区教育、服务、管理、福利等资源配置水平高低，使得学校与社区合作成为一个高级复杂性的运作系统，也必然存在最高中心、局部多中心、底部自组织形态等同时并存的现状。长期以来，学校与社区合作总是以一种抽象的直觉和模糊的经验存在，缺乏从宏观与微观层面的探析，对于合作过程中不同主体的行为特征、性质与类型也没有深入细致地探讨过，从而一直缺少有针对性、专业性的理论指导，难以有效提高合作实践的水平。其实，在真实的学校与社区合作过程中，学校与社区中的不同参与主体都有不同的行为表现和心理特征。接下来，本研究将在分类的基础上从学校与社区两个方向来分析不同主体的"行为—意识"特征及为学校与社区合作所带来的影响。

（一）安于现状的"背众"行为

博尔诺夫指出："一切人类的现象和行为都不能只从文化出发来加以解释和理解，并非一切生活现象都能够概括成文化，因为，有些现象同客观化了的文化无关，是同生活本身直接联系在一起的，因而也要从某些身心结构与个人生活特征来分析，如感情、情绪、本能、厌恶、不情愿等，而这些表现与现象也绝非偶然性，它是人生活中不可缺少的有意义的一环，只有改变自己的行为从漫不经心的生活中解脱出来，才能理解自己的真正存在，这是一种人的完美性表现。"❷ 与此同时，我们也能够从人的行为表现中了解其存在的问题及本质特征，从整体上作出解释并提出有针对性的改善策略。在研究者调研之前所阅读的相关文献中，绝大部分文献都关注互动与合作的过程与效果，极少关注细节中的人的行为与感想是如何的，即使有的研究结果呈现了不同行为主体的特

---

❶ [法] 埃德加·莫兰. 方法：天然之天性 [M]. 吴泓缈，冯学俊，译. 北京：北京大学出版社，2002：110.

❷ 博尔诺夫：教育人类学 [M]. 李其龙，译. 上海：华东师范大学出版社，2001：23.

征，但也未曾提及其消极、负能行为的一面，甚至是"不作为"的一面，"负能"意指"人类自身内心的负面思想、情绪和心理，包括懒惰、攀比、妒忌等，将其行为引入负面效应，从而产生负能量，与增能、赋能含义相左"❶。

这种结论性观点其实特别容易误导想要涉足这一领域的研究者们，会造成一种所有参与主体都在努力尝试提高学校与社区水平的假象。写到此处，其实研究者想用感叹号来表达一种寓意和情感，但确实也属无奈，只得娓娓道来。或许部分研究者认为学校与社区合作不可能做到人人都愿意去参与，愿意热情的表现，但作为合作过程中的参与主体来讲，如果做不到全心全意来对待合作、互动与实践项目，那何必浪费大家的时间来做表面功夫。

1. 负能的个体层面

学校与社区合作的研究者们可能认为学校里的教师们与社区工作人员都或多或少地知道一些互动与合作的相关事情，毕竟学校与社区合作这项工作已开展多年，相关要求也已经多次在教育政策或其他政策内容中强调。在调研之前，研究者也如此认为，但现实令人大跌眼镜。政策与现实之间，理论与实践之间的差距是难以用想象来衡量的，不实际参与其中，研究者们会一直被禁锢在理想的愿景中不能自拔。

（1）学校层面。

教师作为学校与社区合作过程中的亲身实践参与者、学生指导者、政策具体执行者、合作接洽者，扮演了多重角色，这似乎看起来是一项难以胜任的工作，但这是学校与社区合作普通过程中教师应具备的基本技能与专业素养，只有这样，学生才能在参与中真正学到知识，提高认知能力，教师才能通过一系列观察从中了解和掌握学生的学习特点、行为表现与真实感受。而访谈对象的"不清楚""不知道""不了解"显然意味着他们并没有将学校与社区合作这件事情作为教育学生过程中的一件必要且必须去做的事情，甚至带有负面情感。

"学校与社区合作的事情，我不太了解，印象中好像有过，但我不记得了，政策有吗？好像没有吧？这我肯定也没有了解过，学校在开会的时候，领导们会向老师传达一种，但是一时间我也说不上来，反正有，这个应该叫红头文件，这个政策我说不上来。这个东西就算有，我也得仔细多看几遍我才能记得住，政策肯定是有，但我不记得了。这种事情你应该采访领导，我虽然是班主任，也是老师，但这些我真的不了解，至于是否缺少资金或者人力方面的，或者缺少什么专家指导我就更不清楚了，这一块都是学校领导们在宏观运作这些事情

---

❶ 邦迪. 负能量理论［DB/OL］. https://baike.baidu.com/item/负能量/6430294？fr＝aladdin.

呀。我们老师跟家长接触比较多，跟社区也有接触，但是都是领导们进行接洽之后，我们才具体进行。我记得有的时候少代会会请社区人来参与教育过程，具体我也不了解，我记得印象中好像有过。"（MYSTWL4）

这些"不清楚""不知道""不了解"不仅表现在对相关政策的"不清楚"，对活动或其他事务开展过程的"不了解"，也表现在对社区未成年人教育内容的"不知道"。

"关于学校与社区合作方面的政策指导文件，这个不是很清楚，领导们会给出宏观的大方向。"（DXSTMZ6）

"社区在做的未成年人教育方面的事情我不太清楚，不了解呢。至于我们开展的活动有什么问题，我不太好说，我不知道该怎么回答，我觉得现在看来，还可以吧。"（DXSTWC4）

虽然现有的学校与社区合作并未给出相关细则性详细内容，但关于政策内容中的每句话都是有深切寓意的，都是政策制定者在努力调研了解整体宏观发展情况后给出的建议与指导，如果政策执行者连政策内容都不清楚，那么，事情的发展可想而知，当然，硬性政策要求有时候也容易使参与主体缺乏发散思维与创新思想。学校与社区合作所开展的每一项活动和每一件事情都应该是有计划、有准备、有记录与有收获感想的，只有这样，管理者与教师才能在细节上掌握具体情况，甚至会对学生在其中学到什么程度，哪些方面还做得不到位也有准确的理解与把握。

班主任扮演着统筹班级管理、学生事务、学生学习、教师教学等方面的重要角色，关于学校与社区合作这项事务了如指掌才是比较合理的发展现状，搞了多少次活动不重要，重要的是班主任从中获得了哪些学生成长信息，教师从中获得了哪些锻炼，学生从中培育了怎样的素养。

社区是其合作的重要一环，在传统意义和观念中，社区虽然是专业开展成人教育与老年教育的组织机构，但近几年，社区也在积极开展丰富多彩的未成年人教育，政府提供专项资金来邀请相关领域专家到社区开展未成年人教育活动，甚至与社区内的营利性培训机构合作来为社区青少年儿童提供免费课外教育课程，也提高了教育基础设施建设水平，这其实为学校教育的开展提供了极大的辅助作用，管理者与教师如果对社区教育不清楚，那么何谈深入开展合作，又何谈充分利用社区教育资源。

庆幸的是，目前，并不是每个老师都是"一问三不知"，这说明每个学校与社区合作的水平是不同的，发展不均衡的，这种不均衡不仅存在于学校之间、教师之间、班主任之间、管理人员之间，甚至存在于学生之间，继而影响学生的学习水平与综合素养水平。

(2) 社区层面。

社区虽然是居民自治组织，但近些年，逐渐成为街道办事处的下属机构，传达上级领导政策、开展社区党建、管理社区自营企业、维护社区治安、办理社区居民业务、开展社区文化娱乐教育活动等一系列事务都由社区居委会来负责，这是中国社区的典型特征，也是学校在与社区合作过程中不得不考虑的事项。换言之，我国的学校与社区合作必然不能像其他欧美国家一样自由，我国社区内的各个组织都与社区居委会和街道办事处在行政、关系与管理中存有千丝万缕的关系，他们有自己的系统与体系，正如教育圈也有自己的一套内在关系体系一般。学校要与所在辖区内的社区达成一致有效的互动或合作，必然要正确、科学、合理地处理其与社区居委会之间的关系，这样才能获得比期待更为惊喜的实践效能。既然改变不了现实，我们可以适应现实，但"一个巴掌拍不响"，这也需要社区居委会的全力配合才能成功。

那么，现实中，他们的态度是怎样的呢？为了获得真实有效的信息，研究者在正式选定调研地点之前，尝试采取了三种实验的调研方式，一种方式是经"社会关系"介绍去社区居委会；第二种方式是研究者带着学校开具的"调研介绍信"去社区居委会；第三种方式是研究者在无"关系"与介绍信的情况下只身前往社区居委会。研究者用这三种方式非目的性随机抽样了历下区的三个不同的社区居委会进行调查，遇到的情况截然不同，社区工作人员的态度也截然不同。

在第一种方式去的社区居委会中，社区工作人员的态度如家人对待客人一般嘘寒问暖，"悄悄话"也愿意与研究者诉说；以第二种方式去社区居委会，工作人员让带着介绍信去街道办事处社会事务科接洽后才能接受访谈，否则一概不予告知，研究者又赶紧到辖区街道办事处的社会事务科咨询，其工作人员反复询问研究者身份后说了一句话让研究者无语凝噎："我们这里是政府机构，我们没有责任帮你找社区，你来我们这里找社区调研不管用啊，你还是去找社区吧！再说我们也没有接到你们学校证明你身份的正式电话，我们不予接待，还请你离开"；第三种方式去的社区居委会，研究者表明身份与目的之后，工作人员态度冷漠，又将研究者推给另外一个略微年长的男性工作人员，然后他大声吼道："这个我们不知道，也不方便告知外人，这种事情都是属于领导管理，我们也不敢随便对外乱讲，你还是走吧，我们不方便接受询问和访谈！"研究者心有不甘，于是拨打了12345市民投诉热线投诉该社区工作人员态度恶劣，并将事情经过讲明了，第二天研究者就接到了12345市民投诉热线的回复和该社区居委会书记的道歉电话，反复强调："我们社区工作人员的素质水平还有待提高，您不要介意，我会批评他们，我们是五星级社区服务水平，工作人员可能最近心情不好，他们以后会注意服务态度的。"经历这样一番实验之后，研究者果断放弃了后两种调研方式，或许他们对待与他们合作的学校人员并不是这样的态度，但即便这样，研究者也获取不了任何有效的访谈信息。

之所以将对社区的实验调研情况在这里陈述，是想指出这里的"负能"蕴意不只是呈现出社区工作人员的态度问题，更表明研究者以这样的方式去了解学校与社区合作的相关事情都会遭遇这样的态度，可想而知，虽然学校领导可能与社区工作人员熟悉，但有意愿与社区工作人员接触的老师们呢？他们也会像研究者一样四处碰壁吗？如果是这样的话，老师们想开展与社区互动合作的信心又该从哪里获得？与社区熟识的"社会关系"并不是学校里的所有人都有的。

而另外一种"负能"则是社区工作人员"不清楚""不知道"或"不了解"社区与学校开展合作的事情。

"我们社区对文体类需求比较多，教育资源需求不大，老年群体对一些健康知识、疾病预防、慢性病什么的知识有需求，文化娱乐有需求。我们对未成年人的需求不太了解，对学校的真正需求也不了解。"（XYCZWJ2）

"他的学校的真实情况我还真不是特别了解，我是没有接触过的，然后一些具体情况你还是问社区书记吧，我们工作人员真的没有与学校接触过，人家都是领导接触领导，我们工作人员去了人家也不一定搭理咱啊，所以，你问我这些，我确实是不知道的。"（MYC1GWL2）

在社区居委会中，社区工作人员一般都是分工负责某一方面的，比如老年教育、退休、社区服务、社区教育、社区福利、居民业务办理等各种零零散散的工作，还要随时处理社区中发生的治安事件或居民问题，所以，工作相对繁杂，但相对于其他工作性质来讲，其实社区工作还算轻松，行动自由，按理说应该时常穿梭于各个小区中，但日常大部分工作人员都是久坐于办公室中处理电脑中的各种表格文件。因此，对于学校与社区合作这件事情来讲，除了社区书记以外的社区工作人员"一问三不知"的情况，在当前大部分社区居委会中是普遍现象，为什么没有开展深度合作的理由也就不言而喻。

2. 负能的合作关系层面

社会和教育一直处于不断持续发展的过程中，会有不断的新问题和新危机出现，我们也始终处于不断探索的过程中，因为需要有新的方法来解决问题，我们的认识不可能尽善尽美，但我们所保持的原则与思想应该是开放的，而不是封闭的。人只要生存着，任何时候都有可能处于问题之中，这种激烈的想法可能有点言过其实，如若一些重大的问题还可能存在连续发展的空间与时间，那么我们可以从中推测，这种具有合理功能的问题必然属于生活与工作中的一部分。有问题可能预示着会引发一系列大的危机或对后续发展起到消极影响，但没有一个人愿意主动把责任、风险和问题揽到自己身上，包括教育者。既然不能控制问题发展的走向，那就不应有意识地去触发问题发生机制，就此而言，学校与社区合作作为一种故意的教育"行为"，自然有着无法逾越的界限。

大多数研究者都认为学校与社区合作是一件非常有必要且为了学生教育必须去做的一件事，而且在大量的理论和实践意义背景下来论证其开展的价值，但这件事情对于真正的实践者与执行者来讲是否也是这样认为的？他们是否情愿来促成这件事情？

如果将学校与社区合作比喻为一场教育与社会的变革，那么，从合作的一开始，必然就会有大部分实践者进行机械的实施，他们会把大部分精力都放在短期、应付式的合作过程中，不愿花费任何时间进行反思。在合作开展的过程中所作出的调整更多是根据实施者一方自己的需要而不是当事人的需求来进行的，实践者首先想到的是逐步完成上级布置的任务，而这又通常会导致在实践过程中或合作开展过程中出现肤浅、表面化、程序化的现象。

（1）以学校为主的合作。

调研发现，大部分访谈对象都认为学校跟社区合作对学校来讲是一件无关紧要的事情。

"就是这件事可做可不做。上级也没有硬性要求说一定要做这件事，我们当然也不愿意给自己找麻烦，学生出去了安全问题、吃喝问题一堆，在学校里还能有个保障，说实话，我们平时的教学任务和管理学生已经挺累了，再弄出多余的无关紧要的事情来，而且这确实也不是省心省力的事。"（DXSTWL5）

"我认为现在这种现状就挺好，我们有什么困难告诉社区，社区就来帮忙了，社区有什么要求，我们有时间也就过去帮帮忙，这样就很不错。"（MYSTWL4）

"现在没什么需求，就挺好的，偶尔开展个活动，也没什么多余的事情，我们有需求就找社区，能解决就解决，解决不了再说。"（MYSTWL6）

事实确实如此，也正如这位受访者所言："德育是风景线，教学是生命线"（MYSTWL6），评价一所学校的教育质量，以学生成绩为评价标准较易划分出层次或等级，但评价一所学校的德育水平却是极为不易的。至今，我国的每一所大学极少或不会因为一个学生品德高尚就给予录取。对于学校与社区合作的要求，老师们的表现其实并不会令研究者诧异，如若强调学校与社区合作对学生学习成绩是有必然的积极性影响，目前也并无实证数据或相关研究来科学证明，只能称为具有不确定性的、隐性的积极影响力，这与能够为学生带来显性影响的教学水平是不同的。所以，这其实就是那条无法逾越的界限，看不见，摸不着，一旦提到学校与社区合作开展一项活动，每个人心中的那条界限就会不自觉地出现在脑海中，限制了参与者的思想、行为。

这就意味着学校与社区都带着被动与勉强的态度来开展合作，两个组织本身并没有合作的现实需求与愿望，但由于学校的上级教育部门和社区的上级单位提出明确要求和布置了具体任务，学校与社区才做做表面文章，产生了合作行为或开展了一些相关性活动。

从学校层面来看，访谈对象基本都是处于应付上级领导检查或要求的情况下，开展学校与社区合作的相关活动，然后以图片、描述、总结的形式呈现在微信公众号、美篇、网页上或纸上，以备教育部门领导或学校随时查看。这种行为的主要特征是与上级压力和教育评价标准相关联，属于被动服从、应付或应急性行为，主要合作方式是开展互动性、阶段性的实践活动，是一种压力型体制，而不是长久的、有目标、有计划的考量。

"比如说假期里做的防疫，学校里提出目标要求，然后我们按照目标要求自己制作班里的活动方案。"（MYSTWL4）

"体制内的这些东西就是这样，上级要求我做什么我就做什么，因为你要提高这种政治站位，要求你做的你必须做好，不要求做的你坚决不能做。所以说学校的主动权在哪呢？学校的主动权就是一定不能越界，一定不能越过底线和红线，也是整天讲政治站位的问题。"（DXSPWW2）

学校与社区合作所开展的行动，基本上都是以这样的流程为主，一种是按照上级教育领导部门的政策或指示，学校领导制订相关活动计划，传达给各个年级、班级的班主任老师，班主任再制订相关的计划，联系家长和相关社会人员，组织学生开展并参与其中；另外一种是学校在接到上级政策指示后，学校领导直接制订活动计划，联系社区领导过来充当嘉宾或评委，再挑选没课的班级学生参与其中，如果是节假日时间点，则全学校学生都参与进来。从调研的整体情况来看，大部分学校中的领导与老师都是这样的行为特点，且为数不少。

事实上，这样的按部就班还算合理，但还有一种根深蒂固的思想存在于大部分学校领导者和老师们的大脑中挥之不去，而且可能这种思想在将来很长的一段时间内是难以改变的，或许上级部门的压力会暂时改变他们的行为，但合作的内在价值可能难以真正实现，这样的合作关系是徒劳的、负能化的、形式化的。

"因为社区毕竟不是搞教育的，也没有太多资源，他们建设好社区和非常美好的社区环境，其实就是一个很好的合作。他的资源主要还是服务于社区居民，学校只能算是驻地中的一个单位，他给我们提供不了太多帮助，我们是接受比如说教育局的，上级的主管部门的领导安排，更多的是和教育局联系。"

（MYSPWL1）

所以，合作关系的维护现在基本还是属于学校一种自发的、自觉的行为，缺乏科学合理的制度和机制保障。而且，从教育层面来看，现在的合作氛围并没有体现出学校和社区有一定要建立合作关系的强烈需求。社区可能有很强的需求，比如想参与学校管理，从而了解教育，但学校却没有强烈的合作需求。因为学校是一个相对封闭的管理环境，行政管理上依旧按照上级的指示和教育局的组织，社区可能会因合作关系的建立而带给学校一定程度上的干扰。

"计划的话不好谈，应该说没有，我们还没实实在在这么想过，其实我们现在想的就是在保证学生和学校安全的前提下，按照教体局的工作部署，力所能及地开展一些活动。其实现在对于学校，安全第一，安全能否定一切。在此前提下，如果想让我们与社区进行合作的话，无非我们就是请一些社区的优质资源为我所用，因为毕竟学校老师很单纯，除了自己的文化课所长，就算有其他方面特长也不一定能够适合学生教育。"（MYSPWW2）

从访谈内容可以看出，在学校与社区合作已经推动和开展多年的情况下，学校中的部分老师依旧认为社区不具备专业教育水平和教育资源，社区进学校是一种干扰，扰乱学校秩序的行为，甚至有的学校领导依旧认为开展合作是社区的需求，学校无非就是为了利用社区资源这样的片面想法，此时，看到这段内容的绝大多数教育领域研究者们可能会想："难道不是吗？"这就是大部分研究者在文献中提到的"所谓的"已开展过很多与社区合作活动的学校，这就是实践活动那种美好假象的背后思想。在这样的情况下，学校即使与社区合作开展了活动，学校也不会再去反思其意义与价值，不去关注学生在这个过程中究竟有哪些收获，学到了什么，提高了哪些能力，最终出现学校与社区合作是无益可获的一种错误认知。

在这里，研究者并非言过其实，一叶障目，绝大多数学校领导与老师们的想法的确如此，他们有这样的想法一方面与中国社区发展的特征及中国教育的固有体制特征分不开，大家从最初就是如此原则分工的，社区做社区的管理，学校做学校的教育，井水不犯河水；另一方面是他们没有去，也并不想去，更没有多余的精力去真正了解社区，近几年社区发展水平虽然不平衡，但社区已然发生了很大的改变。如今，想让学校与社区这两种性质的组织进行合作，就需要先改变学校参与主体的思想、心中的根深蒂固的意念，才能真正实现高效率、高品质的合作。

（2）以社区为主的合作。

"我们不和学校合作，学校也不需要我们社区跟他们合作，我们自己开展的社区活动，学校也很少来参与，因为毕竟是小学生，考虑的因素比较多。"

（MYC2SWY1）

"现在社区未成年人教育方面搞得挺不错，我们有资金去邀请社区一些辅导机构的老师来给儿童开展活动，开舞蹈、乐器学习班，家长们都很高兴让孩子来参与，但我们与学校是分开的，在这些方面并不合作，我们有自己的资源，有可以邀请的辅导机构老师，还有社区退休专业人士可以来讲课，根本没有和学校合作的必要，他们不给我们带来麻烦就不错了，他们有事需要我们帮忙了就会来找社区，所以，现在这样的状态也挺好。"（DXCSWX1）

从社区层面来看，社区管理人员认为这种现有状态挺好的原因是找不到与学校合作的充分必要原因，没有利益可以获取，也不愿意去打扰学校的教育秩序，社区人员认为学校有事情就会找他们帮忙的，理所应当地把自己当作为学校服务的组织机构，他们存有这样的理念对学校来讲是有意义的，这说明社区人员在理论层面、行政层面与心理层面都将学校归属于社区整体的一部分，学校是社区管理和服务的一分子。

每个组织机构都有一套运行秩序，如果没有领导层面的安排，基层员工如果没有个人利益和集体利益可以寻求，谁都不会愿意给自己制造麻烦。学校与社区合作是需要学校和社区有着共同意愿、需求、动力、资源，才能有效顺利地开展，而且其中牵涉着复杂的社会关系，担负着不同的任务与责任，双方场域中难免会有不情愿和不理解的参与主体，如果领导没有积极地引导，这些主体的个人理解与解释行为就会悄悄地在组织系统中扩散开来，并有着极大的消极影响力，如当领导们竭力作出好的尝试被误解甚至曲解的时候，他们所遭遇的就是这种形象所产生的不好的影响力。当领导们或推动学校与社区合作的研究者们意识到这些不利干预真正存在的时候，或许这些干预就已然建构成形了。所以，大部分文献中在陈述目前学校与社区合作的行为特点时忽略掉这一部分的消极干预是不合理的，这种消极干预具有潜在影响个体或群体的建构特征，换言之，如果没有及时疏导这种心理和思想行为，那么将会可能变成一种群体行为，那时候学校与社区的合作开展起来或许阻碍就更多了。

实际上，就算社区真的为学校提供服务，也都是一些政府行政性的硬性文件要求必须这样做的。

目前，从调研的情况来看，三个社区对于如何进一步与学校合作是没有具体计划的。他们普遍认为，政府出台相关新政策要求具有极大的变动性和不确定性，学校与社区的合作关系需要获得教育部门、社区领导的支持、上级部门安排、领导决定等才能付诸行动。一般情况下，社区的领导是与学校的领导获取联系的主要负责人，工作人员主动联系得比较少。学校有自己的活动，他们不需要"走出去"跟社区、社会联系，涉及学生安全问题的责任是非常重要的。如果学校有硬性要求或规定学生必须定期参与到社区中去，那么，学校与社区合作的可能性和机会是较大的。

"我们开展的活动也是看其他社区怎么开展的，当然上级领导得有指示才行，有时候领导会来社区检查，如这次济南创文明城市，我们也是整理了很多资料，上级要求有哪些活动，有时候实在没办法了，我们没有开展的就去借其他社区抄一下，其他社区人家可能某方面条件好一些，他们开展的活动要多一些，并不是都一样的。可能他们跟学校领导关系密切一些，人家学校也才会愿意和社区开展活动。"（MYC1SWG1）

"对社区居委会附近的中小学的了解不是很深入，平时没有过多交往，只是在街道派发任务时才会与学校进行接洽，如打扫社区辖区内卫生，搞文化娱乐活动时会进行合作互动。"（MYC20WL5）

大部分社区人员的回答与学校人员的内容基本如出一辙，是为了应付上级检查才开展活动，就像"一个照菜谱烹饪的厨师"，上级政府行政部门就是"点菜的人"，下达指示，明确什么时间段开展，内容应该是怎样的，达到怎样的目的，这就是研究人员所提供的"菜谱"，社区相关人员就是"厨师"，要采购资源，置办设施，想办法与学校取得联系，获取学校的支持和参与，两个组织之间领导关系好的，合作起来相对容易，领导关系较差的就糊弄了事，这样的一份"菜肴"就做好了，而至于"口感是否美味"，"咸淡度如何"，最终还要"点菜的人"来判断和评价。

"菜谱"只是一个方向与指导，至于结果如何，其实关键还在于"厨师"的思想、心理、能力、技术水平与熟练度。上级层面给出的方向虽然不够细致，但却给学校和社区提供了更大的发展探索空间，防止其束缚在某些像传统工作程序一样的框架中。但通过解读目前的发展情形来看，学校与社区的行动者并没有完全理解合作所内在的深层含义，只是在机械地执行上级政策要求，满足自己的利益和生存需求以及达到上级考核要求的标准，这显然是一种充斥着负能量的合作关系。

（二）顺应时势的"从众"行为

"任何一个正在进行的项目或事情都会存在一些想要尽力促成其成功的忠实推动者和顺从者，这些人是事项进行过程中很自然的一个组成部分，并非蓄意安排，也不是计划中原本就有的。"❶ 学校和社区中也必然存在这样的一部分行动个体，他们是合作的顺意者和促进者，也都愿意准备去尝试，但准备去做

---

❶ 迈克尔·富兰. 变革的力量——透视教育变革 [M]. 加拿大多伦国际学院，组织翻译. 北京：教育科学出版社，2004：33-45.

某件事情和真正做这件事情之间仍然有很大的距离，是一项充满不确定的旅程，而不是一张蓝图，尤其是当这件事情的其他参与者的思想、理念、理解力、价值观与促进者不同的时候，就会无形之中增加额外的困难、压力与负担。这种情况极易造成学校与社区合作促进者的困惑，且这些困惑是会限制行动的，如果领导者不加以引导与提供协助，那么，这种从众的困惑会慢慢演变成失望、绝望，最终机械地执行或放弃。

1. 抛离"一致性"的理性自利

事实上，校长对开展学校与社区合作是否能够成功深入的推进有着非常重要的影响。很多研究中也都强调校长对学校与社区合作是非常关键的核心，但却很少细致地分析在这个合作过程中校长表现出来的特质是怎样的，有趣的是，许多提出学校与社区合作的研究者与领导者都忽略了一个事实，即并不是所有的学校负责人——校长都是一样的，并不是所有的校长都与辖区社区的领导是熟识的。

分析到这里，多数研究者可能认为，在这样自上而下的教育体制与管理秩序下，"教育情怀"这种抽象的"说不清道不明的"特质或许已经被社会打磨得所剩无几或者消失殆尽，尤其是在推动与社区合作这样一个被众多学校当作任务来执行的事情。这与其他孜孜不倦地寻求一个老生常谈的问题——"校长怎么样才能产生影响"的相关研究一样，研究者也着重咨询了校长对与社区合作这件事的看法。教师有困难和问题可以寻求校长的指导与帮助，由校长来协调，来获取资源，那么校长呢？面对上级派下来的学校与社区合作任务，他们遇到难题该如何？

"像我们需要什么，我们要主动跟社区联系一样，因为是我们联系的社区居委会，我们就有一种被动的情绪，社区会说'学校有什么需求，你过来说就行'，这是非常客气的话是吧？然后他们见到我们后表现出来的却是'无事不登三宝殿'的样子。同样，他们要接触我的话，接触学校的话是不是也存在这种想法，因为他们对自己的定性就已经是'不可能没事也去找他们'。"（DXSPWW2）

"我很喜欢把学生的课程开成富含多元观念，比如上午教课，下午全都活动。我想带着学生去赶集和参观超市，那就得走'带学生去超市'的一个流程，就要跟社区联系，但是实际上有时候是相反的，社区居委会觉得这会成为一种负担，我们可能存在着一些很好的想法，比如我想带着学生去看养殖基地，就要先跟当地的社区服务人员取得联系，因为我们带学生去了，养殖基地的营业状态肯定和平时是不一样的。"（DXSPMY1）

从访谈内容中我们能够看得出，社区在理解学校为什么与社区合作这样的一个基本问题上从理论层面和实践层面来讲存在理想与现实的差距。从理论层面来讲，为了提高学生素养与促进教育、社会发展，而从实践层面上来看，他们却认为是为了完成学校与社区合作这个任务或学校有事情需要社区帮忙解决了才来寻求合作。社区把校长的"一腔热情"理解成一种"额外的负担"，换言之，真正重要的不是你做了什么，而是别人对你的做法进行了怎样的理解和解释，尤其是在缺乏沟通互动的情况下，容易成为一种理性自利行为，而不是为他人获益而付诸一切。

这位校长在努力践行自己的教育理念，但却遇到了现实的绊脚石，归根结底还是学校与社区之间没有建立真正的合作关系，领导之间没有达成一致性的合作理念、价值共识与合法性认同，尤其是在"为何参与合作""是否参与合作""以什么方式参与合作"等方面没有进行自身内部的判断与选择，才导致了误解与不配合的现象频出，这在很大程度上是一个在沟通中产生的问题，实际上也是一种典型的"以学校为主，社区为辅"的合作行为中必然会遇到的问题。

学校与社区合作中所要解决和协调的各个方面和很多事情都要比政策制定者、教育实践者预想的要复杂得多，这绝非一件轻而易举的事情，如果没有切身实际地参与其中，就理解不了哪个环节是有具体问题存在的，如这位校长所说的：

"其实很多教育都在做一种表面上的事，应付需要的一些东西。如今天来一个检查，我把卫生打扫好了，把档案整理好了，但是究竟为什么要做这些，意义是什么？同样，做精神文明档案检查，这虽是创城的最后一个阶段，但和教育又有怎样的关系？那么，是不是每个学校都能够达到，学校达到的标准和市文明单位的标准肯定都是不一样的，为何要一把尺子下来把学校都统一标准了。从我的角度上，从教育教学的角度上，从我是一个校长的角度上，我们应从自己做起，要跳出教育看教育。"（DXSPWW2）

如何才能让学校与社区合作这件事情不成为学校和社区所有参与主体的一个额外负担，怎样才能削减臃肿的"走形式"环节，这不仅是学校与社区合作要考虑的问题，也是所有教育过程中要重视的一个问题。推动一项有意义的工作，不应该是为了有资料展示和有所炫耀才去做，而是要将一件事情的真正价值与意义发挥出来，达到"做即所学"的效果。现在，我们无法否认的一个事实就是，很多教育评价的形式都是以去学校检查各种材料或去现场听课为主要方式，那么，以学校与社区合作这种德育教育评价方式是否能够跳出"材料堆""照片墙""微信圈"，走进活动中间，走向学生中间，走进社区、社会，通过这种切身实际的感受来评价呢？我们不应该让校长和老师为了准备材料而去做这件事，他们的抱负不应该施展在如何准备丰厚的评价材料上，而是把心放在如何加深学校与社区的合作上面。

从理论层面上分析，这种参与行为是以自我利益最大化和自我损失最小化为合作原则，突出了理性选择的风险规避，是一种寻求博弈条件下的"保底"行为策略。换言之，他们是保守主义者，他们在理性思虑自己的利益时，总是缺乏打破常规和均衡的主观能动性，是一种理性自利行为。但这种理性并非是由个体理性所作用，而是集体理性所保证的。我们可将这种集体理性看作为某种最低限度的道德法则或社会契约。因此，这种合作关系或行为更多地体现了一种罗尔斯所说的"临时协定"或"权宜之计"的思想，而不是"一致性"和"重叠共识"精神，即即使在达成一致意见的学校和社区之间，也只能形成一种临时的、权宜之计的"乌合之众"。

2. 瓦解"互惠性"的刻板印象

学校与社区合作是双方或多方协同才能促成的一件事情，一方不配合，合作是肯定无法促成的，所以，在分析过学校中"有为而不得志"的校长与教师的看法后，就能从侧面看出社区的反应是怎样的。事实上，也并不是所有的社区都是如此想法，这与每个社区的工作人员素质、工作与专业水平、个人性格以及领导风格都是有关系的。所以，也有一部分充满创新力与发展力的社区，他们的行动是积极的，充满着与学校互动合作的渴望，他们也希望能够遇到跟他们一样有着相同价值观和理念认同的学校，可是事实并不是总能如意的，这也就是现实中以"社区为主，学校为辅"的一种典型合作行为。

"学校一般不跟我们合作，但是现在因为政府要求学校与社区共建单位和党员'双报到'，涉及学校和社区合作这一块，否则可能学校也不需要我们与他们合作。我认为，我国的学校是比较特殊的组织和群体，他们不太参与这种社会化的活动。我们开展的活动都是学生放学以后或暑假，近几年，社区开始优化未成年人教育活动，但我们并没有和学校联合，我们想进到学校，但他们都有很严格的一些制度，不允许社会人士随便进去。"（MYC2SWY1）

"其实我们都是从学校毕业的，咱们都很明白，学校是一个比较高冷的组织，老师对外态度也都比较高冷。社区与学校双向互动活动是极少的，比如学校要求孩子放假期间做公益活动，一般都是学校依靠家长来操作。如家长和孩子需要组织义卖报纸，我们社区会帮忙联系报社，然后他们将义卖的钱捐到居委会来，居委会会拿着这笔钱去帮助社区的重症患者，对此我们会开一个协商会进行互动。实际上，如果不是上级要求，学校和我们是没有交集的。"（MYC2SWY1）

从宏观来讲，一直以来，根深蒂固形成的教育理念给社会大众造成一种刻板印象：学生从学校回家，还得去上课外辅导班，他还到社区去做什么？即使社区居委会设置了免费的特长班，学生都可以去参与，可是，学生们没有空闲时间。社区也想为未成年人教育做些有意义的事情，但无奈学生和学校固有的、内生的教育秩序并不容易动摇和改变。

"中国的教育就感觉在天堂上，这么多年都改变不了。从古代的科考到现在的高考，一考定终身。目前，学校的社会实践，学生哪里有空来做，说句实在话，到了学校社会实践需要盖章的时候，学校就到处托关系来居委会盖章，人都没见，盖个章就送回学校去了，现在基本上是这样的情况。我们也希望他们真实地为社区做点服务和来参加实践活动，我们都愿意提供机会，可是他们不来，我们能有什么办法。"（MYC1SWG1）

从社区人员的访谈内容，我们能够非常清晰地注意到，他们用"高冷""天堂""教育体制""严格的制度""根深蒂固""一考定终身"等词汇来描述学校的态度，而且受访的社区人员基本都是这样认为的。无论是因为上级行政要求还是出于社区自愿的原因，目前，很多社区都在积极主动地与学校取得联系，商议合作事宜，在资源共享与服务提供方面社区作出了变革与行动，如在开展成人教育与老年教育的同时，将未成年人教育纳入社区教育的工作范畴，并建设基础教育设施，争取社区内辅导机构的合作，努力为社区的青少年儿童提供一个良好的课外学习环境，另外，为了给社区中的家长群体缓解压力，很多社区设置了下午四点半学校，让那些放学后没有家长接送的儿童可以进入社区居委会来写作业或自主学习，甚至还为此利用社区经费请专业老师辅导孩子学习。

从本质上来讲，"知恩图报""有借有还"等道德规范强调合作的"相互性"和"可普遍性"原则，而对于学校和社区来讲，会采取迥异的态度，因为他们有可能面对各种现实层面或各种有可能出现的处境，毕竟道德规范并不是在"真空"之中产生的，不能离开它的历史文化背景来讨论。

"这是理所应当，是社区的职责。"（DXSTWL5）

"社区所做的这些都是不专业的教育，他们没有必要开展这些额外的教育活动，对学生的教育起不到多大作用，杯水车薪而已，还不如搞好社区管理和服务。"（DXSTWC4）

这样的想法从侧面体现了为什么社区会认为学校是一个"高冷"的组织了。

从现实层面来看，学校的这种反应很难通过"普遍性"和"相互性"的检验，并不是一种"相互最优反应"，而是一种利己非利他主义的行为表现。从理性决策和理论角度来看，当一个人发现自己履行合作义务给自己带来的损失和付出的时间、资源成本远远大于受益时，他很可能会偷偷地违背这种道德规范。这种逻辑说法对于学校的利己主义行为来讲也是十分吻合的。同时，学校与社区之间长久以来形成的刻板印象也在一定程度上瓦解了那些原本可以通过"相互性"，甚至"互惠性"论证起来的东西或理念。

为什么社区与学校之间会相互留有这样的刻板印象，日本社会学家新崛通也认为，学校对外部社区采取何种行为因学校的社会地位及对社区的态度而异，学校对社区的态度大致分为"肯定""漠不关心""否定"三种情况，学校的社会地位分为"高于社区""同于社区""低于社区"三种类型，因此，从表3-1也不难理解，只有当学校对社区的总体态度为"赞同"时，学校与社区才能相互认可对方作出的努力，才能相互推动并进行有效的合作。但目前，从社区的态度来看，明显认为学校的社会地位高于社区，是可以指导社区教育的，而学校对社区的态度却是"高冷"的，这样不对等的态度显然十分不利于学校与社区之间开展合作行为，必定会阻碍合作的进一步发展，只有双方的社会地位是平等的，两个组织之间才能进行民主协商，合作才得以成立。

表 3-1 学校对社区的行为模式分类

		学校的实际社会地位		
		高	中	低
学校对社区的态度	赞同：推动	指导	协助	顺应
	漠然：逍遥	高冷	旁观	逃避
	反对：抵制	攻击	批判	拖延

注：表 3-1 源自（日）新崛通也的《教的病理——教病理学的结构》，详见陈桂生等选编的《教育与社会发展》，瞿葆奎主编的《教育学文集》第三卷，北京：人民教育出版社，1989：569. 该表对新崛通也的原表有多处改动，是根据本研究对学校与社区之间的关系理解进行了改动。

（三）自主探索的"出众"行为

自主探索型的学校和社区参与主体们对合作的未来发展有着清晰的看法，并执着地坚持这种见解。他们是行为的激发者，不断地向他人描述学校与社区合作的发展远景。他们不满足于现实发展状况，从使命感和责任感出发，积极共享资源，拓展服务范围，不断促使学校与社区往更深层次的合作方向发展。当遇到问题时，他们会听取多方意见，然后根据自己所认为的最高利益以及那些能够使学校与社区合作接近发展愿景的行动，迅速作出决定。因此，我们不能只看到消极行为中的问题，也要关注和重视这些积极的探索行动，挖掘其优势并逐渐深化拓展。

但自主探索也并不意味着可以自由，打破规则和传统，所以，这部分学校与社区的参与者具有全局战略意识，当他们在计划开展合作时，并没有忽略和忘记教育体制内的规则和社区管理秩序。在这样的条件下，受领导魄力、学校实力、教育水平、社区管理水平等方面的影响，一些人选择在坚守规则的基础上进行"羞答答"的小范围创新和尝试，仿佛"戴着镣铐的跳舞"一般；还有一些人选择尝试去突破常规的限制，鼓励创新，不断实践并总结经验，再继续实践，"摸着石头过河"，走出一条与众不同的新路子。

1. 尝试自我增能

随着社区治理现代化的不断推进和教育治理现代化改革的不断深入，自主探索型的合作行为日益多元、深入和丰富起来，采取这种行为模式进行合作的学校和社区也逐渐增多，主要表现在学校与所在辖区社区之间进行适量资源共享，经常开展假日"节点"互动活动，互相满足对方服务范围内的合理需求等。在这种合作行为中，学校与社区之间存在着十分积极的联合或配合，已然成为城市社会结构中一种普遍化现象。尼斯比特进一步深化合作的内涵，提出了"契约、传统、自发和指导四种类型的合作"❶。其中，最为普遍的合作类型是自发合作，当合作逐渐制度化和稳定化，就成为传统合作；而指导合作蕴意学校与社区合作在第三方组织的协调下进行的合作，如全科社会工作者的介入；契约式合作则是指学校与社区之间的正式合作，双方有规定的职责和责任，明确以何种方式合作。但无论何种合作形式都不能打破各自的管理传统规则，民主、自由中带有隐形的禁锢——自由与束缚的两重性。

（1）社区层面。

"山东是一个儒家思想比较根深蒂固的地方，学校教育就像一个成型的玻璃杯或铁桶一样，要想改变，就必须打破平衡重新组装。"（MYC1GWL2）

的确，学校有自身的独特性和特殊性，外人很难插手进去，而且其他人的教育方法在一定层面上没有教师专业化。社区人员自身也都有这个意识，事实上，他们也有一些合理的教育理念值得学习，这些是多年社会经验总结出来的，与书面知识有着明显差异，但由于工作负担和制度框架将行动限制在了社区办公室之内。

"我做社区事业12年了，近几年，社区管理开始正式步入正轨，大家都按部就班地工作了，工作权限之外的事情尽量少插手。街道办事处有好几处科室给我们安排工作，我们要负责的社区事务也很多，如安全消防、社区教育、健康卫生管理等方面，我们工作人员不多，难免会非常忙，一旦出现纰漏就要被

---

❶ 郤海霞. 美国研究型大学与城市互动机制研究［M］. 北京：中国社会科学出版社，2009：77.

党纪处分了。所以，即便我们与学校开展合作，也就是为他们提供一些服务便利，社区有时可以借用一下学校的硬件资源，鼓励学生多参与社区活动等方面。"（MYC1SWG1）

可见，社区在与学校合作过程中要兼顾内外，对内，社区工作人员要受自身工作范围分工的限制，遵守工作规则和党纪，不能擅离职守等一系列工作规范；对外，社区为学校提供服务也不只是简单操作，还要经过上级街道办事处协调签字盖章等操作流程，甚至可能要去区政府开具各种证明文件，才可以为学校提供合情合理的服务和资源协助，而实际中能够参与进学校活动的也只是社区工作人员中的少数。虽然现在有全科社工可以为社区与学校的合作出谋划策，但也并不是每个社区都有全科社工，只有条件好的社区才可以申请到这个项目和资助，因此这方面的需求与发展空间很大。在这样的情形下所开展的合作，虽达不到高专业水平，但也满足了学校和社区的基本需求，为学校教育水平的提高和社区治理合理化奠定了基础道路，走出了积极探索的第一步。

（2）学校层面。

与社区一样，学校虽然是较为纯粹的教育组织，但在涉及行政工作处理方面也是时常捉襟见肘，有一些工作程序要走，也有一些规章制度要遵守。

第一是街道办事处，街道办事处是与学校联系比较紧密的政府机构。办事处是由政府派驻，与学校的上级单位——教育教体局是平级的区级机构，学校属于教体局管，不归办事处管理，但是他们之间是互相主动联系的关系。如学校需要办事处协调帮助，就要跟他们说明情况，而他们需要学校配合的事宜也会主动联系学校，所以，学校与街道办事处是联系比较紧密的，这是大部分学校的基本现实状况。

第二是社区居委会，学校与居委会的关系是每年在招生的过程中要跟居委会联系，学校需要把招生政策宣传给社区居民，而通过他们给社区的居民进行宣传是较为省时省力的，在招生方面，学校与社区和社区居民之间的相互配合关系都较为良好。另外，学校与社区的合作关系中，社区居委会实际上代表的是政府，代表区政府来行使他们对辖区内的学校组织的管辖权和协理权，只要学校解决不了的各种民生和发展问题，都可以向居委会进行反映。事实上，现在全社会都非常支持提高教育水平，社区居委会包括社区居民也都很理解和支持，毕竟教育是涉及居民切身利益和社会发展的终身事业。

"比如说我们学校门前的道路维修，就应属于政府的责任，学生放学上学也都需要社区力量来进行合作，有这么一群志愿者，学生上学放学的时候要在马路上执勤，这些都是我们充分利用社区的资源和力量来为学校服务，为学生服务。我们也反哺社区，学校党支部要求到社区进行'双报到'，社区有什么

服务需求，学校党员群众就去进行服务。"（MYSPWL1）

学校与社区在合作过程中也要兼顾内外。对于学校来讲，对内受教育教学任务的限制，一切行政工作要在教学之余进行，老师还要备课，班主任还要管理学生其他事务；而对于校长或管理层来说，不仅要宏观管理学校各类行政事务，协调教师工作，接收上级教育部门的政策与工作指派，还要与学校外部社会环境中的社区、政府或其他组织部门、企业等各类社会人员交涉，为满足学生和教师的一切学习与教育需求铺路搭桥，谨慎处理与社区合作的一切事务，包括是否安全、合法、合适、合规等方面。

"现在有些东西就是学校能做，有些东西学校不能做，学校也是体制内的学校，所以有些事情还是相对比较谨慎的。因为现在只有经过上级批准的东西才可以进校园。比如商业广告进校园等，我们也是很谨慎的，包括与社区的事务我们也是得分辨，我们要相互支持和帮助的话，也得琢磨有没有那种上级不允许的东西在里头。"（MYSPWW2）

如教师去社区协助开展教学活动是符合教育局规定的，很多教育方面的社区宣传与商业宣传该如何分辨？哪些是可以进校园的？一不留神就有可能违反教育规定或侵犯学生利益，引起家长与社会的不满。所以，校长和管理层具备较高的社交能力、管理能力、专业教学能力和教育情怀是非常重要的，这不仅对于学校发展有着重要影响，对学校与社区合作的促进也能起到极大的作用。教师也不仅要具备基本的教学技能，还要具有互动沟通、活动策划、机智、细致、关爱学生等方面的能力。

总而言之，虽然学校与社区合作已经为双方安装了共同繁荣发展的"隐形翅膀"，但在实践过程中，学校和社区随时都可能被固有的条条框框和规章制度束缚住，或者随时都有可能发生一些不可避免的突发事件，这些责任不是任何一个领导或工作人员能负责得起的。外有"不确定的干扰因素"，内有"体制的紧箍咒"，所以，合作的现状依旧浮于表面，难以深入下去。这对于学校和社区来讲，开发和设计一个科学合理的合作方案或项目是非常有必要的，也是未来发展必须克服的困难。如果看到问题却不想办法解决，一味地敷衍了事，事态永远不会向前发展，更何谈进步之说，而且如果不及时革新探索，也会落后于其他敢于创新的学校和社区，逐渐也就出现了学校之间的发展差距，社区之间的治理水平差距，正如每个班级都会有学习好和学习差的学生一样，那时再弥补可能为时不晚，但可能要付出的时间成本高许多，这是学生成长、教育发展和社会进步等不起的。

2. 尝试自主创新

在对学校与社区合作现状的调研过程中，研究者欣喜地发现，虽然"戴着镣铐跳舞"的现状最为普遍，但已经有敢于自主革新的学校和社区参与主体们在行动。

"摸着石头过河"是推进学校与社区合作科学有序发展的一种在合作之初和过程中十分重要的、行之有效的行为方式，意指一些学校从实践中摸经验、寻找一般规律、脚踏实地、实事求是和尊重实践的一种说法。我们推进学校与社区合作，是一个前无古人和自主创新的过程，没有成功的实践模板可以照搬，需要通过开展实践、获得认知、反思总结、再次开展实践、再次获得认知和不断反思总结的一个反复实验和积累经验的过程，从这个过程中逐步获得一般规律性认识。

在学校与社区合作过程中，对一时没有把握的、期待获得成效的合作实践行为，可以先行在某些年级或班级试点，采取投石问路、试点探索的方式，鼓励创新和探索，获得一定经验后再广泛推开。学校与社区合作就应该是从局部到整体或从整体到局部不断深化的一个发展过程，这不是一个短期性就能看到成效的事情，需要长期坚持做下去才能带来一定的积极影响。目前，研究者所访谈的那些一直努力探索并付诸行动的校长和老师们是这样认为的：

"这也不是一时半会就能够形成与发展起来的，这与学校发展历史和历届老师的辛勤努力，细心研究、关爱、了解学生都是脱不开关系的。所以说，教育发展不是一蹴而就的，要从点滴做起，从教师内心出发，真正关爱学生的综合素养发展，慢慢积累，才能够真正将学校建设成为家长、社区、社会口中的好学校。"（DXSTWL3）

探索创新意味着要面对很多不确定的因素，但不努力尝试和开展实践，合作很难推进下去。从访谈对象所说的内容中我们也能感受得到，他们所作出的努力并不是一个人就能完成的，学校中的校长、教师和学生都是一个整体，学校与社区合作并不只是两个组织之间人的合作，更是两个组织机构内部所有人之间的互动合作和相互配合。实践经历都会是一种压力，活动过程和活动之前的指导也需要进行大量的前提工作。那么，既然已经开始做这件事了，时间已经搭上了，那就应该不枉费一番努力，让学生真正能够从中学到东西或提高能力，让学校的发展受益，让家长和社会满意。

"我们希望学生从小不能说谎，要说实话，说真话，不能糊弄造假或者摆拍一下，老师应起一个带头作用，如果真的是去做这件事，只摆拍一下或让家长拍一下就给老师，那我觉得以后这个老师也很难干，不会让学生和家长们信服。"（DXSTWC4）

努力探索和创新的行为基础是老师们和领导们都对这件事情充满信心和耐心，带着情怀和关爱去开展合作，才能够克服过程中的困难。推动学校与社区合作这件事情对于学校和社区中的所有人来讲不可避免的是一个额外的负担与压力，尤其是可能会占用老师们的休息和休假时间，如果心里常存怨言，那说明这个老师还没有深刻理解其中的蕴意，也没有真心想去做这件事，最后可能会得到一个浪费时间、吃力不讨好的结果。

"我觉得这些活动有时候是对孩子的一种激励，带他们出去见识广阔的天地，见风、见雨、见太阳，心胸开阔，这绝对不是上一节语文课，老师在班里读一篇课文，振奋一下人心，学生就能感受到的。"（DXSTMZ6）

"理想当中的合作应该是共同为孩子服好务，都有教育的一个过程，不管是学校、家庭、社会，都应该为孩子幸福成长、健康成长，尽心尽力。"（DXSTWL5）

为学生提供一个健康成长的环境和丰富多元的教育内容是教育的一项重要任务。这就是说，教育工作者必须十分重视在教育过程中确保学生有一个学习空间，使学生始终感到自己在受到爱护、关心和信任，这将有利于促进学生的健康成长与全面发展。在实际教学中，老师们可能有这样的感悟和信念，但现实中的琐碎繁忙的事情会使得一切不得不从简为之。从访谈内容中，我们也能够感受到老师们内心对努力促进学校与社区合作从而使孩子们健康成长的渴望、希望及期待，但我们也能够感受到他们的疲惫与快乐，这是一种生存所需的乐观主义，正如博尔诺夫所说："生活经验的获得是一种新的、刻骨铭心的感受，当一个人怀着信心百倍的心情把自己交托给命运，并且这个人学会了放弃安全保护的条件下，希望将会显现于这个人的心灵深处。"❶

事实上，不只是学校在探索创新，部分社区也在努力探索如何能够与学校加深合作关系，从而为社区谋福利，为社区居民减轻一些教育负担。

"我觉得不一定要和辖区里的学校合作，我们也可以和外面学校合作，就有这么一个纽带或者桥梁，中间人给我们介绍一下，我有这个需求，也不一定非得一定在自己的辖区里面，我们要出去学、学回来、走出去、请进来。"（MYC1SWG1）

研究者在与社区访谈对象的交流中，能够感受到他们渴望与学校进行深入合作的愿望，"打铁还需自身硬"，所以，社区工作人员也在努力提高自身能力，丰富社区资源，挖掘社区力量，与社区内各方企业合作，建设社区图书馆，完善教育基础设施，如为了提高社区与辖区学校或辖区外学校的沟通合作水平，社区工作人员去参加山东大学新闻传播学院教授讲的"如何沟通"主题讲座，学习如何与他人建立友好合作关系，为与学校之间的合作提供一个良好的条件和社区环境，也为更加深入地合作奠定基础，但从目前来看，学校与社区在自我完善的同时还缺乏一定的沟通与交流。

---

❶ 博尔诺夫著，李其龙，译. 教育人类学［M］. 上海：华东师范大学出版社，2001：21.

学校与社区合作对于所有参与主体来讲，不仅是一个实现教育与社区治理现代化的挑战，更是一个为学生创造多元学习机会的机遇，关键还是要看他们如何对待这个挑战和机遇，如何将挑战转变为自我发展的机遇。通过分析学校与社区合作过程中参与主体的"行为——意识"特点之后，我们能够深刻体会到，现有合作水平参差不齐，发展也极不平衡，虽然大部分社区和学校的参与主体都能够理解和认知合作的真正价值，但也有一部分学校与社区仍旧保持原有姿态，甚至不为所动。当然，这与每个学校和社区的发展水平、能力、资源、社会关系、个人性格等方面都有关联，毕竟每个区域的经济、文化特点也是不同的，且学校与社区合作对于目前来讲，其专业化、理论基础及实践水平相对于家校合作或研学旅行仍旧比较差，学校和社区人员缺乏相关专业性指导、学习、知识涵养和能力提高，更缺乏深入合作的平台与运行机制。

三、合作发展的促成方式

学校与社区合作，归根结底是人与人之间的合作。学校和社区中的每个人都是参与合作行动的主体，不可能把合作的新范例所需的条件只交给校长与社区书记等领导来完善，每位教师和每个社区工作人员、家长、社区居民都有责任帮忙创建一个人和集体都有能力探索和不断更新的合作方式，否则，合作难以成立。只有每个人都能采取行动来改变现状，才有机会进行深入的合作。固有"制度"事实上只能给出大的行动方向与道德目标，不可能给予我们更大的"恩惠"，当面对社会不断发展所产生的问题时，更多的是在服务与维持现状。如果教育者和社区工作者想更加深入地合作，只有道德目标是不够的，还需要合作的动力与合理的方式，这些是构成合作的重要"成分"。

合作就是通过成长和在变化多样的环境中建立学校与社区之间更多的联系，并不断改进和完善，内部和外部的相互联系共存于动态作用中，而综合处理对立方面的能力以及在需要的时候和他们共处的能力是获得合作成功所必须的。换句话说，学校在与社区之间开展的合作不仅会涉及整体层面上的合作，更会涉及局部和具体层面的操作，在这些过程中，整体或局部所采用的合作方式可能是不同的，呈现出的特点也必然是多元化的。

"一切事物和人都是相互关联的，每一个事物影响另一个事物，不管差别多么大，不管距离多么遥远，我们都是相互关联这个整体的一部分，事实上，在我们中间，在其他人群和我们周围的世界找不到真正的分离——除非在我们的思想里制造这样分隔。"❶ 这蕴意学校与社区合作过程中，人与人之间的联系

---

❶ 迈克尔·富兰. 变革的力量——透视教育改革［M］. 北京：教育科学出版社，2004：118.

只是将原本人人都意识不到的隐性关联利用了起来，并使这种关系转变为显性，这或许是一种进步，但看似又只是做了本应该做的事情。通过这种联系与关系，便建构成了合作的方式或渠道，这只是一种尚未"成型"和发展成熟的运行机制，还需完善和"打磨"，以及获得固有"制度"的支持。目前，通过研究者的深度访谈与参与式观察，发现主要呈现出以下这两种合作的促成方式。

（一）"审慎"与"友谊"的相互性导致直接关系的建构

从我国的社会发展实情和人际关系特质来看，在相关教育政策与社区发展政策的指引下，学校与社区之间的合作首先或大多数是从两个组织或学校与多个组织之间的领导关系建构开始的，这种合作关系建构的方式是非常普遍的，而且也被认为是理所当然的现状，因为学校和社区的领导层负责统筹管理组织整体事务和调配人力资源，拥有一定的管理权限。所以，目前，学校与社区的领导层或管理层之间的关系建构主要有两种方式，一种是科层制管理下的"走流程"，另一种是私人交往基础上的"人情"关系或"圈子"社会。

1. 科层制管理下的"走流程"

简单来说，科层制管理下的"走流程"就是"公事公办"，按流程办事，或许学校与社区合作这件事实质上是为社会中的每个人谋取福利的一件好事，但无论何事都要遵守一定的工作流程，尤其是这种涉及政府基层治理组织——社区和正规教育组织——学校这两种内部都有自己的一套工作流程的组织，这是一个"审慎"的行政工作流程，从本质上来讲，这也凸显了科层制组织的根本特征，"组织中的任务是作为'公务'分派的，一系列的命令自上而下延伸，使协调性的决策成为可能，在组织的各个层次上，都有成文的规章制度控制着成员的行为，是迄今为止最有效率的一种管理形式"❶。

实际上，科层制的确带来了处理日常工作的一种逻辑感和效率优势，发挥着现代理性，即学校与社区之间在进行合作的时候，可能要经过三层工作流程，社区工作流程、学校内部流程和学校与社区之间可能建立的某种合作流程。但这种循规蹈矩的科层理性化也会造成消极的结果，成为提高学校办学质量和办学效率的巨大障碍，导致学校科层制仪式主义的出现，即哪怕有另一种对组织整体而言更适合的解决方法，人们仍会不惜一切代价固守规则。正如丘伯和默在批判美国教育管理中的科层制所言，"科层制在公立学校中的呈现往往十分僵化——形式化、规则烦琐、层级高度分化，以至于使得学校健康发展需要的

---

❶ 安东尼·吉登斯. 社会学（第七版）[M]. 赵旭东译. 北京：北京大学出版社，2014：789.

专业性和自主性消失殆尽，是学校质量低下的重要原因"❶。

学校与社区之间合作的一系列流程下来，不仅要涉及各个部门领导的签字、审批和同意，当涉及重大项目时，还要去社区的上级政府机构和学校的上级教育部门再进行一遍签字、审批和同意，一道道流程下来，所有参与人员和负责人恐怕早已身心俱疲，哪里还有精力和毅力在实践中具体开展合作，就算合作开展了，也可能真的只是"走流程"了。如果下次的合作没有上级硬性要求，恐怕大家也不太愿意再走一遍这样纷繁复杂的流程了。当然这种工作流程是必须存在的，通过审慎判断确保无工作失误，也是中国社会行政管理的特质，起到了规范和管理工作人员行为的重要作用，也会避免在一些环节中出现错误而导致突发事件带来的消极影响。

所以，学校与社区的领导之间建构的这种公事公办的关系有一定可取之处，大家都按流程办事，不存在被人拒绝的情况，可以顺利地开展相关合作事宜或社会实践活动，但不可取之处是容易使合作变得形式化、流程化，缺少了人与人之间的真心互动，合作也必然不是真心愿意为之，后续更不愿意继续进行下一次的合作。当然，也会出现好的一面，虽然是以公事公办的方式开展的一次活动，但大家都在这次合作中互相认识了彼此，建立了友谊关系，大家也都在活动中获得益处，那么，后期如果再有机会进行合作的话，学校与社区的人员之间会更熟悉这一套流程，操作和行动起来会更加快捷便利，也有可能会因为彼此已经有合作基础而简化合作流程，这都是在往事态更好的一面发展，但也取决于参与人员的个人领悟程度与情商水平。凡事都有两个发展对立面，成事在人，谋事更在人。

2. "人情"关系与"圈子"社会

传统社会中的人际关系，在当代社会展示得极为清晰，不论在日常生活中和其他组织中，还有官场、学界中，我们都可以看得到人际关系网络的蔓延和盛行，这些关系又可以被当作社会资本来看待，"资本"意味着是要带来利润的，具有一定的工具性。在学校与社区之间也存在这种人际关系网络，这种"友谊"关系往往建立在两个组织之间的领导和管理层，如果从功能的角度加以解读，这种关系只是为了完成学校与社区合作的一种方式而已，互惠、友好不再是第一目的，学校与社区之间的合作也只是以利益相关的面目开展，而不是以实现其本身的终极价值形式开展。这种"人情"关系往往体现在学校想与街道办事处或社区辖区管理范围内的其他科室或部门合作时，就需要其他人来

---

❶ 约翰·E. 丘伯（John E. Chubb）和泰力·M. 默（Terry M. Moe）. 政治、市场、学校 [M]. 北京：教育科学出版社，2003 年版：30.

引荐或帮忙联系，这里主要是指管理层之间建立的关系，如校长与社区书记熟识，那么，有些事联系起来就相对容易许多。一般来讲，学校与社区合作中的人际关系很难建立在"公事公办"的基础之上，是经其他人介绍而建立的新关系。

"人情"关系虽具工具性但却不是最终目的。梁漱溟先生使用伦理本位来表述中国社会关系网络的这一特征，他认为："伦理本位是相对于社会本位、个人本位而言的，中国社会与欧美社会不同，善以对方为重的伦理情谊和改过迁善的人心向上，意指相互以对方为重，建构一种人与人之间'有情有义'的关系。"❶ 在这些关系之中，人与人之间将会具有巨大的友谊关系建构空间，而在这个空间中，互惠、互助、互相学习等关系都有可能发展起来。不管怎样，多数情况是，学校与社区在这种关系建构中能够调动双方合作的主体性，在合作过程中能够实现资源共享，但是否能够达到互惠双赢的目标，还要看对方的需求程度和兴趣点如何。事实上，这也是一种学校和社区共同商议合作的方式，且"目前也是以这样一种私人关系为主"（DXSTWL3）的合作方式，如果双方的领导管理层没有这种性质的关系存在，现实中可能就不会产生合作，也会存在"不好意思麻烦人家"（MYSPWW2）的情况存在。

现实的社会是由一系列相互交叠并以微妙方式相互影响的子社会构成的。当前的发展趋势，不仅是"人情"关系，从本质上来讲是一个"圈子"社会。"圈子"社会是一个政治概念，"圈子"对其内的人，是一种积极的姿态，人们在一起合谋、创造和共赢，相互认同，抱团取暖；对其外的人则是一种消极的姿态，彼此的义务是国家在法律层面上所赋予的，尽管玩不到一块去，仍能做到彼此不侵犯。但这些"圈子"并不是一成不变的，"圈子"的内在结构是动态变化着的，其性质、规模、核心层、淘汰和纳新机制都使得每个人时刻面临被淘汰的境况。正如那些不直接参与学校教育"圈子"的社会人，却通过各自的"圈子"参与了社会教育，不同的"圈子"通过社会这个平台而共存着。

我们不能期望"外部环境"能够把自己组织起来以适应我们的需求，而是要重视和鼓励那些不断争取"与比较大的周围环境建立联系"的校长和老师们，无论是在个人方面或者是整体组织方面，合作愿景的达成、管理和探索都不能在"小圈子"里实施，如果学校或社区不和各种各样的涉及不同事务或其他大的人际网络建立人际关系，那么，令人鼓舞的愿景在问题上的解决、理论上的发展、能力的获得以及建立更加深入有效的合作关系，其成效都是有限的。周围环境不只是包括社区，还有其他社区和其他社区中的学校，对比是自我反

---

❶ 梁漱溟. 中国文化要义 [M]. 上海：上海人民出版社，2011：12-20.

省的重要提示，也能感受到自身发展的不足。

（二）"家委会"与"社工"的嵌入支持外力赋能合作

1. 家长委员会的支持与协助

"以学校为代表的教育体系只是一个更大社会体系的一部分，大部分教育问题不能仅仅从教育体系的策略层面上去思考和求得解决，我们应在全面的背景下去探讨和理解教育问题，而且需要思考和分析具有相互作用的社会中各个部门的综合的、广泛的策略。"❶ 那么，如何才能联系得到这些能够涉及社会很多部门的资源和人，在学校中，家委会便是这样的一个神奇的群体或组织。

霍姆林斯基认为："培养学生是一项艰巨的、复杂的任务，是应该由学校教育和家庭教育共同完成的事项。"家长委员会，"顾名思义就是由家长代表构成的组织，是学校联系学生家长的纽带和桥梁，是做好教育工作、关注学生的教育、监督、支持、参与学校民主管理的群众性自治组织"❷。近几年，关于家委会的评价与说法众口不一，尤其是对家委会代表的理解程度和认识度不高，这与家委会制度的规范和落实有关。但我们这里只探讨家委会对学校与社区合作所带来的实际效能。在实际教育生活中，家委会是学校可持续发展，整合社会各类资源，建立家校合作的具体途径，而家庭与学校之间的深度合作实质上也是学校与社区合作的基础、桥梁与"强化剂"，具体体现在学校整体层面和班级部分层面与社区进行合作的过程中。

家委会中的每位家长都是来自社会各阶层甘愿奉献、懂教育和关爱子女的家长，都有各自的社会关系网络，因此，学校可以利用家长的人际关系来联系社区或社会上的专业人士或各类组织机构，同时，家长也能够为强化学校与社区合作献计献策，这不仅能够促使学校与社区合作在学校层面和班级层面开展起来不费吹灰之力，更能科学合理地推动家庭、学校和社区之间有效实现一体化合作。实事求是地讲，社区实践并不是很完善。所谓的社区实践都是以班级为单位，班级内是以小组为单位，而且大部分是以家委会的形式带领学生参与。现在更多的是利用家委会的力量，其实把家委会力量归到社区力量也是可以的，因为毕竟是学校以外的力量，所以各个班家委会组织得比较好，实践活动就比较多。具体可以从以下几个小镜头中得到更为全面的展现：

"基本上大部分都是家委会来联系，我们每个班都有家委会，老师毕竟挺

---

❶ W. W. 哈曼，M. E. 罗森堡. 教育未来学的方法论 [M]. 联合国教科文组织，1971 年，国际教育发展委员会文件，第 15 页，意见汇编，44.

❷ 马东平，柳立明. 以力借力，携家委会之力助班级管理之力 [J]. 吉林教育，2017, (38): 31 - 31.

忙，没有精力去联系这些事情，我们班里搞个活动或者什么的，基本上都是家委会出面。如果是学校统一的活动，学校会出面去联系。大型的活动是学校领导或者是老师联系好了，然后带学生过去，比如说全校性的活动，学校是会出面的，但是基本上这个活动都是分年级和班级进行的。"（DXSTWL3）

"因为我们班家校合作做得很好，所以有很多事情牵扯到进社区的时候，大家都会很配合。其实，现在社区对学校配合度很高，所以不存在障碍。比如邀请社区的消防站给学生讲安全知识，或者需要带孩子去参观或者演示，都不存在障碍。"（MYSTWL3）

从目前的情形来看，家委会已然成为学校与社区进行合作的一种重要的联系方式，甚至学校可以越过社区居委会这一层关系，利用家长的社会关系网络去联系本社区或其他社区中的专家、名士或组织机构建立合作关系，家委会在学校与社区合作过程中逐渐扮演起中介者、协调者、组织者、监督者、评价者和参与者等重要角色，主要体现在校级、年级和班级三级家委会协助与社区进行合作的过程中，这不但成为以学校为主、社区为辅的学校与社区合作方式，也成为有效巩固家校合作的重要途径。所以，这是我们在学校与社区合作研究中不能忽视的一个层面，尤其是在完善和创新学校与社区合作机制中，要充分考虑学校可寻求的人力资源。

但目前，这种合作方式中也显现出一些问题。

"家长对学校也有干扰，他更加关注自己的孩子，关注自己的孩子分到哪个班，有没有一个好班，有没有好老师多关注一下我的孩子，这是他们关注的更多的东西。"（DXSTWL3）

近几年，"国家放开'全面二孩'政策以来，确实为学校的师资管理带来一定程度的冲击。"❶

"女教师生孩子的多，老师更换就较为频繁。对此，家长难免会有意见，甚至群体上访。学校也很担忧这些事情，这都是负面的影响。而且随着信息时代的发展，微信群言论自由，家长都在微信群里，有时候个别家长的负面意见就会形成预警，绑架了他人的意见。"（DXSPWW2）

这是家委会嵌入学校与社区合作的方式所存在的显性弊端之一，也是校长和老师们对家委会的另一种评价。家长们谈论的话题能够对舆论话题产生极大的影响，有积极的也有消极的，尤其涉及自己孩子的事情，在微信群里说几句，事态的发展就有可能控制不住，甚至引起众怒或难以平息的风波，如果有位家

---

❶ 李汉东，李玲，赵少波. 山东省"全面二孩"政策下学前教育及义务教育资源供求均衡分析[J]. 教育学报，2019，15（02）：77-89.

长觉得参与社区活动浪费孩子的学习时间,那么可能其他家长也会在心理上有些不舒畅:

"我们是非常支持学校与社区搞活动这件事情的,但是要搞得有意义,孩子们能学到东西才行,出去走流程,拍照片,这些事情我也能在假期带孩子自己去做啊,我们还是希望学校带领孩子们参与社区社会活动能够凸显出一些优势来,这样我们也不怕孩子们浪费时间出去做一些安全不保障的事情。"(DXSPWZ10)

"其实其他家长说一些不好的影响的时候,我们也有想过,尤其有的家长不支持孩子出去的时候,那不出去肯定就是在学习看书啊,我肯定也就不愿意孩子出去了,其他孩子在学习,我的孩子却在玩,我们所有家长肯定也不愿意的。"(MYSPWL10)

家长的想法和担心都是在推进学校与社区合作过程中必然会出现的现象,也是人之常情,家长们如果不以自己的孩子为利益中心,那么可能更不会去考虑集体利益。学校要正确对待、处理和引导家长们的态度,无论积极或消极,都是对学校的一种教育改进建议,如果学校以消极态度对待,事情可能会发展得更糟糕。这不仅涉及学校对合作这件事是如何解读和向家长传达的,也会涉及学校是否认真对待合作所产生的价值问题。家委会固然是一种积极力量存在,若学校态度和行为不当,也会使其成为一股消极的抵制力量。

所以,目前这种合作方式也存在根本性问题,这样会使得学校更加重视家委会而忽略与社区的关系建构,尤其是与社区关系不和谐的时候更容易知难而退,使未来合作关系建构更加困难。这其实也是为什么目前众多研究者一直热切强调家庭、学校和社区合作整体化时,明明是三个主体共同合作,实际上却只是在研究和强调家庭与学校合作,忽略学校与社区合作,尤其是在很多研究家校社合作的文献中,总是有大篇幅文字在谈论家校合作,仅只言片语提到与社区之间的关系,学校与社区合作俨然已经成为家庭、学校与社区合作中的薄弱环节,其合作关系亟待强化。

2. 社会工作者的组织与协调

学校想与社区建立深度合作关系,社区工作者的重要角色是绝对不能忽视的,正所谓"内行看门道,外行看热闹",教育界的学者们对教育专业很在行,但可能对社会学界的专业不是很理解,尤其是研究学校与社区合作的学者们,不一定对社区了解得很透彻。从本质上来讲,学校与社区合作是一门跨学科研究,如果双方都不了解对方的专业内涵和由来,可能建立合作的过程会是一个比较混沌的气氛场,因为大家互相不理解,但却在一味地促成此事,这也是为什么目前社区认为学校"高冷",学校认为社区"不专业"现象的原因之一。

言归正传，为什么这里要着重指出社会工作者在学校与社区合作过程中的角色呢？因为，现在大部分社区基本配备全科全能社会工作者，如果没有的话，社区工作人员也需要学习这些社工技能。2015—2018年，历下区民政局在民政部申请的一个创新治理示范区项目里有一个分支项，是关于如何在社区创新治理，制订了一个指导社区人员学习的《全科全能工作手册》。其中，历下区是一个示范点，为了让居民少跑腿，所有的这些社区服务项目，社区工作人员都要学会，换言之，原先管计生的工作人员就只管计生，管党口只会负责处理党务，现在是要求全科全能，即所有人需按要求把所有的业务学会。

"现在，我们这些人都是初级社工持证上岗了，当时是说没特别硬性要求一定考，但是在这个发展环境下，我们不得不去考，否则就被社区发展淘汰了，所以，大家就都考了。社工现在在社区的角色是很重要的，现在因为政府把所有的工作都重心下移了，为社区居民服务、管理社区、与社区内其他组织机构搞好关系都是社区居委的工作，尤其现在咱们国家老龄化这么严重，给老人服好务是挺重要的。让后方安稳了，居民安居乐业了，国家才会没有后顾之忧。"（MYC1SWG1）

2019年11月，济南市委组织部、济南市民政局等出台了《济南市社区工作者管理办法（试行）》的文件，全面推行"全科社区工作者"服务模式，实现"一专多能、全科全能"，密切与社区居民的联系，最大限度满足服务群众需求，提升省会社区治理和服务水平。从内容中我们也能够获知，目前，社区不仅在大力引进社工服务项目，而且要求社区人员都要考取初级社工证或中级社工证，具备专业社会工作能力，同时，"也针对社区工作者工作技能水平不高的现状，以《全科全能指导手册》为学习资料，广泛提升所有社区工作人员的基础事务处理能力，使每一个社区工作者都能够熟练地处理社区各类事务，而不是每个人只能处理一件事务的现象，大力提升工作效率，从而提供了社区与学校开展合作的空间和时间。"❶ 但不完善的是，社区工作人员自身的教育理论水平依旧不高，所以，社区开展的各类教育依旧要邀请外部专业人士，社区策划相关合作事宜要争取社工项目的支持。

很多学校的教育者和研究者都认为社区是可以利用的资源，实际上，社区不仅能够提供资源，而且也是教育的主体之一和伙伴。随着政府对社区教育的大力支持，社区教育内容逐渐丰富，教育设施也日趋完善，社区不仅开展了成人教育和老年教育，近几年，青少年儿童教育也开展得如火如荼。

---

❶ 关于印发《济南市社区工作者管理办法（试行）》的通知[EB/OL]. http://sd.offcn.com/html/2019/11/316845.html2019-11-23/2020-10-12.

例如，据调研，甸新社区居委会现在有 4 名专业的项目社工，是历下区民政局购买的服务，直接投放在社区。其实从 2019 年开始，项目社工的目标就变为孵化青少年儿童公益和志愿服务类的社会组织，当然，他们成立的这些社会组织都是由专业社工进行专业指导，在此之前，他们的项目只是落脚到老年服务、家长教育、成人教育或者是社会融合等方面。从去年开始就量化了，每年要在社区里孵化多个青少年儿童教育项目。

"我们社区从 2014 年开始做的就相对比较好，而且也有创新，有特色。像每年都有文明创城，有一个考评项，我们的家长学校工作模式是被济南市妇联推广的，全面推广 361 工作模式，那是很优秀的。我们的社工还开展了很多社区青少年儿童的课外教育，包括特长班、乐器学习班，还有课后辅导等各式各样的学习班，所以说，我们姚家街道是 20 个社区，7 个村，总共 27 家单位，虽然他们都在考核，但只有我们一家是民政局花钱给我们买的社工服务，利益是互相的，他们社工机构的知名度提升了，他们也能给我们带来更好的知名度。"（MYC1SWG1）

济南目前已有近 20 家社会工作机构，社会口碑比较好的是基爱社会工作机构和山泉社会工作机构，研究者所调研的甸新社区与名玉社区就是两家社工机构的项目服务社区之一。其中，"基爱社会工作机构在 2007 年 10 月注册，成为山东省济南市第一家正式注册成立的社工机构，之后，该机构在 2008 年 7 月落地于甸新社区居委会，成为济南市第一个开展服务于儿童青少年的社区社工项目，以'促进服务对象参与，构建互助有情社区'为目标，在济南市民政局、高校及其他组织的支持下，逐步走出了一条政府购买专业项目为主，承接基金会、企业合作项目为辅的多元化综合性专业社工服务发展道路"❶。可以说，甸新社区在做社区青少年儿童教育方面是济南市历下区的社区中水平较高的，社区借助社工的力量广泛开展各类青少年儿童培训及教育活动，而且做得也很好。

因此，社会工作者在社区工作中扮演着提倡者、组织促进者、牵线搭桥者、咨询服务者、调查设计者、宣传鼓励者、能力促进者和协调团体的角色。在由社区主导的与学校合作过程中，社区领导布置任务后，基本是由社会工作者负责策划、组织和开展相关合作事宜及活动，也是由社工负责用微信或报刊的形式联系社区内的居民，包括家长、孩子和老人们来社区参与各式各样的活动或特长培训，这其实是不需要经过联系学校来获取生源的，因为社区掌握着社区居民的所有信息，也有居民微信群和各类社区组织微信群（见图 3-1），学校

---

❶ 济南市基爱社会工作服务中心［EB/OL］. http://www.jiaishegong.com/index.php/Index/News/index/id/23.Html2014-08-7/2020-10-01.

的中介者角色在一定程度上已经被弱化甚至替代掉了。因此，准确来讲，与其说社区与学校合作，不如说社区与家长、学生合作。

事实上，驻社区社工也在努力寻求与学校建立合作关系，但他们发现现实不尽人意：学生参与比较少。据受访者所言，他们调查过社区学生的基本情况，总体上发现学生的学习压力比较大，平时上学，周末还要补课，基本每个周末都有两个半天要上各种辅导班，学各种特长。这也是为什么目前社区与学校合作虽以青少年儿童教育为中心，但却一直没有深入合作的主要原因，他们了解了实际情况之后发现，如果真正与小学或初中合作起来，大家的空闲时间是不一致的。而且他们现在的活动预期学生或儿童参与人数是 30 个的话，实际参与人数也就十几个，他们也咨询过了没有参与的原因，普遍回答是"没有时间"。

"社区都有青少年学校、家长学校，但说实在作用不大，很多都是形式性的，有需要的时候联系一些人来社区居委会活动室排节目，参与一些无关紧要的活动，真实要做社区青少年教育的话，还是得依靠社区、社工联合学校来做一些细致工作才行。但是我所在的社区可能在这方面做得较少，我们机构介入的其他社区有在社区青少年教育方面做得比较出色的，但他们也是为参与社区的孩子们做一些辅导类工作，为社区青少年在成长中会遇到的问题来提出解决方案。"（MYC1SWI4）

图 3-1 社区开展教育活动的相关事宜

所以，以社区为主导开展的与学校合作活动，主要是以社工来策划和组织社区内的学生、家长等社区居民共同参与其中，但学生参与度较小，且都是家长带领学生参与其中。换言之，虽然参与社区活动的是学校学生，但这件事与学校本身没有任何关联性，学生是作为社区居民的身份参与其中的，且学校在很大程度上都认为这些事是社区应该做的而不愿意参与其中。因此，虽然社工也在极力争取与学校获取合作关系，但过程比较困难。

"困难不困难，实际上还是领导说了算。另外一个困难就是看我们代表哪一方去跟学校谈，如果我们代表社工去谈，那肯定是谈不成的，如果是社区书记去谈，那可能公办小学学校是很配合的，而且是在给面子的情况下，社区书记可能有机会见到校长并与之协商沟通，校长都是与街道办事处级别的政府组织进行对接，社区居委会是自组织，级别相对较低。公办学校还是谈不来，上次我们是动用了城管的力量才与他们沟通成功的。我认为，虽然说都是做公益，但往往人都是想着如何为自己或自己所在的单位谋发展，还有一些是在迫于权威的情况下来做公益，并不是真心想做这项公益，谁都不愿意把自己的资源拿出来供给他人使用。如果学校感受不到我们的用处和作用，我们再去怎么谈，人家也不会理会我们的。"（DXCSMY4）

这段访谈内容所表达出的寓意可能会让有些学者或研究者觉得不太恰切，但这才是一些在认真做实践的社区工作者最真实的"声音"，很多研究结果总是用各种丰富的学术语言论述着学校与社区合作不够深入，浮于表面，但却很难见到他们将实践者的"心声"呈现出来。更重要的是，我们发现，在社区大力发展社区青少年儿童教育的情况下，学校反而合作的主动性不强，往往处于被动合作的位置，这个问题非常值得我们关注。

我们给生长和进化下的定义是不断地在生长的有机体内部并与种种外部环境建立更广泛和不断增加的复杂的联系。通过对学校与社区合作方式的归类与分析，我们能够明确地感受到，很多学校和社区的参与主体在努力不断地寻找合作的契机，建立合作关系，但由于各个社区、学校的发展水平不平衡，资源配置和人员能力存在差异。所以，总体来看，学校与社区合作的效果并不理想，虽然合作方式已然能够铺路搭桥，也颇具创新性，能够在学校、年级和班级层面开展与社区的合作，社区也能够通过联系得到学生参与社区活动，但整体处于一种非均衡的状态，即使是在学校与社区共同行动的情况下，活动形式也是千篇一律。其实，经过对合作方式的分析之后，个中缘由我们也能够理解了。

四、合作发展的实践内容

一切合作的方式和最终良好的运行，都需要依靠客观合理与科学的规划来保障才能够实现，而这也关涉学校和社区方方面面的力量，更需要各类主体的积极参与和智慧贡献。只有这样，学校与社区合作才能成为有生命土壤和根基的事业，合作才能够深入和持续。无论是从整体还是局部开展的合作，在这些过程中，所采用的合作方式可能是不同的，呈现出的特点也必然是多元化的。

因此，研究者在分析学校与社区合作方式的基础上，分类总结出了学校、年级、班级与社区或社区中的个人、组织机构开展的合作实践内容所呈现的特点。

（一）标签化公共理性发展实态的"教育合作"

道德上的合作向外拓展，就有了教育上的合作。近几年，随着济南市政府出台的"双报到"、共建单位与社区网格管理等相关政策的进一步落实，历下区的各个社区与辖区内小学或辖区外小学以及周边其他社会组织机构之间建立了合作关系。

2016年4月19日，济南市人民政府在《关于印发济南市国民经济和社会发展第十三个五年规划纲要》的通知中明确指出，"要加强社区基础设施和多元化工作队伍建设，健全社会化服务机制和社区网格化管理，重点培育发展社区服务类、志愿服务类、公益慈善类社会组织，支持和引导建立各类新型自治与合作组织，提高对政府购买服务的承接水平和能力。"❶

2018年12月4日，为进一步发挥文明单位在创建全国文明城市中的示范引领作用，确保帮扶共建任务取得实效，济南市精神文明建设委员会办公室市下发了《关于开展文明单位与街镇社区帮扶共建活动的通知》，"动员各级文明单位与帮扶共建社区开展切实有效的帮扶共建活动，请按照就近、便利的原则，帮扶改善社区软硬件设施、提升社区环境面貌，坚持问需于民，加强与帮扶共建社区沟通联系"❷。

2019年9月19日，中共济南市委 济南市人民政府《关于实现"在泉城全办成"的实施意见》中提出建立"双报到"的常态化机制，明确要求市、区县两级机关企事业单位的在职党员和党组织应落实五项任务："推进重心下移，让'党员群众动起来、社区干部走起来、机关干部沉下来'；亮明共产党员身份，做出示范；建言献策，发挥自身优势；办实事，了解群众诉求和实际；健全群众监督评价机制"。❸

任何政策的提出都是有一定的特殊社会背景的，都与社会发展形势和体制变迁有着密切联系，这些政策也不例外。从某种程度上来看，这代表了政府对组织机构间合作困境亟须缓解的需求所做出的行动反应。而从理论角度上来分析，可以从三个层面来看待：一是技术层面，表现在政府对教育和社会治理上

---

❶ 关于印发济南市国民经济和社会发展第十三个五年规划纲要［EB/OL］. http://jndpc.jinan.gov.cn/attach/-1/1805221402320087307.pdf, 2016-4-19/2020-10-12.

❷ 关于开展文明单位与街镇社区帮扶共建活动的通知［EB/OL］. http://jnny.jinan.gov.cn/art/2018/12/5/art_514_2730392.html. 2018-12-4/2020-10-12.

❸ 关于推进制度创新加快流程再造，实现"在泉城全办成"的实施意见［EB/OL］. http://www.laiwu.gov.cn/module/download/downfile.jsp. 2019-9-19/2020-10-12.

的科学与效率，使得教育管理事项的责任、职责和义务得以明确；二是利益层面，作为社会主体教育利益的调整者、提供者和保障者，社会利益交汇的场所是教育领域，教育行政部门和各级政府的功效和职责必将得以凸显，调整社会利益，关注民主和单个个人利益的实现；三是价值层面，表现在政府对教育公共性的追求，其公共性主要体现在共有、共享和共治三个方面，"共有强调学校（尤其是公立学校）归全民所有，全民指中小学学校所在辖区内的居民；共享是指政府需让公民都能享受教育发展所带来的益处，教育资源的优化、师资水平的提高和办学条件完善带来的教育受益应惠及辖区社区内所有居民；共治是教育公共性的最高体现，是政府要求在学校管理、教育治理过程中应该吸纳社区民众参与，将权力让渡于民，共同治理"❶。

普遍认为，这些政策内容的提出是针对社区与辖区内各个组织机构之间条块分割、各自为政、组织效率低下，社区与组织机构之间合作困境普遍存在的现状而提出的，对学校与社区合作提出了很高的要求，是一种要求公共理性的"政治合作"，这标志着学校与社区合作进入了一个新的发展阶段。由于政策促成的合作，就与市场经济促成的合作一道成为现代形态的合作，以牺牲第三方的价值或利益为前提的任何形式的合作都不能被提倡，且不管这种合作是否在实际的结果中导致了民众的互惠，所以，在实际操作过程中，的确出现了很多"反功能"。

在历下区的各个社区与"双报到"单位、共建单位，尤其是学校合作过程中，许多新的合作策略、方法和思路从实践过程中总结了出来，社区与学校中的参与主体也逐渐意识到，这些硬性政策要求在缓解合作问题和困境方面发挥了重要的作用，提出了许多新的尝试，成为一个普遍化的学校与社区合作特点。

1. 党员"双报到"

调研发现，学校与社区合作现在做得最普遍的就是党员"双报到"活动，基本形成了一个制度，学校必须到单位所在社区报到，即学校党员到学校地理位置所在且政府划定的社区去报到，现在是学校与社区之间的报到，定期去固定的几个社区报到，一是社区帮助学校宣传一些教育政策，因为老百姓关注的就是招生问题，每年的招生，热度都很高；二是帮社区做一些力所能及的事情，尤其是老师们帮助他们美化和清扫社区环境，布置党建活动室等。

"党建'双报到'活动有很多涉及社区与学校合作的方面，近几年，党建抓得特别严，党建工作也很重，因为2021年是建党100周年，根据相关要求，我们社区党员与学校里的教师党员一起合作学习、参与党建活动，组织学校教师为社区服务等。"（DXCSWX1）

---

❶ 石中英. 知识转型与教育改革 [M]. 北京：教育科学出版社，2001：33-34.

"我们学校参与到社区里面的活动，比如党员主题党日，我们都和社区居委会一块来开展，基本上每月一次，因为我们属于'双报到'单位。每个月，我们所有党员到社区里一块进行创城宣传，有一项入户调查要求所有的社区居民填写对于创城的问卷，是我们的老师党员协助社区完成的。比如去社区查找不规范汉字，与社区成立志愿者服务，假期里面托管孩子，他们如果需要，我们都去参与其服务管理。另外，我们和社区共同开展慰问孤寡老人活动，老师带领学生走进社区。"（MYSPWW2）

根据"双报到"工作部署的相关文件精神和要求，学校与社区互相合作，互相共建共商、互相认定、共同组织活动、互相协助、共享资源。在这样的合作过程中，社区与学校互相介绍学校党组织建设和党员的基本情况，根据学校党支部特点和党员实际，在初步了解社区情况和社区需求的基础上提供详细的面向社区服务的资源清单，并就社区的实际服务需求充分征求双方的意见，就下一步共建项目充分进行交流，最终达成初步合作共识，是学校与社区合作的新契机。学校的老师们可以带领学生参与社区更为广泛的活动，如慰问孤寡老人、创城宣传、环境保护和文化传承等方面，为社区治理提供帮助。

2. 共建单位

共建单位是济南市为创建文明城市促进社区与辖区内文明单位开展合作的政策要求，不仅为青少年儿童搭建了一个相互交流的平台，有利于社区精神文明建设的开展，更有利于完善学校与社区青少年思想道德建设工作，是建设和谐社区的重要组成部分。对此，历下区成立"新时代文化实践站"，提出"讲·精品课堂""评·历下好人""帮·真情关爱""乐·多彩文化""庆·传统佳节""服·全面高效"六项服务，原则上要求每个社区每月开展集中活动一次，全年不少于12次。

"我们与共建单位签订一种友好合作协议，如我们聘请了派出所所长为法制副校长，他就要到我们学校来对学生进行法制安全教育，我们聘请交警队队长当我们的安全副校长，他就要负责定期来开展一个安全交通方面的教育。我觉得这个可以当成一种合作制度吧。不管他们是否换人来开展教育，我们的制度仍然在。比如我们每学期开学，安全教育必定是第一课的内容，那么，我们一定会请交警队或派出所的人来对学生进行安全教育，因为对于孩子们来说，第一个需要注意的安全就是交通安全。再一个就是我们与派出所的合作关系，他要过来进行防溺水的教育，这也是很重要的内容，安全教育一直处于重中之重。"（MYSPWW2）

可见，共建单位成为学校与社区合作的另一种固定制度，来促进学校与社区各个机构之间的合作关系建构，尤其是社区居委会以外的交警队、派出所、医院、消防队等单位，这不仅能够为学校安全提供保障，也能够使学生的实践学习多元化，了解更多安全知识和其他生活常识。

另外，在共建单位之间的合作过程中，相关活动具体实施方案提出要以未成年人为主体，坚持重在实践的原则和家校社相结合的原则，建立"节假日、双休日和放学后特色活动实践区""体育活动休闲区""德育教育示范区""科普知识宣传区""学习交流园地区"五大特色区。例如，在《甸新社区未成年人道德建设工作实施方案》中明确提出："要加强学校与家庭、社区的联系，及时沟通，定期联系，共同完善互动机制，形成互动体系，构建以学校、家庭、社区共同合作的综合教育体系，保障未成年人养成良好的思想道德习惯。"另外，在历下区精神文明建设委员会文件《历下区关于开展文明礼仪知识普及志愿服务方案》中也提出开展学生推广活动，每逢双休日的时候，可以在全区校园内开展文明礼仪漫画展，指导学生在周边生活社区中细心寻找一些自己经常遇到的不文明陋习或习惯，开展"牵手长辈学礼仪"活动，提高学生的道德素养。

3. 社区网格管理

"社区网格管理由街道办事处统一组织，以各社区为基本单元，按照便于管理、地域为主、界限明确、全面覆盖的原则，结合居住人口规模、治安状况、房屋建筑类型、企事业单位数量和管理的复杂难易程度等实际因素，科学划定网格。"❶"辖区内的居民小区、机关、企事业单位、社会组织、主次干道、公共场所归入相关网格，是深化社区建设，加强基层社区工作的重要载体，也是创新社区管理的有效抓手"❷。近几年，社区网格管理在逐渐合理化、科学化和信息化，推动社区工作向每个家庭延伸，坚持资源整合，鼓励社区居民参与社区活动，打造社区管理信息化平台，为深化家校社合作奠定了坚实的基础，尤其在推动社区与学校合作方面提供了巨大的资源支持。

"我觉得对问题家庭方面，社区给我们的一些信息是更重要的。家庭到底是什么样的？作为学校来说，只能是通过孩子或者是通过家长到学校里来进行面谈的时候了解，但是背后的一些家庭问题，通过一次短暂交谈，不见得能了解清楚，但他在这个社区可能已经居住了几十年，那么，社区在进行网格管理之后，手里的家庭信息会更详细，对每个家庭也会了解很多，社区对于他的家庭以及他的父辈可能就了解得比较清楚，所以这一块确实给我们的帮助很大。"（MYSPWL1）

从上述访谈内容能够看出，学校可以通过网格管理掌握每个学生家庭的基

---

❶ 关于深入推进社区网格化管理工作的意见 [EB/OL]. http://www.huaiyin.gov.cn/art/2013/12/10/art_21157_1502363.html. 2013-12-10/2020-10-13.

❷ 关于深入推进社区网格化管理工作的意见 [EB/OL]. http://www.huaiyin.gov.cn/art/2013/12/10/art_21157_1502363.html. 2013-12-10/2020-10-13.

本信息和情况，便于针对不同的学生因材施教，社区也可以有针对性地给学校提供人力资源和物力资源，满足学校的教育需求，提高学校与社区合作的水平。

总体来讲，无论是"双报到"、共建单位还是社区网格管理，都为学校与社区合作的进一步发展和深化提供了助推力，创新了合作路径，使合作呈现出制度化、合理化的发展趋势，尤其是利用2021年建党100周年的契机，带动学校与社区之间的合作继续前行、不断进步。这说明政府不仅在政策上给予支持，在思想、行动、资源方面也提供了可行性、可操作性方式，但也需要继续完善和进一步深化。因为从目前的发展形势来看，在一定程度上也存在着某些弊端，这不仅体现在这些政策本身的要求和内容不细致，在具体指导方面尚不够全面，网格管理员专业能力水平不高，而且其对学校与社区的指导性上也不够透彻明晰，从侧面反映出目前依旧缺乏针对性较强的学校与社区合作政策和制度，只是在其他政策中涉及了这一面而已。另一方面的弊端体现在：政策制度本身所带有的强制性容易使老师们感受到压力和逆反心理，尤其是老师在教学任务比较重的情况下还要去社区参与一些打扫卫生、志愿服务等事情，会强化老师们的反抗情绪，对今后学校与社区开展合作产生消极影响，老师们可能会谈虎色变，而且这种在政策推动下的合作不具备长期性和可持续性，效果受益也不会尽如人意。

（二）以资源赋能共生发展需求的"民生合作"

民生，意指家庭、就业、旅游、衣、食、住、行等方面，是与人民日常生活相关的一些事项。❶当今社会上关于民生的说法主要是指广大人民的生活状态和基本生存，即人民的基本权益保护、能力、基本发展机会以及共生形态，具体包括就业、分配、教育、社保和安全稳定五大现实问题。中共十九大后，民生需求呈现出宜居性、便利性、公正性、安全性和多元性特点，切实保障和改善民生。

戴季陶提出的以人类"生存欲望"为历史发展动力的学说认为："社会发展的动力是'生存的欲望'，尤其恰逢障碍时，在生存的行进中，人便会产生生存的欲望，这种欲望是被一种求生的冲动引导着，意蕴民生是历史发展的中心。"❷在学校与社区合作过程中，从最初的政策要求提出到发展的现阶段，实际上，学校与社区之间的合作在很大程度上是在满足对方的民生需求，即民生需求是学校与社区合作发展的动力，如果双方有更广泛、更深层次意义上的民生需求，那么，学校与社区合作将会拓展合作范围，也会持续走向深度合作。

---

❶ 民生——百度百科［EB/OL］. https://baike.baidu.com/item/民生/22460? fr = aladdin. 2016 - 11 - 3/2020 - 10 - 13.

❷ 冯友兰. 中国哲学史［M］. 北京：商务印书馆，2011：201.

此时，我们是否可以这样思考，学校与社区合作不够深度和互惠的原因是双方还没有真正了解和关注过对方的内在需求，或者说根本没有计划或实际去了解这些需求，所谓的民生需求推动学校与社区合作，也只是因为对方主动提出了某项要求，合作才得以达成。

从学校层面来讲，目前，呈现出比较明显的民生需求是校园卫生、校内外垃圾处理、周边安全、自然灾害、环境保护、生活资源和突发状况处理等方面。

"9月1号学生返校，社区网格员会协助我们一起在门口维持秩序，因为在辖区有一些特殊的群体，比如精神有问题的，居委会定期会在北侧给我们派驻疏导员，维护校园周边的安全，把这部分人及时管制。我们也曾经和社区共同开展爱眼和爱耳主题教育，社区卫生院承担学校每周一次的健康巡查，巡查的目的就是看一看有没有特殊情况，特别是学生是否需要帮助。疫情防控期间复课的时候，社区就和派出所以及食安所三家机构一块对学校的复课、复课前的演习这些所有的流程进行检查。"（MYSPWW2）

事实也证明，只有学校和社区之间合作得更好，很多事情的处理也就会解决得更好。

"社区环卫虽然隶属于办事处，但是和学校有比较远的距离，垃圾不及时清运就会造成学校垃圾的堆积，不利于孩子的健康。我就给社区说了一下，希望社区抓紧时间给解决，中午打的电话，下午社区紧接着调整人员，给我们进行了垃圾处理，而且从这之后，清运管理员就比较到位，所以，这种合作应该对于双方来说都是有好处的。"（DXSPWW2）

如果我们说这些需求不是重要的，那肯定是不合理的，毕竟这些民生需求确实是学校在日常教学和管理过程中必须解决的问题，如学生安全、周边校园安全、疫情防控期间复课安全、垃圾的及时处理等方方面面都涉及教育生活的质量问题，基本生活质量得不到保障的话，教育教学是难以顺利开展的。所以，学校与社区合作解决学校民生需求是最基本的合作目标达成，也是达成合作的基础。合作必然是要双方共同付出努力的，社区为学校提供民生保障的条件肯定是学校也在同时为社区提供了相关服务与资源共享，也只有在这样的情况下，社区才会全力配合学校并满足其需求，这其实可以称为民生互惠。换言之，学校与社区之间在实际生活中能进行多大程度上的民生互惠，就能够实现多大程度上的深入合作。这与政府的硬性要求是不同的，双方按照要求去被动执行合作，是不具有持续合作的推动力的，但满足民生互惠需求是学校与社区合作的奠基石，也是持续不断合作的助推力。我国近代政治家胡雪岩曾说过"你肯为别人打伞，别人才愿意为你打伞，谁都有雨天没伞的时候，能帮人遮雨就遮点吧，这也是我下雨时即使不带伞，也不会被淋湿的妙法啊。"❶ 这其实也是典型的富兰克林效应：在人际交往中，麻烦别人，才能建立关系，相互麻烦，能使得感情增进。在学校与社区合作中，虽然民生需求是必然存在的，但你不说，我不问，慢慢就会变得生疏，合作也就戛然而止了。

再从社区层面来看，随着居民生活水平的日益提高，目前，呈现出比较明显的民生需求是已经上升为一种既有精神特征也有物质需求的整体样态，包括市民精神、文化模式、生活形态等，具体表现在社区文化开展或教育场地的空间不足，提供社区服务的志愿者不足，垃圾分类宣传等方面。

"从学校这个角度，我们能给社区提供的一个优势是充分利用我们学校的场地，因为他们有些小型比赛、活动会借助我们的场地来进行活动；另外一个是使用我们学校5楼的礼堂，像换届选举以及培训；我们也定时对社区开放操场，如图3-2所示。上学期，社区网格员的培训招考是借用我们的教室进行的；小南营片区的拆迁，牵扯所有人选房号、抽号、选房一系列的事情也是借用我们的场地；学校对面的救援中心，消防中心的所有消防人员培训是在我们场地进行的，几乎每一周都利用周末的时间。因为牵扯学生安全问题，所以我们建立的就是合作关系，一是不要和我们的学生发生接触，本着对学生的安全，所有的事情都安排在假期、课余或周末的时间。救援中心需要定期对所有救援人员进行培训，所以基本上是周末在我们这里进行防火救援训练。"（DXSPMY1）

图3-2 学校体育场地对外开放温馨提示

---

❶ 钟源. 胡雪岩［M］. 珠海：珠海出版社，2008：32.

"暑假期间，社区会帮居民的孩子建立类似于服务于居民的一种托管班，这样在放暑假期间，我们会有一些党员老师去那里给孩子辅导功课，就用这种方式，再就是党员去社区当志愿者，帮忙整理社区的环境卫生这样的活动多一些。"（DXSPWW2）

从社区的民生需求状况来看，目前，社区较为缺少的是志愿者与场地，学校在一定程度上愿意协助社区为居民提供一系列志愿服务和可以满足休闲、娱乐及文化教育场所，原因大致有三个方面：一是社区也为学校提供了民生需求，来而不往非礼也；二是相关政策要求，如"双报到"和共建单位；三是学校位于社区辖区内，人际关系相处得比较好。

通过对学校与社区之间互相满足对方民生需求现状的分析，我们也能够看到这种合作所呈现出的特点和带来的益处，从形式上来讲，这确实是一种互惠状态，但依旧带来的是一种浅层次的积极影响，没有从合作的本质需求出发，忽略了合作本来的意涵，没有体现出双方之间的一种不可替代的角色。然而，实事求是，这也是一种好的发展状态，学校和社区可以在此基础上继续改进和增进合作关系，创新合作模式，促使合作往更深层次发展。如果学校与社区仅仅局限于满足民生需求的现状，而不积极进行探索，或者把对方的协助当作理所应当，那么，合作可能会停滞不前，很难取得实质性和突破性进展。

（三）教育与管理层面和合博弈的"经济合作"

近几年，随着家庭、学校和社区合作的进一步开展，合作模式也在逐渐正规化、组织化和制度化。例如，为了促进家庭、社区参与到学校教育过程中，拓展参与内容，有一部分学校与家委会、社区共同商议设立了一类合作组织，并设置了相关规则和制度，定期针对学校的教育事件、学生需求、课程开展、学生评价、教学监督等方面征求家长、社区居委会的建议或意见，这是一种除了正规家委会以外的一种吸纳社区人士参与学校教育和管理过程的新尝试，也说明部分学校与社区合作已然进入新的发展阶段，不只停留在资源共享和满足民生需求、开展活动层面上，而是逐渐往深层次合作发展，带有一定的"商业"气息，是一种协作型经济，即使用而不占用，一个人拥有的技能或能力与他人分享。从合作的性质上来看，这种合作更加依赖于局中人之间起协调作用的强制性约定，且这种强制性具有内生稳定性，是自发形成的社会契约，是一种"和合博弈"。

因此，从一定层面上来看，学校邀请社区人士、社区居委会人员参与学校的教育、管理、监督和评价过程，促进学校扎根社区，使社区参与成为学校发展、教育改革进步的参数，从合作的本质上来讲，这是一种"经济合作"，有两种意义：一是功利主义合作，意指学校与社区共同合作，设置针对系列问题共同商议的平台，不管这些产值在"生产合作"中的分配情况，来共同创造一个最大化的产值，比如为了学生的未来发展和教育；二是分配合作，意指学校与社区相互合作，设置一定的平台或机制，正如合作博弈论所强调的，无论如何获得的"资源"，都应对"资源"进行共同商议和分配，主要包括权利（利益、权力）的分配和义务（责任、成本）的分担。

例如，通过实际调研，研究者发现主动方不同，所设置的平台性质也不同。从政府、社区、学校出发所构建的合作机制都存在差异，由于每个学校、社区的情境不一样，都发展出了自己的特色。例如，从政府出发，济南市历下区教育局在推动学校、家庭、社区三位一体育人机制的实践中推出"社区教育委员会""街道——校长联席会议""市民学习基地""蜻蜓心天地——历下区未成年人心理健康辅导中心暨家庭教育指导中心"等一系列合作机制，从政府的高度自上而下来保证家校社合作互动地有序高效开展，如表3-2所示。

以学校为主体，从实际情况出发，设计了与社区、家长合作的相关组织和制度。由于学校主体的特殊性，学生异质性强，各类问题突出，因此，学校主动性相对于社区与政府而言比较强烈，思路与行动也进行了同步探索，同时，一些社区也从实际情境出发，主动与家庭教育、学校教育相融合建立了组织联盟。

表3-2 济南市历下区部分学校和社区所设立的合作组织及运行模式[1]

主动方	联盟名称	运行模式
××小学	"教育议事委员会"	提案—沟通—答疑
××小学	"家校社教育管理发展中心"	共同设立"四点半"延时服务；共同商讨合作方式；制度管理时间安排和工作责任
××小学	"'三心共育'家—校—社理事会"	设置家长或社区人士宣讲课程；家长学校；家长督学
××小学	"社区听证会"	制度化例会；提案—交流—反馈；课题引领参与模式；与家委会融合
××小学	"家校社政研育人共同体"	家庭主体、学校主导、社区参与、政府统筹、科研指导
××社区	"社区教育联盟"	社区搭台、辅导机构和学校支持、专家引领、教师指导、家长主角、学生主体

---

[1] 通过对访谈对象所提及的其他学校或社区在合作中所做出的行动整理而成。

以学校为主体邀请家长、社区和社会人士参与教学、管理和评价过程的合作模式已然成为学校与社区合作的高水平发展阶段，这不仅使社区参与学校有制度可依、有责任可担，也使社区和家长们对与学校的合作充满希望，说明学校重视引导社会力量走进学校内部来辅助教学和管理，既使社区居民对学校有了更为全面的了解，也可根据需求来对学校提出意见和建议，助推教育现代化、民主化，对打造学校多元文化和提高社会支持度具有非常重要的意义。

如××小学与家庭、社区共同设立的"家校社教育管理发展中心"，该中心的第一领导是街道办事处书记，其他管理人员包括校长、家长、家委会会长和社区书记、主任等组成，主要作用是所有人员定期聚在一起，共同探讨家校社合作的经验、方法和学习如何开展活动等相关事宜，并提出一些建议，因为家委会的家长会提供许多关于家长和孩子需求的信息，社区能提供的信息更多的是社区为学校能协助什么，根据相应供给和需求，就可以进行下一步行动。该中心还有专门的管理制度，如关于监督、时间安排、工作责任等方面。

同样，以社区为主体的合作模式中，也在大力引导社区中教育辅导机构、社工、有一技之长的退休老年人、学校、家长等各类群体参与社区开展的相关教育活动过程中。例如，××社区里有固定的社工和不固定的志愿者，志愿者包括邀请社区的老党员给孩子讲老传统文化和历史故事，有非遗专长的专家来社区给孩子讲课，包括盘子刻画、变声等非物质文化遗产。

"从2018年下半年，学校开始提供延时服务，主要是为了缓解家长下班晚无法按时接孩子的安全问题，低年级3：30放学，高年级是4：30放学，学生可以在学校里写作业，一直延迟到5点，最晚5：30。社区的延时服务是到下午6点，这样，家长们在选择延时服务的时候，可以选择社区，也可以选择学校。"（DXSTWL3）

"延时服务开始提供的前期，选择参与社区延时服务的孩子挺多，社工忙不过来，学校就派党员老师利用下班时间为社区居委会的延时服务提供义务志愿服务，协助辅导孩子的课后作业，取得了较好的成绩，好多孩子平时都完不成作业，但通过延时服务，他们的作业都能按时完成了，在学习成绩各方面，包括小升初和初一的衔接，这些孩子的成绩都有了很大的提高。"（DXCSWX1）

总而言之，部分学校和社区已经尝试用设立相关教育联盟组织的契约形式深化合作，并对彼此的职责进行了简单的划分和界定。虽然每个学校和社区为这类组织设置了不同的名称及运行机制，但都是为了加强学校与社区、家庭之间的相互交流、互动和理解，在此基础上，共同商议和决策，为学生创造一个更好的学习环境和条件。

不可否认的是，目前这种形式的合作模式确实获得不少家长、社区人士的认可和支持，但还存在一些弊端和缺陷，需要不断完善，主要表现在：一是这些运行机制的内容和要求看起来似乎很完善、细致，家长、社区和学校中所有可能参与的主体都有涉及，但"三方共育"的重心却偏向了家长和学校自身，在实际操作中变成了"两方共育"，虽然大家提倡的是家庭、学校与社区合作，其实学校与社区合作是比较薄弱的环节，家校合作成为学校工作的重心；二是学校与家长之间有学生作为中介者来维系合作关系，而社区作为受邀者成为家校社合作联盟组织的成员，主要目的是促进学校教育质量的提升，满足家长对孩子的利益寻求，往往忽略了促进社区发展有关的利益需求；三是这种合作模式实际上依旧呈现出"各自为政"的属性，没有全面考虑所有参与主体需求的切入点，尚未掌握和调节好在运行过程中的利益平衡点；四是虽然已经邀请家长和社区人士参与学校管理与监督过程中，但也只是浅层次地涉及教育活动方面，并没有发挥真正实效。

（四）节假日互动活动协同组织的"时际合作"

有意义的、容易被人关注的事情往往具有明显的外部特征，这样才能让其他人了解在这件事情处理的过程中，参与者付出了多少努力。换句话讲，一件事情成功与否，要有可以拿得出来并能够呈现在"台面"上的成果或证据，才能代表参与者们为促成此事真正付出了努力，即使有的事件不具备显性特征，那么在经过媒体报道之后也会引起广泛的关注度。学校与社区合作同样如此，虽然在一些民生需求方面双方都在互相协助，但这毕竟是日常生活需求，带有一定的隐性特征，众人往往会忽略日常熟悉的事务，而一些隆重、宏大而又具有群体性的活动则会明显不同，体现出了时间上的可重复性和稳定性，节假日时间对活动规范的遵循导致了合作时间对活动规范的遵循，正如学校与社区合作过程中，双方经常会根据节假日共同策划一些节日庆祝活动，使用社区公共广场，社区所有居民都可以观看或参与。

目前很多学校和社区合作的显性模式都是以这样的形式展开的，一是节假日期间，所有可参与的人员都有足够空闲的时间；二是这种形式的实践能够带动全社区不同群体参与其中，达到一种全民参与的效果；三是这种文化娱乐形式相对容易参与，将每个人的文化优势在公众面前展示出来，提高学生和社区居民的自信心，赢得公众赞誉；四是可以促进社区居民更加了解学生的教育现状，提供代与代之间相互展示和互动交流的机会；五是开展合作的难度较低，学校开展的"节点"活动，社区可参与，社区开展的"节点"活动，学校也愿意参与并展示。所以，这种以节假日为契机的实践活动，不仅是众多学校和社区开展合作频繁使用的模式，也是研究者们容易捕捉到的一种合作现象。

如每年的植树节、"六一"儿童节、重阳节、春节、暑假，学校都会组织学生参与一些活动，学校也会和社区联合开展一些庆祝活动，为此，学生们和社区居民们都会准备一些节目，拿出自己的特长上台展示，或者学校组织学生去社区慰问一些功勋老人等。另外，学校开运动会的时候，家长们、社区领导们也会受邀参加。

"比如这次发传单，还有去年寒假，我们用毛笔自己亲手写福字送给社区里的爷爷奶奶们，这样，我们可以体会到浓浓的春节味。"（DXSSMW7）

"我们偶尔会结合一些纪念日搞一些实践活动，如清明节会组织学生去缅怀先烈，扫墓，宣传爱国主义教育。国庆节、建党日等，我们也会组织老师和学生们去社区参与一些公众活动，增强他们爱国、爱党的信念。"（DXSTMZ6）

无论怎样的节假日活动，首先需要考虑双方的时间，假如要开展活动，需要提前专人专门组织，涉及地点、时间、步骤、内容，还要有人专门策划对活动的评价，等等。

"学校想请社区的一位老军人在建党纪念日的时候给学生讲抗战故事，那么，学校要主动联系社区居委会了解老人的相关信息，以确认老人是否都具备外出出行的身体条件等，然后学校才能去接老人过来。"（MYSTWL3）

看似形式化、表面化的节日庆祝活动，且不关心是不是按照上级政策要求开展的活动，其背后的老师和社区人员都付出了，既然付出，那就要有更大限度的收获，才能不辜负所有参与者们的劳动。所以，我们并不是在批判以节假日为契机开展活动是不是一种应付，因为这是常态，也必然有的一种合作模式，我们应该且重点关注的是所有参与者们在这种活动中学习了什么，获得怎样的成长经历，有什么样的益处，以后是否会有其他类型的活动。

例如，近几年，比较流行的一种实践活动形式是：一些学校组织学生们在农民丰收节、暑假期间、学期开学或元旦开展系列"展销会"实践活动，还会为其命名一个比较有新意的活动名字，开展活动过程中，学生们单独制作或和家长一起制作各种手工艺品、科技小产品、食物、甜品、二手产品等摆出来，像小集市一样，地点在社区或学校中，邀请社区所有居民、各个单位工作人员、其他学校的老师和学生们参与其中，学生们向这些人推荐和售卖他们的东西。这种活动形式固然比较新颖和热闹，尤其是在开展过程中，学生们和社区老年朋友们表演各自的才艺也会赢来掌声和喝彩，他们的产品也会有人争先恐后地购买。这种大规模的活动形式给家长、学生和社区居民们提供了一个非常好的互动交流平台，也是他们相互学习、共同学习的过程，学校与社区之间架构起了代际交流的桥梁，能够促进家校社之间建立良好合作关系，是实现互惠合作的一种活动模式。但由于参与人数太多，老师们可能会忽略一些同学的感受，从而产生不好的效果，而且活动后期如果不及时总结和进一步学习，那么，这些活动就失去了其本身应有的教育意义了。

　　以节假日为合作契机的实践活动纵然是一种非常有意义的模式，但研究者也要警醒，不能怀有"莫斯科不相信眼泪"的心境来看待这些活动，要透过现象看到本质，要通过这种实践模式看到学校和社区在背后付出的努力，从而让他们意识到他们的努力是有价值、有意义的，引导他们将这种活动模式往更深层次的方向挖掘，实践参与者们往往容易忽略心理层面的理论性总结，在这个层面上，研究者就要协助他们理解他们在参与过程中所没有理解得到的价值，才能不虚此研究，也能够体现出学校与社区合作研究真正的价值。一味地、频繁地、盲目地开展"节点"活动，而不去总结和反思这些活动的意义所在，那么，这将浪费时间、基础设施和人力资源。

　　例如，2020 年 8 月 14 日下午，名玉社区居委会在名玉小区一区北门举办了"爱在名玉·悦淘市集"公益市集活动，研究者全程参与其中。这是由历下区民政局、姚家街道办事处、历下创益园、名玉社区居委会、历下善治公益发展中心、山青社会工作服务中心联合主办，众多居民组织、辖区单位共同参与的一场盛大社区公益之旅，如图 3-3 所示。活动有文艺演出、文化娱乐、便民服务、学生义卖、垃圾分类、社会组织展示等几个板块，集中展示了"爱历下、友社区、接大福"的活动主旨，充分体现了社区居民和辖区单位团结、和谐、友爱的良好道德风尚和爱祖国、爱社区、爱家园的精神风貌。

图 3-3　名玉社区活动现场图

　　在活动开始前，社区里的老少青年志愿者们积极主动承担起各种布置会场、为活动做准备的任务。在活动开展的过程中，社区老年团体献上了舞蹈《最美还是我们新疆》、独唱《最可爱的祖国》、群口快板《夸名玉》、手语《谢谢你》等节目，青少年们也演出了非洲鼓、二胡等节目。然后，社区的青少年儿童和老年人把家里的闲置物品摆摊义卖，奉献爱心，活动结束后，他们将用这笔钱去探望社区独居老人。

因为是暑假期间，所以名玉小学的领导和老师们并未参与此次活动，但居住在社区里的很多学生在家长们的带领下报名参与了这次社区活动，将自己亲手制作的小产品或不需要的学习用品拿出来义卖，孩子们都很积极，在尽力地向社区居民推销自己的产品，还有一些学生自愿担任志愿者，宣传垃圾分类、保护社区环境和维护秩序等。其间有个老人不了解，小志愿者就非常耐心地给老人讲解，引导其参与进来。很多社区居民都夸赞学生们心灵手巧，学习新技能的速度很快。

当然，社区辖区内的单位，包括眼科医院、律师事务所、救援服务中心、养老中心、护理院、理发店等也都积极参加了这次活动，为社区的孩子们、居民们提供咨询服务，包括一些民营教育辅导机构也是"各展拳脚"，吸引儿童青少年报名，为他们提供优惠活动，但商业气息过于浓厚。

通过这样的互动活动，我们能够看到社区里的未成年人、青年、老年群体之间的互动交流，既锻炼了未成年人的人际交往能力、表现力和临场发挥力，也让社区的老年群体感受了社区的温暖，给老年人一个展现自我、发挥余热价值的机会，让家长们、社区中青年们看到了社区的另外一番景象，让社区辖区内的不同单位之间也有了互动合作的机会，为后面更深入的合作奠定了基础和建立了友好关系。虽然学校领导和老师并未与社区居委会对接商议此次合作活动，但学生在家长们的带领下积极参与了活动，而且学生在活动过程中热情高涨，有个小学生卖出去自己读完的书之后激动地告诉妈妈："我的书终于有了其他的小读者，希望他也能够学习到新知识！我也可以利用这笔钱去买新的书啦。"（MYSSMJ9），也有小学生看到律师后非常好奇地询问一些关于商品买卖方面的小知识。家长也很欣慰，高兴地说："孩子以前经常乱花钱买小东西，现在自己拿出东西来卖，体会到赚钱的艰辛了，自己也愧疚地对我说以后不乱花钱了。"（MYSPWQ11）

活动结束，学生志愿者、中青年志愿者与社区居委会的工作人员将现场收拾干净后，一起畅谈着整个活动的过程，都表示虽然很辛苦但是很高兴，因为学习到了很多东西。

"以前总是参与活动，从来不知道举办活动的叔叔阿姨们背后要付出这么多努力，策划、组织和协调现场，都需要悉心和耐心才能做好，我很佩服他们。"（MYSSWJ7）

"如果学校能够系统地组织学生来参与我们这种社区活动，那么效果可能会更好，幸好家长们都很积极地带孩子来参与了。"（MYC1GWW3）

学校与社区合作的相关内容往往被教育政策制定者与研究推动者写进演讲稿、红头文件、年终计划、教学大纲等材料中，然而学生、家长和社区居民对这种要求的反映以及他们对学校和社区的期望都用一种更微妙的方式表达出来，尤其是在参与这类实践活动过程中，他们对学校与社区合作的期望主要不是为了促进教育改革和社区发展，而是因为他们期望这种合作能够提高孩子们的个人能力和技能及人际交往水平，真正落实到实际行动中。

这次在社区内开展的"爱在名玉·悦淘市集"公益市集活动中，社区中的青少年儿童、家长、老年群体都积极参与其中，学生志愿者、中老年志愿者都互相协助以保障活动的顺利开展，学生们在这样的实践行动过程中能够切身感受活动带来的影响，只有这样，学生才能在此基础上学习和反思自己到底从中学到了什么，也能与家长和其他参与者一起互动沟通自己的感受，通过这样的交流，学生既能够认识到自己的缺点和不足，也能感受到这种类型的实践活动给自己带来的益处，才会继续积极参与。

此次活动不仅有学生和中老年志愿者的支持，也获得了民政局、街道办事处等政府机构和辖区多家社会组织机构的协助和参与，这说明学校与社区合作要找准合作的切入点和兴趣点，同时重要的是要有可以共享的资源。此次活动是系列化实践项目，由政府牵头在历下区的多个社区中连续开展，充分带动全民共同参与社区活动的积极氛围，丰富社区文化。此次活动中提供资源协助的民营教育组织机构也能够宣传自己的产品和项目，获得一些生源和家长的支持。名玉社区也能够借助此次活动作为与学校建立深层次合作关系的突破口，融合社区和学校在未成年人道德教育方面的资源，从而达成共识，促进合作。

学校在参与此类社区实践活动过程中普遍缺乏主观能动性，不仅是因为现实中的时间冲突问题，也有一些现实阻力因素在影响学校一方的主动参与。事实上，如果学校的老师们能够与学生共同参与其中，起到引导和协调作用，加上学生参与实践的积极性较高，社区配合力度大，社会各界也参与其中的良好契机，将会有助于学校与社区合作往更深的文化层次发展。

（五）日常教学与实践融合认同的"德融合作"

社区是少先队开展实践活动的重要阵地，有学生在日常生活中能够普遍接触得到的实践资源。"德融合作"虽然与"时际合作"在性质上都属于德育与实践融合的一类合作内容，但是也有很大差异，所以，本研究选择分开论述。"德融合作"具有开展次数较为频繁、人数规模不限、时间点不固定、流动性较强的显著特点，而"时际合作"则更注重固定时间、选定地点、开展次数有限、流动性不强等特点。一直以来，在学校与社区之间建立合作关系的基础上，以少先队员参与社区活动的形式是"德融合作"的主要内容，活动开展较为日常，次数逐渐递增，并充分利用社区资源开展多种类型的实践活动，这种类型的合作带有更多的道德色彩，是针对少先队员开展的实践活动，渗透于日常教学工作中,但却缺少"帕累托最优"❶ 考量。从某种意义上,德育是合作的最核心理念,这也是学校与社区合作比较常见的类型,所要求的是"习俗"一样的理性。

习近平总书记在少先队成立 70 周年之际的贺信中强调:"少先队组织在党的领导下,尊重少年儿童的身心特点,践行社会主义核心价值观,坚持实践、组织、自主教育相统一,不断提高少先队工作的科学性、时代性和时效性。"❷ 2020 年 7 月新修订的《中国少年先锋队章程》中指出:"少先队是建设共产主义、社会主义的预备队和群团组织,是进行爱国主义教育的主渠道,也是少年儿童学习共产主义和中国特色社会主义的学校,具有重要的政治属性。"❸ 同时,"少先队应具有实践和综合性,一名优秀少先队员的培育并非只靠一般意义上的教学,而是要鼓励和带领他们参与丰富多元的队会、队课等少先队活动,才能提高少先队员的道德素养和优良品格,培养出德、智、体、美、劳全面发展的时代新人"❹。

如济南市历下区开展了"五位一体"的学校与社区融合发展模式,促进学校与社区在体育锻炼、休闲娱乐、知识培训、健康教育、生活保健等方面的资源共享,并共同建立了 10 个少先队学习实践中心阵地。通过调研发现,各个街道办和社区都在不同程度上与学校建立合作关系,为少先队实践提供良好的社会和环境条件。

因此,学校与社区合作和少先队工作开展之间是相辅相成的关系,成功开展少先队活动能够为持续深化学校与社区之间的合作关系起到积极促进作用,而学校与社区之间深化合作关系也能够为顺利开展少先队实践活动奠定基础。❺ 从调研情况来看,许多学校将少先队、德育工作及与社区合作等工作合并在一起管理、组织和开展,并不是为了节省时间和资源,而是这几个方面有着千丝万缕、相互促进的关系,这也是为什么研究者要将少先队实践活动纳入学校与

---

❶ 帕累托最优(Pareto Optimality),也称为帕累托效率(Pareto efficiency),是指资源分配的一种理想状态,假定固有的一群人和可分配的资源,从一种分配状态到另一种状态的变化中,在没有使任何人境况变坏的前提下,使得至少一个人变得更好,这就是帕累托改进或帕累托最优化。参考:李胜兵,李航敏. 解读管理术语[M]. 北京:企业管理出版社,2007:132.
❷ 习近平致中国少年先锋队建队 70 周年的贺信[EB/OL]. http://www.xinhuanet.com/politics/leaders/2019-10/13/c_1125098687. htm2019-10-13/2020-10-17.
❸ 中国少年先锋队章程[EB/OL]. http://qnzz.youth.cn/qckc/202007/t20200727. Htm2020-7-5/2020-10-17.
❹ 段镇. 少先队学概论[M]. 上海:上海人民出版社,2015:24-26.
❺ 卜玉华. 少先队"群众属性"的基本内涵、实质及新时代挑战——基于《中国少年先锋队章程》(2005 年)的分析[J]. 少先队研究,2020(2):53-55.

社区合作的方式和实践内容的理由。

目前，少先队实践活动在学校与社区合作层面上体现出的特点有四点：一是以学校或班级为范围的大队、中队活动，一般情况下是由学校与社区居民委员会或街道办事处取得联系，商议组织活动细则与内容之后，学生可以进入社区或辖区内单位开展活动；二是班级层面以中队或小队团体进入社区开展系列实践活动，直接与社区居民互动，但不与社区居委会合作或联系；三是以少先队的小队为团体主动参与社区实践活动，这种形式的活动内容一般由家长通过社区居委会的微信群或社区公告获得，再由家长鼓励学生积极参与其中，或者由学生告知老师后，老师鼓励学生参与社区活动，当然是在有空闲时间的情况下才能顺利参与；四是学校开展相关少先队活动时，会邀请社区居委会人员或社区居民、家长参与其中。

通过调研，我们发现少先队活动体现在学校与社区合作层面上的实践内容主要包括普法活动、垃圾分类、服务关怀、微课堂、风采展示、校外第二课堂、尊老敬老活动、红色教育、社区改造等多种多样的形式，有些社区与学校之间建立了实践学分认可制度，少先队参与社区实践活动可计入学分，鼓励少先队员参与社区公共事务平台，挖掘和组织以社区"五老"❶、有专长的家长、消防人员、公安人员、医护人员、"抗疫"英雄等有志之士成为少先队员的校外辅导员，这种依托学校与社区合作关系开展的少先队实践体验活动不仅能够为少先队员的全面健康成长提供优质条件，为规范、丰富少先队工作奠定基础，也对社区的科学高效治理起了极大的促进作用，推动学校与社区之间的合作关系向更高水平发展。

另外，在少先队活动开展的过程中，一些学校与社区之间也建立了相关支持机制或模式，例如，甸新小学在与社区开展少先队活动中建立了一套运作机制，包括依托社区文化、历史，组织线上线下的视频与课程；完善组织架构；优化校外辅导员队伍；成立工作指导委员会——"友好儿童"议事会，并举办了5次议事活动；通过学校与社区党团共建带动少先队队伍发展，在网格化党建中，激活活动细胞；鼓励专职辅导员进社区，兼职辅导员进校园等方面。学校与社区共同商议少先队活动指南，拟订丰富多彩的、满足学生需求的活动内容，围绕各年级学生的成长特点，将儿童社会实践融入社区治理中，整合学校与社区资源，突出校社衔接，共谋发展。

通过调研分析，我们能够发现，学校与社区合作为少先队实践体验活动的顺利开展开辟了路径，但仍然存在许多弊端，依旧具有很大的发展空间，具体

---

❶ "五老"是指社区中的老干部、老战士、老专家、老教师、老模范。

表现在：一是社区在制订活动内容时并未去详细了解学生的真实需求是什么，少先队活动的场地比较局限，不同学生的特长和兴趣是有差异的，应该搭建多元化参与平台；二是家长的传统观念导致了其支持率依旧不高，因为大部分活动可能与学习时间或辅导时间冲突，容易引起家长不满；三是校外兼职辅导员大多为挂名而已，并未做出实质性的指导；四是少先队参与实践活动的评价体系有待于完善。当然，在少先队活动开展过程中还有很多问题没有解决，而且这些问题大多数与学校和社区合作有极大的关联。

下面是研究者参与的一次小队活动。

刘老师是甸新小学四年级（2）班的英语老师，也是有着十几年经验的班主任，这次趁济南市争创文明城市，根据学校的实践活动计划要求，决定组织班里的学生们清除学校周边和社区附近墙上的小广告，因为是小队活动，所以只有五个学生参与了，研究者也参与其中，记录了从活动开始到结束的一些对话，所以，下文中的小李是指研究者。

下午3点，刘老师、小李和学生们出发了。

刘老师路上就对小李唠叨"我平时还得上英语课，所以，就没时间给孩子们布置得那么具体，每次搞实践活动过程中我都提心吊胆，真是，随时都会有安全问题，家长们的电话就没完没了，我就害怕听见电话铃声响，昨天刚说了这个实践活动，今天家长们还一直问我'忘穿校服了，没事吧？红领巾没带，不要紧吧？……'然后活动开始了，家长们恐怕还得给我打电话问东问西，唉！"

小李："你们开展这个社区活动前，和社区居委会沟通过吗？他们了解吗？"

刘老师："没沟通过，我跟他们不熟，再说我们时间冲突，人家上班时间不可能来参加我们这样的活动。"

不一会儿，一行队伍就到了社区里面，学生们就开始劳动了。

学生1："这些贴小广告的人真是很烦，有很多不好的话，不好的东西，什么不孕不育之类的，还有一些错别字，也就是我们长大了，有辨别能力了，你让一、二年级的小朋友看见可怎么办？"

学生2："是啊。这些小广告真难刮啊！我都得使大劲才能弄干净。"

学生3："我得好好表现，让我们班出名！"

学生1："我们必须得弄干净，这可是我们住的地方啊，就是得弄干净，弄干净之后，表面上看起来也舒服，精神方面也不会侵害一、二年级的同学了。"

这时候路过几个在社区遛弯儿的老人，他们都竖起大拇指夸赞："哎呀，这是哪个学校的学生？怎么这么好呀。"

学生4："我们是甸新一小四（2）班的学生！"

之后，同学们干得更起劲了……

学生3："我这块地方不好刮啊，怎么办？"

学生2："你喷点水，拿铲子使劲就扣下来了。"

学生3："完了！我不小心把墙皮也刮下来了！完了完了，我们快走吧，要不然被居委会大妈看见了，就坏事了。"

学生1："快告诉老师吧！问问她怎么办。"

刘老师："同学们不要担心，你把人家墙皮弄破了，你们就要敢于承担责任，不能逃避，我们是来清除小广告的，不是故意的。这件事情我们要讲清楚，但是我们也得想想办法怎么弥补这破了的墙，对吧。"

学生2："是啊，好像是的，我们也没做错，但是我们也不会刷墙啊，要不，我们在墙上画画儿装饰一下这破了的墙皮吧！正好也能挡住墙洞。"

刘老师："你们倒是挺机灵，我们大家心是好的，清除小广告这件事情弄坏墙皮是不可避免的，但事后怎么弥补，也得靠你们的智慧呢。"

学生3："老师您说得对，我会画一些小动物和花草，我可以负责画上去。"

小李："刘老师，这件事情是否要跟社区居委会沟通一下？"

刘老师："后面有空的时候再沟通吧，我平时要教课，我们下班的时候他们也下班了，找不到共同交流的时间呀。我现在去居委会的话，孩子们的安全我不放心。这毕竟是班级活动，我不敢掉以轻心。"

小李："我们这个时间点，会不会耽误学生们写作业了？"

学生4："老师你放心吧，我妈肯定会给我找个安静的时间写作业的！她怎么可能不催我写作业。"

刘老师对小李说："你看，通过这种实践活动，有些思想道德教育随时就跟上了，你在学校里学习，你就永远想不到教育孩子这个，也想不到孩子们还有这么多新奇的想法。"

这件事是研究者在观察老师带领学生进行社区实践活动中的一段对话，从中我们能注意到"提心吊胆""安全问题""家长唠叨""居委会大妈""弥补"等一些关键词，其实承载了很多内涵。这次活动是班级层面的小队活动，但属于老师带领学生们参与的社区实践，如果提前与社区居委会沟通或者有社区辅导员带队，居委会可能会提供更多协助，让学生感受到更多鼓励和赞誉，学生们在劳动过程中也不用担心被居委会谴责，但老师的理由是时间冲突和不熟识，且十分担心学生的安全问题，这样的过程使得一次有劳动价值和意义的社会实践变得像"完成任务"一般。虽然学生们在劳动的过程中习得了做人要诚实，要关爱年幼同学，维护社会环境等品德，但这是因为经验丰富的老师在其中起引导作用，将德育与实践融合在一起，使得德育更加立体化和多元化，而不是单一的课本教学，这对于学生思想品德水平的提高及树立正确的人生价值观将会产生深远的影响。

教师的引导和启迪作用在学校与社区合作过程中是非常重要的，尤其是在社会实践教育过程中，学生能够通过实践习得怎样的技能和思想品德，是要经过老师的讲解与指引，学生才能领悟和自我反思隐含在实践中的道理，这同时也是锻炼学生思维能力的机遇。

事实上，这次活动的形式是在班级层面以小队团体进入社区开展系列实践活动，直接与社区居民互动和改善社区环境，虽然没有与社区居委会合作或联系，但从本质上来讲，这属于学校与社区合作范围的类型，也是目前大部分学校开展的与社区合作活动中较为普遍、频繁、便捷的一种形式。

学校与社区合作中的"合作"是指在社会环境中，学校和社区参与主体为达成个体或集体的目标而进行的一种积极配合的行为，而在这件事中，只有单方面在行动，原因在于：一是老师与社区工作人员不熟悉，所以缺乏沟通互动；二是社会实践总要按照学校领导的要求开展起来，于是单方面进行行动；三是在学校层面，尤其是与社区居委会熟识的领导层并未给予班级具体实践层面更多的关注与指导，导致虽然在社区开展活动，但却没有与社区取得联系，再一次体现出甸新小学与社区之间合作的无序状态，根源性的问题虽然不会随时显露出来，但却一直在影响着合作过程中的所有细节和成效。这也充分说明，学校宏观层面与社区的沟通与合作关系维系对班级微观层面与社区开展实践活动的成效是有影响的，班级虽是学校整体中的一部分，但在社区中依然代表学校形象，学校与班级是相互影响、相互促进的，无论是学校还是班级层面开展与社区的互动合作，都要建立在友好相处的基础上才能获取最大成效。

学校与社区之间互动联通机制、双向认可机制的建构，联通实效的提高，参与面和覆盖面的拓展都需要深化双方合作关系才能够实现。我们希望通过加强和巩固学校与社区之间的合作关系，突破合作的瓶颈，从而能够为推动少先队工作的开展添砖加瓦，提高学生的德育水平，促进德育与实践之间的"水乳交融"。

五、小结

两个学校与社区合作的相关分析体现了基础教育学段中的小学与社区合作的特点，具有较强的代表性，既呈现出目前优质小学和普通小学与社区合作发展特色，也反映出其中一些典型问题。其中，甸新小学与甸新社区合作代表了优质学校与社区之间强强联合又互斥的合作现状，名玉小学和名玉社区合作代表了普通学校与社区为了生存而合作的现状，说明不同学校与社区之间的合作行为、类型、目的和效果都是存在差异的,发展水平也是极为不平衡的,不可一概而论,要具体问题具体分析。在具体分析中,我们既看到学校与社区走向深度合作的萌芽,从"混乱"逐步走向"善治",也看到其在不断发展中的挫折与困境,生动形象地展现出前面内容所总结的学校与社区合作过程中参与主体行为、方式与实践特点,是很好的佐证,也体现出了一些重要的实践经验和借鉴。

第一,学校与社区在合作过程中实现利益均衡、互惠互利、相互赋能和互相协作是非常重要的,要找准合作的切入点,不能盲目地为了合作而去合作,可以在上级政策指导下拓展合作范围和深度,在满足自身利益的前提下要关注对方利益需求,关注对方是否有获益,这既是合作的前提,也是合作的目的。只有学校与社区互相了解对方的诉求和利益点,并想要在合作中促使双方都获益,合作才能持续性开展,才能有的放矢,也才能获得更好的实践成效,如果在开展合作的过程中只有一方获益或者解决问题时只考虑自身利益,那么,合作必然不会长久。

第二,学校与社区负责人是非常关键的角色。在两个学校与社区合作的相关案例中,我们能够清晰地发现校长与社区书记的教育管理理念、指导思想和实践要求对合作进展有着重要的宏观影响,我们既欣喜地发现校长带领老师们创新教育实践方式和课程教学模式,将合作与德育融合起来取得较好的教育成效,社区书记们充分利用社区资源开展未成年人教育和中老年教育,创新社区教育模式,但我们也能够发现社区书记的变更对于学校与社区合作的消极影响是巨大的,尤其是在没有固定制度和合作运行机制的支持下,合作关系出现断裂,很难再建立深厚的关系,之前的合作事项也会半途而废。

第三,学校与社区合作需要获得家长、家委会的支持与协助,而家长的支持是建立在知情与理解的基础上的。家长在学校与辖区社区和辖区外社区合作的过程中是非常重要的中介者和协调者,尤其家委会的力量是不可衡量的,家长们的社会关系是极为广泛的,尤其是在中国的人情化社会中,有熟人和人脉是好办事的。在学生利益的牵引下,家长们愿意支持孩子们的学习与社会实践,也愿意为此付出时间与资本,因此,学校要充分利用家长资源,但家长们也享有知情权和行动权,教师们在进行实践活动前要将具体事项、流程和详细要求告知所有家长们,才能获得家长的支持与理解。

第四,教师在实践过程中对学生的引导有助于道德品质的培育和学习能力提升。学校与社区合作的事项大多数是以教师带领学生参与实践的形式展开的,而这个过程并不只是参与实践,如何在实践中指导学生进行有意义的学习才是学校与社区合作的真正目的。因此,教师的角色不可替代,只有教师带领学生策划、组织、参与和反思，才能促使学生真正提高认知，习得技能，培育优良思想道德品质。

第五，学校既要与辖区社区建立"内涵式"深度合作关系，也要与辖区外社区保持"外延式"友好合作关系。学校与社区合作的蕴意并不是指学校只能与辖区社区居委会合作，而是要在与辖区社区建立互惠合作关系的同时，处理好学校与社区内所有群体、组织机构之间的关系，从而建立起学校与其他社区乃至全社会之间的友好合作关系，不能只禁锢在上级要求的合作对象范围内，要在遵守相关规则制度的前提下逐步拓展合作对象范围。

第六，学校与社区合作离不开政府、公益组织、社区居民以及社会全方位一体化的支持和协助。学校与社区合作是一件惠及学生、家长、社区居民与全社会的公益事业，需要政府在资源上的大力支持，社会组织机构和社区居民的极力相助，资源共享，互惠互助，赋能与自我增能，共同学习，才能协同促进终身教育的持续发展，在终身学习的过程中不断进步，促进学习型社会的建成。

第四章
"内卷外困"与"举步维艰"：学校与社区合作发展的现实困境生成机理

互惠理论在强调双方在合作过程中汲取对方优势资源促进自身发展的同时也要使对方获益，从而达到互利共赢的合作成效；增能理论强调学校与社区合作应该充分重视每位参与者的现实能力和潜在能力，为对方赋能和自我增能；教育生态系统理论蕴意学校与社区是社会系统中共生共存的"原子"，只有不断互动，协同创生，产生新的"粒子"，才能使社会整体得以持续发展下去。但通过对学校与社区合作过程中参与主体的"行为—意识"审视、合作模式与实践特点的分析，以及以具体案例呈现其真实现状，我们可以发现学校与社区在合作过程中依旧缺乏深度互动和制度保障、运行机制不完善、资源整合表层化、合作执行机械化等，这一系列问题存在的背后所蕴含的根本性原因除了互动现实阻碍之外，更重要的是理论与实践之间缺乏渗透联结，合作受益主体单一，在一味地追求"促合作、求发展"的同时并未关注参与主体间利益是否达到了真正的互惠互利。因此，我们有必要对当前制约学校与社区合作的现实困境进行深层次分析，从而明晰问题缓解的思路。

一、"弱互惠"性学校与社区之间合作关系的受益失衡

（一）对融合理念的抛离导致"割裂"与"偏爱"

促进学校教育与社区教育的融合协调发展是学校与社区合作的根本目的，整合资源以弥补社区教育资源的不足，便于学校利用社区资源开展社会实践，这不仅是一个相互协调、互补的过程，也是从学校走向社会的有效衔接，每一环节都是终身教育可持续发展的重要组成部分。所以，学校教育与社区教育之间是既紧密联系又相互独立的两个方面。学校教育与社区教育紧密联系是因为学习是贯穿于人的一生的，人只有不断地学习和提升才能不被社会淘汰。这里的社区教育是针对社区在学儿童青少年的社区教育，并非指青少年宫或青少年

儿童活动中心的专门校外教育。

一开始,"为争取社区的广泛支持和壮大自身,通过开办家长学校和'关心下一代协会'的方式开展社区教育,动员社会力量,为青少年儿童的健康成长创造良好的社会环境,是教育部门的一种'公关'行为"[1]。后来,政府开始意识到社区教育的重要性而自觉进行干预和协调,教育对象、内容和功能逐渐扩大。但随着社区教育发展逐步专业化,现代社区教育已经把学校的传统教育职能抛离或者学校教育已经与社区教育的初衷背道而驰,学校成为独立做儿童青少年学科教学的教育组织,而社区成为成人教育和老年教育的社会组织机构。虽然学校教育与社区教育在广义层次上逐渐专业化和系统化,在结构功能上也是相互关联的,但实际上,狭义层次上的学校系统已然与社区教育毫无关系,尤其是对作为社区教育的载体和基地——社区学校来讲,更是与传统学校极少有互动行为。

社区具有以共同学习、终身学习的理念积极主动地与学校教育、家庭教育相融合的潜力。以社区为主导打造社区家长学校这一传统指导载体,提供优质丰富的资源库和资源分享平台,为学校和家庭教育提供专业社会支持,提升教师专业指导水平,能发挥社区作为教育黏合剂的独特功能,有助于社区感的强化,建立起学校教育与社区教育的"立交桥"。但是,社区为主、学校为辅的互动合作实践模式处于优劣并存的态势。作为社区内教育机构的学校可能会因为处于被动配合的地位而缺乏互动动机,教师学习积极性不高,参与的主动性较弱,社区决定合作主题方向易忽略学校教育的真正需求,势必会影响校社合作的质量和整体成效。同时,强调将社区作为与学校教育、家庭教育相融合的平台和公共空间,通常是以满足居民需要和履行社区工作的职责,主要是为了提高市民素质和居民生活质量,易忽略保障学生成长的"微观"需求。我们应转变资源共享的固定思维范式,引导学校和社区之间进行深层次、持续性、真正的互惠合作,促进区域教育生态平衡。

我们在调研过程中也能真切地感受到,所谓学校与社区之间的"高冷"与"不专业"都是这两种教育之间的割裂发展关系留存在人们脑海中的印记,现实中这种关系的割裂和不同"偏爱"也确实带来了一些问题,如互动合作困难、代际沟通、学生走向社会的不适应等。所以,在政府和相关研究部门的推动下,学校与社区开始互相寻求互动合作之道,但由于割裂关系长久存在,且各自已经形成固有文化传统和管理体制,学校与社区之间再次建立根源相连的

---

[1] 傅松涛. 教育与社会的协调发展——全国教育社会学研究会暨全国社区教育委员会年会综述[J]. 教育研究, 1995 (8): 53 - 55.

合作关系十分困难。

任何现有发展状态的形成都是有迹可循的，虽然社区已经在政府大力支持下开展未成年人教育，但学校认为这种教育是"业余"的，与学校专业教育不能相提并论。所以，即使学校开展与社区的合作，也只是停留在资源利用和搞搞文化娱乐活动而已，为了合作而去合作，并没有深刻认识到合作对教育所能够带来的价值，而家长带领学生频繁参与社区活动，从而与社区之间建立的密切关系使得社区也慢慢不需要学校的协助。例如，甸新社区的未成年人教育开展得如火如荼，成为历下区社区教育的典范，但甸新一小并不为之所动，甚至认为社区做的这些是在"班门弄斧"，在这种错误思想意识下，甸新一小的老师们并没有真正去了解社区教育中蕴藏的巨大教育力量，也就不会产生与其合作的认知，而甸新社区也在"生源"充足甚至爆满的情况下根本不需要寻求学校的帮助，转而利用生源优势来拉拢社区内民营教育辅导机构的支持，在这样各自强大发展且不需要互相协助的情况下，如果没有地方相关上级政策要求，并不会产生强烈的合作意识。

因此，只有大力推动学校教育与社区教育的融合才能促进学校与社区合作的深度发展，而学校与社区之间的不断深入合作也必然会促进教育的融合，这是相辅相成的关系。

（二）对共生责任的逃避导致"敷衍"与"模仿"

一直以来，我国教育领域总是具有较强的竞争性质，并以应试型教育为主，学生学习成绩的提高不仅是学校的目标，更承载着家长和社会的热切期望，期待学生健康成长能够为家庭带来骄傲，为社会的未来作出贡献。而学生也往往是以在学习成绩上超过他人为荣，而忽视了道德、美育、体育、创造力、批判力等其他能力的提升，高分低能现象也已不算奇闻。无论是在校内还是在校外，成绩竞争和学科能力比赛现象一直存在，而近几年，这种现象似乎有愈来愈烈的趋势。例如，从2000年至今，已经在世界各国范围内广泛推行了八次的PISA测试，重点是评估和测试15岁学生是否掌握进入社会所应具备的技能和知识，这些参与测试的学生是接近完成基础教育的群体，这项学生能力国际评估计划是由经合组织（OECD）统筹的，主要包括阅读、科学和数学三个领域。

2009年、2012年上海PISA成绩曾连续两年排名世界第一，但2015年由北京、上海、江苏、广东四省市参加的PISA测试成绩排到世界第十，2019年，我国参与PISA的北京、上海、江苏和浙江四个省市又重返世界第一。从教育成就的层面来讲，如此全体性、大范围的学生所取得的优异成绩，足以证明我国基础教育水平整体领先于全世界，但这并不能代表学生的全部教育成就。"PISA成绩反映的主要是学生的认知能力和学业成绩，而一个人的成功和幸福不仅取决于他的认知能力和学业成绩，还取决于他的非认知能力，取决于社会和情感能力——比如社会责任表现，情绪控制能力，协作能力，交往能力，思想性格的开放包容性，等等，尤其是当学生踏入道路布满荆棘的社会时，后者能力提升所发挥的作用将会逐渐超过认知和学业成绩的作用，而中国教育中普遍存在的高分低能现象则暴露出中国教育在社会和情感能力培养上的不足"❶。

实然，这也就从侧面对目前学校与社区合作所取得的成效提出了疑问，且不强调学校与社区合作还没有建构科学评估体系的缘由，也先不关注项目是否为社区发展带来效益，仅就学校对于社区合作这个项目本身的看法而言，大部分推动这个项目的主要目标依旧是提高学生成绩，或者是为了完成教学任务以外的社会实践活动任务，为学生取得一定的学分，能够让其顺利毕业。众所周知，学校与社区合作的理论意义明确提出是为了学生的健康成长，提高学生的综合素养，同时，助力于社区有效治理，但事实上，为何社会普遍认为学生高分低能的现象依旧存在？学校与社区和其他社会组织机构的互动合作为何一直在相互"模仿"却不能创新？学校与社区合作的目标与政策在实践过程中是不是因为流于形式和任务驱动才难以内化于践行者和参与者心中，进而难以改变社会对学生整体的刻板印象？

我们一起来看下面这个案例，这是一个"踢球引起的纠纷"。

甸新一小在和社区建立合作关系后，社区觉得学生行为习惯方面有一些需要学校去加强和教育的，他们会和学校联系。

有一段时间，学校北边有一个居民楼，楼墙边有一块空地，有些学生放学回到社区以后，他们就喜欢在那个地方踢球，但学生踢球有时候肆无忌惮，有时候他们会踢到墙上，正好这个居民楼的一楼住在墙那侧的是年纪很大的两位老人，老人们对这件事挺有意见，因为喧闹声影响他们休息了，然后他们就打12345市民热线投诉，之后社区居委会就找到学校分管德育的副校长说了这件事，副校长就在学生们集体做课间操的时候，给孩子们直接讲："同学们回到社区以后，运动的时候要注意，不要妨碍到别人，特别是踢球的时候。"

小学生到了这个年龄段，正是活泼好动的年纪，做事不管不顾的，孩子们晚上可能是吃完晚饭以后，七八点钟他们就出门在那边踢球，玩的时间很长，而且很尽兴，他们踢起来就会忘了周边的那些事，虽然副校长在开会的时候反复提醒过几次，但效果不是很好。

其实，对于老师来说，他们觉得这是学生放学回家获得自由的一个时间段，

---

❶ 袁振国：怎么看PISA成绩中国重返世界第一？[EB/OL]. 2019-12-04/2020-01-09. https://mp.weixin.qq.Com/s/Y1P2WJzFzmH1ZCWjRSA1pg.

不能干涉太多，只能说要求他们在这个时间段活动的时候尽量不要影响到别人休息。后来，社区居委会就又和学校联系了，再次强调让学校加强教育学生，可是老师也已经教育多遍了，效果不好，老师们就商议是否有其他办法来解决这件事。副校长建议居委会："这个地方毕竟是一块空地，而且居民都有权利活动锻炼，比较好的办法就是你们可以在这块空地安装一些活动锻炼器械，让这块空地没法成为一个踢球的地方。"之后，副校长去看了一下，居委会的人在这块空地装上运动器械了，本身社区也有解决居民诉求的想法，最后这个事情在学校和社区两边沟通的情况下算是得到了一个比较和谐的解决结果，也幸亏学校和社区关系不错，才能共同解决一些涉及两边利益的问题。

涉及社区居民之间的纠纷实际上是比较容易处理的，因为都是社区的成员，社区居委会在处理起来也不会涉及其他。但类似于"踢球的纠纷"这一类投诉事件就没有那么简单了，社区居委会不仅要解决社区居民的利益诉求，还要与学校进行周旋，因为也涉及学生的利益诉求，当一个事件牵涉两个不同管理性质的组织机构之间的协调，如果社区与学校之间的合作有科学合理的运作机制及协调程序，那么，就会避免或减少类似的纠纷。

这件事情看似圆满解决了，锻炼器械的安装不仅满足了居民需求，也使社区资源配置更加丰富，但学生的踢球领域也被占领了，学生依旧无处可去，他们还会寻找新的踢球地点，难道他们在哪里踢球扰民了，社区居委会就要在哪里安装运动器械来驱赶吗？然后学校再对学生进行说教，与社区协商吗？这显然是不合理的，也不是一个妥善的解决方案。问题是解决了，但学生的利益却受到了消减。而且学校为了息事宁人，也选择了牺牲学生的利益，之后也没有继续关注如何解决这些学生放学后应该到哪里踢球这一问题。如果社区真正关心学校和学生的利益诉求，是会在社区之中另辟一地打造成学生放学后的踢球场地，毕竟社区辖区内的地方，社区居委会最为熟悉。

这个纠纷的来龙去脉显然将甸新小学与社区之间合作状态下的无序现状暴露无遗，我们可以看出，双方都处于一种敷衍的现状，双方合作与不合作的态度主要取决于合作或不合作可能产生的后果和是否对自己有利之间的对应关系。换言之，就是在学校与社区合作的过程中，双方是从满足自己利益需求的角度出发才同意进行的合作，而不是为了达到互惠互利的和谐目标，建立在这样基础上的合作，一旦遇到牵涉双方利益纠纷的问题，合作建立的空中楼阁可能会轰然倒塌，双方互相留有的印象也会变坏，再想寻求深度合作恐怕要比之前更难了。此时，可能会有研究者想：学校可以退而求取与其他社区的合作来弥补缺失的辖区社区实践机会，但这显然是不现实的，也不是长期有效之策。先不计时间、人力、关系和其他资源成本，学校与学生日常生活所在的社区合作具有不可替代的重要作用，学生道德素质水平并不是"故意"教育而培育和提高的，而是在日常生活的"润物细无声"教育中产生的。

（三）对传统规范的盘桓导致"表面"与"形式"

为什么众多研究者在论及学校与社区合作的形式时往往将其总结为表面化、形式化，却很少有研究者讲明什么是表面化，为何出现表面化的形式？因为这个结论只通过教育层面的解释是很难讲清楚的。我们也能够发现，目前大部分研究社区参与学校教育和管理的成果仅停留在教育学层面上，当然这与他们的研究背景有关联，他们普遍是从社区蕴含大量学校可供利用的资源、背景、环境出发，将社区资源看作辅助学生学习的资源，并未从全社会、社区整体发展和治理的角度去出发考虑，他们或许认为这是社会学、管理学或政治学的研究学者应该考虑的层面。

实际上，只有将对学校与社区合作的研究作为一个跨学科研究，研究才能得以深入。其实，正如杜威所言，"如果我们想让社会是民主的，教育首先应该就是民主的"❶。这就需要学校与社区之间的合作或者说社区对学校的参与不应该只是停留在教育层面上，而是逐步参与管理或政治层面，不应只是形式和表明性的，而是实质性的。管理参与就是让社区居委会人员、家长和居民群体参与到学校教育事务管理或人员管理过程中去。政治参与则是指社区对于学校的决策进行影响，使自己的"声音"在教育决策中反映出来，从学校外部影响学校的办学实践。显然，通过调研发现，在学校与社区合作需日益强化的今天，社区仅仅是以具有教育意蕴的角色进行学校事务参与，当然这并不意味着要削弱教育性参与，毕竟这种形式的参与具有促进生命成长的教育价值，这里强调的是要实现管理和政治性参与还存在相当大的阻力。因为，在一定程度上，管理和政治性参与是比教育参与更为宽泛和上位的一个概念，是对传统教育原则和规范的一个挑战和"入侵"，可能会带来更多的不适和反功能。但如果仅限于教育性参与或合作，那么可能会在很多教育问题的解决上遮蔽我们理解问题的视野。

另外，从源头来讲，学校与社区合作关系的典型特征和具体优势是机制整体策划的主体为学校教育工作者，学校与社区在共同举办实践活动时会以学生为利益主体并基于学校的现实教育需求来进行全程设计，社区及其他参与机构部门仅仅提供资源予以配合，如财力、物力、人力等。学校是社区教育价值和资源的先行知晓者，学校主动自然更符合教育的理念和规律，也是利益需求者

---

❶ 杜威. 民主主义与教育 [M]. 王承绪, 译. 北京: 人民教育出版社, 2016: 97.

的行动证明。但也应该注意双方合作的产生不仅有资源拥有者——社区是否主动配合和真正需求问题，同时也应认识到资源需求者——学校采用的策略和行动能力的后果，而此种现象的背后则蕴含着一系列需求调研不深入全面、资源利益分配不合理、合作的效度过低等深层次原因。

表4-1是研究者根据调研情况总结出的现有社区参与的方式和可能方式，没有包含社区辖区管理职能范围内对学校安全和环境的维护方面。在表4-1中，社区参与的方式，即学校与社区合作的方式是按"由低到高"的范围逐渐拓展的，这里没有用"由浅及深"的词语来论述是因为每一个参与的方面都是非常重要的，都不能抛弃。

表4-1　社区参与学校教育和管理事务的现有方式和可能方式

社区参与学校教育和管理的范围与方式	参与类型	参与程度
1. 参与学生的课程学习过程中 如：（1）社会学习资源提供者 　　　（2）生活常识学习与行为矫正：职业人士讲课 　　　（3）身为楷模者：为学生做出榜样 2. 参与学校组织或社区组织的实践类活动 如：（1）日常活动协助组织者 　　　（2）活动评价者 　　　（3）活动参与者 3. 参与相关组织或联盟 如：（1）与其他群体共同商议组织活动和参与活动 　　　（2）人力、物力和财力的资助者 　　　（3）学校的维护者和支持者 4. 参与学校管理和决策 如：（1）成为学校管理委员会委员 　　　（2）学校教育或管理会议出席者 　　　（3）拥有学校重大事项决策权的参与者	教育性参与 ↕ 管理与政治性参与	低 ↕ 高

在调研中，有些学校管理者认为一些较高层次的社区参与并不太受欢迎，因而尚未被采用，主要表现为：一是大部分管理者理解的"社区参与"只局限在以家长为代表的社区居民群体参与，然后以家委会的形式来参与学校教育或其他事务，并不包含非家长群体，而且这部分家长群体的参与也不能触及学校管理层面。

"社区的居民特别是家长，我们能感受到他们对教育的认识，但因为教育现在越来越专业化，并不是说上过学的就懂教育，但有些家长往往认为自己很懂教育。其实教育变化很大，他们上学时的教育和现代教育不完全一样，这里边有一个差距。所以，我们认为他们对学校是有干扰的。特别是家长，他们更加关注自己的孩子，关注有没有好老师多关注一下我的孩子，这是他们关注的更多的东西。"（DXSPWW2）

也就是说，学校一方担心的是家长、社区等其他群体和组织机构参与学校过程中对于"自己代表什么角色提出的意见"很难把握一个"度"，学校并不是不愿意给他们话语权，而是对于他们到底是私人参与公共领域还是代表一个群体参与公共领域，往往很难作出判断；二是过度的社区参与容易造成学校与社区关系紧张、教育效率低下或教育失序；三是社区在参与过程中容易与教师或管理层意见不同，这是在所难免的，解决办法在于形成一定程度的价值认同、相互信任和完善的决策管理机制，显然我国学校与社区合作的现状距离这一要求还相差甚远，所以实现高度参与在目前并不现实。这些只是造成学校与社区合作表面化、形式化的主要原因，当然，原因可能还有其他多方面的，如学校和社会大众愈来愈重视学生的学习成绩，优异的学习成绩就代表孩子是优秀的是大部分家长的看法。

例如，为了充分挖掘、开发社区优质教育资源，××学校提出了一种教育合作模式——教育合作体，即在政府的支持和协调下，由学校、教师、家长、社区（各类企事业、商店等）及社会人士在统一的团队目标之下所形成的教育联合体，履行职责，互相协作，建立由顾问团和合作组组成的学校、家庭、社区之间双向循环的运作模式。运作模式设置虽很完善、细致，但"三方共育"重心却偏向家长和学校自身，在实践操作中转变为"二方共育"；基于学生多元化学习需求、特殊家庭背景与国际元素，××小学引入社区力量，形成彼此相互制约、合作、协商的社区、家庭、学校三位一体的教育议事委员会，作为增强民主、开放、科学办学机制创新的重要举措，但社区是作为受邀者而成为学校教育议事委员会组织结构的成员，设立该委员会的主要目的是促进学校教育质量的提升，与社区发展本身并无关联。

如果学校过于强势，不能平等尊重合作主体的另外一方——社区，合作关系将很难持续维持，合作优势也将变为劣势。目前，合作行为多基于学校的教育需求和学生的综合素养发展寻求社区的配合，虽然力求兼顾社区主体的需求，但是仅仅利用社区资源而不考虑多方主体的利益联结，难免会忽视和弱化社区工作的特点，长此以往，社区参与学校互动合作的主动性和积极性势必会降低。

总之，学校与社区合作是一体两面的关系，应该将工具理性与价值理性结合起来，应务实而不过于理想化，明确责任加强合作，才不会长期止步不前。

二、"内卷化"学校和社区合作实践发展的能量缺失

（一）低水平专业学习力下的增能障碍

专业化合作水平较低是指学校与社区在合作过程中，校长、教师、学生、社区书记以及社区人员等参与主体还不具备促进合作的专业领导力、沟通能力、管理能力、协作能力、控制能力、自我反思和探索能力等技能，而这些技能对于合作是非常关键的。

具体体现在：一是所有组织和参与主体的理论水平较低，对对方的工作领域没有作专门的了解，更没有参与专业培训，当然，目前也并未设立促进学校与社区合作方面的专业培训课程；二是绝大多数学校教育工作者和社区工作者之前并未有过多的语言沟通和接触，也没有进行过这方面的培训，极易在缺少沟通和了解的情况下造成误解；三是学校和社区尚缺乏成功案例可以借鉴，也没有过多的科研项目可以支持更多的学校和社区来大力开展，"僧多粥少"的局面广泛存在。我们在调研中发现，教育系统和民政系统实际上设立了促进学校与社区合作的科研项目可供申请，但竞争力较大，而且项目数量少，申请难度可想而知。

实际上，有些实践中的事情也正如研究学校与社区关系的美国学者唐·倍根等所言，"教育工作者通常会选择在学校等待社区民众上门咨询信息，成为公众关注的对象这种现象肯定是不习惯的，潜意识中也就容易忽略来自学校外部——社区的意见和评价"，"而社区人员也是如此，潜意识中对教育工作者的敬重和仰慕也使得沟通中带有一丝迟疑"[1]。

缺乏专业化的学校与社区合作必然很难建立系统化、体系化和连续性的合作关系。在学生实践学习的过程中，要使有意义的学校与社区合作与引导认知过程相关联，即其关注点应不仅仅是学生在学校与社区合作过程中的行为活动，更重要的是学生在参与过程中的认知加工。"系列化或项目化学校与社区合作活动，蕴意应为学生的深度学习做进一步引领，而不是停留在表面内容，鼓励学生自主深入探索相关联的知识资源，在心理和思维层面建构一个递进式、连贯式的串联型思维矩阵，并与从长期记忆中激活的相关原有知识进行融汇整合，形成完善的知识体系，而不是机械、断点式参与实践学习"[2]。然而，目前大多

---

[1] 唐·倍根，唐纳德·R. 格莱叶. 学校与社区关系（第7版）[M]. 周海涛，译. 重庆：重庆大学出版社，2003：3-5.

[2] 胡航，李雅馨，等. 深度学习的发生过程、设计模型与机理阐释[J]. 中国远程教育，2020（1）：54-61.

数学校和社区都是断点式带领学生"东一榔头西一棒子"地参与实践，而且参与过后并未带领学生交流感受和反思，只是以美篇、总结等纸质或网络资料留存起来以备上级检查，如此行径其实并不是科学合理的做法，不仅浪费时间，而且学校和社区也很难从中受益，学生也学习不到实质有用的知识，缺乏锻炼其思维、表达和促进知识结构化的能力，从而丧失深度学习的良好契机。

斯蒂芬·里柯克曾说："也许是那些做得最多的人，梦想最多。"学校与社区合作是必然要做的一件事情，不管双方是否喜欢。因此，驾驭合作的能力在后现代社会是非常重要的技能。合作不可避免，但成长是可以选择的。显然，对于是否合作，学校与社区已然无法选择，不过，可以选择怎样作出反应。强调个人作出行动并非能够代替学校和社区整体对合作的关注，这是完善合作最有效的方法。

在学校与社区合作中的实践操作层面，一般是由教师和社区人员来组织和实施的，管理和领导层负责宏观调控协调工作，但都属于参与主体。如果学校与社区合作要达到专业水平，所有参与主体都应具备持续学习力，这种增能与自我提升的学习内容不仅包括内心的观念态度转变，也包括外在的学习、经验总结和反思。

调研发现，大部分管理者与教师以及社区人员都认为学习与合作相关的理论内容是没有必要且浪费时间的：一是没有时间，二是他们内心并没有想学的动力。如果有时间，他们更愿意将学习精力和重点放在其他眼见为实的工作方面，如家校合作能力的提升，社区人员管理能力的提升等。这说明开展学校与社区合作以来，参与主体的观念依旧束缚在传统思想中，没有实质性的改变，观念思想的落后导致其对学校与社区合作工作的消极、不配合等，甚至有些学校和社区在行政工作上就没有顺利接洽，领导对社区寻求合作的目的有误解，支持不够，社区认为合作是额外的工作负担等，这都是参与主体自我提升和学习的阻力。

内在观念得不到改变，外在的学习也必然跟不上节奏。当研究者访谈校长、教师和社区工作人员时，他们几乎都认为学校与社区合作方面的教育培训是没有必要的，也认为根本没有什么可以学习的，有班主任说"上级下达指示，班主任们就根据个人水平发挥即可，反正也没有上级来检查结果，再说合作的结果也没有办法测评。"（MYSTWL6）。这样的现象已不仅是参与主体缺乏学习动力，也更与相关研究不深入，理论成果不够厚实有关联。研究层和政府都没有相应的培训体系、课程或系列化学习内容，要求参与主体们自我学习更是难上加难，所以说，学校与社区合作研究还有很长一段路要前行。

然而，这只是就机械或流程性培训课程而言，从根本上来讲，参与主体的不断自我学习和反思才是最关键的。杜威主张："学习者应在'真实的情境'中去思考问题，才能够具有相当的知识，来对付问题，学习者也应该具有解决问题的种种设想，并将这些设想整理排列，使其秩序井然，有条不紊，才能将想法付诸实践，检验这种方法的可靠性。"❶ 推动学校与社区深入合作也是如此，所有参与者应该相信自己具备这种持续学习的能力，但是这不是直线式的，而是应该在不断地实践过程中进行自我反思和总结，逐渐升华到理论层面。宏观世界是学习型社会和合作世界，微观世界是所有参与主体的自我能力提升，终而能够实现学校与社区合作的专业化发展。

（二）弱势自我效能下的内生认知错位

虽然学校与社区的管理体制、运行规则、规章制度和行动模式等方面存在着本质差异，但学校既归属于社区又独立于社区，从学校认知角度来讲，对社区内涵的不同解读蕴含着不同性质的学校与社区合作。因为，目前的学校与社区合作大部分行动是围绕与社区居委会这一非政府行政组织展开的，在这一层面上的合作过程中，学校属于教育组织，社区居委会属于社会组织，他们各自的任务、目标、思想和理念都有所不同，很难达成统一的合作运行体制。所以，学校与社区合作的推动力主要来自上一级组织或领导的指派任务，而且在推动学校与社区关系的初期，有些人会认为这些都是"外来品"，学校教师将其看作教学任务外的负担，社区工作人员则将其看作工作任务总量外多余的行政事务。由此看来，行政推动力俨然从建立学校与社区关系的初期就一直蕴含其中，至今仍能够在很多实践案例中发现蛛丝马迹，相对而言，内生推动力就显得弥足珍贵。

当然，教师和社区工作人员负担过重是一个因素，但并不是主要因素。学校规模过大也是影响学校与社区合作的不利因素。据教育部数据统计显示，"2017年，我国小学教育各学校平均在校生人数为604人，各班级平均学生人数为38人，就各班级平均人数而言，2017年江苏省小学教育各班级人数达到43人，此外山东、湖南、四川、重庆、湖北、福建等省市小学教育各班级平均人数相对靠前"❷。在这样的情势下，要学校中的教师与学生彼此熟悉，建立面对面的实质性沟通，或更进一步彼此关怀是很大的难题。因此，教师就很难了解和掌握学生的真实需求情况，同时，也为教师增加了更多的教育任务，最终会导致教师难以把握每个学生在参与学校与社区合作过程中的表现、能力提升和情感认知水平，更无从谈及和保障整体活动项目评估效果的真实性。帕德森指出："当学校规模较大时，学校的行政人员就会倾向于采用更正式化，或不顾人情的行政控制方式，因为只有这样才能在时限内推动上级所交付的工作，

---

❶ 约翰·杜威. 我们怎样思维·经验与教育 [M]. 北京：人民教育出版社，2005：导言.

❷ 中华人民共和国教育部 2017 年教育统计数据 [EB/OL]. 2018 – 08 – 06/2020 – 01 – 09. http://www.chyxx.com/industry/201810/686739.html.

以保证全体行动一致。"❶ 另一方面，学生数量增加，包含家长在内的社区居民的利益亦随之多样化，这些都会不利于学校与社区之间建立稳定、亲密的合作互动关系。

事实上，很多学校都在尝试与社区建立良好的合作关系，也取得了有益的成效，但是很难推广其合作模式与策略，也很难与社区保持稳定的关系。因为每一所学校都有其独特的特色、运作情境和生源，教学水平、师资力量以及教育资源都存在差异，所以学校之间很难一致地推动学校与社区合作机制、策略和模式。如果涉及农村边远地区的学校，难度系数会更大。各级各类学校基本上处于单打独斗的情况下开展与社区的合作，缺乏合作的机会和实践。如对于大学研究机构，中小学教师往往或感叹教育研究人员所论述的理论过于抽象，其相关研究成果在现实情境中大部分是难以认知和应用的，即使有些研究是在整体调研基础上得出的，也缺少实践指导性；对于民办学校或其他国际学校，甚至平级类的公立学校，它们之间存在着竞争性关系，何以谈合作。

在如此合作的情势下，学校与社区合作必然难以达成统一而广泛适用的长效运行机制，从而导致合作实践活动表层化、任务化、形式化，从实践中总结出来的结论不能代表和上升为理论层次的学校与社区合作理念，更何况，实际上大多数学校开展的与社区合作实践项目并没有将宝贵的经验内容总结凝聚成理论内容，导致理论难以在实践过程中浸润和落实，甚至没有强化对实践的指导，而实践没有升华为理论内容的困窘局面，从而导致合作难以深度发展，学校与社区之间不能建立长期、稳定、互惠的互动关系。

无论国家政策、教育制度还是学校内部决策，都在一味地强调与社区、社会建构合作关系的紧迫性和重要性，但却忽略了作为践行者之一和扮演传统教育角色的学校，始终未能从根本上理解社区的概念和内涵。如 JN 市 LX 区的 SG 小学❷为推动学校与社区合作而设置了教育议事委员会，通过"提案—沟通—答疑"的形式，邀请社区成为教育议事委员会的成员，从而促进学校教育质量的提升。具体来说，他们邀请的是以社区居委会工作人员为主要参与者，缺乏广泛性和代表性，也反映出学校根本没有深入理解学校与社区合作中的"社区"的内涵是什么。这里并不是说学校采取的行动是无效的，也没有否认其实践模式是不合理的，而是强调学校在与社区合作的过程中忽略了社区

---

❶ Peterson, T. Mechanisms of administrative control over managers in educational organizations [J]. Administrative science quarterly, 2005 (29), 537 – 597.

❷ 注：已作匿名处理。

文化、生活和管理环境的发展与变化，学校内部的组织、互动与社区境况缺乏统一性。

另外，对学校与社区合作理念的理解程度不足，社区概念模糊，这样的观念，也源自教育人员心中对"社区"概念的认知与理解错位。众所周知，教育领域人员在研究学校与社区合作时，对社区的理解在理论与实践方面是不一致的。教育领域里的学校与社区合作，实践中大部分是在与社区居委会工作人员的沟通中实现的，而过于片面理解"社区"概念的情况下建构的互动关系必然会忽略社区的根本需求和利益，最终使得学校与社区以及其他组织机构的合作努力大打折扣。

目前，学校所面临的外部环境已产生许多实质的改变，且这样的改变仍在继续。随着人口结构的变化、社区治理环境的改变以及社区教育事业的发展，社区文化、娱乐、管理等各项服务已经得到很大水平的提高和完善，社区正致力于与不同组织合作为居民提供更高质量的服务，社区居民之间的利益关系更为复杂化，社区治理之路已然开启。"但大多数社区中的中青年居民群体都忙于工作，很少有业余时间参与社区活动，而社区中年龄比较大的老年人，尤其是退休人员，在没有继续工作的情况下，社区则成为老年人退休后最常活动的场所之一，也是他们自愿参与社区各项活动和事务，表达自己想法和建议的渠道之一，是老年人追求更积极和更高质量的晚年生活的主要方式之一。"❶ 所以，目前社区中日常接受服务人员基本都是老年群体，社区教育与常态活动事宜的参与主体也将持续为老年人。

那么，学校在与社区合作的过程中是否意识到社区环境的变化，是否考虑了这种社区发展境况下的社区真实需求，是否关注了社区在合作中的"声音"和建议，并将老年群体纳入利益主体的范围内？面对这样的变化，学校在推动与社区合作这项任务时所做的努力并不多。

(三) 不完美公共理性下的局限性赋能

虽然学校与社区合作的范围并不限于社区居委会，但在我国社区居委会负责和服务于社区辖区近乎所有企业、组织机构和居民的管理体制条件下，必然要探讨管理体制问题，才能从根本上找出合作困境的缘故所在。一方面是因为学校与社区合作的原初发生机制和维系机理是通过政府政策推动下才得以广泛开展；另一方面是社区居委会在推动学校与社区所有主体合作中呈现出重要的

---

❶ 张晓文. 城市老人社区参与现状及差异性影响因素分析——基于上海市闵行区吴泾街道 Y 社区 [J]. 中国集体经济, 2018 (34): 146-148.

现实意义。

伴随着办学自主权下放的教育民主化和治理进程加快，虽然教育体制改革在不断深化，但我们依旧能够发现政府在严密控制学校权力，剩下的极少数权力则掌握在校长手中，即使家校社合作的促进使得家长、社区居民和公众得以介入学校，但他们考虑到老师对孩子的影响和自己对孩子成绩的关注也不得不顺从，而社区如果对教育有意见也往往投诉无门，是教育改革方向错了吗？是家长和社区居民素质不够高吗？显然不能草率下决定。作为教育理论研究者，我们首要的是重新审视学校与社区合作这项教育改革的理论根基，且强化学校与社区之前的合作关系也是教育学科理论研究的一个切入口，否则一味地"摸着石头过河"试错，则代表了政府和教育理论研究者在一定程度上失责。

笼统来讲，我国的学校与社区是两个不同性质的单位组织机构，带有强烈的政治色彩。但从理论层面来讲，在学校与社区合作的关系上，多元主义、社群主义和法团主义是较受关注的理论热点。在多元主义的学校与社区合作关系中，教师、学生、家长作为不同的多元个体共同参与学校事务，如果过度不整合的多元主义容易导致原子主义，且多元主体之间的竞争关系处理不当容易导致垄断，对少数人造成利益损害。所以，新自由主义者强调"重叠共识"，即"社群主义"❶ 所强调的共同价值观和集体利益。亚里士多德曾说，人天生就是政治动物，具有合群的本性，宽泛的社群对于学校与社区合作来讲是没有意义的，因此，这里指"政治社群"❷。教育实践中的社区参与、家校合作、社区服务、志愿等都是典型的"社群运动（communitarian movement）"❸。社群主义虽是美好的，但是不够现实，这种理论对于学校与社区合作关系重建的理论性指

---

❶ 这里引用的社群主义主要是20世纪80年代后，受亚里士多德和黑格尔影响的激励，把良好社会看作是具有悠久的传统和根深蒂固的认同，因而更具有保守的性质。20世纪70年代的政治哲学主要话题是新自由主义的正义，80年代的政治哲学主要话题是社群主义者的社群（community），90年代后社会正义和社群共同成为政治哲学的话题。（参见俞可平：《社群主义》，中国社会科学出版社2005年版，导论）社群主义是一种强调社群不是个人的自由主义，对学校与社区合作关系建构具有一种理论价值。其代表人物有查尔斯·泰勒（Charles Taylor）、麦金太尔（Alasdair Macintyre）、桑德尔（Michael Sandel）等。

❷ 政治社群是社群中的最高团体，是人类至善的群体，是社群发展的终点，人类组成社群的目的就是为了作为善的公共利益。所以，社群主义强调的不仅是集体的权利和利益，更是一种公共的善，社区的公共的善对社群成员个人的善具有优先性。（参见俞可平：《社群主义》，中国社会科学出版社2005年版，第129页）。

❸ 迈克尔·沃尔泽. 正义诸领域——为多元主义与平等一辩［M］. 褚松燕，译. 南京：译林出版社，2002年版，38-78.

导障碍在于它预设了一个政治社区共同的基本价值观、最终目标或理想国，与实际情况差距太大，而且这些社群在建构过程中过于表面化，并未深入社群本质，故而对于学校与社区合作的推动作用是有限的。

"法团主义"❶则具有避免多元主义下利益纷争和组织分裂的优势，强调利益组织机制化、利益的集中化和重视现有体制的意见，具有一定程度的现实性。美国学者奥尔森在其《行动的逻辑》中指出："松散的公共利益集团获得成功的可能性极小。"❷ 因此，法团主义更关切"中介"的角色，具有公共责任和公共身份，分散的小单位通过行政体系传递到体制内的中介机制，并将其组织化。从表 4 - 2 中我们能够清晰地感知和分辨出三种理论流派的影响。

表 4 - 2　三种理论流派对学校与社区合作关系观点的比较❸

理论流派	立足点	利益团体和代表机构数量	层级	功能分化	控制者	强制性	竞争性程度	自由与保守倾向
多元主义	个人（教师、学生、家长等）	众多	不分明	边界不清	与国家无关	自由	强↑↓弱	自由↑↓保守
社群主义	社群（家委会、教师群体、社区居民群体等）	多个	不分明	边界不清	与国家联系松散	自由加基本的联合		
法团主义	正式机构（居委会、街道办事处等）	有限或唯一	分明	边界清晰	国家控制（党组织或行政组织）	国家安排		

---

❶ 作为制度结构的称谓，学术界通常认为，法团主义是一个代表欧洲经验的框架，其根基于欧洲历史、文化、政治和经济的总结。这里研究者运用法团主义作为分析学校与社区关系的理论框架也许会因为地域差异而不适合，但是，我国存在着对国家治理的普遍性认可，例如街道办事处、社区居委会等政府组织机构管理和服务于区域内的所有组织机构和居民，这是实实在在存在的一种管理现状。

❷ 曼瑟尔·奥尔森. 集体行动的逻辑 [M]. 上海：上海三联书店和上海人民出版社，1995：导论.

❸ 徐建平. 学校：在政府、市场与社会之间——现代学校制度的理论探索与启示 [M]. 北京：教育科学出版社，2010：297 - 300.

第四章 "内卷外困"与"举步维艰":学校与社区合作发展的现实困境生成机理 | 173

通过理论层面的分析,我们能够理解学校与社区的相关管理机制的设置带有一定程度的合理性。现代教育决策和社会决策呈现极大的复杂性,不是任何一个组织能够凭借一己之力解决的,需要比以前有更多的不同意见、专业知识和经验以及特性信息,需要一个能够代表"公"利和"私"利的协同组织参与决策过程,公共事务责任的承担需要社会各方面和国家调控,如社区居委会、街道办事处、家委会等组织参与学校教育和管理事务,既不会导致民主的丧失,也不会带来秩序的失范。

从西方社会思想史来看,霍布斯(Thomas Hobbes)强调:"人类合作是不可能产生的,如果没有'利维坦'作为一个协调机构。"❶ 卢梭(Jean Jacques Rousseau)的社会契约理论路径指出:"政府的治理可以通过某种社会契约达致并维持人类社会或社群之间的合作,尤其是人与人之间交往产生公意(general will)的情况下。"❷ 概言之,在社会安排和某种强制力量的情况下,一个具有共同利益的群体会采取集体行动,为实现共同利益而进行合作。

但是,这里依旧存在很多问题,即我们应如何避免科层体制可能对合作过程所带来的效率损失?如何摆脱这种管理体制对学校与社区合作所带来的行动规范局限?而且这些疑问已经对合作的实践操作带来诸多限制和问题,如学校老师因为担心受罚而不去社区做教师志愿者;假期不准任何机构单位随意占用老师的假期,除非老师自愿,但是很多老师是愿意利用假期休息的;还有名玉小学因为政府"双报到"规定其共建单位是名玉第二社区居委会而不愿意与名玉第一社区居委会有任何合作交流,这些都是因为管理体制的限制而造成的问题吗?在调研过程中发现,很多校长尤其是一些公办学校的校长反复强调"越界""政治站位""体制内外"等观点。

可见,在单位体制下,学校与社区之间的合作往往必须调动与现有体制相关的一切要素。否则,学校与社区合作的关系建构可能要长期停留在理论和书面上了,即使付诸实践也只是应付了事,实现深度合作也会更加困难。

对于学校与社区合作的推动,目前政府部门只是在政策方向上予以宏观指导,关于具体的操作细则、合作方式和运行机制实际上是要靠学校和社区共同商议和决策的。因为每个地域、区域、社区的经济、文化、政治管理传统和领导个人情怀是不同的,所以,到目前为止,政府很难制定出一套适合所有学校和社区合作的操作细则,一是因为这方面基础研究和研究实力并不厚实,虽然

---

❶ 陆军. 营建新型共同体——中国城市社区治理研究[M]. 北京:北京大学出版社,2019:54-65.
❷ 罗伯特·阿克塞尔罗德. 合作的复杂性[M]. 梁捷,等译. 上海:上海人民出版社,2016:10-21.

很多研究家庭、社区与学校合作的学者都在参与这方面的研究,但他们大多数都在强调家校合作这一条主线,忽略另外这条校社合作主线,家校社合作是三位一体的支撑,然而,至今校社合作的薄弱也并没有引起大部分研究者的重视;二是理论的构建和政策的制定是要建立在实践总结与反思基础之上的,学校与社区合作的主体不去参与实践、实验、推动和尝试,如何获得总结和反思,更不用说那些不主动反思和总结的参与者仍占大多数,这使得学校与社区合作的发展陷入一个"怪圈",就是实践者不去参与、组织和实验,反而要求政府拿出实践细则来指导,政府和研究者没有实践经验的资料支持,更难以拿出一套指导细则,长此以往,学校与社区合作的进度便止步不前,动力和积极性也会慢慢消退。

学校与社区合作需要多部门之间的统筹和协调,而许多社区教育资源分散在社区辖区内的其他不同单位和部门,比如社区学校、派出所、老年大学等,多部门协调与资源整合需要政府从社会管理的角度开展"自上而下"的统筹工作与制度推进,鼓励各部门打破分割而横向互动,引导和鼓励学校与社区合作从低层次逐步向高层次发展。政府从宏观调控层面进行统筹规划,能够为学校与社区合作提供政策、制度和机制保障,以保证"学校+社区"的育人氛围营造和育人合力的形成。但当前,大多数地区的学校与社区合作仍处于非制度化生存的状态,互动时也存在着较多的随机性和不确定性,最终起决定作用的是谁能够博弈成功。而学校与社区合作需要宽松的管理环境、平等民主的政治氛围和政策空间才能实现高效互动沟通,政府在全力推进的同时要注重听取多元参与主体的内部声音和想法,变强制为诱导,激活主体互动的生命活力。

当然,政府和业务主管部门只给出宏观政策方向是不合理的。在我国现有的单位管理体制条件下,如若缺乏政策实施细则、专职人员和有效运作的实体,其工作是很难广泛开展起来的。学校和社区都有各自内部的主导职能和工作任务,没有政策实施细则、专职人员和有效运作的实体,双方合作的事宜一般不会成为各自工作的重点,而且合作产生的成本、人力、时间等资本付出如果没有收到稳定性、可见性的收益,合作也是很难继续下去的,只能敷衍了事,这种非制度化支持可能会使得学校与社区之间的合作只能靠非正式人际关系来维系。"非制度化支持是指在人们遇到需要解决的问题时,周边制度环境会呈现不确定性,在这样的情况下,人们是依靠双方之间的多次反复博弈所取得的结果,而不是依据制度规范和细则来解决"❶。在现实中,这种博弈结果具有很大

---

❶ 刘兴春.社区弱自主性下的学校行为分析[J].当代教育科学,2008(8):5-8.

的人为性和随机性,如学校或社区领导人的更换会使得合作现状与之前大相径庭,甸新社区居委会书记换届后,虽然社区未成年人教育开展得如火如荼,但学校却并未与其共同改善合作,做到"强强联合",反而合作关系比之前更疏离了。

因此,学校与社区合作想要取得实质性进展,必须有相应的、稳定的制度支持。这种制度除了政府制定的实施细则、法律法规和激励机制之外,更重要的便是学校与社区根据自身情况设置的运作机制,以确保合作能够在人力、物力、财力、支持力和政策保障下顺利开展。仅仅靠学校与社区之间的私人关系、热情和无私奉献是无法持续发展下去的,很难从中受益,也就无法拓展和深入下去,达不到专业化合作水平。

三、"非定域性"学校与社区合作难以突破创新瓶颈

(一)形同虚设的寡助止步于局域利他

多方协同推进学校与社区合作的是政策理想与目标能否落实的具体呈现,盖勒(Gallagher)曾指出:"学校与社区合作的协同能力必须激发出来,否则学校与社区关系会改变的将很少。"[1] 虽然政府、研究者、学校领导和老师以及家长、社区人员们都认为学校与社区合作是一件非常重要的、有益于学生成长、有益于学习和社区发展的事情,但是,当面对真实合作情境时,很多人都手足无措,非常重要的原因是,到目前为止,学校与社区合作的外在与内在价值实现呈现出极大的"非定域性"特质,即"不确定性"。

一方面表现在学校与社区合作的互动主体、策略与方案的评价工作是难以量化和纸质化的,也是难以用分数和等级来衡量的。如果不用量化的方式来评价,在现在这样的教育环境条件下,可能评价结果的含金量不高,也不会有太多学校和社区愿意为获得这一星半点的荣誉而搭上学生可以提高成绩的时间,家长的支持力恐怕也不大。

另一方面,目前学校与社区合作的具体实施方案和计划并不完善,每个学校和社区的具体情况也不同,很难制订出统一的实施方案,针对不同的事件、不同的学年段、个人性格和具体条件,每个学生的做法都是不一样的,这和与智力发展相匹配的学科学习不同。所以,协助工作很难到位。缺少统整性也就意味着缺少了协助合作的根本动力源泉,合作的价值扩散范围和实现度就很难做到全局受益,单方受益或走形式的现象极为普遍,呈局域利他主义发展态势,

---

[1] Gallagher, D. R., Bagin, D., and Kindred, L. W. The school and community relations (6th). Boston, MA: Allyn and Bacon, 2010: 6.

除非制订出科学的、可行的多方共同行动计划，并给予承诺，否则合作的理想价值将很难实现。

相关文献查阅和调研发现，各级各类学校在与社区及其他组织机构合作时仍不具备统整性，缺乏整体计划。在教育资源和社区资源的优化配置、社区参与学校课程评价、家校社关系等方面都散布在不同的法则中。例如，社区教育相关政策明确规定了各级各类学校应该为社区教育提供资源支持，学校教育政策中也明确规定了社区和各类社会机构应该为学生发展提供资源和支持，但双方都是从单向服务的角度而制定的政策。社区教育研究将理论和实践发展的视角收敛在发展成年人社区教育和解决社区发展问题的层面，学校教育研究却将研究视角聚焦在一切为了学生的健康、成长与发展，以群体视角抹杀了系统结构和全面可持续发展视角，从一定意义上来讲，带有局域利他主义的性质。

学校与社区理想合作关系的建立和实践活动的顺利开展需要相应政策和制度支持，参与人员的相互配合，设计合理的方案以及运行机制等。但当学校与社区合作缺乏统整的发展规划方案时，容易出现参与人员无所适从、方向不一和因人而异等现象，是建构学校与社区互动关系的一大挑战，需找到合适调试方案，并使其制度化。同时，在调研中也发现，很多践行学校与社区合作的教师、班主任或社区工作人员都普遍反映由于缺乏有效的运行机制和成效评估，使得他们的不确定感增加，对学校与社区合作的未来抱有质疑的态度。近年来，鼓励社区与学校合作并参与学校事务，虽有不少优点，为学生、家庭、学校和社区带来利益，但也衍生出许多负面的问题。例如，社区人员能力和素质的差异性，致使合作带给学校的帮助不大，部分教师缺乏与社区沟通的能力，学校行政一味地利用社区资源，处理较为事务性的工作，缺乏详细具体的运行机制来规划和限制学校与社区在合作过程中的一系列行为和思想，致使教师、学生、社区人员和社会其他人员的参与度和满意度下降，并对学校本位课程发展造成一定的冲击。

近年来，社工实务的实践理念逐渐在社工参与中引导到社区行政体系中，使其渗透了社工思维，具有行政认知，为行动统合体的建立奠定了一定程度的基础。事实上，很多社区都有社会工作者❶来作为社区与其他机构合作的接洽者和辅助者，因为社工对社区的入驻已经使得双方建立了一定的信任基础和合

---

❶ 社会工作者一般指通过全国社会工作者职业水平评价，提供专业社会工作服务的人员。根据社会工作专业人才统计口径，也包括拥有社会工作相关专业学历和接受过一定学时社会工作专业培训的人员。

作经验，社工的主体性在增强，服务面在拓展，社工也真正加入社区治理过程中。"社会工作者遵循社会工作理念，运用理论、方法、技巧来协助预防和解决学生、家长、居民等在生活、学习、管理中遇到的困难，培养自决、互助、自助的精神，解决社会问题，改善人际关系。"❶ 国外学校与社区合作水平和质量相对较高的原因之一就是社会工作者在其中扮演了中介者的角色，帮助学校与社区之间实现互动和沟通。但由于一系列原因，此辅助岗位和部门形同虚设，我国社区中的社会工作者，并未发挥真正的作用。一方面与我国社会工作专业发展速度缓慢有关，社会工作专业是舶来品，还未完全本土化，社会工作者的数量有待增强，专业工作技能有待提升；另一方面是学校教育系统的排外意识依旧存在，社会工作者难以介入学校的教育过程中，学校与社区的专业社会工作者之间也缺乏联结意识。学校应重视以社会工作者为例的第三机构或中介部门在合作过程中的协调者角色，挖掘潜能，有效发挥其在教育服务中的社会支持作用。

（二）迷惘的学校与社区合作道路荆棘

在调研中发现，大部分学校和社区在合作中都遇到了持续"创新"与"质量"提升的困惑，主要因为：一是学校与社区合作的盲点比较多，在方向指导方面只有上级的宏观政策，并没有具体的操作细则与榜样示范；二是即使有做得好的学校，他们自己创新出的系列化课程其实并不想让其他学校掌握和学习，比如研究者在访谈甸新小学的老师与校长时，他们已经制订出将学校与社区合作和德育课程一体化的教育体系，虽然研究者一再强调作为研究使用不会传给其他外人，但是他们依旧不愿意将具体内容透露给研究者，因为他们担心会被其他学校学习到这一套课程体系，这其中涉及学校之间的竞争力问题，甸新小学一向是济南市历下区的优质学校和佼佼者，正如查尔斯·霍顿·顾里的"镜中自我"，他们的自尊部分地取决于他人如何看待我们；三是很多学校和社区其实也都抱着相互观望的态度在做这件事，能不做就不去做，大家都知道这件事与以前的素质教育实施相似，是一件对学生学习成绩提高不会带来实质性、外在性促进作用的项目。

学校和社区在合作的过程中显现出的"创新"与"质量"瓶颈主要是关于合作未来的发展方向、合作发展的驱动力、合作的促进性以及支持系统、运行机制的不完善等方面，对未来应如何进一步操作比较迷茫。深言之，学校与社区合作对于如何推进教育发展、如何进一步实施教育改革、如何使其教育效能

---

❶ 王思斌. 社会工作概论［J］. 北京：高等教育出版社，2007：135.

推动社会进步以及推动终身教育发展依旧处于迷失自我的状态，缺乏科学性、有效性和创新性的指导。

"现在我们学校与社区合作已经到了停滞的阶段，大家不知道下一步应该怎么去实施了。严格来说，我们与社区合作并没有进入新的阶段，一直在靠搞活动维持着合作关系，而且新的合作阶段究竟是怎样的，我们一直在思考，但是还没找到答案。我们也有考虑做一些新颖的事情，但是由于时间点不合适，也看不到受益点在哪里，所以一直没做起来。"（DXSTWL5）

"我认为学校与社区合作的定位不清晰，我们进行了那么多次合作，有时候我们都搞不清楚我们合作的定位在哪里？后来反思的时候也觉得这样的合作做与不做好像意义不大，找不到合作真正的价值是什么。就像德育工作一样，有时候看不见摸不着，就比较容易焦躁，然后就没有动力做下去。"（DXSTMZ6）

任何一个被卷入学校与社区合作的人都会认识到"创新困难"这种现象的存在，而许多相互关联的原因促使这种事情的发生成为一种很自然的现象。首先是因为参与主体无法确切地知道自己到底应该做些什么，教师和单位体制内的人跟绝大多数人的心态一样，都想获得上级的肯定，做"正确"的事情。所以，参与主体被要求开展合作时，大部分人都愿意去尝试，但当这些人搞不清楚具体操作的细节时，就会出现以上的想法。

出现对未来合作发展的迷茫并不是偶然的，这也说明学校与社区合作的实施者、促进者、组织者和政策的制定者没有完全理解合作到底是什么，或者说，他们不知道如果以预先设想的方式来实施合作，实施中将会出现怎样的发展状况。所以，在实施合作的过程中，如果出现困惑或迷茫，参与主体很可能会产生一些自相矛盾的指示和想法。

学校与社区合作的实施者和组织者通常并没有对实施合作到底需要哪些条件进行认真、有条理的思考，他们思考得更多的是支持合作实施需要哪些条件，例如，资源、资料、运行机制、支持等。所以，他们的想法难免会局限在一个"圈子"里，想突破这个"圈子"就需要改变合作的出发点、看待问题的角度和思考方式，不能只是口头上的重视和一味地索取资源。合作不仅是学校与社区之间的"互惠发展"和赋能，更应该是教师、家长、学生与社区工作人员之间的共同学习契机。

实际上，这种困惑和迷茫的广泛存在是十分明显的，而且也包括政策制定者和研究者。大家都在努力尝试探索和创新学校与社区的合作事业，希望可以拿出指导实践的细则与操作规范。学校与社区之间的合作关系亟须调整，理论者需要探索，实践者更需要践行。但多年的顽疾非一朝一夕能根除，固有制度规则、利益的分配、实践者素质的高低以及资源应该如何配置都在很大程度上对学校与社区合作的创新构成障碍，难以提高合作的质量。当然，我们不能以困难为借口而停止前进的脚步，相反，我们要清醒地认识到学校与社区合作进程的艰巨性，才能进行不懈努力和创新合作理论与实践模式，促进合作取得实质性进展。

第五章
互惠：重塑学校与社区合作的价值发展

理想的实现之路是异常艰难的，时代具有不可逆转的发展方向，吁求我们尊崇多元性和差异性，认识到自身的有限性，超越众所周知的、意料之中的，甚至于这个时代和自身，接受学校与社区合作所具有的复杂性，吁求一种新的话语实践，这才是希望之源。

分析至此，学校与社区合作的问题，在当前的社会、政治、经济、文化、教育发展的情况下，已经不再是概念性的议题，而应该是涉及演化维度、目标、政策制度的落实及如何实践的问题，而这些问题的解决则需要有某种路径、载体或抓手来保障和实现，即构建和完善相应的学校与社区合作发展机制，而这也是学校与社区合作从理性到现实、从理论到实践实现过程中最大的难题。为此，在对学校与社区合作发展相关理论探寻、省思以及对学校与社区合作现状和困境问题总结的基础上，本研究始终坚持终身教育和学习型社会建设的价值取向，尝试从教育研究的宏观视野和多元架构出发，以专业逻辑而非行政逻辑来推动其发展，试图提出学校与社区合作的发展建议。

无论是以学校与社区合作实现教育现代化，还是推动终身教育和学习型社会的建设，都是我们对学校与社区合作未来的一种期许和赋能，那么，学校与社区合作发展的未来应该有怎样的发展演化维度？要构建一个怎样的美好愿景？本研究认为应该构建互惠合作共同体。

依据对互惠理论的释析，以及对社区、共同体和社会相关概念与理论的辨析，我们应该能够清晰地理解"共同体"的建构是不易的。虽然"共同体"一词在很多研究中已被广泛使用，但在一定程度上存在着误用现象，而且这种现状仍在蔓延，很多研究、群体或组织都只是名义上宣称为"共同体"，实际上根本没有做到，甚至都不理解究竟如何去实现"共同体"。根据滕尼斯对"共同体"的解析，"共同体"的建构意味着重新返璞归真，建构亲人性质的人际

关系和归属感。❶

　　从当前学校与社区合作的发展样态来看，这显然是一个难以实现的愿景，但这并不能动摇我们的信念，虽然道路是曲折的，但我们既要清晰地看到构建互惠合作共同体的重要意义，更要理性地认知和明确构建互惠合作共同体的思想、理念和实践路径应该是怎样的，如图5-1。具体而言，学校与社区互惠合作共同体的构建，应该蕴含思想理念、制度规范及行为实践三个层面。

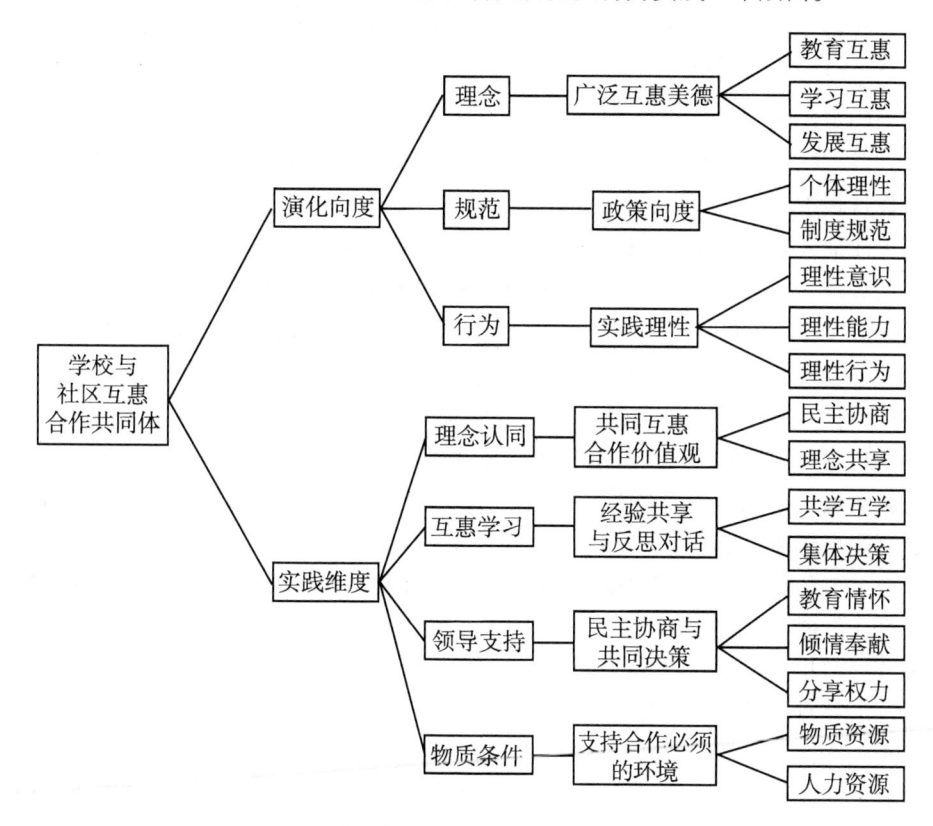

图5-1　学校与社区互惠合作的价值发展构思

一、明晰学校与社区互惠合作的演化向度

（一）秉承学校与社区合作的广泛互惠美德

　　社会中诸多个体以及各种群体之间纵然各自营生，但却不影响它们本质上仍然是共生、共在的存在者。在本研究的意义上，这种共生关系的实际发生场

---

❶ 佐藤学. 学习的快乐——走向对话［M］. 钟启泉，译. 北京：教育科学出版社，2004：340.

域可以在学校之中、社区之中或学校和社区之间。将学校与社区合作实践置于互惠共同体的高度，意味着影响引发教育实践的知识生态的深刻变革，这是一种思想理念上的联合体，贯穿于学校与社区合作的过程中，致力于在所有参与主体、群体与组织机构共同发展的愿景基础上，共同对话、沟通、协商，强调共同体中的所有合作形式都要实现广泛互惠，即互惠、包容、多元化的精神内核，平等性、即时性和关注他人利益性的价值取向。

学校与社区合作成效的广泛互惠表现为参与主体都能履行自己的责任并能够给予对方利益回报，是各方不以工具性利益为目的的合作，虽然这是一种带有不确定性的自愿行为，尤其参与主体变成群体时，这种不确定性会更大，但后期各方在合作中对回报承诺的履行将会大幅度提升彼此的信任感。因此，在合作过程中体现出互惠各方共同持有的一种价值共识，这种共识以合作各方共同关注他人是否受益甚至以一种舍己为人的美德体现出来，这里的美德就是互惠的美德，是合作中所有美德之根源，是学校与社区合作实现广泛互惠的根本理念。学校与社区在合作过程中应秉承这种互惠的美德或公共精神，如此，合作双方之间彼此的团结程度、相互的情感关注及信任感都会得到提升，参与主体的行为和态度也会随之发生改变。当双方的互惠美德达到彼此一致状态时，即合作的组织者和实践者拥有实现自己获益的同时也努力使他人获益，一种均衡就达成了，这是"一种看不见的握手"❶，它是客观存在的，是实现学校与社区互惠合作中每位参与主体所应具备的道德情操。

"广泛互惠"的理念超越一般意义上的理解，本研究认为呈现在学校与社区合作发展层面应主要包括教育互惠、学习互惠和发展互惠三个角度，且三个角度之间相互关联并相互促进。

教育互惠是指学校教育与社区教育能够在合作过程中取得一定的变革成就，实现创造性实践的一致性。从教育层面上来讲，教育互惠强调多个组织机构和多元主体合作的整体化、体系化，能够在最大限度上提升社会整体教育力，而不是某个主体或组织的单方面能力提升和利益获得。在学校与社区合作过程中，可能会涉及儿童教育、青少年教育、成人教育、老年教育、高等教育等多个层面之间的交涉与联动，此时的合作将不仅是不同类型教育之间的互惠和受益，也应是全社会教育整体层面上的互惠，从本质上来讲，教育互惠共享的和可能的逻辑起点是每一个人，即每一个年龄段的人都能够获得全面发展和生命成长。所有的教育形式都有人的参与，都与人有关，是人与人之间的交互和学习，而

---

❶ 马特·里德利. 美德的起源：人类本能与协作的进化 [M]. 吴礼敬，译. 北京：机械工业出版社，2015：149.

正是有了人与人之间的合作与互动，才使得不同教育之间可能对接和沟通，甚至融合，才使得互惠成为可能。例如，为了实现家庭教育、学校教育和社区教育之间的互惠融合，需要寻找这三种割裂、分离的教育之间的契合点，日本的众多社区广泛开展的"三点半"托管学校以及我国为杜绝校园霸凌事件而开展的"社区巡视"，便是推进这三种教育之间融合互惠的理想契合点。

学习互惠是指在学校与社区合作的过程中，学校与社区的所有参与主体、各类群体和不同的组织机构都能够看到彼此的闪光点，在平等互动、对话和参与过程中，开展共同学习和伙伴相互学习，共享见解、经验和知识，并对自我内在的认知结构和经验系统进行内在反思，创新思想。如常州市龙虎塘实验小学在"你好，寒假！"❶的项目参与过程中，以"幸福作业"为载体，以研学线路设计为特色，有效链接假期与学期，在学期初开展了学生寒假生活成果（幸福作业）博览展销会，以安全健康之旅、绿色生态之旅、文明实践之旅、书香文化之旅、智慧科创之旅为设计行程、实践体验、再创展示，不仅让学生们的寒假研学生活得到展示，让学生们在展示的过程中相互学习、共同学习和互动交流，也为新学期的课程学习提供了多元素材，着力提升学生社会参与、自主发展、文化底蕴、合作沟通等核心素养和能力，如图 5-2 所示。这种学校与社区合作开展的方式为名玉小学和名玉社区的未来合作之路提供了有意义的、非常值得学习的榜样示范。

图 5-2　龙虎塘实验小学学生寒假生活成果（幸福作业）博览展销会

发展互惠是学校与社区合作的根本要求，即合作的目的是促进所有参与主

---

❶ "你好，寒假！"项目是由华东师范大学"生命·实践"研究院、上海终身教育研究院发起，从 2018 年 11 月开始，至今已经持续了三年多，是在"学生假期生活与学期初生活重建研究"的基础上进行的，在这个项目中，大学教授、相关研究者、全国各地的校长与教师、家长与学生、社区社会人士参与其中，关注寒暑假期间的学生发展、家长学习、教师成长以及由此形成的教育世界。

体和组织机构的互惠共赢、共同发展,不仅实现各自的内涵性发展,也共同实现社会整体进步和长期可持续发展。无论何时,教育都不是单独存在的、不受任何方面影响的有机领域,而是受经济、文化、政治等社会生态的影响且相互关联。发展互惠,归根结底,就是不同生态领域之间的共同发展,共同进步,而不是某方面被动或单方受其他方面的支配。发展互惠:一方面强调学校与社区合作应秉承"可持续发展"理念,合作不是暂时的相互应付,不是行政流程,更不是"单程旅行",而应该是长期性、多元性、双向性的、可持续性的互惠合作;另一方面则强调以学校与社区合作统整全社会教育力,让社会中的每个细胞、每个角落、每个方面、每种生活、每个空间都能渗透着教育力所带来的发展气息,将发展互惠转变为促进人的生命成长和社会整体的目标、内容和标准。

(二) 规范学校与社区互惠合作的政策导向

学校与社区从本质上来讲是存于不同文化形态下的,这意味着在发展不均衡的背景下,每个学校、社区、区域以及省市的合作发展水平也是极为不均衡的,人们的合作行为都呈现出极大的异质性。无论这些合作行为是消极的还是积极的,其相互性或互惠性都表现在两个层面,可以用两套不同的话语体系来表述:一是指前面内容中的广泛互惠理念,即在社会演化条件下生发的有条件的相互性,"试探性合作"或"预付性合作"[1] 系统的产生,是社会演化最终所形成的一种自然结果;二是指无条件的相互性,意味着互惠性作为一整套社会规范,既可以是由政府制定的政策、道德意识形态、制度以及法律等,也可以是组织机构、群体之间相互签订的合作契约。

目前,对于学校与社区合作来讲,最为紧迫而重要的任务就是宣传、捍卫和制定制度、规范,以代表其自身利益和意图,这是发展到一定水平的理性需求。通过政策、制度等规范能够消减互惠合作过程中受益的不确定性和风险性,增加相互信任感,而且对于政府和教育部门统一管辖下的社区和学校等组织机构来讲,他们更愿意选择遵守一整套制度和政策,这当然并不意味着部分人的道德水平高,而是出于实力不济的无奈。对于部分人来讲,一系列具体性的制度、政策能够为发展条件相对较差的学校和社区提供庇护的措施,这种强制性的道德意识形态也能够在不知不觉中影响所有人的意识形态。

学校与社区合作的相关政策制定应旨在强化教育政策和社区发展之间的联系,基于人类多元化需求,而不仅仅依赖于狭隘地针对个人主义焦点的工具性

---

[1] 哈贝马斯. 在事实与规范之间 [M]. 童世骏, 译. 生活·读书·新知三联书店, 2011 年版: 173.

需求。改革学校的现有政策，以对个人及其社区有益的方式将儿童所在的家庭、学校和社区联系起来，更好地设计和实施当代政策举措，在提高家庭和社区福祉的同时，实现个人和职业目标。"这样不但可以满足学校、家庭和社区的需求，也可以同时满足个人需求，使更多社区能够获得教育支持，缓解时代变迁和人口结构变化带来的社会和教育问题"❶。这些相关政策可以在既定的项目中实行，但前提是要对儿童的需求有更深刻的认识，包括概念化儿童的个人需要、与社区和专业动机之间的关系以及对社区发展环境的意义。

例如，在 2002 年《英国教育法》第三部分中明确提出："要从教育政策的角度出发，联合家庭、社区和社会，实施对公立学校的管理，主要包括学校管理的一般职责、学校联盟和补充条款，以及董事会在社区服务中的职权、权利限制、组成、管理程序及其他职能等，都进行了拓展和更新。"❷ 其中，董事会是学校吸纳了家长代表、教育局代表、社区代表和教师代表等多方参与决策的最高权力机构，具有较强的民主性、公平性和代表性，是确保实现学校与社区共同发展目标的协调和保障组织，其职能包括共同管理学校的预算、为学生制订学业成就目标、保障课程内容设置的均衡、制订评价管理体系、协商决策社区服务和资源共享计划等。学校董事会采取投票制决议，并下设专业管理委员会，协助制订学校和社区发展规划，保障其运作过程的公平和公正。另外，董事会下设数量不等的委员会，他们需要首先获得董事会授权后才能处理相关事宜，包括人事、课程、财务、教师教学与学生学习、基础设施管理等方面的委员会。委员会也会邀请社区专业人士和教师参与，管理和提供资源，但他们没有投票权。

事实上，与那种固定的、强行拔高民众的"政策觉悟"做法相比，我们更愿意看到那些基本上仍然顺应社会演化趋势下的合作行为。相较而言，有条件的学校与社区互惠合作其实更加贴近于生活的真实面貌，因为"如果能达到每个人都遵守正义规范的情况，那么，他人也会普遍遵守相应的规范"❸，没有什么东西能够无条件地成为任何人遵守社会规范的当然权威，不管这些规范是由谁制定的，也不管其实质内容是什么。因为在实际中，遵守合作相关制度、规范的学校和社区也有可能遇到许多不公平的事情，如某个机构的管理者、实施

---

❶ Casto, H., McGrath, B., Sipple, John W., & Todd, L. "Community Aware" education policy: Enhancing individual and community vitality [J]. Education Policy Analysis Archives, 2016, 24 (50).
❷ Horsford, S. D., & Sampson, C. Promise Neighborhoods: The promise and politics of community capacity building as urban school reform [J]. Urban Education, 2014, 49 (8), 955−991.
❸ 哈贝马斯. 交往行为理论——行为合理性与社会合理化 [M]. 曹卫东, 译. 上海: 上海人民出版社, 2020: 359.

者等参与主体发现即使自己努力遵守职能工作范围内的规则，他人仍没有合作意向时，那么，这个机构的参与主体在逐利的个体理性思考下是不愿意继续与他人保持进一步合作的，即使在相关政策、制度的要求下也会采取敷衍的态度来对待合作事务。但如果这些参与主体具备仁慈、利他及公共精神等互惠美德，便必然会产生人与人之间的持续性合作。

学校与社区合作所关注的是实现互惠有多大的现实性和可操作性，而这也应该是人与人之间自然而然能够做到的一种实践行为。因此，不仅需要个体理性与制度规范作为"看不见的手"❶ 共同对合作行为提供导向，更需要个体具备一定的互惠美德，才能保证学校和社区实现真正的互惠合作，实现互利共赢。

（三）提升学校与社区互惠合作的实践理性

从某种意义上来讲，学校与社区合作实践活动所要求的理性能力低于理论建构所要求的理性能力，类似于中国哲学里的命题"知难行易"。简言之，即使学校与社区合作相关的制度规范都有，广泛互惠的美德也必备，但是关乎行动的动机、欲望、目的等主观规范和客观条件也要充分，才能促成构建学校与社区互惠合作共同体的充分必要条件。正如亚里士多德所言，研究理论，乃至研究整个实践，"是为了行，而不只是为了知"❷，一切理论的建构和实践研究都是为了更好地发挥最大价值意义，促进参与主体从中获取更大利益，谋求学校与社区及整个社会的进一步发展。

那么，关乎学校与社区合作行动之所以触发或实施的动机，即在信念—行为的逻辑一致性条件下才得以生发的实践理性，是构建互惠合作共同体的践行基础。本研究认为应主要包括理性意识、理性能力和理性行为三个方面。理性意识是指学校与社区合作中的参与主体在信念层面的一致性，不会出现一厢情愿、自我欺骗、投机、意志薄弱方面的理性缺陷；理性能力是指参与主体要具备实现互惠合作的"必要知识"或"共同知识"，即学校与社区各自的参与主体既具备开展合作所需的相关信息、技能，也互相了解对方的相关信息、技能和优劣势；理性行为意味着参与主体对"后果"或"有用性"的关注，是指参与主体能够以恰当的方式关注利益，能够正确处理好眼前利益和长远利益、局部利益和整体利益、个人利益和集体利益之间的关系，最为重要的是，参与主体在关注"利益"的同时也关注其他"价值追求"。关乎行动的客观条件则是指能够为学校与社区合作提供充分的物质条件基础，如学校与社区之间能够共

---

❶ 马特·里德利. 美德的起源：人类本能与协作的进化 [M]. 吴礼敬，译. 北京：机械工业出版社，2015：156.

❷ 格雷厄姆·沃拉斯. 政治中的人性 [M]. 朱曾汶，译. 北京：商务印书馆，1995 年版：109.

享资源，互相为对方提供支持性或志愿性服务，共同商议双方一体化发展计划等方面。

最后，对于构建互惠合作共同体的实践理性来讲，榜样示范和第三机构的中介协调作用对于指导参与主体的理性意识和行为，提升理性能力具有极大的辅助作用，能够逐步拓宽学校与社区互惠合作的实现范围和受益群体。

我国学校与社区之间的合作关系尚未达到真正的互惠，相对于学校和社区发展的需要，合作还处于孕育阶段，合作结构仍不稳定，亟待政府的政策引导和扶持，并引入第三方组织机构。第三方机构主要是指除政府、学校、社区居民及自治组织之外的，对社区和学校提供管理或服务的企业、民办非企业单位或其他营利性机构。目前来讲，社会工作服务机构能够为学校与社区合作提供服务、协助和专业指导。

社会工作服务机构参与学校与社区合作的职能可归纳为两个方面：其一，为学校和社区提供服务，以便在完善合作结构的同时，实现收益或自身影响力的提升；其二，为实现学校与社区互惠合作提供专业支持，由于社工机构的服务人群和专业服务涵盖儿童及青少年服务、老年人服务、妇女社会服务、心理健康辅导、家庭服务、学校社会工作、城乡社区发展等14个服务领域，享有专业的综合性优势，能够提供更为便捷、更加贴近社区居民、学校和家长需求的管理和服务。因而能够分别为学校和社区提供相应的协助与支持，提高合作效率和质量。但社会工作机构所提供的服务一般由民政部购买，再由各个社区进行项目申请，才能获得社工的派驻和支持。所以，还应该加大政府对社工机构的财政支持力度，拓宽社工的社区服务范围，尽量实现每个社区都能有专业社工的长期支持。

美国社会工作学者艾德森（Alderson）提出了社区学校工作模式，"是基于社区、学校联结概念与沟通理论，强调社会工作机构的工作焦点是文化失利的社区，而该社区里包含很多学生的家长和其他社区居民，他们对学校不信任、不了解"[1]。因此，社会工作机构的目标是要发展社区与学校之间的相互支持、了解和合作，社会工作者扮演倡导者、组织者、中介者和外展服务的角色，促使社区居民能够将他们的话语和关切的议题传递给学校，再协助学校来为社区提供服务，帮助学校与社区之间相互信赖，鼓励社区居民、家长积极参与学校组织的活动，建立学校与社区之间的互动合作关系，如图5-3所示。

---

[1] 阿尔瓦雷斯. 学校社会工作——理论到实践 [M]. 章军，译. 北京：中国人民大学出版社，2014：23-25.

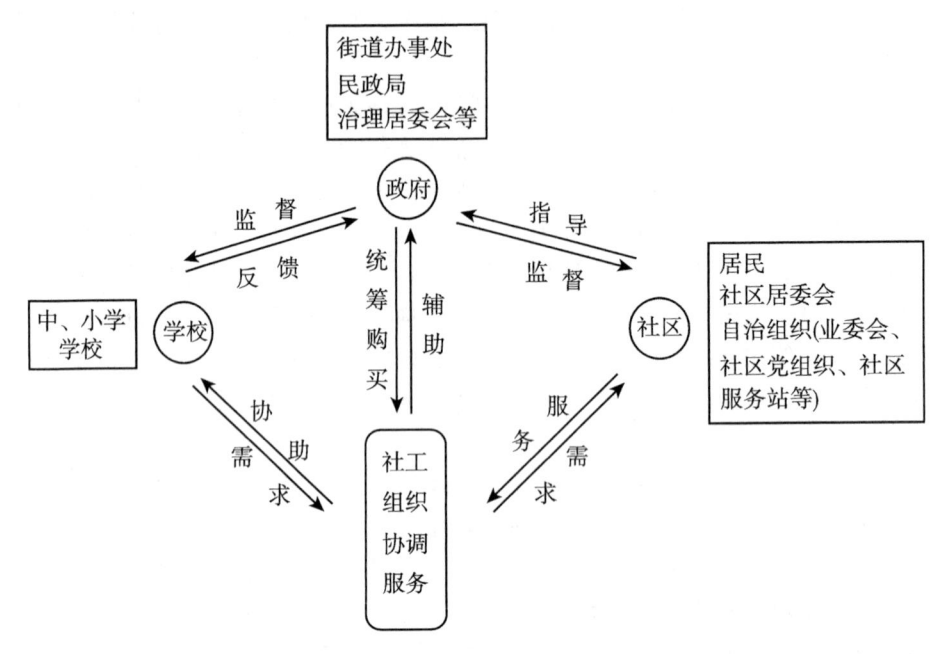

图 5-3　学校与社区互惠合作参与主体行为之间的关系

由政府统筹购买社工服务，一般是由民政局对社工专业项目进行购买，再根据各个社区的发展情况，如初级或中高级社会工作证书持有者数量、经济、服务、社区教育等方面综合水平进行评审，选取优秀社区、有发展潜力的社区或以各个社区自愿申报的方式，派驻两到三名社会工作者，对社区的服务、养老、教育、发展、治理等需求进行组织协调和专业技术支持。同时也可以以同样的方式派驻社工进入学校，根据不同学校的需求，协助学校解决学生个人心理、家庭、学业，与儿童青少年德育工作相结合，负责组织、协调和策划学校与社区之间的合作项目。之后，社工机构可以将相关合作案例、经验和总结反馈给相关研究部门和政府，以便做出更加科学性和有针对性的政策，进一步指导学校与社区之间的合作工作，逐步实现互惠合作目标。

例如，上海市闵行区华漕铃灵家庭教育服务社根据"寒暑假生活，孩子怎么过？"这个议题设计了项目式学习方案，该社是一家专门在社区从事家庭教育服务的社会工作公益组织。他们从"发现问题——确定选题——制订计划——执行方案——模型建构——评估结果"出发，为学生们设计了一系列高阶类的活动，让学生主动思考"身体不方便的老年人应该怎么样欣赏风景"，引导学生设计"创新创业课程"的课题。如让爷爷奶奶们戴上自己设计的VR眼镜，足不出户就能欣赏领略风景，这样的公益服务，不仅服务了老人，更成就了孩子。同样，他们会带领孩子去观察和了解自己的社区，发现社区问题、学习研究并找出"问题解决"的办法，这些都是在孩子们的寒暑假中有的放矢地进行结构化的预设、调整和设计。当然，从问题转变成活动主题的过程中，也不是简单的效仿，他们也会邀请专业的老师进行指导，图5-4是关于该课程的"项目式学习的模型"。

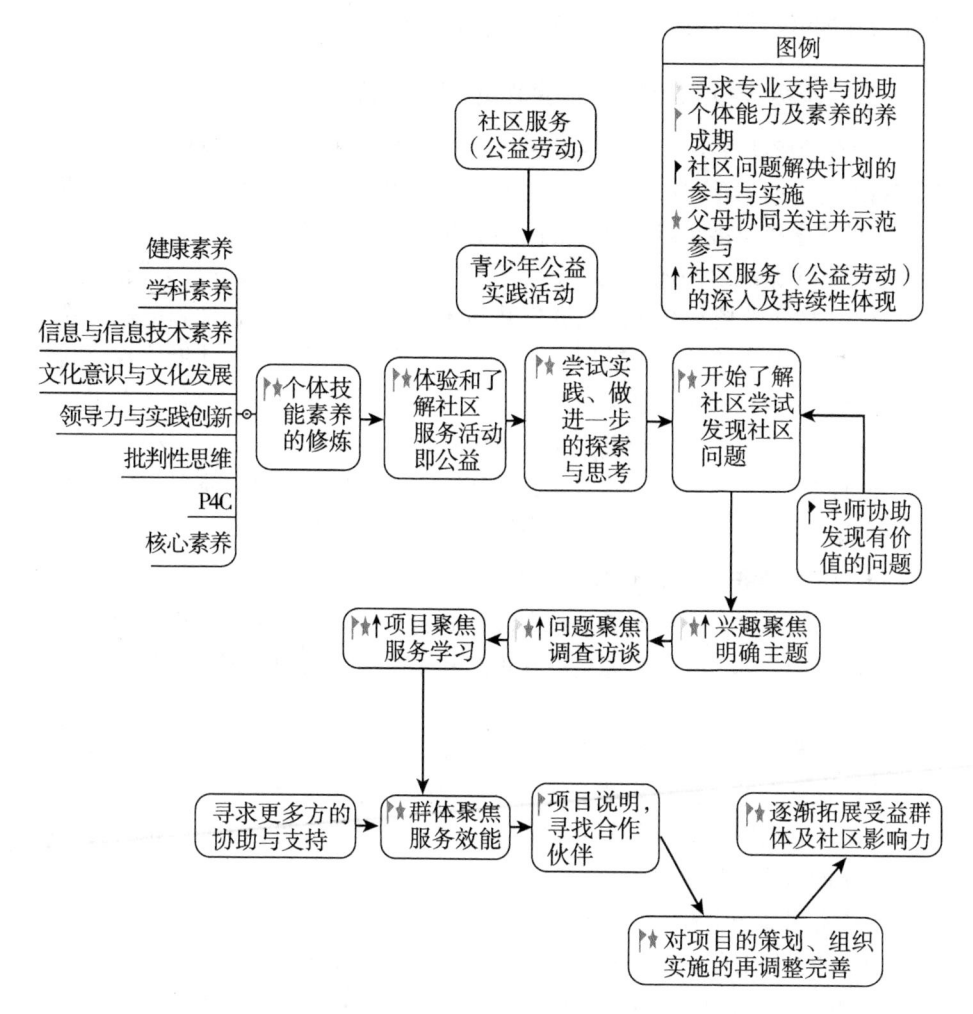

图5-4 华漕铃灵家庭教育服务社创新课程的"项目式学习的模型"❶

在这整个过程中，政府、社区、学校、社工等参与主体之间的关系是多元

---

❶ 李家成，林进材．"你好，寒假！"学习型社会建设背景下的寒假学习共生体研究［M］．上海：上海交通大学出版社，2019：90．

复杂的，但具有一定的逻辑合理性，尤其是社工机构的加入，担任中介者、协调者、组织者、监督者和反馈者，能够极大提升学校和社区之间的合作效率，减少摩擦、矛盾和关系缓冲，优化合作结构，对学校与社区的互惠合作发展有正向的促进作用。但社会工作专业还是一个比较"年轻"的专业，还需要成长和深化发展。我们也希望随着时间的流逝和相互经验学习，我国学校与社区之间的合作能够达到互惠、互利、共赢水平，为教育和社会发展事业贡献力量。

二、落实学校与社区互惠合作的实践维度

"教育的成就取决于对诸多可变因素的微妙的调整，因为我们是在与人的思想打交道，而不是与没有生命的物质打交道"❶。学校与社区合作过程中所涉及的虽然是学校与多个组织机构之间的交涉，但实现交涉的介体是人，而不是组织，是各个组织之间的不同群体之间进行交互、协商、决策与实践的过程。换言之，"构建学校与社区互惠合作共同体的目标、理念、思维和动机的要求只是构建了一幅引人注目的蓝图，最终都要落实在实践层面上才能体现出其实质价值意义，否则就是无意义的空想"❷。我们不能让构建学校与社区互惠合作共同体的目标变成短暂的幻境，要鼓励和促进所有参与主体进一步探究和学习，把学习到的知识付诸实施，并对自己的实践进行反思。因此，本研究认为应该从以下几个层面的发展维度来付诸实施学校与社区的互惠合作。

（一）互惠共享的价值理念认同

学校与社区互惠合作实质上是合法空间的再造，在这个空间内使学校与社区变成有机的整体，这个整体是以互惠互利主义为导向的治理空间的形成，是多元权力主体在合法空间内博弈的结果，而不是主动让与的行动。而多方协作主体之间行为的协调性将会具备一定的保障。当然，如果要使学校与社区互惠关系中的众多环节、策略与精要真正付诸实践，就需要全面提升所有参与主体的基本素质和实践能力，保障多元主体的组织和行动空间，从而建构具有"善治"意义的合作发展关系。

为了实现基于学校、社区及其他组织机构在宏观意义上的主体多元化需求，参与合作的主体之间应在"协同—互惠"的实践行动中实现非集中管理，不同参与机构应对其实践行动实施集中组织协调，并能够对所需求的教育资源与信息进行有机整合。学校、社区及其他组织机构既是需求主体，又是资源提供者。其中，需求主体与协调组织机构是在同一个扁平结构中，以满足多元化主体需

---

❶ 怀特海. 教育的目的 [M]. 王立中, 等译. 上海: 文汇出版社, 2012: 9.
❷ 李政涛. 当代教育发展的"全社会教育"路向 [J]. 教育研究, 2020 (6): 4-13.

求为导向，重视所有参与合作过程中的主体利益，包括学生、教师、社区中的老年人、工作人员、家长以及其他社会组织机构参与人员等，而不是传统合作模式中所体现的利益主体单一。要以随需而应的互惠合作平台与协同机制为核心，共同发展，推动宏观合作路径的形成。

学校与社区分属于不同的教育或行政体系，两类组织机构各自设有独特的注意力分配结构和运作规则。当学校与社区因为教育或资源共享事宜而需要开展合作时，作为合作主体的两类组织机构应依据"为何合作""合作的意义""怎样参与合作"进行自我选择和判断。它们是具有独立目标的理性个体，且要使每一个合作参与主体自身内部所遵循的实践行动规则转变为所有参与主体应认同的合理性规则是不可能实现的。因此，就需要合作双方通过民主协商达成共识，以便合作行为有序地开展，从而提升对社会凝聚力的贡献。社会凝聚力可以从三个维度来定义："社会关系、对地理单元的认同和对公共利益的导向。"❶ 三个维度之间是相互关联和相互影响的。

在民主协商中，"如果某一方想获得其他一方对自己看法的思考和合理领会，即使没有说服对方的理由，他们也可以通过认真回应对方关切的事情和表达自己的看法，坦言相见并共享公共理性来实现"❷。因此，理念共享与民主协商是学校与社区之间的一种互惠合作性活动，多元参与主体通过回应和影响别人来进行合作，在这个过程中，每一个主体都对自己的行动负责任。但学校与社区互惠合作共同体的利益是最为重要的，可以用相互关爱这个词来描述多元合作主体之间的关系，坦诚的民主对话、协商和信任有助于这种关系的形成。

例如，上海市闵行区青少年活动中心❸依托该区域"校外活动管理平台"，协同区域内的27所中小学学校、社区、少年宫及各个相关部门、社会团体，积极践行核心价值理念——"共学互学、多学共进"，构建教师、学生、家长、社区、社会组织机构及社会人士的学习共生体，努力将其打造成一个聚集社会

---

❶ Schiefer, D., & Van Der Noll, J. The essentials of Social Cohesion: A literature Review [J]. Social Indicators Research, 2017, 132 (2), 579–603.
❷ 詹姆斯·博曼. 公共协商：多元主义、复杂性与民主 [M]. 黄相怀, 译. 北京：中央编译出版社, 2006：16.
❸ 上海闵行区青少年活动中心位于上海市闵行区珠城路168号，树立"全心全意为大家服务"的精神，坚持"真诚、务实、优质、高效"的作风，高举公益性大旗，坚持"为青少年健康成长和人生发展提供优质服务"的发展理念，围绕青少年健康成长服务和青年人生发展服务，以"互动、交流、友谊"为主题，以上海国际青少年互动友谊营为平台，广泛开展青少年科技、艺术、文化、体育等特色国际交流活动，为青少年国际文化交流搭建广阔的互动舞台，为青年提供文化学习、体育健身、休闲娱乐、婚恋交友、志愿公益、创业就业等各类服务，让青年"玩·聚·成长·在一起"。

不同年龄段、各行业人员共同学习、交流的资源共享平台。目前，该平台已经完成学生刷卡学习、课程申报、多元评价、"星"空间分享等一系列家校社合作的全流程管理，如图5-5所示。管理平台采集的相关信息也将纳入学生电子成长档案保存，为以后学生的综合素养评价提供全方位、全景式、立体式、综合性的活动流程再现。目前，该平台也已经完成了"少年宫平台""中心课程平台""社会资源聚享平台"的基本建设，从物理条件层面构建了区域性家校社合作教育圈，以"创生丰富、优质的学生学习生活"为愿景，以信息化平台为运行载体，探寻和创新学生学习的共生体模型。

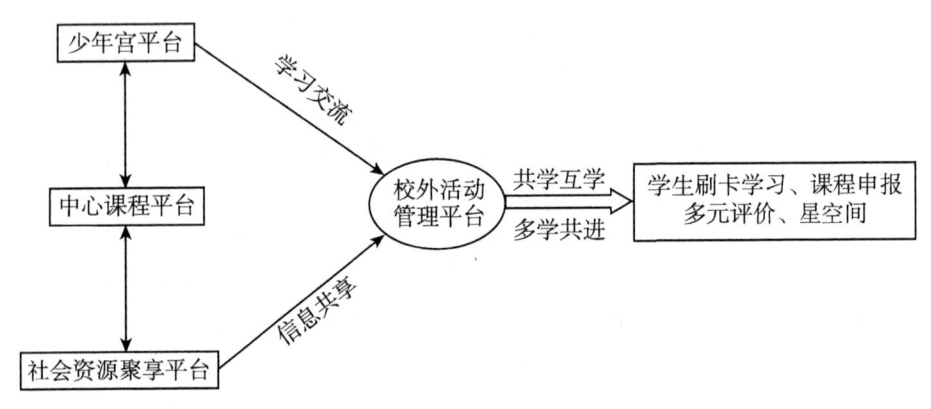

图5-5　上海市普陀区青少年活动中心"校外活动管理平台"

该区域以中介机构构建"校外活动管理平台"，创新学校与社区合作的模式，不仅为甸新一小和甸新社区、名玉小学与名玉社区之间的合作关系深入发展提供了很好的、可借鉴学习的实践经验，也为全国范围内的学校与社区合作作出了榜样示范。学校与社区及其他组织机构之间开展"互惠合作"的价值理念应体现为，一是拥有规模、性质类似的教育资源或行动技能的组织机构之间进行合作，从而为所有合作参与主体提供教育服务；二是在不同机构之间，由于资源配置、工作技能、人力资源等方面具有很强的互补性而展开的合作，以提升参与主体的教育效能。在这个意义上来说，资源的高效整合是衡量学校与社区之间能否顺利开展"互惠合作"的一个重要决定性意义。尤其是资源结构出现较为严重的非对称状况时，就更会成为学校与社区在"互惠合作"共识达成时所需要协商的问题，而这往往在很大程度上是由体制和制度性因素决定的。鉴于我国的教育和行政组织机构的工作性质、制度与规则所具有的特殊性，需要政府在相关政策法规上明确认同和规定学校和社区可以且能够合作，并提供支持，才能为"互惠合作"注入动力的源泉。

(二) 自我导向学习与反思对话

互惠学习和应用是指学校与社区在互惠合作过程中应共同学习和互相学习，并能够共同应用所学习的知识来解决实践问题，满足合作双方的需求。[1] 实质上，这种方法的实现需通过自我导向学习和反思性对话才能得以落实。教师和社区工作人员作为成人群体，"自我导向学习是指根据特定的实践问题，确立学习目标，有计划、有目的系统寻找学习资源，运用恰当的学习策略与评价方法开展的实践性活动"[2]。自我导向学习能够促使学校与社区合作中的参与主体改变传统的、被动的、固定接受知识的学习方式，强调主体在学习过程中的主动性和自发性，能够有效激励参与主体，尤其是教师、社区工作者的互惠学习动力、内在需求和外部保障有利于激发主体产生学习动机，产生与他人互动合作和资源共享的意愿。同时，评估主体自我发展的需求也能够促使主体产生学习的活力，从而通过实践体验产生积极情感，促进互惠学习的行动，如图5-6所示。

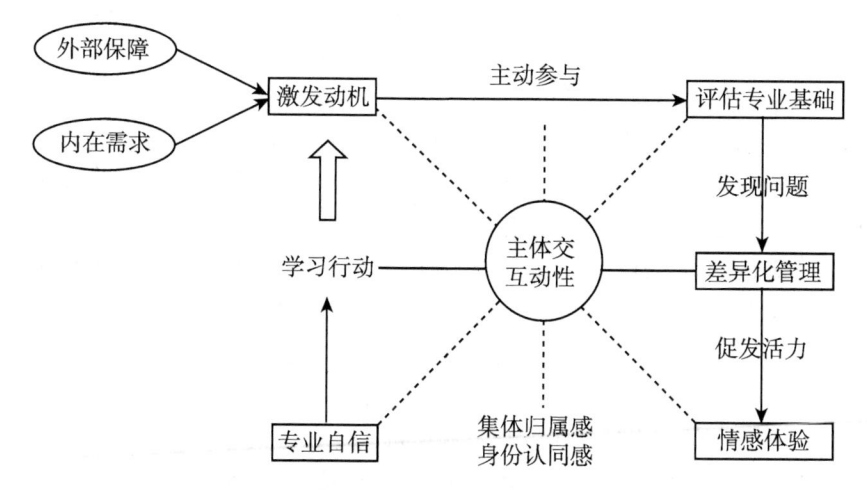

图5-6 自我导向学习下的参与主体互惠学习动力

在反思性对话中，学校、社区所有成员围绕着学生、教学、学习、居民和所关心的事情展开交谈，才能互相了解到基本的信息和需求是什么，求同存异，彼此之间取长补短，在明晰自己优势的基础上学习他人优势，才能有助于实现共惠。

---

[1] 卜玉华，齐姗，钟程，朱园园. 从"离土"到"在地"：中加姊妹校跨文化互惠学习的实践探索 [J]. 全球教育展望，2019 (6)：62-73.

[2] 徐君. 自我导向学习：农村教师专业发展的有效途径 [J]. 教师教育研究，2009 (3)：18.

虽然学校与社区之间在微观视域的具体面对群体、中观视域的工作开展以及宏观视域的政策等均有不同，且在体制、文化等方面存有差异，但彼此之间也有共性的内容。例如，学校和社区都是从学历水平、工作能力、专业知识、工作绩效等方面对所有工作者进行工作评价，同时，也通过他人评价、日常考察和相应量化评价指标相结合的方式对工作者进行了总体评价。差异表现在，学校的一切发展都是为了学生利益的实现，社区则是为了所有社区居民利益的实现；学校是以教学为主、实践为辅的方式来开展教育，社区则是以实践为主的方式来开展社区教育和相关工作开展。当然还有很多方面的共性和差异，这一切都为学校与社区之间增进互动提供了可能，"为相互学习提供了实践性知识内容，借助互学和共学，合作参与主体的内在精神体验可通过外在符号的形式得以呈现，并且促使相互之间的合作逐渐在时间和空间维度上拓宽"❶。

在对话、沟通和互学共学的同时，还应伴随着反思和探究行为。反思会激发和诱导学校和社区所有参与主体的创造性和潜能，是对个人专业能力的一种内涵性提升，而探究会引发参与主体之间对重要问题的讨论，这也给他们提供了共同学习和相互借鉴的机会。在经过学习型的互动和交谈之后，教师和社区工作者能够集体作出决策，用新的信息和想法来解决问题。而互惠学习和广泛参与的决策制定又能够反过来被应用到新的合作实践中去，扩大学习的成效。在这样的学校与社区互惠合作过程中，所有参与主体共同学习、互助合作、活学活用，有效促进合作的进一步发展和深入研究。

在专业的学校与社区互惠合作共同体中，除了学校与社区之间相互学习和共同学习之外，学校内的教师之间、社区内的工作人员之间也应该相互学习、共同分享个人实践经验，以此来相互评价彼此的想法和实践行为，这种做法是一种同伴互助的精神。在实践过程中，老师和社区工作者对实践项目进行观察并做相关记录，结束之后，还应对实践项目成效和个人感受进行交流讨论，虽然为这些交流讨论抽出时间是比较困难的，但是这个过程无论对参与者个人还是集体的发展都有很大的帮助。

在实现学校与社区互惠合作过程中，教师、社区工作者等参与群体相互之间的协助、信任和尊重是极为重要的。因此，群体内部必须形成一种相互信任和关爱的关系，我们可以通过解决专业问题的实践活动和不同群体内部成员之间的交往互动来发展这种关系。当群体内成员之间形成这种关系之后，他们就能够共同克服学校与社区实现互惠合作过程中所出现的困难，更有助于个人合

---

❶ 李家成，程豪．互联互通：论终身教育体系中教育机构间的关系［J］．中国电化研究，2021（1）：58-65．

作能力的提升，从而有助于不同群体之间互惠合作的实现，缩短协调过程中的"隐含距离"，增强参与主体的共同利益感。

就学校与社区互惠合作的过程而言，实际上，如果教师和社区工作者能够在这个过程中相互合作，那么合作的成果不仅对于受益主体——学生、社区居民、家长等有意义，而且对于他们自己来讲也会有意义。他们对推动合作会不仅表现出更高的意愿和表达出更高的满意度，而且会为了学生等受益群体去不断地改变合作策略，致力于持续地开展有意义的、基础性的、全面系统的合作。

（三）支持民主协商与共同决策

即使学校与社区合作中的所有教师和社区工作者能够相互配合、协调和相互合作，共同做出决策，管理者和领导者仍然是非常重要的角色。并不是说领导者是没有取得合作绩效的主要原因，而是领导者的风格和是否努力是可以通过其下属在实施合作时所取得成功的数量和程度而得以体现的。正如教师教学水平较高的显性特征是该班级学生成绩普遍较高一样。显然，领导者们的领导风格是有差异的，尤其是处在不同情境条件下的领导，风格更是不同的。

处于共同推动学校与社区互惠合作的情势下，学校和社区的领导者既应该作为一名管理者，着眼于学校或社区的长远利益来决定行动，还应该作为一名学习者参与到合作实践活动中来，并为民主决策出谋划策。这种新型关系会带来一种互惠合作型的领导方式，管理者和工作者之间既保持着一种相互学习和共同学习的关系，也保持着管理者与工作者共同决策的民主协商关系，实现互惠学习、互惠成长和互惠进步，在这样的领导方式下，所有参与合作的主体共同置身于团队中努力促成事态的发展，并获得成长。

美国教育协会在《美国获奖中小学校长的建议》中强调："学校与社区合作已成为每位优秀校长所达成的共识和内化为他们的本职工作，社区是学校的重要合作伙伴，每一所与社区保持密切合作关系的学校中必然有一位富有使命感、责任感和善于社交的校长。"[1] 美国学者指出："校长的支持可以成为有效促进学校—社区合作的重要因素，特别是在学生招募活动和项目实施方面，校长在教育系统中占据有影响力的位置，他们认为学校—社区合作的方式可以影响他们各自学校和整个学区的其他人。"[2] 美国的优质学校在与社区合作时都具

---

[1] Green, T. L. From positivism to critical theory: School-community relations toward community equity literacy [J]. International Journal of Qualitative Studies in Education, 2017 (4), 370 – 387.

[2] Kathryn McGinn Luet, Brianne Morettini. "It's Pretty Bad Out There": Challenging Teacher Perspectives Through Community Engagement in a Mentor Training Program [J]. School Community Journal, 2018 (28), 159 – 186.

有一个共同点，校长围绕学校办学理念、教育目标以及对学校的期望等内容与家长、社区进行沟通，拉近学校与社区之间的距离，即处理好学校与社区之间的合作关系。他们将学校与社区合作界定为，一种目的是提高学生学业成就和社会公众对教育事业支持度，并在教育运行体系整个层面都有的职能。校长的任务包括：将大众心中所持有的学校的能力"去教育（de-educating）"，然后"再教育（re-educating）"，在此策略中，"其他重要的管理任务包括设法协调学校内的家长、公众团体，使他们的活动与理念协调一致；当家长们和社区居民到学校参与或访问时，校长会适时提供必要的指导，使他们能够了解学校的运作情形；校长与他们交谈以建立共识，并使他们更认同学校的教育理念与目标；订定家长会的开会议程；协调家长及社区居民在学校所办理的活动"[1]。

而从现实情况来看，我国学校与社区合作更需要校长的行动、思想、情怀和境界。但目前，我国很多学校的校长在学校与社区合作方面所表现出的行为与理念还处于上层路线，官本位思想浓厚，并没有真正了解底层基础的真实面目，教师们的实际能力与工作压力，家长们的殷切期望，社区发展的热切需求，这些都需要校长的亲身例行才能了解和感受到。当然，校长的行政任务和其他例行公事占据了他们的大部分时间，但这并不影响校长指导和培训专业人员或教师来实施学校与社区合作的相关事务。然而，缺少对实践教育理念的思考，没有高远的学校发展理想，必然会缺乏教师职工对学校相关运行事务的支持，也很难发展成为优质的学校。因此，要提升校长的专业素养和领导能力，这对于学校与社区合作能否从计划变成现实，从理念变为实践具有决定性意义。美国学者桑德拉·哈利斯认为："给予学生和家长无私的帮助，维持好与社区之间的伙伴关系，随时帮助家长和社区解决各种问题，倾情奉献，以及支持教师工作等方面是校长们获得满足感和丰富经验的有效方式。"[2] 对于优质的学校、校长和教师代表，要大力表彰和宣传，将其经验总结并传授于其他学校，形成克服困难的合力。

概言之，学校与社区互惠合作需要相应领导者或管理者具备以上素质，所有参与合作的主体尤其是教师和社区工作者才会像在互惠合作共同体中那样工作，如分享权力的需要，提升被领导者的工作能力，参与而非统治被领导者的实践活动能力，这些素质对于学校与社区互惠合作取得成功有着重要的影响。但与各种

---

[1] D. Cameron Hauseman, Katina Pollock, and Fei Wang. Inconvenient, but Essential: Impact and Influence of School-Community Involvement on Principals' Work and Workload [J]. School Community Journal, 2017, Vol. 27, No. 1: 83 – 105.

[2] 桑德拉·哈利斯. 美国获奖中小学校长的建议 [M]. 方雅婷，李静译. 北京：中国青年出版社，2007: 14.

学校和社区的发展水平不均衡的境况一样，领导者也要根据实际情况来实施管理和开展工作，具体情况具体分析，不能使用统一领导风格来对待所有学校与社区的合作事项，因为个体的具体行为会在不同的环境下发生变化。

（四）提供合作必需的物质资源

支持性条件是学校与社区之间为实现互惠合作提供的基础设施、资源和必需物品。其中，有两种类型的条件是需要的：物质或资源，人的素质或参与人员的能力。学校与社区"互惠合作"的思维范式不能只停留在实现资源共享的阶段，资源共享并不意味着实现了真正的学校—社区"互惠合作"，但实现资源共享是学校—社区"互惠合作"迈出的必不可少的一步。

物质或资源条件中的成分包括：合作的时间、规模、交流程序、相应政策环境、人力资源、基础设施等。其中，能够用来开展实践合作的学校与社区之间的共同时间安排和活动空间结构十分重要，重合度较高的时间和合适的空间范围是一个非常重要而且最难发现的资源，促进互惠合作和发展的政策制度也应该事先制定出来，并且要包括具体的实施细则，才能对参与主体有更好的实践指导价值。应保持学校与社区"互惠"关系的动态性与整体性，负责学校与社区合作的工作应具体到每一个部门和人员，强调彼此尊重、接纳以及公平对待，避免出现责任和任务推诿的现象。

例如，美国学校与社区合作的初期策略和目标是注重公民对学校的参与，以及学校为社区提供服务。但随着更多社会问题和社区需求的日益凸显，学校与社区合作的策略和方向逐渐偏向实现所有参与主体的利益，不仅仅是全社会或社区支持和关心学校教育的局面，而是在此基础上提升了学校的社会责任感和为社区服务的意识，合作方向更加强调互惠，建构"学习生态系统"。"'学习生态系统'类似于建设一条双向道路，一个方向是由外向内的，它将美国的社区服务专家、社区居民、OST（Out-of-School Time）提供者与学校管理、教师教学和学生学习连接起来，为他们提供协助和资源；另一个方向是由内向外的，学校、教师和学生等校内资源输入社区管理、服务和教育领域，为社区发展提供帮助，从而形成了学校与社区社会相互支持、相辅相成、相互协助、相互关怀的共同发展局面，主要体现在教师教育、学校课程开发、社区发展、学校管理等方面"[1]。

人的素质或参与人员的能力是指我们能够在学校与社区互惠合作共同体中

---

[1] Hal A. Lawson · Dolf van Veen. Developing Community Schools, Community Learning Centers, Extended-service Schools and Multiservice Schools [M]. Springer International Publishing Switzerland, 2016: 334-336.

的参与主体身上发现他们对合作、学生成长、学校教育和社区发展的积极态度，以及他们对恒久的知识学习、对实践的反思、批判性探究所产生出的兴趣。为了学校与社区互惠合作能够长久地持续发展下去，我们要帮助参与合作过程中的组织者、实施者坦诚地面对来自参与实践的学生、家长和社区居民的反馈意见，相互信任，不断学习和改进合作策略，而不是停留在完成任务的阶段，在这样的发展情境下，所有参与合作的主体才会逐渐提高个人素质和专业合作能力。

学校与社区互惠合作强调每个合作主体作为一个功能主体的独立性与自主决策性，主体之间是在关系平等的基础上，为了提高人力、物力等教育资源利用效率和共享等目标而进行常态性、长期性合作。互惠合作的基本要素体现在发生、过程以及结果三个方面：第一，合作关系发生的自愿性与计划性。学校、社区及其他组织机构的合作关系建构应坚持自愿、自主决策原则，合作目的及计划的制订是通过所有参与主体的共同协商而决定，是合作观念和立场走向实践不可或缺的首要环节；第二，合作过程的民主性。学校与社区应克服资源部门所有制的观念，探索资源整合的有效机制，在共同应对具体问题和多元化需求时，不同参与主体之间的有效合作应在建立平等关系的基础上，注重结合合作理念进行制度设计，要以确立共同目标、共同责任、建立认同和有效协商等原则为基准，强化互惠合作的激励效能；第三，合作结果的价值性。学校与社区的互惠合作实践不仅在于对资源的有效整合，更在于对参与合作主体的思想方式和行为逻辑等进行某种影响，在这种思维的引导下，使学校与社区关系朝着互惠互利、积极互动、资源共享的方向发展。

当然，任何一所学校和社区总是处在一定的社会生态环境中，包括社会人文环境和自然环境，这些环境中的一些教育资源和学习资源可以成为学校与社区之间建立合作关系的资源媒介。寻找、搜集、挖掘、梳理学校和社区周边的自然环境与人文环境中的公共学习资源，可以为学生学习书本以外的知识提供立体型素材，弥补学校和社区教育资源的不足，尤其是弱势学校和经济发展条件相对较差的社区区域，也能够为终身学习和建设学习型社会提供更加广阔的舞台。

例如，"上海闵行区民办双江小学成立于2009年9月，是一所专门招收外来务工随迁子女的学校，现有一至五年级1000名学生，20个班级。由于现有体制机制和政策的原因，随迁子女学校的生均教育经费是区域内全日制公办小学的四分之一，办学条件（包括硬件和软件）相对薄弱和困难"[1]。但与此同

---

[1] 李家成，林进材．"你好，寒假！"学习型社会建设背景下的寒假学习共生体研究［M］．上海：上海交通大学出版社，2019：89-93.

时，随着上海国际化特大型城市的建设以及城市现代化治理体系的逐步完善，学校所处的社区（地处闵行区江川路街道）出现了不少社会公共学习资源。尤其是江川社区人文、自然资源丰富，有许多可供学生、家长、老师使用的公共学习资源，而且这些资源特别适合学生、家长、老师在寒暑假、双休日、节假日开展各类学习活动。

对此，双江小学主动寻访并初步运用学校周边公共学习资源，开展了一系列人文阅读、科技体验、亲近自然等实践活动，挖掘学校周边公共学习资源，助推学生健康快乐成长上取得了初步成效。如双江小学在对人文阅读类资源的开发和利用方面，遴选了城市公共书房——碧江馆、开放型书店——钟书阁、李政道图书馆等为学生开展各类阅读活动的地点，由教师带领学生找到自己喜欢阅读的书籍，摘录好词、好段和好句，然后撰写好书推荐卡和阅读漂流包，制作思维导图，最后学生们聚集在一起交流读书的心得体会，对公认的好书和值得阅读的书籍，分享给其他同学。同时，在上海交通大学团委和江川路街道团委的牵线下，双江小学 17 名小学生与农学院的 17 名大学生开展"笺真情"活动，从学期初开始每个月进行书信来往一次，大学生与小学生互相交流各自的学习生活，开展互动互学。科技体验类资源的开发和利用包括江川创新屋、闵行区科技馆，社会实践类资源包括滨江公园、敬老院、项宅❶等，自然资源则包括红园、古藤园、上海交通大学植物园等，如图 5-7 所示。

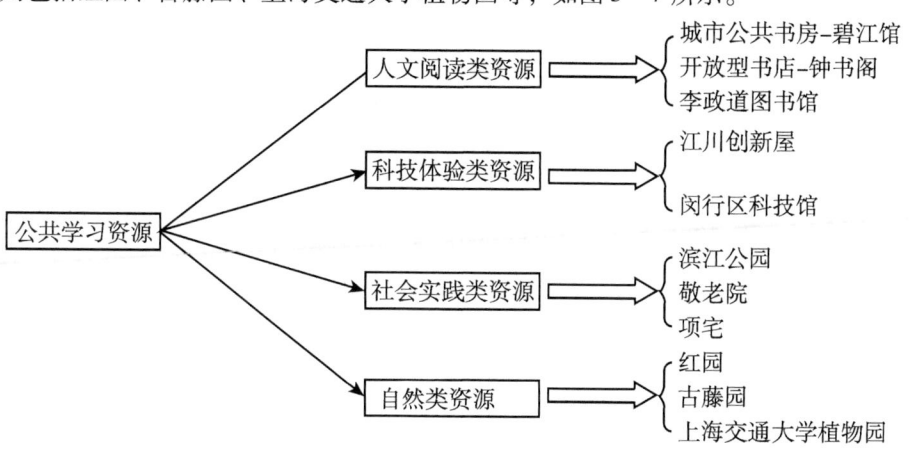

图 5-7 双江小学公共学习资源的开发和运用

---

❶ 该宅子位于上海市闵行南北大街94号，由历史文化名人项文瑞之子项镇方于1915年建造。它是闵行地区一幢富有中西合璧建筑特色的上海近代优秀民居建筑，属民国早期海派建筑。项宅虽然距今百年，但由于宅院在使用过程中并无大的改建，门窗等构件丢失较少，至今保存较为完好，具有较高的历史文化和建筑艺术价值，是闵行区文物保护单位，也是老闵行历史陈列馆。

虽然，双江小学办学条件（包括硬件和软件）相对薄弱，但双江小学立足于自然环境和公共学习资源的开发与利用，充分挖掘和运用科普教育实践基地等社区资源，让更多学生参与到社会、自然、文化、科技等领域的实践与体验中，助推学生全面、健康地成长，同时也对教师的教学能力提出了极大的挑战，既提高了教师将课本理论知识与实践类资源融通的能力，也使教师有更多的空间来观察每一个学生的思想行为特征，便于因材施教。

在推动学校与社区合作的过程中，大部分办学条件或经济发展条件相对较差的学校和社区容易因条件限制而放弃，双江小学为它们树立了很好的榜样，是值得它们学习和借鉴的。条件有限并不是发展的根本性局限，缺少探索的信心才是推动学校与社区合作继续前行的最大阻力。

第六章

增能：深化学校与社区合作的内涵发展

理想愿景的实现是建立在理想条件完善的基础上的，如果缺乏理想的条件，我们仍想建立理想愿景的话，首先要做的事就应该是创造理想的条件。如果要促进学校与社区互惠合作和内涵性发展，相应的政府、社区、学校中的领导者、管理层、教师、公民、社区工作者就应发挥各自的实际作用，努力探索和创新，赋能与自我增能，明晰自己的责任、义务和角色，才能共同实现理性的愿景。赋能蕴意一种"外力推动模式"，即借助外部力量去激发和挖掘社会组织或群体的内在潜能，或者以政策和政治层面的改变赋予社会组织或群体发展的能力。自我增能则蕴意一种"个体主动模式"，即有积极意义和潜能的自我感的发展，通过个体的努力提升使自己感到有能力去解决问题。正如迈克尔·富兰所言："主要的问题不在于缺乏革新，而是存在着太多的互不关联、片段性、不完整且肤浅的项目。"❶

一、为学校与社区合作关系"赋能"

（一）坚持以党政引领，保持和强化合作底色

习近平总书记在《中共中央关于制定国民经济和社会发展第十四个五年规划和二〇三五年远景目标的建议》中指出："我国发展不充分、不平衡问题仍然突出，矛盾错综复杂，面临深刻复杂变化的发展环境，有诸多有利条件依然存在于我国经济社会发展中，有独特的机遇、制度、发展和政治优势，新阶段的发展必须谋划统筹好重要领域的接续改革，贯彻新发展理念，必须是高质量发展，从系统观念出发加以谋划和解决，实施富有前瞻性、全局性、基础性、针对性的重大举措，全面协调推动各领域工作和社会主义现代化建设。"❷ 这不

---

❶ 迈克尔·富兰. 教育变革新意义 [M]. 赵中建，等译. 北京：教育科学出版社，2005：20.
❷ 习近平. 关于《中共中央关于制定国民经济和社会发展第十四个五年规划和二〇三五年远景目标的建议》的说明 [EB/OL]. 人民网-人民日报，2020-11-4/2020-11-27. http://cpc.people.com.cn/n1/2020/1104/c64094-319 17783.html.

仅阐释了我国经济社会发展的突出特点和重要内容，也指出了系列根本性、方向性的重大问题，为全面实现社会与教育现代化提供了科学指南和基本遵循。

的确，我国的经济社会发展依然不均衡，尤其是不同区域的学校和社区。在一般情况下，经济条件相对较好的区域，其社区发展条件、资源和人才储备等方面相对要更加优厚，学校的教育水平和师资配备水平也相对较高。在如此情境下，对于学校与社区合作的理论和实践研究来讲，更加复杂和艰难。但是我们也能够看到，近几年，党和政府针对学校与社区等组织机构合作间的困境和不均衡现状已然作出了一系列政策指导和行动反应，如社区网格化管理、党员"双报到"、共建单位等政策和行动要求，在思想、意识、规划、原则、内容等方面为学校与社区合作提供了明确发展思路，《教育部2021年工作要点》中也强调要研究和探索建立家校社协同育人科学体系。实际上，众多社区和学校也在根据这些政策制度做出行动和改变，这说明党的领导对学校与社区合作不仅能够起到动员和协调作用，也能够促使学校和社区在行为上发生根本转向，而更关键的是，这也是推动合作所建构的一套保障机制。通过学校与社区党建引领，将党的领导覆盖学校与社区合作的全过程。

在党的领导下，各级政府包括街道办事处、社区居委会积极组织引导、宣传发动、指导协调社区及其他单位与学校之间的互动合作，尤其是社区党员和学校党员，带头实施民主监督，在党的领导下组建社区协商议事委员会和监督委员会，落实民主评议等各项监督机制与框架，实现学校与社区所有党员共同对合作事务、公共利益的正确引导和全面统筹。坚持党建引领下的学校与社区合作不仅充分体现出我国独特的制度和政治优势，亦体现了进一步实现互惠合作所具有的机遇优势。

我们应该继续发挥政治优势所带来的根本效能，并在此基础上，拓展行动范围。在学校与社区合作的过程中，以社区党员带动群众，以教师党员带动教师群众、团员，立足学校与社区发展实际，明确合作举措，主动谋划，积极作为，实现党员之间的互相合作、共同学习和互相学习，以党员行动为群众做出优秀示范和带动作用，推进构建学校与社区互惠合作发展新格局。也只有在这样的发展情势下，才有助于社区党员更好地发挥社区辅导员的作用，教师党员更好地扮演好专职辅导员角色，在学校与社区党团共建的条件下带动少先队伍的发展，实现学校与社区合作中立德树人的根本目标。同时，我们也应该优化学校和社区党员"双报到"的相关机制，不能将"双报到"局限在协助处理民生事务层面，要拓宽和深化合作领域，满足学校和社区的多元化需求。

学校与社区合作需要多部门之间的统筹和协调，而许多社区教育资源分散在其他不同的单位和部门，比如社区学校、开放大学、老年大学等，多部门协调与资源整合需要政府从社会管理的角度开展"自上而下"的统筹工作与制度推进，鼓励各部门打破分割而横向互动，引导和鼓励学校与社区合作从低层次逐步向高层次发展。政府从宏观调控层面进行统筹规划，能够为学校与社区合作提供政策、制度和机制保障，以保证"学校+社区"的育人氛围营造和育人合力的形成。但大多数地区的学校与社区合作仍处于非制度化生存的状态，互动时也存在着较多的随机性和不确定性，最终起决定作用的是谁能够博弈成功。而学校与社区互惠合作需要宽松的管理环境、平等民主的政治氛围和政策空间才能实现高效互动沟通，政府在全力推进的同时要注重听取多元参与主体的内部声音和想法，激活主体互动的生命活力。

另外，政府和教育主管部门要强化统筹和协调，创新管理体制和社会参与机制，对学校与社区之间的互惠合作进行科学引导、监督。在理论论述时，"政府"一词主要是概念性的，而在实际案例中的政府是实体性的。在本研究中，政府更多的是指和学校联系最密切的教育行政部门，和社区联系最为密切的街道办事处、民政局和各个层级的省市级人民政府部门等。实现学校与社区之间的互惠合作不仅需要多个行政部门之间的配合，更需要各部门之间对人力、物力、财力等资源的宏观调配和微观整合，这不仅需要政府的统筹协调才能有效开展，更需要政府对利益分配、受益群体、受益范围等方面进行适时监督和评估，才能做到政府、学校、社区之间的互惠互利、共享共赢。例如，2019年，上海市人民政府印发的《上海教育现代化2035》中明确提出："促进育德与育心相结合，校内与校外相结合，实现学校、家庭、社会协同育人体系及平台建设，并纳入学校发展评估指标。"[1]

各级业务主管部门也应该以全新的视角来相互协调和统筹，进一步提高专业能力和政治素养，在明确管理职能范围的基础上相互协商，加强制度建设，创新参与、保障、监督和激励机制，整合各类资源，为学校和社区等基层组织机构之间的互惠合作建构科学合理的导向，积极支持和推广优秀的学校与社区合作案例，加大对条件相对薄弱的学校和社区的扶持力度，实现共同进步，共同促进教育的均衡发展，为实现社会主义现代化的远景目标增添动力。

（二）加快政策化进程保障，提升合作权威性

学校与社区互惠合作的政策化、法制化是全面实现教育现代化的重要基础和中国社会治理的重要内容，囿于现阶段我国学校与社区合作过程中的政策和制度短板，我们必须尽快健全和完善相关政策制度体系，制定全面详尽、易于

---

[1] 中共上海市委、上海市人民政府印发《上海教育现代化2035》的通知 [EB/OL]. 2019/3/21 – 2021/3/21. http://www.shyp.gov.cn/shypq/shypq/upload/201910/1022_141126_329.pdf.

实践的指导细则，提高政策化程度，不断规范化相关合作流程，以及对参与、组织、管理主体的具体职责和相互合作流程做出比较具体的规定。目前，学校与社区合作还存在大量的制度空白点和灰色地带，尤其是很多实践活动都是在其他政策内容中略有提及才得以开展，并没有专门、具体的政策制度内容用于管理学校与社区合作。因此，应尽快将确立相应的政策制度提上政府相关部门的工作日程，完善指导细则，为学校与社区之间的互惠合作提供具体支撑。

政策是指导学校与社区合作的大政方针和冲突缓解的准则，一般而言应包括：制订此政策的理由，指出将要采取行动的决定，达成所作决定的概略性实践方法，为了达成政策所做的权威授权和应负责任等，可以使学校与社区合作的立场稳固，并可以拟定相关合作目标。当然，由于不同地域的学校和社区发展水平不均衡，政府可以拟订不同种类的目标，使各个学校与社区可以根据各自情境条件选择某些目标作为合作的方向，也可以进一步依此政策方向进行合作方案的整体规划。其中，学校与社区合作的目标可以分为短期、中期和长期，其年限长短应该根据各个学校和社区的发展背景、历史传统文化以及不确定因素而定。政策的形式则可以依据广狭的程度以及重心的不同，大概归纳为四种：一是仅制订客观的、具有弹性的内容，而行政细节的规划可以由行政人员自己制订；二是呈现出政策背后的理由与目的，并将拟定大方案的方向、原则与限制加以列出；三是将规则、规定与流程列在政策之后，使其较具完整性；四是将政策作为采取行动，执行该政策的决心展现。

实际上，广大学校与社区最大的需求是一套能够细化具体实践指导的细则或手册，使得广大参与者、组织者和管理者能够有方法可依，有规律可循。但科学合理政策的制定是建立在实践和理论研究基础之上的，因此，现阶段的首要任务是建构起专业的学术研究支持体系或科研平台，在深入了解学校和社区实践现状的基础上开展创新型教育尝试与探索，反映广大参与群体的利益需求，掌握国内外相关专业的政策发展态势，形成学校与社区合作的专题研究报告，为政府的政策制定提供理论、实践依据和方向指导。然而，这里也存在一个悖论，即政府和相关专家制定更为细致的实践指导细则应该是有优秀实践案例来分析和借鉴的，但大多数的学校与社区还在等待着政府和相关专家能够拿出细则来指导他们行动，如此便会形成一种相互观望和等待的悖论过程。所以，自主创新仍应该是第一生产力，学校与社区的合作发展不应该束缚在只期待政策对实践进行指导的温床中，要敢于创新和探索，才能发展出新的合作格局。

虽然学校与社区合作的相关政策内容在制定过程中对于微观实施细则会比较难制订，但宏观管理政策和保障政策应加快完善。在宏观管理政策方面，应从全局出发，实施有弹性的管理策略，如在政府层面专门设立推动学校与社区合作的相关科室部门，设定管理制度，相关工作人员需具备学校教育和社区治理的专业素养，以实现对学校与社区合作的相关信息收集、整理、评估、研究和反馈。相应地，学校和社区也应该设立与上级管理部门进行工作对接的专门部门，将工作统筹规划并实施正规化管理。长期以来，经费短缺一直是学校与社区合作制约的重要因素之一，在保障政策方面，最好能够设立专项经费。虽然民政部门有针对社工机构支持社区治理方面的经费项目支持，可以做社区与学校合作的项目，但依旧"僧多粥少"，很多社区与学校合作的项目因为社区缺乏专项经费而开展不起来，也无法请专业社工来协调和出谋划策。所以，政府应该设立专项教育经费来支持学校开展更多学校与社区合作项目。

归根结底，相关政策的完善制定对于学校与社区合作有着不可替代的促进作用。一是可以使社区居民、社会大众了解学校的合作立场，提高信任度；二是提供相当程度的保证，使所做决定具有一致性和连贯性；三是使得拟订详细方案、推动实施该方案的必须性提高；四是作为争取经费的依据；五是可以协助新进员工（政府部门、学校教师、行政人员、社区工作人员等）了解学校与社区合作关系的发展方向。因此，在我国的机遇优势和发展条件下，实现学校与社区互惠合作必须有良好的且受所有主体认同的具体政策与目标指引，赋能于学校和社区共同创造未来的权力。

（三）完善合作评估监督机制，提高榜样效能

为了实现学校和社区在互惠合作中的共同利益，促进合作持续不断深入，提升教育效能，使所有参与主体都能从中有所学习、有所受益、有所感悟和反思，从而以实践探索反哺理论凝练，建立系统化、多元化的学校与社区互惠合作评估和监督机制是非常必要的，也是亟待提上日程的。这不仅是评估学校与社区合作真实实施水平和效果的有效方式，也是激发参与主体创新合作的助推力，尤其是在学校与社区合作并不是双方主要工作任务且不受重视的情境下，构建和完善相应的、科学合理的评估与监督机制是具有不可估量的价值意义的。

在评估和监督方面，由于缺乏系统的技术支持、专家指导和理论基础，没有具体的、可实施的、可量化的、全面的评估指标体系，导致很多学校与社区合作的实践项目效果评估都流于形式。目前，大部分学校与社区合作中所提供的服务项目或计划普遍缺失前置评估和需求评估，对中间实践合作过程、环节、反馈等的评估和监督则更为稀少，关注较多的还是从学生成绩来估量学校与社区合作项目所起的微量作用，评估结果充满不确定性，极为不科学，更缺乏说服力。因此，本研究认为学校与社区互惠合作的评估和监督工作应该包括如下三个方面：

首先，在制订相关计划、设计方案和开展实践之间，应该针对学校与社区

合作中的参与群体，如校长、教师、学生、行政人员、家长、社区工作人员、社区居民等进行需求调查。对各类参与主体的需求、态度、看法与意见进行评估，不仅能够了解他们的想法，也能够刺激他们审慎地思考对教育的看法，为学校与社区合作方案应该做什么指明方向和提供参考依据，以提升大众对合作的理解、支持与参与。需求调查的资料收集方式可以采用访谈、问卷等系统化或非系统化方式进行。

其次，为了使合作计划行动所预期发挥的功能与实际所产生的功能的差距缩小，我们应该对学校与社区合作制订的相关实施方案进行评估。计划或方案一般是由学校和社区共同商议制订的，难免会出现漏洞或利益不均衡的情况。所以，可以邀请相关专家或引入第三方评估机构进行评鉴指导并提出修改意见，评价的方式可以采用主观评估、外部评价、小型试验、抽样调查等方式。

最后，最为重要的是学校与社区合作的成效评估环节。因为学校与社区合作是实践性质较强的项目，只靠一纸问卷或事后访谈的方式进行评价是不合理的，糊弄造假的成分很可能会掺杂其中，我们很难获得较为"纯粹"的评价结果。因此，成效评估必须包括对实施过程中参与主体，尤其是学生、家长、社区居民的真实感受、话语和行为所进行的评价。另外，成效评估还应该包括项目结束后参与主体的反馈意见、短期和长期成效等方面。政府应监督学校与社区合作的全过程，有助于为进一步完善相关政策内容提供依据，为其他学校和社区提供榜样示范。

从总体上来讲，虽然我国所有城市社区的功能、规模和运行模式大体类同，我国中小学学校的教育方式、内容和运行机制也大体相似，但不同省市、地区的社区和学校发展水平是存在很大差异的，应关注我国学校和社区在性质、结构、组织体制、人口特征、历史文化背景和所处发展阶段等因素的显著特征。因此，实际上，典型的学校与社区合作成功经验、案例分析、实践历程等方面都具有非常重要的学习和借鉴意义，不仅能够满足各个学校和社区的经验学习需求，也是政策制定和理论研究的主要导向。这不同于我们对国外经验的学习，这是在我国制度优势、政策优势、社区管理优势和教育优势的条件下发展总结出来的代表性成果。同时，理论在学校与社区合作实践过程中具有非常重要的方向和价值指导作用，我国学校的领导和老师们要想在与社区合作的过程中提高自身的专业研究水平，除了加强自己的理论意识，用理论来指导实践，还应该提高自身实践总结力度。

学校与社区合作是一种具有本土性和共同性相结合、特殊性和普遍性相结合的实践活动，要认真总结我国学校与社区合作的实践经验，从理论层面上概括出我们学校与社区的合作经验。我国学校与社区合作实践虽开始得比较早，但却极少重视对实践经验的总结和推广，反而将关注度集中在家校合作上，忽略了学校与社区关系这一环节在家校社合作中的重要性。我们应该聚焦在实践成果的总结和反思上，在此基础上探析学校与社区合作有关的教学、学习、管理、课程改革、评价等过程中的策略、途径、困境和组织管理机制。

另外，我们应该从不同角度来概括学校与社区合作的实践经验。如致力于提升农村或城市社区学校中弱势学生群体的学校与社区合作水平；在实验的基础上整合社区与学校的教育资源，创生学校与社区融合的互动、保障和长效运行机制；从学校和社区的实际情境出发，将学校与社区合作的教育价值延伸至学生的成长过程中，创生相应德育课程学习、实践机制和策略等。如此，才能有效推动学校与社区合作实践从基础层次逐步拓展到高层次，提高合作效能，为科学理性的分析和理论知识建构提供多元化视角。

二、学校与社区的"自我增能"

（一）学校应围绕立德树人根本任务，提高教育品质

长期以来，我国教育部门与社会组织机构都有自己内部的管理细则和独有模式。当学校与社区开展合作时，所涉及的行政运作模式必然是不易匹配的，那么，如果协调不好，合作就会遇到困难。明晰学校和社区各自的责任，增强使命感，促进合作的内涵性发展是重要前提。要成为共同体中的理性学校，本研究认为，学校还需进行深层次、系统性的全面变革，在合作中承担起相应的职责。

1. 参与主体的心态转变

"心态是各种心理模式的集合体，它体现了一种特殊的视角"[1]。构建学校与社区互惠合作共同体要求学校内部的利益相关者都能够转变对原有教育系统的心态，这不仅是一种过程，也是一种互惠合作要努力达成的重要结果。学校中的每个群体（校长、行政人员、教师、学生等）都对合作起着不同的作用，扮演不同的角色，他们应当理解该如何融入合作的过程中，该做出怎样的行动才能够促成合作的互惠，以及明晰为什么他们的行动和贡献如此重要。如果学校内部所有人员没有转变原有的心态，他们很容易产生不理解和对互惠合作的抵触心理，从而不努力行动。实际上，学校与社区之间的合作虽然已经持续多年，但对学校里的所有人，尤其是新入职员工和新入学学生来讲，依旧是新鲜事物，校社合作对于他们来讲是一个学习和实践的过程，将会有助于他们不断

---

[1] 查尔斯，M. 赖格鲁特. 重塑学校——吹响破冰的号角 [M]. 方向, 等译. 福建：福建教育出版社, 2015：87.

更新有关教育的价值观和世界观。

通过建立共识来做出决策，是帮助学校内部所有参与互惠合作的主体转变心态的重要途径。同时，学校的校长、行政人员、教师应该积极与其他人讨论，不仅能理解自己观点与他人观点的异同点，习得新观念，理解探讨互惠合作理念背后的假设，也能更好地理解要达成与社区的互惠合作不只是行政人员的责任，而是学校所有成员的共同责任。这一过程能够使参与者带有良好的教育心态参与其中，有助于学校与社区互惠合作责任的分享，能够使得学校内所有成员的意见都得到重视，增加归属感，并能够基于共识进行决策，是学校持续进步的动力。

心态的转变对于推动学校与社区互惠合作尤为重要，所以，学校中的所有利益相关者必须参与到这一过程中。只有通过参与才能够促进心态的发展，而且能够实现合作项目的创新性和有效性。但除了参与之外，学校也应该赋予所有参与主体一定的话语权，因为每个参与主体对于互惠合作中什么才是最重要的持有不同的观点、诉求和看法，兼听则明，应该给他们提供一个表达个人观点和创新理念的机会，这样才能建立起一个新的能够真正促进与社区互惠合作的学校教育系统。

转变心态不只是包括对内，还应该对外界和学校整体有心理上的改观。"一直以来，学校都以精英文化自诩，往往与市井文化保持一定的距离，更喜欢与外界隔离而自我封闭在校园狭小的环境中开展育人工作，从而形成一种文化思维定式，导致学校与社区之间一直无法平等相待，形成了一种社会民众广泛认同的学校文化优越感"[1]。在这样的情势下，学校与社区之间的互惠合作想要真正实现是非常困难的，必须从心态上做出自我转变，放下精英文化的思想，放低姿态，尊重社会多元文化的价值性，促进学校文化与社区文化的融通。

2. 有效领导与政治支持

学校与社区合作过程中，能够基于共识建立的方式来设定一个共同实现的目标是所有参与主体所呼吁的一种科学有效的领导方式，能够随时提供所需资源和专业发展培训机会，赋予和支持参与主体共同追求愿景的权利。因此，实现学校与社区互惠合作的政治支持是非常重要的因素之一。目前，我国的学校领导体制依旧是由上级任命的领导管理，因此，要实现整体性、系统性、全面性的合作，必然需要领导层的支持，才能取得成功。政治支持体现在学校管理层、领导者或其他有影响力的人去理解学校与社区之间的互惠合作是怎样的、

---

[1] 叶澜. 终身教育视界的深刻意蕴：全时空性的全人发展——保尔·朗格朗带给我们的启示和价值[J]. 人民教育，2017（1）：13-18.

为什么要互惠合作及怎样才能实现互惠合作等方面。

鉴于我国学校体制的现状,有效的领导与政治支持的实现依然需要提高校长领导力,校长的教育理念和情怀对于学校与社区或其他组织机构之间的互惠合作是非常重要的,因为校长扮演着宏观领导和统筹全局的角色。因此,本研究认为,要从以下几个方面来提高校长的领导力:一是在理念方面,校长应有开放的办学观,要坚守互惠合作的理念,熟悉各类公共服务组织机构的不同教育功能,把互惠、共赢、共享作为学校与社区合作的准则,主动寻求政府、社区、家长及外界的支持;二是校长应该有多视角的资源观,应该能够善于发现促进学校发展的各类资源,并能够共享资源,才能抓住资源在学校与社区或其他单位之间的流动所带来的发展机遇;三是校长要具有开阔的视野,善于听取教师、家长和其他社会人士的建议和反馈,因为集体智慧的力量是强大的,同时也要引导和支持教师对社区资源的开发;四是校长应该提高学校与社区合作的理论素养,掌握相应的公共关系、管理和实践技巧,才能为教师的专业发展提供支持。

校长是学校领导的核心,但并不妨碍其他人在其他领域的领导现象,也不妨碍成为一群领导人物的领导者,同时也不排斥学校成员彼此关心所形成的象征性领袖。因此,应该提高领导密度,即提高领导角色分享的程度。引申言之,当学校的领导现象广泛地存在于各个角落,学校中的成员(校长、行政人员、教师)便能够形成共享的价值、理想,且对此产生承诺感,成员主动成为共同理想的追随者,进而形成合力来共同促进学校与社区之间的互惠合作。更为重要的是,校长部分领导权利的共享不仅能够适度减轻工作负担,也能够提升其他成员管理能力的提升,从而细化学校与社区之间的沟通覆盖面,改变只有校长与社区书记之间沟通和领导合作的单一局面,使得行政人员尤其是教师能够有机会与社区人员之间开展合作项目,锻炼和提高教师的公共关系处理能力。实际上,只有将学校与社区合作的层面由学校拓展到每个班级,甚至是每个人身上,才能逐步实现学校与社区之间的互惠合作,使合作惠及参与其中的每一个人。

3. 提高教师的专业能力

随着学校与社区合作的互惠纵深发展,学校与社区或其他组织机构的交流频度必然日益提高,这意味着"学校与社区之间的合作将不仅仅是管理、组织层面的交流,更是文化领域之间的共享、学习与传承,这必然会对身在其中的教师与学生的发展产生深远的影响"[1]。在这一发展情境下,教师不仅需要掌握

---

[1] 石娟. 跨文化统合视域下教师互惠学习研究 [M]. 北京:科学出版社,2019:10.

专业知识，自我提高价值实现层面的文化素养，更要提高教学水平和科研能力，以实现立德树人根本目标的践行，进而培育出文化素养水平较高的学生，这是对教师的专业发展提出了更高的要求。

在学校文化与社区文化交织下的学校与社区合作过程中，教师作为对学生成长特点和学习需求了解较为全面、实践参与较为频繁、能够全面掌握学生动态的一类群体，应该以欣赏的眼光尊重和学习社区的教育传统、历史文化等，只有这样才能有的放矢地去为学生的道德文化素养的提高整合学校与社区的教育资源，才能引导学生理解社区的重要性。这是培养学生跨文化学习能力和理解力素养的需求，也是实现学校与社区互惠合作对教师专业发展的更高要求。

学校与社区合作是校长负责的另一项教育任务，也是当代校长认为有助于强化工作能力和效率的因素之一。但由于工作集约化的影响使校长的角色越来越复杂，校长需要学校层面的支持，以促进学校—社区参与的机会，否则，学校—社区参与的机会将仍然是校长工作中不方便但又必不可少的一部分。因此，作为学校教育实施层面的教师在推动学校与社区合作方面扮演了非常重要的角色。

美国的一些优质学校已经探索出行之有效的方法来培训和辅导教师，包括"提高教师的倾听和对话技能，而不是单纯在社区做事情，尊重社区成员的专业知识和智慧，并邀请他们参与学校教学的发展和执行，有效的社区学习是以社区经验为基础的，致力于为在社区内学习的教师提供便利，同时，为避免教师工作压力和职业倦怠感的出现，学校注重为教师提供适当情感舒缓与指导课程，帮助教师提高识别、处理和管理自我和他人情绪的能力"[1]。另外，为了实现有效与多样化的家校社合作，芬兰通过完善教师教育方案来发展教师们的技能和知识，如在必修课程单元中增加家校社合作理论内容与实践实习，培训掌握如何与家长、社区居民建立融洽关系的技巧等，因为这是他们职业生涯开始后面临的最大挑战之一。[2]

教师应该在平等交流和真诚合作中达成文化共识，以理解彼此的文化差异和优势，实现互惠共赢，而不应该只停留在与社区交流互动的情势下。因此，教师作为促进学校与社区互惠合作的重要群体，应不断提高专业合作所需要的

---

[1] Spillane, J. Leadership and learning: Conceptualizing relations between school administrative practice and instructional practice [J]. Societies, 2015-5 (2), 277-294.

[2] D. Cameron Hauseman, Katina Pollock, and Fei Wang. Inconvenient, but Essential: Impact and Influence of School-Community Involvement on Principals' Work and Workload [J]. School Community Journal, 2017 (27-1): 83-90; 100-102.

能力，建设高素质、专业化、创新型教师队伍。

一是为教师学习提供外部支持性条件和保障，主要包括提供政策支持、聘请学习导师、完善评价考核机制等举措以鼓励教师学习的个人意愿，激发教师的学习动机。政策支持应该为教师学习提供必要的时间与空间支持，避免教师产生额外的学习负担和压力。学习导师是能够为教师学习提供引导和帮助的科研机构专家，有助于对教师的能力提升提出建设性意见。而公平合理的评价考核机制也应该包含多元评价内容，能够让教师了解自己的不足之处。

二是强化初入职教师的专业合作能力培训与辅导。为初入职的教师提供关于学校与社区合作指导方面的培训，旨在通过为教师提供理论、信息、知识和技能，提高认知和实践参与，改善他们的态度和行为，重视多元化并鼓励其积极参与合作实践活动。家庭和社区都是复杂的实体，教师能够在社区实践中获取广泛的文化信息、集体知识、技能和人际关系资源，有助于帮助初入职的教师学会建立具有文化响应能力并尊重学生及其社区的实践模式。

三是应该为教师提供参与学校与社区合作的相关专业学习机会，鼓励教师参与学校与社区合作相关的国内外会议，与其他地区的同行交流学习与实践经验，拓宽教师的学习视野，培养其科学的世界观。教师需能够合理制订行动策略，以定期实现共同目标，并促进不同利益相关者积极地参与合作，从而掌握尊重、谈判和倡导不同想法的人际关系技巧，这对于学校与社区合作的有效性能够产生积极影响。"不同部门之间缺乏了解是伙伴关系的最大障碍之一，尊重不同的想法是必要的，以避免主导群体的强制性决定。"❶ 另外，教师角色需要从专家转为学习者，尊重社区成员的专业知识和智慧，充分发挥社区研究和相关理论在教师教育计划中的作用，因为真正地参与合作需要以社区为基础。

因此，应该在开展学校与社区合作的过程中，引导教师自我反思、自省、批判和反馈，提高教师对实践行动、思维的自觉，有助于充实教师的实践结构和认知结构体系，更是一种实践经验理论化的过程，从而能够反作用于实践，深化学校与社区互惠合作。

4. 强化服务社会的职能

无论是实现教育现代化的相关政策要求、学校本身的公共教育性质还是我国社会和教育发展情势，都明确提出或阐释学校服务社会角色的重要意义。学校应该围绕学生教育为中心，强化社会服务意识，为学生、教师和学校的发展创造出良好的社会环境。引申而言，学校应该承担和履行为所在社区或其他社

---

❶ Green, T. L. From positivism to critical theory: School-community relations toward community equity literacy [J]. International Journal of Qualitative Studies in Education, 2017 (4), 370 – 387.

区服务的责任，这项任务不应该只是停留在口头上和书面上，而是应该通过具体行动来落实，让社区能够真切感受到学校的付出。那么，要实现这项任务，只靠学校自身行动是不可能实现的，需要学校与社区之间的互动、合作、协调和共同行动才能创生服务价值。学校与社区合作不仅成为学校强化服务社会职能的抓手和方式，也是学校服务社区、获取资源支持的目的。

学校作为基础性的教育公共服务机构，在承担培育学生全面成长重任的同时，也应该强化一定的社会服务职能，尤其是对于其所处的社区而言，二者在空间、资源和使命上的重叠和互补，要求学校与社区之间必须实现互惠合作和相互支持，才能共同推进教育事业和社会发展的持续前进，这也是构建学校与社区互惠合作共同体的必然要求。那么，应该如何通过学校与社区合作来充分发挥学校的社会服务职能？

首先，准确定位学校在与社区合作过程中服务社区的角色、责任与职能。一直以来，学校与社区合作的重要目的之一是学生的健康成长，这也是学校与社区合作而达成的一致观念，主要是因为社区的服务角色本位所形成的固有思维。合作持续发展至今，这种固有思维的潜在弊端也慢慢显现出来，社区和学校之间的合作关系一直无法深入，即使我们提出互惠共赢的理念和目标，如果没有明确定位学校为社区服务和贡献的角色、使命，并做出实际行动，那么，互惠合作也恐难以落实。关于学校应该为社区如何服务和行动，还应根据每个社区的实际情况来共同协商和达成一致意见。

其次，要明确学校为社区服务的内容与形式。学校和社区应该共同协作，在服务的需求和形式上要基于需求、满足需求，并随着需求的变化而不断调整完善。虽然现在学校在"双报到"和与社区"共建单位"的基础上为社区提供了许多协助，但只是浮于表面，学校应该充分发挥自身的教育优势来协助社区提高社会教育水平，尤其是在社区教育全面快速发展的情势下，非常需要学校提供资源和教师专业支持。

最后，学校应该根据自身发展能力水平、阶段和实际情况来有效规划社会服务的内容、范围和形式。要把为社区提供服务工作的责任放在学校发展规划中，科学合理地安排时间和空间，调节好学校与社区合作和服务之间的关系，通过提高学校内部人员品质来扩大对社区的服务，在互惠共赢的原则下勇于承担社会责任，提高基础教育服务社会的能力，为推动学校与社区之间的互惠合作铺路搭桥。

（二）社区应践行科学治理策略，统筹合作发展规划

社区是我国重要的城市治理基础单元，涉及政府、街道、社区主体组织、社区居民、社会组织、物业及其他社区单位机构等众多利益相关者主体，而街

道办事处和社区居委会也已成为我国城市基层社会结构的组织基础和社区治理结构的中坚力量。在宪法意义上，社区居委会是实现基层民主治理的重要组织形式。显然，社区居委会不仅是与学校合作的重要组织机构，也是学校开展与社区内其他组织机构、群体和个人合作的重要中介者与协调者。

因此，"在我国制度优势和组织管理优势的条件下，学校与社区居委会建立互惠合作关系是实现与社区整体合作的重要基础和前提，虽然学校与社区合作过程中，社区的管理差、资源少、行政化、素质低、人员少、空间和时间有限等消极因素影响着学校与之合作的动力"❶。但我们也必须认识到，近几年，社区治理水平在不断提高，社区居委会也为营建充满活力、人文、法治、智慧与和谐社区做出了很大努力。社区在教育和民生方面的条件也在日趋成熟，但社区与学校合作方面相关的方式、管理、服务和职能等还需进一步完善，将治理策略落实并惠及学校教育发展，作为与学校共同构建互惠合作共同体的社区，应该在以下四个方面继续改进。

1. 有效发挥教育整体效能

中共十九届四中全会明确提出并强调："要加强系统治理、依法治理、综合治理、源头治理，满足民众的多元需求，推进国家治理能力和体系现代化，坚持和完善中国特色社会主义制度，构建服务全民终身学习的教育体系，构建基层社会治理新格局。"❷ 社区是实现基层社会治理的基本单元，要实现全面社会治理现代化必须从社区做起，从社区系统内的所有社会组织做起，从人人做起，提高治理水平。

学校与社区合作本质上是社会组织机构参与社区治理的过程，从宏观层面来讲，虽然学校教育是属于社区教育的一部分，但实际上，两者是相互独立的两类教育形式，教育效能也很难有效转化为社区治理效能。所以，提高社区治理现代化是社区和学校共同努力的方向，学校与社区合作不仅是两种教育融通的过程，也是社区教育与社区治理融合的过程。所以，社区应引导学校积极参与治理过程并与之合作，使学校与社区合作成为实现社区治理现代化的渠道与载体，使独立的"原子"成为利益互惠共同体。社区具有主动与学校教育、家庭教育相融合的潜力，以社区发展为目标与学校开展合作，能够为学校和家庭教育提供专业社会支持，发挥社区作为教育黏合剂的独特功能，有助于社区感的强化。

---

❶ 陈荣卓，刘亚楠. 迈向共享治理：新时代社区教育创新实践与发展路向 [J]. 理论月刊，2020，(7).
❷ 中国共产党第十九届中央委员会第四次全体会议公报 [EB/OL]. 中国共产党网，2019/10/31 – 2020/12/3. http://www.12371.cn/2019/10/31/ARTI1572515554956816.shtml.

"我国社区治理普遍存在行政化和缺乏共同体意识等问题，社区在激发学校组织的公共意识以及寻求与学校建立互惠合作关系之前，应反思如何由强化工作效能转向服务，提高社区整体管理水平，缓解学校本质需求与强制输出的社区管理和教育内容之间的矛盾，赋予学校一定的社会组织地位，才能推动自身发展与学校教育的融合，也与新公共行政的价值取向高度契合。"❶ 社区居委会要注重调整，加大宣传的力度，采用多渠道在社区内部建立相应的协调机制，并制订合理方案提高社区工作人员的专业合作能力，培育社区党员、退休老人、社区干部和文艺骨干分子等居民成为与学校合作的积极分子，起引领作用，以感情、信任和互惠为基础建立互动合作的网格化关系。

社区应积极引导学校参与治理过程，完善多元协商协调机制和联动机制，并实现制度化、常态化和规范化，促进基层社区教育治理体系的创新。同时，要不断推动社区开发多元教育项目、政府购买社工服务与学校协同运作等层面，吸引师生的积极、常态参与，实现教育资源的共享，从而建立学校与社区之间的互惠合作关系，更好地发挥教育效能对社区治理现代化的推动作用。

2. 推动社区多元群体参与

目前，"社区教育中的群体参与依旧多为退休老年人，虽然也有少量社区青少年儿童参与，但提供的教育服务和课程也较为碎片化、随机性、非常态和非专业化。"❷ 长此以往，社区其他群体便会失去参与兴趣，社区居委会的行政力量逐渐增长，学校也更不愿意与之合作。我们应该推动社区教育转变以老年教育为主的发展格局，提升社区教育的包容性，建构与学校教育以及其他民办教育模式共同治理的机制，才能推动社区教育整体向特色化和异质性的方向发展，围绕社区教育的核心要义构建社区与学校之间的体系化、特色化和系统化合作体系，为社区中各个主体之间的合作提供联结渠道。

学校和社区只有共同提供丰富化体系化的教育服务"产品"时，才能有效地避免各类主体"机械式"参与，使他们成为社区教育和学校教育融合的推动者和参与者，而不是受教育者。我国国民教育体系的核心组成部分由社区教育与学校教育协同构成，得以发展的逻辑起点就是所有社区各类群体的现实需求。学校和社区应协同组织开展不同社区群体之间的共学互学，协调并共享各类教育资源，包括社区内的民办教育资源、公办学校教育、社区学校即社区居委会举办的各类成人教育等。坚持现实需求和人本理念的发展导向，协调社区、家

---

❶ 沈光辉，陈晓蔚. 我国社区教育政策的演进历程、文本分析和改进策略 [J]. 中国远程教育，2019，(5).

❷ 吴遵民. 公共危机背景下社区教育功能再思考——基于社区治理的视角 [J]. 教育研究，2020 (10)：92-101.

庭与学校之间的关系，进而形成教育合力，推进学校与社区协商共治、互惠合作的社区教育新格局的形成。

例如，老龄社会结构化意味着学校与社区合作将面临更多需要研究的问题。在老年人需求逐渐增多的形势下，社区需要为老年人群提供更多的教育服务资源，仅仅只依靠社区必然不能满足老年人的需求。如若社区期望在与学校合作中获取资源支持，那么，在学校与社区合作过程中就需要考虑老年人的利益，实现老年人的再发展。学校和社区之间的互动合作不能只停留在形式化、非制度化、功利化和任务化阶段，应将新使命定位在学校教育服务转型发展上，积极参与社区老年教育服务，深化学校与社区互惠合作，促进老年人与青少年儿童之间的互惠学习。学校与社区合作是实现代际互惠学习的重要载体，应多考虑一些代际融合发展的因素，以终身教育和学习型社区建设理念为指导，促使学生教育和社区老年教育向"全龄教育"转型，要克服社区、学校、社会教育机构分散独立发展的状况，构建以学习者为中心的社区教育基地，以老年人和学生为本，重构代际合作学习理念，以学生教育的立场来活化社区老年教育，整合教育资源，完善学习生态系统。

3. 提高社区管理人员的能力

学校与社区互惠合作的实现并不是只受社区某单一因素的影响，换言之，要构建学校与社区互惠合作共同体不但要健全社区教育和学校教育协同治理现代化体系，也要提高社区对教育综合治理能力才能发挥整体教育效能，促进互惠合作取得实质性进展。"而这一切实现的基础建立在参与公共服务的各主体（政府、社区、学校、社会组织等）通过合作、协调和互动，达成一致共识，共同对公共服务活动和教育活动进行管理的较高能力水平，强调各主体能力的多元化及各种能力间的协调发展"❶。

在学校与社区合作的维度上，这种对教育的治理能力表现在政府、社区人员的管理、服务能力与合作需要之间的持续平衡。通过对各自能力的充分发挥，来提升互惠合作的福祉。由于学校与社区合作过程中所涉及的管理主体、发展规划和资源禀赋多元而复杂，对相关参与人员专业管理和组织能力的提升，能够有针对性地解决现存问题，提升合作的整体效率和互惠程度，而学校与社区之间互惠合作关系的改善又能够反作用于政府和社区人员能力的提升。

提高社区对教育的综合治理能力可以从以下几个方面加以改进：一是联结大学或教育研究机构建设教育治理能力提升平台，组建临时性或长期性的合作

---

❶ 吴遵民，赵华. 我国社区教育"三无"困境问题研究[J]. 中国远程教育，2018，(10)：63-69.

协调组织机构或中枢平台已成为很多学校与社区合作实践的重要阶段。但其作为正常制度之外的非正式组织机构和制度框架，除了弥补学校与社区和其他组织机构之间缺乏联系平台和约束机制的缺陷，形成教育合力之外，还应该灵活、高效地体现服务是针对所有参与者的有效供给，提升参与者的"共同利益"获得感。

二是为社区人员提供专业学习课程与培训计划，提高他们的管理理论水平，鼓励社区人员积极参与各类教育交流会议，与各级社区学校和中小学教师共同交流学习实践经验，了解和掌握实践动态，紧跟时代步伐。

三是聚焦社区文化建设，统整社区思想风俗、科学艺术、观念认知、传统文化和非物质文化遗产等社区文化资源。通过学校与社区共同组织不同年龄群体之间的互相学习，弘扬、传播与传承社区文化，凝聚社区归属感和向心力，强化社区文化建设的功能和内在韧性，将社区生活、社区文化和社区发展有机融合起来，建构理想化的社区文化空间。

四是建构科学合理的教育治理评价体系，为社区制订一套系统性、完整性和多元化标准的教育治理能力评估体系。实际上，与学校与社区合作的评价相似，这方面研究也在一定程度上处于薄弱状态，应将社区与学校合作的能力纳入评价范围内，秉承参与原则、科学系统性原则和实操性原则，最好是能够将内容和目标进行细分、量化，从满足不同社区和学校参与群体的需求出发，有针对性地评估社区的教育治理能力。

4. 重视并赋能社区话语权

社区参与学校管理和教学活动有益于社区共享教育资源，发展社区文化，增强社区认同感和归属感。但相关研究对学校主体立场的强调极易忽视合作的本质内涵、社区类型和需求的多元化以及社区在参与合作过程中的真实感受与现实困境，甚至在实践中将社区的弱势群体排除在外。

"一种'话语'想要在合作中产生影响力的前提是其自身的'对话性''互惠性'和'包容性'"❶，这意味着学校与社区合作潜能的发挥离不开对社区"声音"的关注，学校与社区之间的关系是民主平等和双向的。而实际上，学校对合作的认知依旧建立在对其教育价值的开发和促进学生发展的基础上。学校应转变教育理念，回归社区实际情境，从社区发展的视角加深对学校与社区关系的研究与认识，包容社会教育环境的开放性和不确定性，关注社区在学校教育中的话语权。同时，这也呼唤我们需重新思考学校与社区合作中社区的

---

❶ 李艳，李家成. 学校教育视域中的家长参与——研究范式、取向与反思［J］. 教育学术月刊，2019（8）：17.

"声音"以何种方式呈现。

因此，随着教育改革去集中化的趋势，策略实施方向所关注的角度和利益应逐渐注重从整体教育生态环境出发，关注学校所在社区的发展水平和实际状况，平衡内部自主性与外在社会环境的变化要求，意识到突破学校界限以外的信息、符号、元素的多元性，在让社区了解学校的同时，学校也努力了解社区，增加与社区的联系，以调适环境的变化之策略。关注学校外部整体教育生态不仅包括社会实际现象、制度等所谓的结构环境，更应包括社会成员对学校所持的态度、价值观念等规范环境。

更为重要的是，推动学校与社区发展过程中的利益主体应不再只是学生，而更多的是为社区居民和家长考虑，为社区发展赋能，使社区不再孤立承担发展和管理的责任，从而缓解社会压力。当学校在面临社区环境的变动性、结构性、复杂性等不确定性发展特质时，尤其当学校对环境的状态、影响和反应变动预测程度较低的时候，也能够在依赖与自主之间取得一种动态平衡。

如美国芝加哥地区教育改革所推动的，结合家庭、学校、社区的青少年服务方案及社区主要的服务机构，建立一种生态的、社区环境为中心的青少年学习与发展计划方案[1]：第一，提供社区教育。目前很多学校已经提供成人教育、老年教育、市民教室、家长教室等，即在利用学校的人力资源，为社区提供学术、娱乐、休闲等适合于社区居民需求的教育活动；第二，教师和学生参与社区服务。学校成员以团体或个人名义协助社区办理活动，或者学校自主开展针对社区居民需求的相关活动，例如，社区节庆活动，教导社区社团的技术，学校设置学生与社区居民共同学习的课程等；第三，推动服务学习。鼓励学生"在社区学习、从社区学习、为社区学习"等。透过社区教育与服务，家长与社区居民可以体会到学校的贡献。另一方面，可以通过这个过程让学生学习服务、尊重、关怀等特性，有助于社区感的强化和促进社区可持续发展。

又如日本将家长教育、社区发展和学校变革共同纳入学校与社区合作的目标，使家长、社区参与在赋能学校发展的同时，也能极大限度地促进家长和社区的发展[2]：（1）交流合作：依据"学社融合"的倡议，学校积极同家庭、社区开展教育实践活动，创造互相学习的机会；（2）居家学习：学校协助家长提升教养技能，内容包括作业辅导、教养知识、健康常识、兴趣与艺术、养育技能、生活教育常识和国际理解等，帮助家长有技巧地指导孩子的课程学习、课

---

[1] Williams, D. R., & Dixon, S. Impact of garden-based learning on academic outcomes in schools: Synthesis of research between 1990 and 2010 [J]. Review of Educational Research. 2015 - 83 (2), 211 - 235.
[2] 平田淳."学校协会"的教育效果研究——"建立开放学校"的民族志 [M]. 东京: 东信堂, 2015: 14.

程选择和家庭作业，家师之间及时沟通学生的学习状态、信息、问题和需求；（3）建立开放运营体系：学校要吸引家庭、社区和社会力量广泛参与学校课程、教学和运营活动，重视他们的建议和意见；（4）社区发展：学校将促进社区终身学习作为变革的道德目标和新职责，充分利用家庭、社区、社会和学校教育资源的关联性，构建完备的文化、健康、医疗信息网络和以社区为中心的学习共同体；（5）志愿服务：通过组织劳动体验活动和志愿活动，邀请家长和社区居民共同参与学生学习过程，丰富和传承社区文化。

从上述举措内容可得知，学校在与社区合作过程中不只是借用社区和社会力量服务自己发展，也为社区提供文化、终身学习、专业教育引导等方面的功能、资源和信息，并以"开放学校"的运营模式为社区和社会成员提供包括基础设施、师资等在内的能量和资源。这种以实现所有参与主体利益和发展目标的学校与社区合作发展过程为社区和学校提供了互惠共生的发展空间，其本质上是学校将社区力量融入变革的内在发展机制中，促使学校由外延式逐渐转为内涵式发展模式，使边界透明化，实现社区"外部"生态转化为学校"内部"生态力量，而不是附加在固有结构和内在机制上的补救力量，从而推动学校与社区合作能够有效地协调内外资源，建构起共同发展的"聚集辐射机制"和双向关系。可持续性合作正是建立在这种相互影响的双向关系基础上，因为在复杂多变的条件下广泛的相互作用需要不断的注意和变动，并不断地在生长的有机体内部与种种外部环境建立更广泛的、不断增加的、复杂的联系。

第七章
创生：迈向学校与社区合作的协同创新发展

从教育层面上来讲，"学校与社区合作是学校教育领域内的特定教育，是以学生为受益对象，而教育时空、地点、内容上的'情境'属性又使其与传统学校教育模式存有差异"❶。从社会层面上来讲，"学校与社区合作是社区治理范围内的路径之一，是以全体社会成员为受益对象，而社区管理及教育方式、内容的公开化、市场化性质使其与传统教育模式之间存在着不易调和的矛盾"❷。因此，需要我们重新认识学校与社区合作的发展及存在方式。作为教育生态系统与社会生态系统融合及调和的结点，既要遵循教育促进学生综合发展和提高生命质量的价值取向，也要立足社会发展现实和社区治理的特点，在促进不同生态主体和不同系统组织间合作的过程中充分发挥教育效能，迈向学校与社区合作的创新发展之路。

那么，学校与社区合作应建构怎样的协同创新机制？或者说，学校与社区应如何在构建互惠合作理念和激发合作动力的同时共同创造条件，各尽其职，共生共长，协同创新？本研究认为，这是学校与社区合作过程中需要克服的重大难题和瓶颈：互惠理念重塑之后，赋能与自我增能之后，如何激励不同参与主体在学校与社区合作过程中协同承担实质性的教育责任，协同创生出更加具有生命力和可持续发展的合作内容？那么，既应有活动实践、民生实践、政治实践、管理实践、经济实践和美育实践等各个层面的协同，同时应有学校与社区合作的微观、中观和宏观层面的协同，也应有不同学科、不同群体、不同学校和社区之间的协同。从本质上来讲，这同样是构建协同创新机制需要解决的问题。本研究认为，应该以宏观合作目标为指导，中观计划为方向，微观行动为落脚处，构建内外双层协作网络，从起始过程、评估过程、计划过程到反思

---

❶ 叶澜. 转化融通在合作研究中生成——四论教育理论与教育实践的关系 [J]. 教育研究，2021 (1)：31-58.

❷ 褚宏启，贾继娥. 教育治理中的多元主体及其作用互补 [J]. 教育发展研究，2014，34 (19)：1-7.

与学习过程，其价值目标与实施领域都应构建政府、社区、学校的协同合作创新框架（如图7-1），破除千篇一律，激励多方协同全程参与，最终推动学校与社区合作的创新性发展。

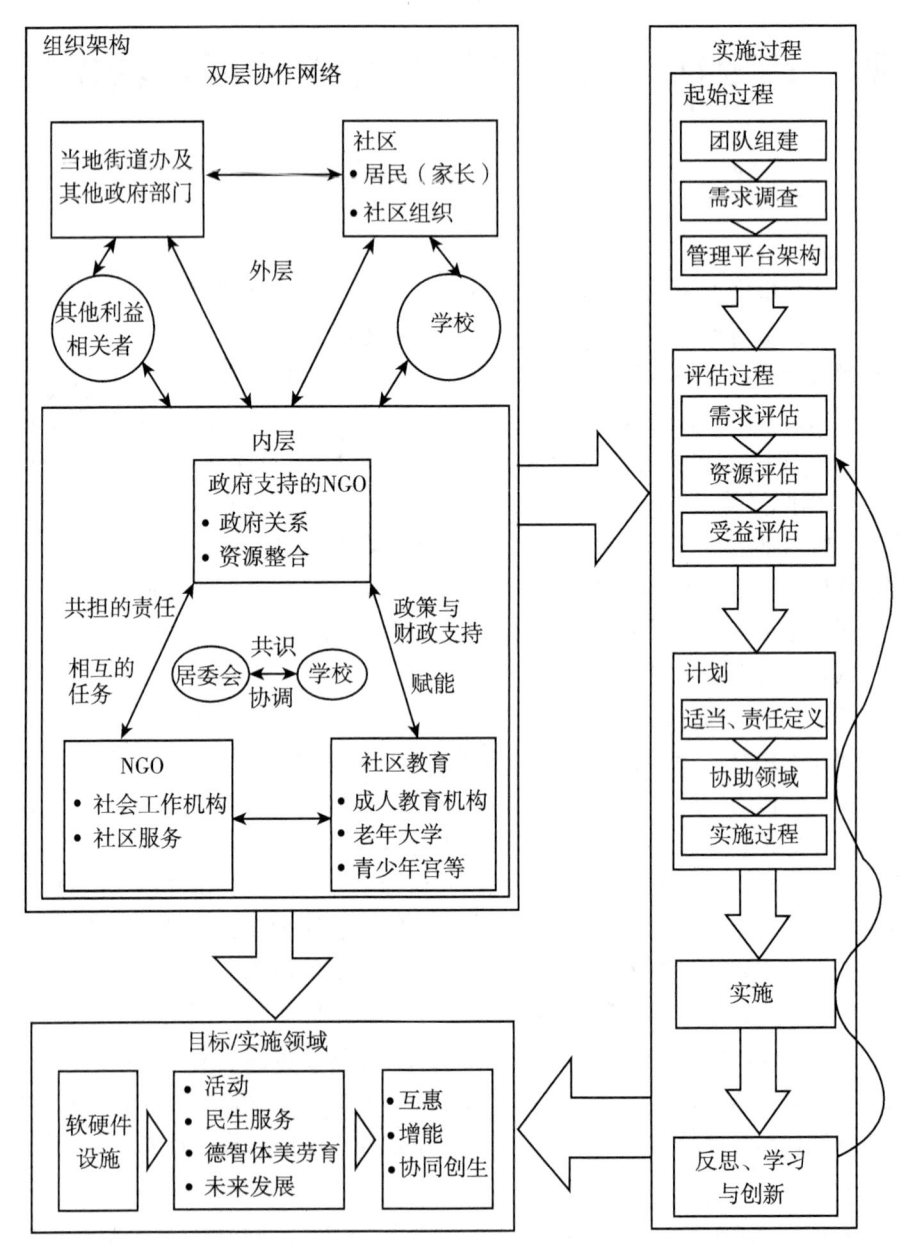

图7-1 政府、学校、社区之间的协同合作创新框架

在经验上，学校与社区合作的主要领域包括：第一，就社区内部的硬件基础设施建设合作，如活动场地借用等；第二，就学校的安全、卫生、环境等的民生需求进行合作和相互服务，按照政府政策规定或从各自需求出发；第三，就学生成长和综合素质发展需求，德、智、体、美、劳等各个方面的理论与实践融合教育；第四，就社区未来的发展条件合作，如为提高社区居民素质、家庭教育水平、社区软实力建设等方面。在学校与社区合作的过程中，应充分明确所有参与主体的权利与义务，设置有效的评估标准，考虑和实现所有参与主体的最大利益需求，定期进行总结、反思、学习与创新。

但创新发展的实现并不是一蹴而就的，需要付出时间、空间和各类资源成本，需要多元参与主体的外部推动力和内在动力共同发力，才能产生新的思维和观点，但这也只是大脑中的构思步骤，是虚无缥缈的、看不见摸不着的思想，因此，我们要努力把这种新的思想付诸实践，通过共同学习、相互学习、智慧学习和终身学习，让理想和想法"落地生根""茁壮成长"，才能结出"果实"。"但从创新性思维的产生到付诸实践这一过程是十分艰难复杂的，所涉及和需要的支持性因素也是很难获得的，需要科学、合理的计划和实施机制来保障这一过程的顺利实现"❶。如果没有一系列的保障措施，学校与社区合作之路将会充满艰难险阻。对此，所有参与主体都应付诸努力与实践，整合各类教育和社会资源，协同实现教育现代化。

一、成为终身教育和学习型社会建设的有机构成

从学校与社区合作的自发状态，到现代社会在政策、理论和实践上的有意推动行为，学校与社区合作在规模、数量和质量效益等层面上已日益凸显出强大的发展潜力，已然成为终身教育发展和学习型社会建设的重要推动力和有机构成，因而与其有着同等重要的价值意义。"但学校与社区合作在性质上相对于终身教育和学习型社会来讲更加凸显出实践性、可操作性和应用性，换言之，学校与社区合作是实现终身教育和学习型社会建设的有效践行途径与环节，能够通过不同教育场域之间的联通实现多元主体的合作，以'多力驱动，多环交融'清晰学习型社会的发展观，这使得其具有非常特别但十分重要的定位"❷。

"实现全民享有终身学习机会，确保优质教育的公平性和包容性"是《2030年可持续发展议程》指导终身教育改革的重要发展方向，其核心在于实

---

❶ 李家成，程豪. 思想观念·价值取向·思想方法·发展战略——对"终身教育"内涵的认识[J]. 终身教育研究，2020（3）：19-23.

❷ 李家成，顾惠芬. 疫情之下对教育本质的追寻——基于常州市龙虎塘实验小学教育实践的个案研究[J]. 北京教育学院学报，2020（4）：21-27.

现终身教育的包容性和公平性。需要凝聚各方合力，不断发展创新，让全民享有终身学习、共同学习和终身教育的机会。❶ 因此，学校与社区应在完善合作的过程中将终身教育与学习型社会的建设作为实践与理论发展的核心指导思想，使理论和实践水平有效提升。

（一）以共同学习丰富实践互动

在学习型社会建设和终身教育持续发展的诉求下，学校、社区与家庭合作，致力于提高成人教育、老年教育和青少年儿童教育等不同层面的教育学习水平。"对于终身教育而言，组织机构、系统和不同年龄段的个体之间的融通，以及由其生成的教育合力，对终身教育的持续发展有着极大的影响，面对主体间的割裂状态和时代发展压力，故而'包容全纳''互学共鉴''跨域学习''研学共同体'等一系列教育理念应运而生，虽概念多元化，但都蕴意出'共同学习'的核心要求"❷ "'共同学习'是在社会交往互动关系之中，人与人之间的互相影响中来看待终身教育的学习形态"❸ "它是个体的自我教育和自我学习的一种社会形态，是一种扩散和外化的能量和学习资源，我们不否认个体的自我学习、自我醒悟，都可以是学习的某种构成和形态，但是在终身教育系统内不能只关注个体式的、独立的学习，要在社会的互动关系中建构人的学习"❹。

例如，挪威信息通信技术项目（ICT Information and Communication Technolo-gies）提出了一个信息通信技术教育的代际教育模式："iAge"，是挪威克里斯蒂安桑地区当地市政当局与挪威阿格德尔大学电子卫生保健技术中心之间的市际合作，即"以学校与社区合作的方式实现年轻一代向没有信息通信技术经验的老年人传授信息通信技术使用的基础知识，创建世代之间共同学习的平台，且通过电子包容政策保障了所有公民平等获取信息的权利，旨在改善就业机会，生活质量和整体社会参与"❺。该教育模式的主要目标之一是建立一个模型，将老年人信息通信技术培训与代际关系相结合（如图 7 - 2）。

---

❶ 李政涛．"五育融合"推动基础教育高质量发展［J］．人民教育，2020（20）：13 - 15．
❷ 李文淑，李家成．以共同学习赋能终身教育的未来［J］．中国远程教育，2021（2）：59 - 65 + 75．
❸ Norman long worth. Learning cities，Learning regions，Learning communities. London：Routledge，2006：5．
❹ 夏岩．第七届终身教育上海论坛：终身教育背景下的家庭生活教育［C］．上海：上海终身教育研究院．2019．
❺ Norwegian Ministry of Education and Research. Core Curriculum values and Principles for Primary and SecondaryEducation［EB/OL］．2019 - 04 - 09/2020 - 07 - 20https：//www. reg-jeringen. no/contentassets/53d21ea2bc3a4202b86b83cfe 82da93e/core - curriculum. pdf．

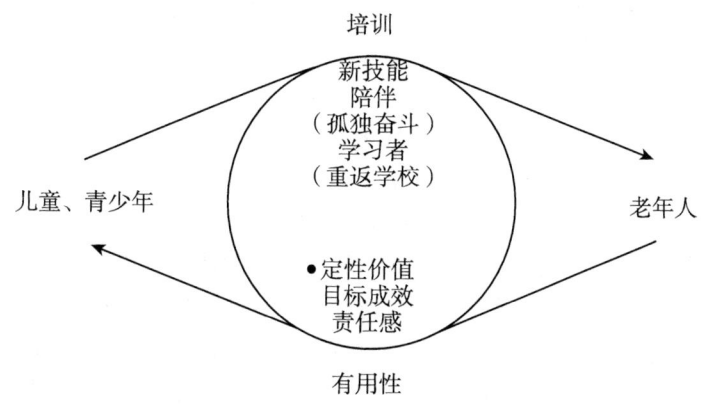

图 7-2　ICT 课程的代际学习经验方案❶

其中，具体的教学模式包括将老年人 ICT 培训与学校教育计划相结合的课程教学。教师是学龄儿童（14 岁），他们为他们的祖父母和社区中的其他老人开设了信息通信技术课程。该课程是中学选修工作与生活培训计划的一部分，专门为希望在学校学习更多实用科目的学生设计。社区内的祖父母和其他老年人被邀请进入学校，每周进行两小时的课程，并由经验丰富的老师协调该计划。在课程中，学龄儿童担任教师，每个学生负责在整个课程中指导一位老人，学生坐在老年人旁边指导他们，同时，他们也共同学习信息技术知识。

在信息日益数字化的背景下，技术可以对老年人生活质量的提升做出重大贡献。对许多老年人来说，与孙辈保持良好关系的能力是一个重要的激励因素，根据老年学理论，社会关系是影响晚年生活的一个重要因素。这些新产品和服务有可能使地理区域内的老年人获得权利，为他们的社交提供了一个独特的机会，并建立了社交网络，可以减轻孤独感和疏离感，促进他们的认知功能、控制和独立体验，提升老年人的幸福感和赋权感，使获取信息成为改善健康和独立生活的重要组成部分。青少年儿童在这个课程教学的过程中所扮演的角色也使他们有机会发展定性社会的价值观，如目标实现和承担社会责任，提高他们的学习动力和创新力。

事实上，共同学习不只发生在两个群体之间，也可以发生在多个主体、多个群体之间，利用节假日的空闲时间，探索新途径，在合理的空间范围内实现

---

❶ Elin Thygesena, Ragni MacQueen Leifsona, Santiago Martineza. Using ICT training as an arena for intergenerational learning experience. A case study [R]. Scandinavian Conference on Health Informatics, Grimstad, Norway. August 21-22, 2014: 9-15.

常态化的共同学习状态，打开终身学习的新思路。例如，阳江市成立了首家家校社共育实践基地，通过家校社三方联合开展不同层次的隔代共同学习活动。在团区委、区妇联的指导下，小学生、中学生、大学生、家长、祖辈、志愿者共同研究丰富的隔代互学课程，开展各类活动（见表7-1）。活动中，教师、家长、学生、志愿者和老人们用心投入，共同计划和开展活动，为不同群体之间打开了相处的新模式，有效地提高了学生的沟通能力、协调能力和合作能力，促进了家庭教育水平的提升，推动了学习型社会的建设。隔代互学的方式可以通过学生与祖辈之间的沟通交流缓解观念不一致和价值观不同的相关问题，甸新一小和甸新社区之间因踢球引起的纠纷事件可以借鉴这种隔代教育方式，为社区老年人与学生之间架起沟通的桥梁，使他们彼此之间相互理解和相互信任，可能会比之前的解决方式更加合理并取得较好的教育效果。

表7-1 阳江市家校社共育实践基地开展的隔代共学项目表（文化馆）[1]

志愿者	内容	其他群体感受	学生的感受
退休教师书法家	学书法、写对联	当学生的感觉真好；与孙辈一起学习；学习社会主义核心价值观	老师有耐心；学习书法的基本功，很新鲜
社会机构的老师	画画、手工、剪纸	和孩子们一起画画、做手工很开心	学会剪纸技巧；剪出福字等
多名大学生	安全教育、吉他弹唱、英语配音；魔术表演	每次课都很精彩、新鲜和独特	敬佩、羡慕大学生志愿者；懂得一些法律、环境保护、庄子文化知识
几名小学生	舞蹈表演	跟小朋友学习舞蹈，锻炼身体，感觉很年轻	跟同伴一起学习舞蹈，不用花钱到机构学习，开心

犹如保尔·朗格朗所提出的"终身教育包括一个人从出生到生命终结期间的所有教育，而且这些教育的各个关头、各项内容、各个方面、各个发展阶段

---

[1] 第八届终身教育上海论坛论文集：融通衔接，智慧共享——推动学习型城市建设的高质量发展[C]. 上海：上海终身教育研究院，2020：182.

之间是存在有机联系的，也是不间断发展的"❶。学习型社会建设和终身教育强调在学校与社区合作过程中突破传统的合作形式，推动不同教育层次和主体之间的多维互动、共同学习。"个人"的学习，不能代替"共同""相互"的学习，学校与社区合作所直接面对的是"一群"有着无限丰富的"主体间关系"的"人"。社会人士、社区居民、家长、学生、教师等不同参与主体间应该保持"互学共学"的状态，以"共同学习"促成学校与社区合作的实践发展新形态。

学校与社区合作应回归教育与社会的互动关系以及人的发展，进一步明确"共同学习"的内生性价值、可持续性和创新性，深入挖掘"共同学习"所蕴含的深层次内涵，不断更新和充实主体观、时空观和发展观，寻求理论和实践研究价值，准确把握"共同学习"和终身教育的时代特征。

（二）以相互学习推动共同进步

"人生存在多主体的关系和互动中，人的学习是在相互交往中实现的"❷。代际之间、不同群体之间、组织机构之间的相互学习、相互影响是学习型社会建设的基本内容，也是终身教育的典型特质，强调终身学习宗旨，也强调个体持续一生学习和发展的全程性和多样性。但不同主体之间的联结性在终身教育实践中容易被忽视，尤其在作为实现终身教育和学习型社会建设的学校与社区合作环节中更容易被忽视。而学校与社区合作形式与参与主体需求不匹配，合作内容与主体学习特征相偏离，以及各个机构的教育资源未能得到有效整合等一系列问题的背后凸显出缺少对教育对象"人"的主体地位的关注，也使我们更加清晰了在学校与社区合作发展过程中的组织之间和不同参与主体之间的割裂关系状态是明确存在的，而且在割裂中存有融通的需求。

任何政策措施和改革策略都有其时间和空间维度上的生命历程，随着时代的更迭，终身教育在理论研究和实践中所衍生出问题，也在不断挑战着学校与社区合作关系的建构。学校和社区分属于不同的教育场域，应强化多主体、多机构和多部门之间的互联互通，完善不同群体之间的相互学习策略。正如全球第四届学习型城市大会中通过的麦德林宣言所聚焦终身学习与可持续城市发展的包容性，在新的挑战和发展背景下，学校与社区应致力于为所有群体提供终身学习的机会，承担新的社会使命，把个体的"重要"变成

---

❶ 保尔·朗格朗. 终身教育引论[M]. 周南照，陈树清，译. 北京：中国对外翻译出版公司，1985：15-16.

❷ 乔治·米德. 心灵、自我与社会[M]. 赵月瑟，译. 上海：上海译文出版社，2008：20.

"需要",呼唤不同个体、群体和组织机构之间的相互学习,促进参与主体的共同进步。

"而相互学习的前提是要提高每个参与主体或不同群体的学习力。"❶ 本研究认为,参与主体的学习力应主要包括四个要素:目标、能力、创新思维与意志,只有将"应学""能学""会学""持续学习"四者集于一身,个体才能真正地在学校与社区合作过程中提高综合能力,习得知识,如图 7-3 所示。在学校与社区合作的过程中,由于社区经济条件、社会阶层、家长学历、教养水平、道德素质、家庭氛围、亲子关系、行为等复杂的社会因素,以及不同群体参与、学校情况、教师组织与沟通能力等,会导致学校与社区合作对不同群体的影响带来许多不确定性。即使有些研究在排除一系列交互影响因素的条件下,量化研究出学校与社区合作对参与主体的发展有正向促进作用,但学校与社区合作的理想目标并不是片面寻求某个群体的片面性发展,如学生学习成绩的提高,而是为了提高学生的综合素养和能力,为学生建构学习共生体等更为复杂的目标构成,在不同群体的相互学习过程中共同进步。学校与社区合作的开展也不仅仅是简单的学校与社区联结合作,而是要通过多种形式的合作来引导不同参与主体实现深度学习、自主学习和创造性学习。

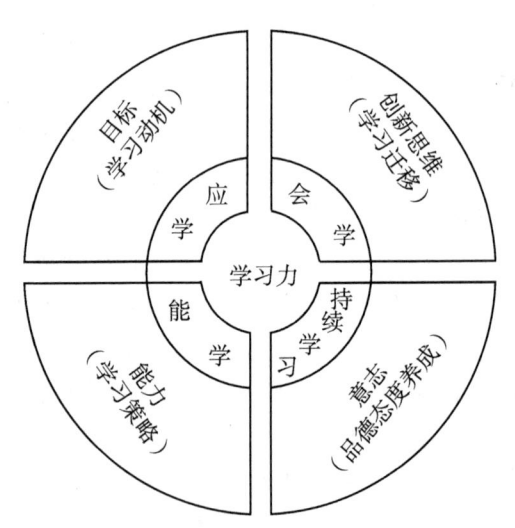

图 7-3 参与主体在学校与社区合作中的学习力提升

---

❶ 保罗·普林斯路,等. 生态系统观视角下的学习分析 [J]. 肖俊洪,译. 中国远程教育,2020 (4):1-11.

在2020年疫情防控期间，规模化网络在线教学和居家学习成为我国及其他国家教育领域落实"停课不停学"的重要方式。家校社合作、家庭教育和社会教育成为保障学生学习质量、提高学习成效、促进其全面健康发展的重要途径。这使得家校社合作比以往更为重要，更加频繁深入，通过合作来有效提升学生的学习力和自主学习的实践意义与价值愈加凸显。如图7-3所示，参与主体在学校与社区合作中的学习力提升模型揭示了学习力和其四个要素之间的内在联系：学生在受到内部推动力与外部因素的共同影响下，首先有了学习奋斗的兴趣和目标，而这只是具备了"应学"的动力，是学习的开始；其次，当个体拥有丰富的理论知识与实践经验，便是具备了"能学"的力量，代表个人有能力、策略和方法去习得知识与技能，是通过个体的一系列心理或行为来完成的，其中包括学习主体、情境刺激、记忆、反映四要素，新知识或新刺激来源书本、教师的教学事件和社区、社会环境等；第三，当个体具有在理解、记忆知识基础上的创新性思维，融会贯通，反思并能将知识资源内化或迁移为自身知识资本时，则代表个体具备了"会学"的资质，能建构起个体内部的心理和行为调节机制；最后，当个体能够积极能动地去学习，将学习作为自我不断成长与发展的动力，则代表个体具备了"持续学习"的品质，实现学习者个体品德素养的稳定发展，将终身学习作为努力的方向。

例如，自2020年起，常州市龙虎塘实验小学以"互学共进'疫'时代，智造街区新美好"为总体思路（图7-4），围绕"互学共乐""互学共治""互学共读""互学共福""互学共创"五个维度，全面推动学校与社区之间的深入合作，融通课程与社区实践，深度探索。在此思路框架的引导下，开展了一系列多主体互学共学活动，社区中的居民、家长、交通警察、治安警察和社区工作人员等都参与其中，致力于培养学生成为互学共学、终身学习、服务社会的好公民，从而服务学习型社区、街区、城市甚至学习型社会的建设，充分发挥学校与社区合作的教育效能。

学校与社区合作具有较强的实践性，其理想目标是能够促进多种视角的知识建构、有吸引力的对话和交流、探究和解决实际问题等，引导不同参与主体在合作实践中将理论知识转化为价值认同、专业技能与理想信念，真正促进相互学习目标的成功实现。而这不仅需要不同参与主体之间的相互学习，更需要学校的校长、教师、社区工作者及其他社会人士的倾情相助和互动沟通，共同将实现学校与社区合作的所有参与主体的利益付诸实践。

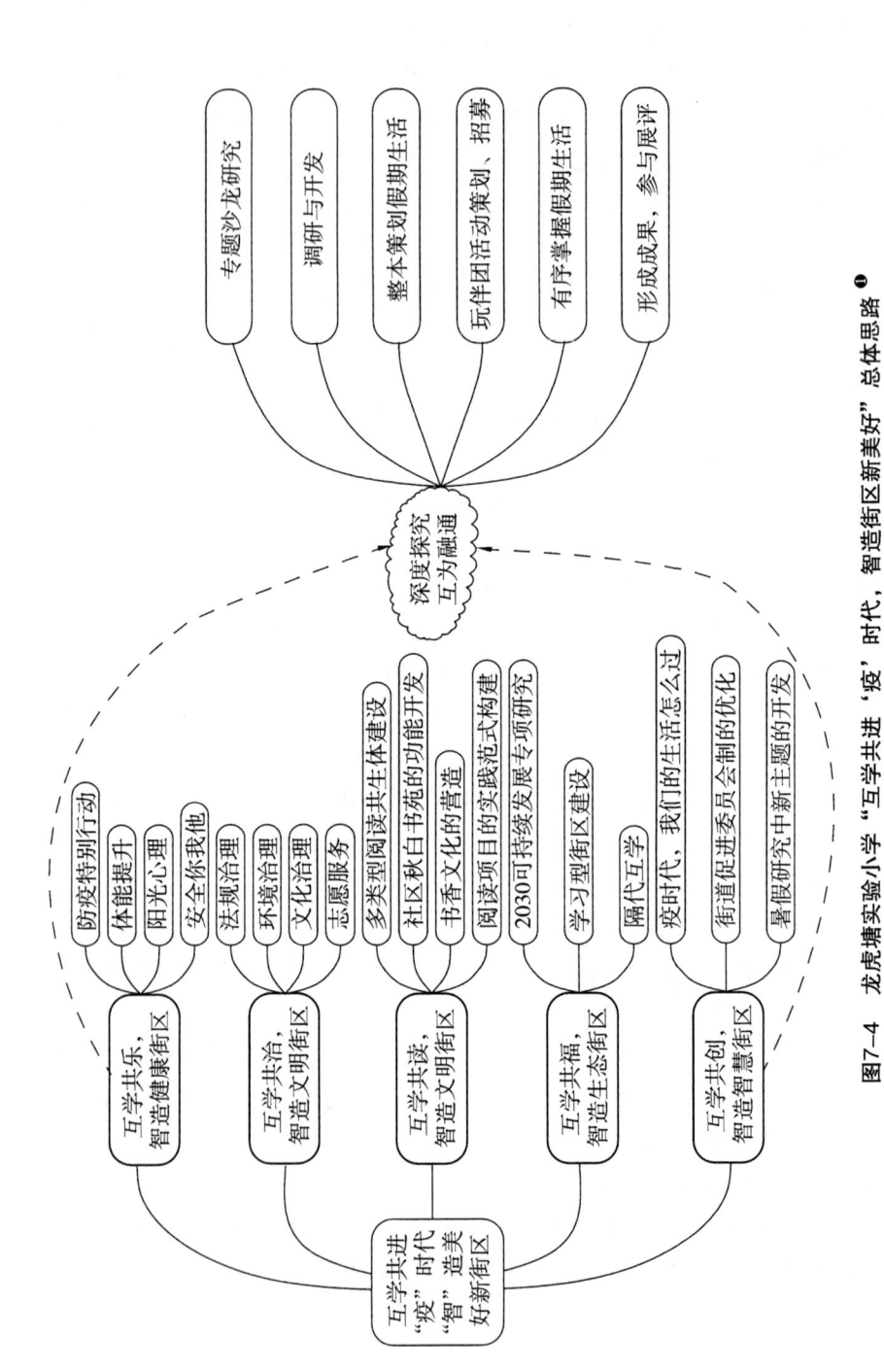

228 | 互惠·增能·创生——学校与社区合作发展研究

图7-4 龙虎塘实验小学"互学共进'疫'时代，智造街区新美好"总体思路[1]

[1] 顾惠芬.在假期生活中探索学习型街道的发展逻辑——以常州市龙虎塘实验小学参与社区治理实践为例[J].教育学术月刊，2019(10):10-18.

（三）以智慧学习引领深度探索

佐藤学强调，"学习"是一个内涵复杂性、包容性、根源性的概念。空间、内容、方式和学习场景是学校与社区合作的外塑，而参与主体内部的主体思维和意识活动则是学校与社区合作的内核，在整体视域下，这两个方面是密不可分的。因此，在开展学校与社区合作促进参与主体学习的过程中，不应仅在外在形式的转化上下功夫，更要实现学习内容与个人意识、认知情境与思维的高度融合，关注学校与社区合作空间融合背景下参与主体的多元学习、思维创新、道德素养与持续学习等价值的养成。

一是强化以参与主体为中心的学校与社区合作活动设计，教师、家长和社区工作人员、社会工作者扮演支持者和协助者角色，与参与主体形成一种动态而非被动的关系，共同为他们搭建学习过程脚手架，引导他们在整个活动参与过程中从已知逐步走向未知探索。威特洛克的生成性学习理论强调学习者在学习过程中的主动认知，"在学习过程中，当学习者使用自己对事件、已获经验和认知记忆来构建学习文本的意义时，并在概念之间、原有学习、新经验与新信息之间产生关系，对新知识的学习就变得容易"。[1] 这意味着，当学校与社区各个领域的利益相关者聚集在一起并以共同协作的方式运作以支持参与主体的学习时，有利于建立发展文化资产、资源并支持成功所需增强力量的环境，但更为关键的是能让参与主体感受到尊重、鼓励和关心，而不是管理和教导，赋予他们自主选择的权利，充分体现其"主体性"地位。

二是强调在学校与社区合作过程中对参与主体学习的价值与智慧引领。通过自我展示、小组合作、人际互动、观点展示、范例分析等学校与社区合作活动开展方式，在比较、互动沟通中提高认知，在探究活动、自主设计中拓展其视野和提高创新能力，在价值冲突、榜样示范或对错误观点的批判中深化学习理解。子曰："工欲善其事，必先利其器"，蕴意出对学校与社区合作的资源、载体、机会、工具等利用的效益问题。换言之，学校与社区合作本身并不会带来学习，反而是合作中的教育方法才会引发参与主体学习。学校与社区合作实施的核心机制是合作方式、策略与具体实施过程中的引导。如果只是机械"走程序"式的开展方式，没有关注参与主体表现出来的思维火花、思想转变和行为，对其做进一步的引导，只注重实践而不重视后期理论提升，对学习是没有成效的，更可能会事倍功半。

三是倡导以学校与社区合作的形式为参与主体提供多元化学习方式。注重

---

[1] 张琪，王红梅，庄鲁，赖松. 学习分析视角下的个性化预测研究 [J]. 中国远程教育，2019 (4)：38–45.

复杂学习情境的创设，多途径、多视角、多维度地引导主体参与、观察、理解、分析和探究，更好地解决参与主体学习路径单一、学习内容固化和学习形式僵化等问题。在学校与社区合作过程中，参与主体的能力、特点与学习风格的差异化会增加合作实施的复杂性，如学习能力强的参与主体在参与过程中容易如鱼得水，获得更大的学习和发展空间，而部分学习能力弱的参与主体可能会自我施压，担心自我表现较差，甚至陷入迷惑困顿中，不仅起不到真正学习的效果，其学习信心、耐心和恒心也会备受打击。对此，教师应该了解并掌握每个学生的学习特点，根据学情分析，与家长、社区工作人员或社工沟通并协同为参与主体提供有针对性、灵活、动态的学习指导及个性化学习方式，有效弥补学生的学习短板。

四是在参与主体学习过程中，要使有意义的学校与社区合作和引导认知过程相关联，即其关注点不仅仅是参与主体在合作过程中的行为活动，更重要的是在参与过程中的认知加工。因此，倡导开展系列化或项目化学校与社区合作活动，将有助于往创新性学习做进一步引领，而不是停留在表面内容。要鼓励参与主体自主深入探索相关联的知识资源，在心理和思维层面建构一个递进式、连贯式的串联型思维矩阵，并与从长期记忆中激活的相关原有知识进行融汇整合，形成完善的知识体系，即意义学习，而不是机械、断点式学习。如后疫情时代的学生学习，将全面进入线下学习、自主和在线学习融通的新时代，学校与社区合作应充分调动学生在社区场域内学习的积极性，增加学生基于线下学习、自主学习、观看教学视频和适量作业之后的学习强化，使学校与社区合作转为"对话"载体。

（四）以终身学习赋能合作未来

"随着教育理念的转变，终身教育已不再是传统中孤立的一个范畴，人的学习和发展是相关范畴共同作用的结果，是人类学、心理学、哲学和社会学等范畴的融合与交叉"❶。这意味着终身教育为人们提供丰富的教育选择机会，从而支持终身学习，同时，终身学习者也可以成为教育者，在共学互学中助力终身教育的发展。"终身学习主要基于学习者内在立场来强调和界定，不仅强调学习的内在主体性，也着眼于实践，强调作为理念的价值，因此，从某种程度上看，终身学习属于学校与社区合作的内在发展潜力，且处于动态变化中，伴随着终身学习日益凸显出的意义和价值，终身学习和学校与社区可持续合作发展间的关系更为密切，其蕴含的对学习型社会建设的理解与追求、思维方式与

---

❶ 侯怀银. 社区教育[M]. 北京：北京师范大学出版社，2015：7.

行为方式、成果形态与学术性,都启发着我们如何继续投入和开展学校与社区合作实践中"❶。

终身学习与"互学共学"的终身教育发展模式强调整体性与持续性的联系,依据终身教育政策而发展出各种行动策略,重视多元主体的学习需求与满意度,为学校与社区合作理论与实践的进一步探索提供了科学的方向指导,突出了其实践性、生成性、具体过程性与效益性,追求参与主体真实的实践和持续的互动。"尤其是不同场域、地域和主体间的共同学习与合作学习风格的多样化,促成了学校与社区合作时空的再开放与新积聚,其最终目标在于实现善治,故而,形成一种终身学习治理的新局面,以学习者为中心,通过系列政策,联结政府、公民、社区、学校及社会,呼唤跨部门之间的协作,为全民终身学习的推进和学习型城市的建设提供支撑"❷。

例如,韩国是以多层次治理方式实现终身学习,这种方式体现在试图通过以中介机构为媒介、协调者和沟通者来搭建政府与公民社会、社区与学校、不同类型教育之间沟通的桥梁,其中,人权中心、社区青少年儿童中心、社区社会经济中心、社区、公民教育中心等中介机构能够实施和开展教育项目,鼓励社区中的不同群体参与其中,首尔市的很多区就是以此模式在开展相关工作,在区域层面上提供利于不同年龄段市民的教育和公益学习服务。同时,这些中介机构能够在不同组织机构之间的合作担当联结者、策划者和推动者的重要角色,尤其是在学校与社区合作过程中发挥了重要作用,联结多元主体,加强对话,建立终身学习网络,使不同年龄段的学习者都能够切实地从终身学习中获益,从微观主体层面加深了社区与学校之间的合作关系。❸

当然,我们在关注学校与社区合作过程中的教育和终身学习水平提升的同时,也从侧面反映出在这种割裂的关系中存有融通的需求和探索发展的迹象,应实现多元参与群体的终身学习、共同学习、相互学习,创造良好的社会学习环境以适合不同群体之间的交流、互动和学习,而且我们应在借鉴他国经验的同时继续探索我国学校和社区的创新性合作应如何与具体社会情境相结合的问题,以学习能量赋予学校与社区合作的教育能量,建设高水平合作体系,赋能学校与社区合作发展的未来。❹

---

❶ 李文淑,李家成. 以共同学习赋能终身教育的未来 [J]. 中国远程教育,2021 (2):59-65+75.
❷ 黄健. 从终身教育的视角解读《中国教育现代化2035》[J]. 教育与教学研究,2020 (34):1-2.
❸ 上海终身教育研究院. 2017-2018 上海终身教育发展报告:激发活力,共创共享 [M]. 上海人民出版社,2020:110-112.
❹ 蒋凯. 比较教育研究方法的相关问题分析 [J]. 教育研究,2007 (4):35-40.

二、成为实现教育现代化的节点

节点是指电路中各个支点的连接点，也指框架、桁架结构中各个构件（柱、杆、梁）的相互连接处。正如海德格尔所言，"我们的存在总是处于关系之中，我们总是'将在'（be-coming），我们作为网络之中的节点，与其他网络之中的其他节点相互连接：人处于文化之中，文化处于人文之中，人文处于一个生态系统之中，我们的生态系统处于我们的宇宙之中，我们的宇宙（universe）处于更大的宇宙（cosmos）之中，一直在不断演化，我们的存在感是通过在网络内部的这些节点以及不同网络之间的互动而形成的，这种发展过程，产生于互动，不可预测地导致新事物的创生"❶。

如同节点的意义界定一般，学校与社区合作在实现教育现代化过程中的地位和作用亦是如此。《中共中央关于制定国民经济和社会发展第十四个五年规划和二〇三五年远景目标的建议》中提出："坚持立德树人、贯彻落实党的教育方针，健全'学校、家庭、社会协同育人机制'，是形成协调行动、广泛共识以及建设高质量教育体系的更高要求，是传承弘扬中华优秀传统文化、加强社会主义精神文明建设的基础环节，是我国教育事业'五育并举'和'三全育人'相结合的实现方式。"《中国教育现代化2035》中也提出了更加注重"以德为先、全面发展、终身学习、因材施教、面向人人、知行合一、融合发展、共建共享"的八大基本理念，这些理念不仅透露出深化教育改革和实现教育高质量、高水平发展的迫切需求，也浸润着学校与社区、家庭相互联系、互动及持续合作以实现全社会协同育人的内在要求。

因而，赋予学校与社区合作发展的广阔空间，联结各类群体和组织机构并发挥纽带作用，共同促进教育发展，成为实现教育现代化的基本路径和重要联结节点。

（一）以合作教育课程协同提升学生的综合素养

毋庸置疑，学校与社区之间建立合作关系的初心所达成的一致理念是提高学生的综合素养，使他们成为全面发展的国家有用之才、栋梁之材，这与以德为先、立德树人的教育根本要求不谋而合。由此看来，学校与社区是相互协调、相互补充、动态平衡的关系，汇聚更大合力，通过相互支持和配合来共同作用于学生的健康成长，营造良好的健康成长环境，这不仅呈现在教育方式、内容

---

❶ 威廉·E. 多尔. 后现代与复杂性教育学 [M]. 张光陆，等译. 北京：北京师范大学出版社，2016，326-327.

方面，在功能层面上也存在着相互支持与协调。

在教育方式上，传统学校教育主要以课堂教学为主，教师教导、学生听讲、学校督导的教育形式是非常普遍且正式的，强调学生尊师重教和学习科学知识的行为规范。然而，学校与社区合作的教育实现形式除了与传统教育保持一致的育人目标之外，更为关键的是要凸显其育人方式和学习体验的独特性。学校与社区合作应以实践体验教育为主、教学为辅的方式来开展，把合作融入思想道德教育、文化知识教育、社会实践教育等各个环节，从而一体推进学科体系、教材体系、教学体系、评价体系、管理体系、督导体系等改革。如《上海市教育委员会关于印发上海市中小学2017学年度课程计划及其说明的通知》中明确要求，"各中小学要确保小学生每学年不少于10天的社会实践活动时间"，指导学生走出校门、走向社会参与各类校外实践活动；二是邀请社区有志之士、各行从业人员或有一技之长的家长们走进校园和课堂中，为学生讲解各类社会生活、安全及民生常识类的课外知识，拓宽学生的学习视野；另外一种方式是邀请社区各类群体参与校内举办的各类教育活动，如学生风采展示、知识竞赛等活动，让社区内的居民、家长和社会人士了解学校教育内容、现状和学生真实学习水平。秉承"引进来，走出去"的学校与社区合作原则，开展全方位、多元化教育合作形式。

在教育内容上，学校与社区合作的教育内容与学校传统知识传授内容基本不同。学校与社区合作的教育内容应以德育知识为主，呈现其在德育开展方面的优势所在，教育更多的社会技能与态度。与学校的智育不同，德育知识不仅应该包括思想道德教育、传统文化教育与人文素质教育，也应将科学知识浸润在社会实践内容中，加深学生对知识的理解度。与学校教育采用固定统一的教学大纲不同，学校与社区合作的内容可以根据校内外资源呈现情况、学生的需求和家长支持力、校内外参与工作人员的时间及具体组织情况等来确定社会实践课程教育内容，具有一定的教育弹性和可选择性。

从具体实践操作层面来讲，学校与社区合作开展的课程教育内容应是以一种课程知识与社区服务、社会实践活动内容相互融通的过程，包括课程开发意图（背景）、明确课程目标、明晰开发原则、明晓课程内容与实施、明朗实施效果、形成课程资源群等阶段，逐步开发和完善一套学校与社区合作教育课程体系（见图7-5），能够为教师带领学生参加社区服务和社会实践活动提供科学专业的引导，体现参与的专业性、效能性和综合性，从而激励家长和社会人士积极支持学生参与社会公益服务。

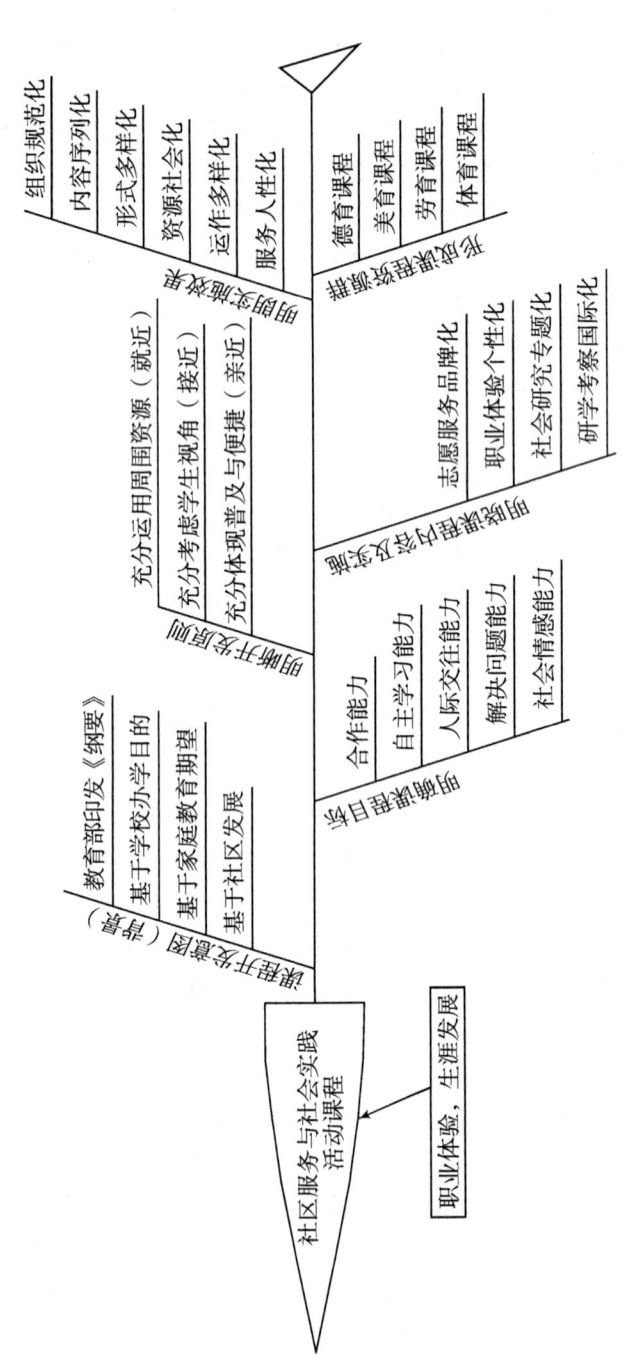

234 | 互惠·增能·创生——学校与社区合作发展研究

图7-5 学校与社区合作实践教育课程设计

学校与社区合作在功能和角色分化上应是对学校教育和社区教育的补充、支持和融合，正如生物体各个系统发挥着不同的生存功能但必须相互协调才能维持机体生存。在这个层面上来讲，学校在与社区合作的过程中所承担的并不是简单地开展德育实践活动，而应该成为衔接和融合学校教育与社区教育的有效方式，而这个融合过程中必然会涉及学校与社区居委会或其他社群、组织机构之间的博弈、协商。

综上，学校与社区合作协同育人，不仅能够协助学校有效、全方位培养学生的综合素养、劳动技能与社会能力，正确引导家长支持孩子健康成长，也能够缓解社区教育资源的不足，使社区教育方式多元化。这不仅体现出为学生学习创造良好生态环境，动员所有力量协助学生提升社会实践等综合素养，更为重要的是，能够将学生能力提升细化为社会实践课程或项目式合作模式，泛在提升转为精准培育，即从宏观的学校与社区合作转为在微观层面上挖掘社区资源，如引导退休老年人群参与学校课程教学等，丰富学生的学习内容，使课程更具立体感和年代感，在自然而轻松的教学氛围中潜移默化地提升学生的文化传承能力。

由此可见，学校与社区合作协同提升学生综合能力的思想不能仅停留在理念层面，应该真正地落实在行动中，融入社区、社会发展过程中，引导学生探索这个未知的社会，创新和完善文化传承之路，发展社会责任感和服务精神，才能真正提高学生的综合素养。

（二）"请进来"和"走出去"协同创新人才培养

目前来看，虽然有实现教育现代化的理念引导着整体发展方向，但学校与社区合作仍然没有突破创新质量的瓶颈，主要因为两类组织机构在具体行动上没有实现同一性，表现在创新所需要的高水平、高素质和高质量人才资源依旧缺乏，且学校与社区并没有针对合作所需技能对相关人员进行培训与指导。学校和社区自身内部质量的提高是合作水平提高的重要促进因素，要使学校与社区合作成为实现教育现代化的联结点，就应在人力资源、组织方式上发展创新，推动学校和社区内涵性发展。

当前社会正处于快速发展的进程中，社区治理日益规范化，教育改革也在不断深入。在这样的关键时期，要对学校与社区合作发展有客观的判断，树立正确的人才观，提高校长领导力、教师技能、家长教育力及社区工作者能力，培养合作所需要的人才资源对学校发展、社区治理和学校与社区合作具有非常重要的意义。学校应适时指导教师参与专业技能培训课程，尤其是大学或研究机构开展的相关课程或教育会议，在学习和经验交流中提升教师的沟通、组织、交往、协调等核心能力。社区除了引进专业社会工作者之外，还应对社区工作者进行相关素质与专业能力的提升，引导社区工作者能够从心理和认知层面理解合作的价值，促进社区教育的高水平发展。

同时，培育创新人才也是为学校和社区赋能的过程，这使得双方不仅是对方的服务对象，而是重要的、有发言权的合作伙伴，将有助于区域教育民主、和谐、共同发展氛围的营造。囿于现阶段合作过程中的相关制度短板，在这样的民主协商情境下，学校与社区才能共同制定出互惠互利的合作制度，就共同的愿景、目标和资源达成一致，并利用它们的制度权力基础来实现教育变革，从而加快学校与社区合作的法制化进程保障，提升合作所具有的权威性，才能逐步拓展合作开展范围和实施力度，在空间上推动教育现代化的进程。例如，在人才培养方面可以采取与大学科研机构协同合作的形式，邀请学校与社区合作领域的专家学者定期给教师们开展培训，帮助教师们学习学校与社区合作相关的知识，提升教师们的科研能力，协助和督导教师在开展学校与社区合作过程中的相关活动策划、进行活动开展和总结反思，通过理论与实践相结合的形式，逐步提升校长领导力和教师学习力，进而推动有意义地开展学校与社区合作。

校长、教师和社区工作人员等是学校与社区合作的重要推动者、组织者、协调者和评价者，但他们也同样应该是学习者和自我教育者，是可以在日常生活中让学习得以生发的自觉者。"单打独斗"式的学习很难突破思维局限，难以获得创新工作的方式和方法，"独学而无友，则孤陋寡闻矣"。因此，除了将相关专家"请进来"，教师还需要"走出去"，立足学校发展实际，进行跨学校、跨专业、跨区域的合作学习，为教师学习新知识和新技能以及交流经验提供机会，跨越视野、时空、区域等因素的限制，从新的维度来回答学校与社区应该怎么做、谁来做、在哪儿做、做什么等问题，展现出持续发展的创新生命力。

例如，佛山市铁军小学与南海旗峰小学、广州花都圆玄小学的教师进行团队结盟，由团队"指导者"——华东师范大学李家成教授和区域教育管理者、团队"支持者"和"协调者"——校长和学校管理者、团队"领头羊"——具有丰富学校与社区合作经验的佛山铁军小学教师团队以及团队"参与者"——三所学校的教师、班主任和其他区域的知名班主任共同组成（见图7-6），围绕学生、家长和社区居民等活动主体，学校校长、教师及行政工作人员立足自身学校和所在社区发展的实际条件，相互交流，总结前人实践经验并进一步研究，通过协作，在学习和反思中进步。

建立良好的人才创新培育机制，应让学校和社区的组织者、管理者、策划者、评价者共同参与并真正理解合作中蕴含的价值，才能够切身实际地投入到这份事业中，将合作置于社会系统整体的发展之中，进而将教育现代化置于社区治理现代化的动态平衡中，使教育不会滞后于社会发展。如此，教育生态系统整体乃至整个社会的教育力才能形成合力,学校与社区协同共享共建,创新合作制度,融合发展,逐步提升合作质量。

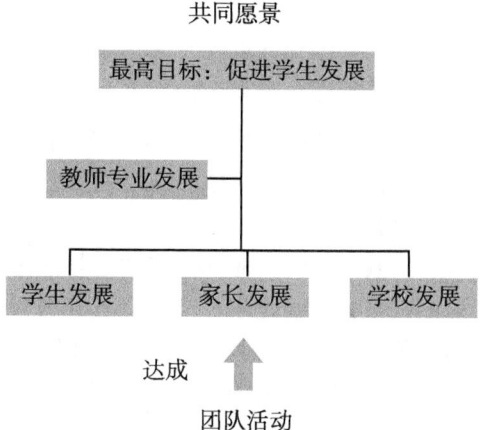

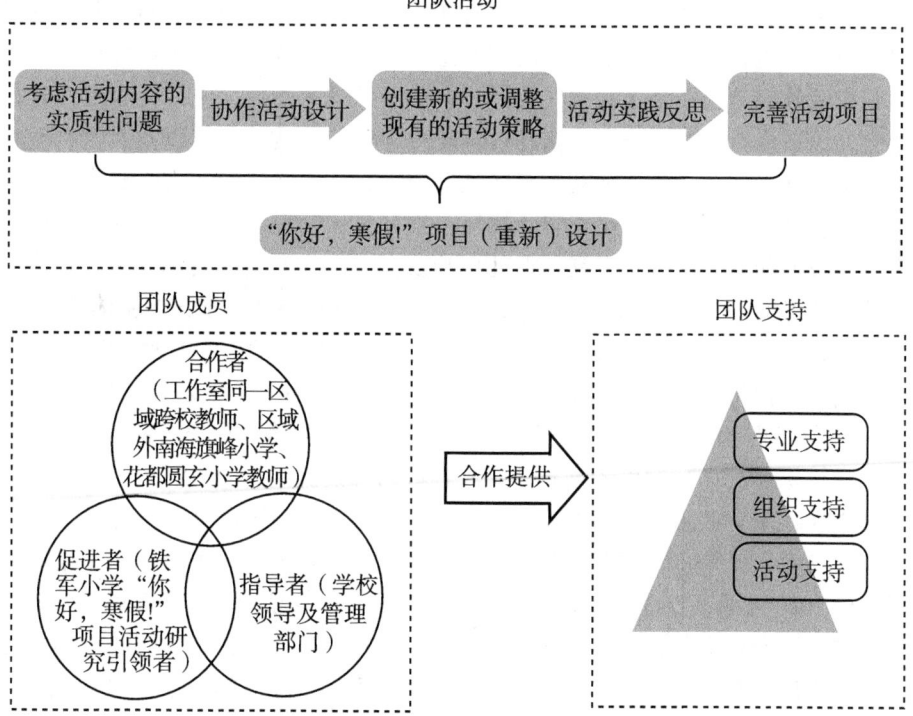

图 7-6　城市间教师合作学习团队的结构关系[1]

---

[1] 李家成,林进材."你好,寒假!"学习型社会建设背景下的寒假学习共生体研究[M].上海:上海交通大学出版社,2019:185-185.

(三) 完善合作平台的构建以协同强化教育效能

当前，学校与社区合作也已成为教育变革、学校管理、课程创新和社区有效治理的切入点，蕴意出未来学校与社区合作的发展趋向与价值取向。即学校与社区的合作应强调在互惠、增能和协同创生等信念的引导下，走向立体、深度、全方位和创新性的合作，为学生教育发展、学校教育品质以及家长与社区发展的共同目标，尤其是要关注和挖掘社区中不同年龄群体具备的特质与潜能，从而使家长、学生、教师、社区居民之间寻求彼此共学互学、资源互享、创新、赋能与自我增能，协同强化教育效能的过程。

那么，学校中的校长、教师、学生应如何有效地与社区中的管理人员、家长群体以及社区居民协同起来共同强化学校和社会教育的整体效能？目前，落实在实践过程中，较为简单、有效、科学、可持续的合作方式是以构建能够协同多方组织合作的中介机构为平台，引导和有序组织、策划、协调各类学校、社区居委会、社区教育学校、NGO、NPO等社区其他组织机构进行合作。这类平台可以是组织机构之间根据共同利益追求和共同协商自发组织建立的，也可以是申请政府专项资金来聘请其他民营社会组织加入。但无论以何种形式建构平台，该平台所发挥的作用应该是以实现参与组织机构和主体以及所有利益相关者都能从中获益，个人利益与集体利益兼容，并不是单独实现学校利益需求或社区发展，而是应该立足于实际情境，根据具体问题和需求来促成学校教育和社区发展的共同实现，尤其是在处理涉及多组织利益纠纷的事件时，应以不能忽略任何一方利益为协同原则，制度定位于面向整体，增强多主体的立场，升级合作机制，服务于学校与社区的协同高质量发展，发挥整体教育效能。

例如，常州市龙虎塘实验小学自2015年起就开始了学生寒暑假生活研究，于2017年6月推动政府从街道层面建立了"龙虎塘街道学生寒暑假生活与学期初生活重建委员会"制度，创新"家校社协同育人机制"，形成了"多力驱动、多环交融、多学赋能"的家校社合作生态，在"学习型街道建设""隔代互学""社区治理""学生玩伴团"等具有时代内涵的主题研究方面形成了一定的成果。到2020年暑假，学校根据三年来在实践活动中总结的经验和反思，学校推动了"促进委员会"的创新和升级，对学生假期"玩伴团"活动进行样态更新，具体化了寒暑假生活研究的"互联互通"思维，建立街道层面多组织、多主体的互动关系，进一步打开社会系统融通合作发展的新局面，在学生寒暑假活动的策划、实施、展评过程中都能充分发挥学校、家庭、社区、政府"四位一体"的合作效能（见图7-7）。

```
                    ┌─────────────────────┐
                    │ 龙虎塘街道学生寒暑 │
                    │ 假生活与学期初生活 │
                    │ 促进委员会         │
                    └─────────────────────┘
            ┌─────────────┴──────────────┐
    ┌───────────────┐              ┌───────────────┐
    │ 会长          │              │ 副会长        │
    │ 街道办事中心主任、│          │ 文教科科长、  │
    │ 校长          │              │ 分管副校长    │
    └───────────────┘              └───────────────┘
```

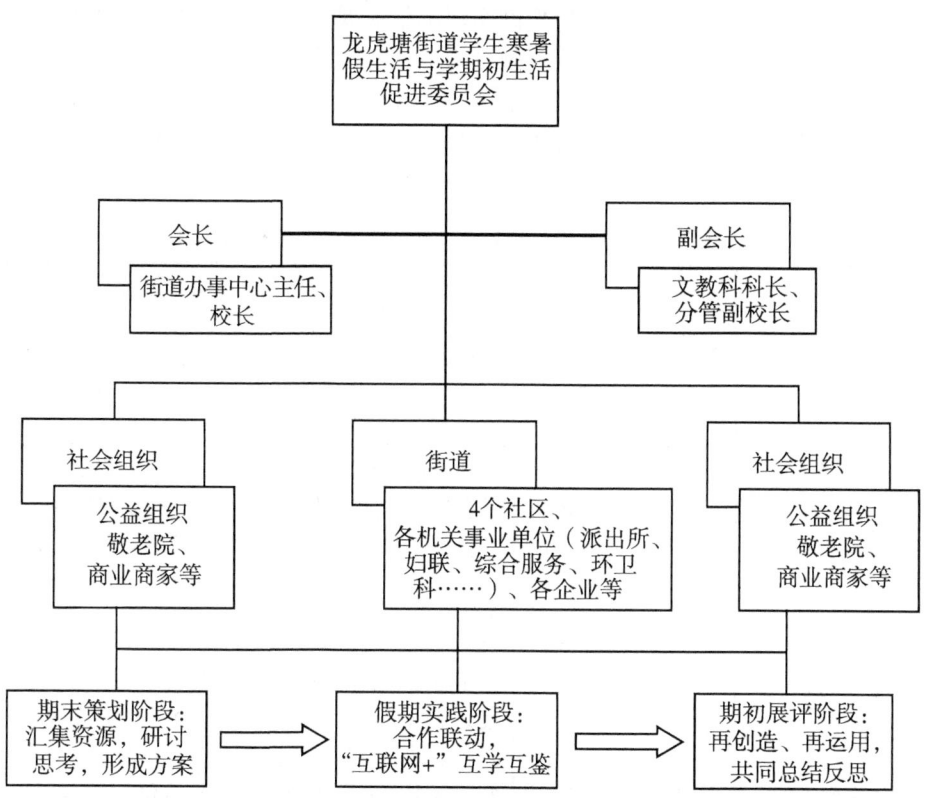

图 7-7　龙虎塘小学"学生寒暑假生活与学期初生活重建促进委员会"运作机制[1]

（组织结构下设：社会组织（公益组织、敬老院、商业商家等）、街道（4个社区、各机关事业单位（派出所、妇联、综合服务、环卫科……）、各企业等）、社会组织（公益组织、敬老院、商业商家等）；运作流程：期末策划阶段：汇集资源，研讨思考，形成方案 → 假期实践阶段：合作联动，"互联网+"互学互鉴 → 期初展评阶段：再创造、再运用，共同总结反思）

2020 年寒假，该学校又借助"街道促进委员会"的合作优势，创生了"家庭+网络+志愿招募"的集成模式（见表 7-2），打造了诸多互联共防的品牌活动。街道办事处的文教科、党群办与学校教师、学生、社区、家委会成员等协同合作，以共同创编、提供素材、撰写报道等方式，广泛宣传发生在身边的防疫故事，为英雄观的更新、社会防疫、舆情教育等做出了独特的贡献。

在学校与社区合作的不断协同创生过程中，学校教育应不只是为学生提供服务的形式，教育也不再是教师的专利。学校的发展获得了社区的支持和共同关心，与社区内不同特征的专业组织机构、不同年龄、身怀不同技能的居民建立合作伙伴关系，尤其是以学校与社区合作的方式，使更多的社区公众参与到学校教育和管理过程中，拓宽学校教育范围，壮大教育力量，有效推动社区持续发展、社会问题解决以及公民教育，为社区高效治理奠定基础，缓解社区各

---

[1] 顾惠芬，张振东. 第八届终身教育上海论坛：融通衔接，智慧共享——推动学习型城市建设的高质量发展[C]. 上海：上海终身教育研究院，2020：35-38.

种教育资源不足的困境。有效合作的实现不仅需要学校教育专业实践和研究人员的参与，更需要社区居民中的非教育专业人士的积极引导，尤其是在社区中活跃度较高的不同年龄阶段的社会群体或个体对相关合作活动的参与。他们能够为学校与社区合作带来创新性思维和丰富的教育资源，增强教育效能，实质上，有助于使学校与社区达成互惠共生的生命发展状态。

表7-2 龙虎塘小学学校与社区合作的职责分工[1]

组织类型	实践内容	学校、家庭、社区职责分工
"家庭组织"	综合性：健康生活、家庭生活、学习生活……	学生设计、计划和参与；家长提供指导、支持和建议
"线上玩伴团"	病毒防控、年俗研究、隔代互学、课程学习……	学生设计、参与、成果展览、总结和反思；家长参与、共学互学、提供建议、提供保障和支持；教师观察、参与、指导、点评、引导、总结、反思和创新，理论与实践相结合，提升影响力
"家庭+网络+志愿者"	共打社区防疫战、社区治理……	学生与家长共同制作手工艺品或才艺展示，通过线上与其他人分享和展示成果；教师在线上进行引导、组织、协调和点评，并邀请家委会和社区工作人员共同参与、分享和点评，将这份凝聚大家"爱心"的成果分享给防疫一线人员；政府、街道、社区、学校和家长们以微信公众号、电视报道等形式共同宣传活动内容，倡导共同协作和创新的精神

以学校与社区应摒弃学校发展受家长、社区居民和教师在资源、管理和理念等方面制约的思路，提高自主创造性，积极引导并赋予家长、社区"影响"和"自我影响"的力量，使家长、社区和学校之间建构共同学习、相互学习、相互促进和相互协调的和谐发展关系，为学校发展和社区治理增添新鲜度和活力。面对我国学校与社区合作如此多挑战和困境的现实，我们必须充分调动社区参与和学校变革的积极性，使政策引导具象化，完善合作体制的机制建构，转变价值取向中"唯教育"和"唯成绩"的狭隘思维，将发展的眼光扩展到社

---

[1] 李家成，顾惠芬. 疫情之下对教育本质的追寻——基于常州市龙虎塘实验小学教育实践的个案研究 [J]. 北京教育学院学报，2020，34（2）：21-27.

会整体可持续发展上，为社区谋福利，使社区中各类群体都能在此过程中充分发挥自己的潜能并从中获益，从而形成家庭、学校和社区共同发展、互相学习、互享互惠的良好态势。

目前，其他国家已经在学校与社区合作方面取得了系列成效，我们可以借鉴其他国家的理论与实践经验。但经验学习不是照搬照抄，这与国内不同学校与社区之间相互学习相类似，每个国家的社区境况是不同的，我国每个社区的发展境况也是不均衡的，且每个学校的学生个性也是存有差异的，我们要重视自我创新和发掘，而不是直接套用他人经验。教育现代化目标的实现纵然需要借鉴他人经验，但更需要创新性自我发展，从中国的文化底蕴和实际情境出发，激励主体力量，辩证地审视和理解中国与世界的共生关系，在"扎根于中国经验的教育研究"保障下，有效发挥学校与社区合作的对话性、互动性和国际性，建构本土化的学校与社区合作研究体系，赋能其在未来发展中的质量突破与创新。

结　语

随着社会与教育进入新时代发展时期，改革成为实现教育现代化的根本动力，构建具有共同体性质的学校与社区合作不仅是教育改革面临的重要难题，也是新时代实现教育现代化、社会可持续发展和社区有效治理的真实需求，是教育和社会发展的使命所在。学校与社区合作对于社会中的每个人尤其是青少年儿童的影响具有十分重要的意义，是新时代育人目标中全面提高青少年儿童的综合素养、德育水平和高质量人才的根本路径，也是实现社会可持续发展、终身教育和学习型社会建设的重要方略。

然而，我国学校与社区之间的合作关系却一直难以深入，也一直是家庭、学校与社区合作中的薄弱环节。家校合作研究如火如荼，相对而言，校社合作研究却止步不前，缺乏方向一致且具说服力的研究成果，不同地区的学校和社区合作水平极不均衡。即使政府采取各类措施推动学校与社区建立合作关系，但双方一直都是采用敷衍了事的态度来对待合作，相关理论和实践研究亦是"不温不火"，完全没有往前发展的动力。

我国正处于关键发展时期，我国独特的制度优势、政治优势和发展优势使得教育和社会发展的力度空前加强，这不仅为学校与社区之间的深度、可持续合作发展提供了契机，也成为学校与社区合作的机遇优势。我们应趁势而上，促进学校与社区的内涵性发展，在提高育人质量和促进互惠互利、共学互学、平等公平、相互包容上着力，强化合作的教育效能，赋能合作，协同推动合作开展方式和参与方式的创新，完善相关政策制度内容和保障措施，围绕立德树人和终身学习的根本目标，构建学校与社区互惠合作共同体，促进教育和社会持续发展。

由于学校与社区合作是实践性较强、开展时间碎片化、空间实施范围较广、涉及群体多元、人际关系复杂的教育与社区发展项目，对此展开相关研究的确难度较大，基本属于跨学科研究，既要对学校教育理解透彻和全面，又要对社区发展和社区教育深谙其中要理，只有具备如此科研功底，才能将学校与社区合作的理论和实践研究透彻。研究者认为教育学研究者应与社会学研究者共同合作才能科学有效地推动学校与社区合作研究取得质的飞跃，或许这也就是学校与社区合作研究一直极少数人研究、研究不深入的原因之一。所以，研究者虽有硕士阶段的社会学学习背景，但事实上，研究者在真正展开此项研究的过程中仍深感能力有限，虽然作为教育研究者，应本着促进教育发展和学校变革的角度来开展学校与社区合作研究，但如果不同时对社区面临的现实问题和真实需求作深入探讨，是很难厘清合作所遇到的难题根本原因所在的，也就很难实现学校与社区之间的互惠合作。

因此，本研究秉持着学校与社区应实现互惠、增能、协同创生的合作发展理念，尝试依据"问题—分析—建议"的逻辑框架，通过对互惠理论、增能理论、教育生态系统理论的分析，站在促进社区治理和教育发展的立场上，在实践调研的基础上，立足于理论分析、现实反思、多角度比较和未来建构的逻辑思路，本着立德树人的根本目标，探索实现学校与社区合作发展的科学合理路径。

本研究的学校与社区合作现状调研是基于济南市历下区，首先，系统审视我国学校与社区合作的社会背景、困境和问题，重释社区的概念、理论与新时代特质，从根源处理解和掌握社区的意涵和蕴意；其次，在互惠理论、增能理论和教育生态系统理论省思的基础上，以济南市历下区甸新一小与甸新社区和名玉小学与名玉社区合作的现状调研为出发点，了解和掌握当前学校与社区合作相关行为主体的表现和特点，分析现有的合作方式与访谈对象"所谓的"现有运行机制究竟是如何的，探析现有实践特色、优势之处与合作困境，并以案例多维立体呈现学校与社区合作的具体过程与情境，明辨学校与社区合作的困境生成机理和根本问题所在；最后，在理论省思和实践调研的基础上，本研究从互惠、增能和协同创生三个角度提出学校与社区合作的互惠性、内涵性、创新性发展维度，总结出促进学校与社区合作发展的策略建议，明晰学校与社区合作实现教育现代化和构建互惠合作共同体等目标的合理定位。

行文至此，应尝试对本研究的主要内容和得出的具体结论进行自我述评：

第一，通过对社区相关内容的梳理，本研究认为新时代的我国社区已然发生了实质性变化，其显著特征体现在社会流动增多，人口特征异质性较强，社区类型多样，人口老龄化加剧；人际关系多层次，价值规范复杂多元；人们渴望彼此相互合作、关怀和文化传承的需求日益增强；社区治理日趋现代化、民主化。加强学校与社区之间的合作，应对社区的新时代特质和意涵有着准确的把握和理解，才能有针对性地开展相关实践。

第二，本研究从参与主体"行为—意识"特征、合作方式、实践特点和具体案例分析四个层面对学校与社区合作的实然现状进行调研并剖析发现：在学校和社区极为复杂的合作场域中，不同主体的行为呈现出不同特征，但整体发展特征呈"因循守旧"和"顺势而为"。参与主体的"行为—意识"可以从背众、从众和出众三个维度进行划分；学校与社区合作的促成方式包括："审慎"与"友谊"的相互性导致直接关系建构和家委会与社工的嵌入支持外力赋能合作，实践特点呈现在政治合作、民生合作、经济合作、时际合作和德融合作五个方面。

第四，通过对具体案例的分析，本研究既发现学校与社区走向深度合作的萌芽，从"混乱"逐步走向"善治"，也看到了发展中所必然存在的困境呈"内卷外困"与"举步维艰"。学校与社区在合作过程中实现利益均衡、互惠互利、赋能和创新是非常重要的，这是合作的前提和根本目的，预示着构建互惠合作共同体的必然趋势。学校与社区负责人、教师、社区工作者都是非常关键的促进者，更重要的是要获得政府、家长、社区居民和公益组织的全面理解支持和协助。产生合作困境的原因主要包括："弱互惠性"使学校与社区之间合作关系的受益失衡；"内卷化"使学校与社区合作实践发展的能量缺失；"非定域性"使学校与社区合作难以突破创新瓶颈。

第五，分析至此，学校与社区合作的问题，在当前社会、政治、经济、文化、教育发展的情况下，已然不再是概念性的议题，而应该是涉及目标、政策制度的落实和实践问题。为此，本研究认为应从互惠、增能和协同创生三个发展角度来推动学校与社区之间进行深度和创新合作。

首先，应重塑学校与社区合作的价值发展维度，从理念、规范和行为三个角度构建学校与社区互惠合作共同体，明晰学校与社区合作的演化向度，包括互惠共享的价值理念认同、自我导向学习与反思性对话、民主协商与共同决策和支持合作所必需的条件与环境。

其次，学校与社区互惠合作目标只是建构了一幅引人注目的蓝图，最终要落实在实践层面才能体现出价值意义，否则就是无意义的空想。所以，本研究认为应深化学校与社区合作的内涵性发展，为学校与社区合作赋能和实现学校与社区的自我增能。

最后，学校与社区应协同创生，成为终身教育和学习型社会建设的有机构成，成为实现教育现代化的节点，遵循教育促进学生综合发展和提高生命质量的价值取向，立足社会发展现实和社区治理的特点，在促进不同生态主体和不同系统组织间合作的过程中充分发挥教育功能，迈向学校与社区合作的创新发展之路。

虽然研究者能力有限，但本研究在已有研究的基础上取得了一定程度的突破与创新。其一，本研究基于微观视域对学校与社区合作展开了一次系统和规范的质性研究，弥补国内在此领域的研究欠缺，综合运用访谈法和观察法等质性研究方法，突破已有研究在方法应用方面的局限性和单调性，掌握真实反映学校与社区合作发展现状和困境的一手资料，以此作为优化和完善学校与社区合作机制、路径的现实依据；其二，本研究在相关理论基础上清晰了社区发展的相关概念和新时代特质，特别是在社区研究的背景下凸显了学校与社区合作的当代特质，深化了学校与社区合作在教育改革背景下研究价值，从而为学校和社区关系的内涵的清晰奠定了新的基础；其三，本研究使用互惠理论、增能理论、教育生态系统理论来推动研究学校与社区合作，这是一次大胆尝试与理念创新，为学校与社区合作的进一步理论研究提供了新的视角；其四，在观念创新方面，本研究首次提出了实现学校与社区互惠合作应该明确的目标定位和构建互惠合作共同体的愿景，架构出实现这些蓝图与目标的整体发展维度，并进而提出了实现学校与社区互惠、增能和协同创生的合作发展策略建议及更具可行性的发展方案。

本研究尚存在许多不足之处，其一，本研究对互惠理论、增能理论和教育生态系统理论的分析已尽可能考虑与实践相结合，但因为缺乏进一步的验证，其可行性还有待后期进一步去加以验证；其二，由于疫情的影响，客观影响了研究者的调研。

另外，研究者认为本研究也存在很多遗憾之处，未来会继续对学校与社区合作的相关主题进行深度研究：一是在现实允许的情况下，以某一学校和社区为实验据点，针对某个具体学校与社区合作项目展开策划、组织、实践、反思一系列实验研究，并做相应的实验记录，有助于真实掌握和理解学校与社区合作的具体过程和问题所在；二是期待能在未来与更多社会学研究者建立合作关系，共同推动学校与社区合作研究的深化，进一步凸显教育学的贡献；三是虽然本研究对学校与社区合作发展提出了可行建议和指导方向，但也只是雏形阶段，为了能够更好地指导实践，本研究期望将来能够书写《学校与社区合作指导手册》，为推动学校与社区合作提供依据和指南。

参考文献

一、期刊论文

[1] 卜玉华. 少先队"群众属性"的基本内涵、实质及新时代挑战——基于《中国少年先锋队章程》（2005年）的分析 [J]. 少先队研究, 2020（2）: 53-55.

[2] 卜玉华, 齐姗, 钟程, 朱园园. 从"离土"到"在地": 中加姊妹校跨文化互惠学习的实践探索 [J]. 全球教育展望, 2019（6）: 62-73.

[3] 卜奇文. "蕃坊"社区模式与澳门模式 [J]. 萍乡高等专科学校学报, 2003（3）: 1.

[4] 保罗·普林斯路, 等. 生态系统观视角下的学习分析 [J]. 肖俊洪, 译. 中国远程教育, 2020（4）: 1-11.

[5] 陈东升. 长寿时代的理论与对策 [J]. 管理世界, 2020（4）: 66-85.

[6] 长期教育改革和发展规划纲要（2010-2020年）[J]. 中国德育, 2010（8）: 5-22.

[7] 陈红梅, 田媛. 影响学校与社区互动的因素分析——基于湖北省武汉市的调查 [J]. 中国教育学刊, 2012（7）: 38.

[8] 陈改君. 城市家庭隔代教养问题及对策 [J]. 河南财政税务高等专科学校学报. 2016（5）: 87-89.

[9] 程灵西, 吴重涵. 教师合作文化对学生合作行为的影响——基于南昌市某小学的田野调查 [J]. 教育学术月刊, 2020（8）: 57-65.

[10] 崔珍珍, 王甲乐, 赵新元. 我国社区教育研究热点的文献可视化分析 [J] 中国远程教育, 2021（1）: 66-75.

[11] 操太圣, 卢乃桂. 教师赋权增能: 内涵、意义与策略 [J]. 课程·教材·教法, 2006（10）: 78-81.

[12] 陈荣卓, 刘亚楠. 迈向共享治理: 新时代社区教育创新实践与发展

路向［J］．理论月刊，2020，（7）：117－126．

［13］褚宏启，贾继娥．教育治理中的多元主体及其作用互补［J］．教育发展研究，2014，34（19）：1－7．

［14］范国睿，陈婧．以蓝图引领发展——2019年我国教育政策评析［J］．现代教育管理，2020（9）：1－13．

［15］费孝通．从人类学是一门交叉的学科谈起［J］．广西民族学院学报（哲学社会科学版），1997（2）：3．

［16］傅松涛．教育与社会的协调发展——全国教育社会学研究会暨全国社区教育委员会年会综述［J］．教育研究，1995（8）：53－55．

［17］葛忠明．长度访谈：经验社会研究的一种质性方法［J］．中国海洋大学学报，2012（3）：83－89．

［18］顾惠芬，张振东．第八届终身教育上海论坛论文集：融通衔接，智慧共享——推动学习型城市建设的高质量发展［C］．上海：上海终身教育研究院，2020：35－38．

［19］顾霁昀．从"文化孤岛"走向"文化共同体"——学校与社区"教育一体化"的探索［J］．上海教育科研．2018（4）：53－55．

［20］高向斌，胡咏梅．美国"社区服务学习"课程初探［J］．中国民族教育，2005（1）：43－44．

［21］黄健．从终身教育的视角解读《中国教育现代化2035》［J］．教育与教学研究，2020（34）：1－2．

［22］何亚新，刘宗霞．小学班级文化的建设策略［J］．教育科学论坛．2016（6）：6．

［23］韩淑萍．我国教师赋权研究的回顾与反思［J］．内蒙古师范大学学报：教育科学版，2010（03）：13－17．

［24］胡国华．基于社会支持和赋权增能理论的老年教育价值功能探析［J］．中国成人教育，2020（19）：15－19．

［25］洪黎民．共生概念发展的历史、现状及展望［J］．中国微生态学杂志，1996，8（4）：50－54．

［26］胡航，李雅馨等．深度学习的发生过程、设计模型与机理阐释［J］．中国远程教育，2020（1）：54－61．

［27］贺丹．把握人口发展趋势，促进人口均衡发展［N］．人民政协报，2018－10－25（2）．

［28］侯怀银，尚瑞茜．学习型社会研究的现实图景与中国特色［J］．现代远程教育研究，2020，32（6）：52－59．

［29］姜振华，胡鸿保．社区概念发展的历程［J］．中国青年政治学院学报，2002（4）：123．

［30］蒋凯．比较教育研究方法的相关问题分析［J］．教育研究，2007（4）：35－40．

［31］金生鈜．以教育为志业：教育家的精神实质［J］．中国教育学刊，2011（7）：1－6．

［32］金生鈜．保卫教育的公共性［J］．教育研究与实验，2007（3）：7－13．

［33］林崇德．中国学生发展核心素养研究报告［J］．中国教育学刊，2017（3）：12－16．

［34］吕玉刚．着力深化教育教学改革～全面提高基础教育质量［J］．中小学管理，2020（1）：25－29．

［35］刘阳．论教育共同体的内涵与构建原则［J］．外国中小学教育，2014（10）：38．

［36］厉以贤．社区教育·终身教育·学习社会［J］．中国成人教育，2001（11）：5－7．

［37］刘爽，王景英．论学校与社区关系伦理［J］．吉林教育，2011（9）：31．

［38］刘晓论．我国城市社区治理中的居民参与研究［J］．新乡学院学报，2016（4）：5．

［39］李少元，李继星，等．农村社区教育的问题与改进建议［J］．教育研究，1999（9）：33－36．

［40］李春生．终身学习背景下学校和社区关系的重建［J］．比较教育研究，2002（4）：47．

［41］李运华．老龄社会与我国学龄前儿童保育模式的变革［J］．贵州社会科学，2018（4）：63．

［42］李文茂，雷刚．社区概念与社区中的认同建构［J］．城市管理，2013（9）：78－82．

［43］李松林．全面发展教育的关键在于整合［J］．教育科学研究，2019，（6）：1．

［44］李汉东，李玲，赵少波．山东省"全面二孩"政策下学前教育及义务教育资源供求均衡分析［J］．教育学报，2019，15（02）：77－89．

［45］刘兴春．社区弱自主性下的学校行为分析［J］．当代教育科学，2008（8）：5－8．

[46] 李艳, 李家成. 学校教育视域中的家长参与——研究范式、取向与反思 [J]. 教育学术月刊, 2019 (8): 17.

[47] 李政涛. "五育融合"推动基础教育高质量发展 [J]. 人民教育, 2020 (20): 13-15.

[48] 李政涛, 文娟. "五育融合"与新时代"教育新体系"的构建 [J]. 中国电化教育, 2020 (3): 7-16.

[49] 李政涛. 当代教育发展的"全社会教育"路向 [J]. 教育研究, 2020 (6): 4-13.

[50] 李家成, 程豪. 互联互通: 论终身教育体系教育机构间的关系 [J]. 中国电化研究, 2021 (1): 58-65.

[51] 李家成, 程豪. 思想观念·价值取向·思想方法·发展战略——对"终身教育"内涵的认识 [J]. 终身教育研究, 2020 (3): 19-23.

[52] 李家成, 顾惠芬. 疫情之下对教育本质的追寻——基于常州市龙虎塘实验小学教育实践的个案研究 [J]. 北京教育学院学报, 2020 (4): 21-27.

[53] 李家成, 林进材. "你好, 寒假!"学习型社会建设背景下的寒假学习共生体研究 [M]. 上海: 上海交通大学出版社, 2019: 89-93.

[54] 吕珂漪, 吕聪, 李家成. 家长参与: 为儿童、学校与社会赋能——2019 欧洲家长教育参与联盟 (ERNAPE) 第十二届双年会述评 [J]. 教育学术月刊, 2020 (3): 33-39.

[55] 倪超, 邵俊霖, 等. 中国人口老龄化: 危害、趋势及对策 [J]. 中国人力资源开发, 2014 (20): 73-77.

[56] 彭希哲, 胡湛. 公共政策视角下的中国人口老龄化 [J]. 中国社会科学, 2011 (3): 121-138.

[57] 邵晓枫, 刘文怡. 中国学校与社区的教育共同体演进与构建时空 [J]. 现代远程教育研究, 2020, 32 (4): 86-92.

[58] 田静. 从隔离走向融合: 学校与社区的关系与变革探析 [J]. 继续教育研究, 2010 (2): 109.

[59] 孙龙, 风笑天. 近二十年来社会学中国化的理论与实践 [J]. 社会科学动态, 2000 (11): 13-16.

[60] 沈光辉, 陈晓蔚. 我国社区教育政策的演进历程、文本分析和改进策略 [J]. 中国远程教育, 2019, (5): 11-18+92.

[61] 王正勇. 学校与社区合作的问题与对策——基于攀枝花市 M 乡的调查 [J]. 西昌学院学报·社会科学版, 2019 (3): 44-46.

[62] 吴康宁. 教育究竟是什么——教育与社会的关系再审思 [J]. 教育

研究，2016（8）：4－12.

［63］吴遵民．联结学校与社区，创造社区教育共同体［C］．第四届东亚终身学习研究研讨会，2018（11）：170.

［64］文锦．面向未来的社区成人教育课程开发［J］．成人教育，2005（8）：47.

［65］吴飞驰．关于共生理念的思考［J］．哲学动态，2000（6）：22－25.

［66］王思斌．社会工作概论［J］．高等教育出版社，2007：135.

［67］吴重涵，制度化家校合作与儿童成长的相关性研究［J］．教育科学研究，2018（10）：92－96.

［68］吴重涵，张俊，王梅雾．教育跨界行动的制度化特征——对家校合作的经验分析［J］．教育研究，2017，（11）：81－90.

［69］吴重涵，张俊，王梅雾．是什么阻碍了家长对子女教育的参与——阶层差异、学校选择性抑制与家长参与［J］．教育研究，2017，（1）：85－94.

［70］吴遵民，蒋贵友．公共危机背景下社区教育功能再思考——基于社区治理的视角［J］．教育研究，2020（10）：92－101.

［71］吴遵民，赵华．我国社区教育"三无"困境问题研究［J］．中国远程教育，2018，（10）：63－69.

［72］吴遵民，李政涛．中国践行终身教育的本土化之路［J］．终身教育研究，2021（1）：12－19.

［73］夏岩．第七届终身教育上海论坛：终身教育背景下的家庭生活教育［C］．上海：上海终身教育研究院，2019：23－25.

［74］宣兆凯．学校社会工作理念与21世纪中国社区教育发展［J］．北京师范大学学报（人文社会科学版）2001（2）：55－60.

［75］许远抗．社会工作者在社区治理中的功能定位研究——以晋江市为例［D］．福建农林大学，2013：40－50.

［76］杨淑萍．公共精神的生发逻辑及青少年公共精神的培育路径［J］．教育研究，2018（3）：27－34.

［77］袁蓓．增能视角下大学生就业心理困境、原因与社会工作介入研究［D］．济南：山东大学，2018：13.

［78］叶长红．赋权增能理论下中小学教师专业发展的新路径［J］．教学与管理，2019（6）：7－9.

［79］叶澜．终身教育视界的深刻意蕴：全时空性的全人发展——保尔·朗格朗带给我们的启示和价值［J］．人民教育，2017（1）：13－18.

［80］叶澜．转化融通在合作研究中生成——四论教育理论与教育实践的

关系［J］. 教育研究，2021（1）：31-58.

［81］叶澜. 终身教育视界：当代中国社会教育力的聚通与提升［J］. 中国教育科学，2016（3）：43-70+202.

［82］叶澜. 溯源开来：寻回现代教育丢失的自然之维——《回归突破："生命·实践"教育学论纲》续研究之二（上编·其二）［J］. 教育发展研究，2018（2）：1-13.

［83］叶澜. 溯源开来：寻回现代教育丢失的自然之维——《回归突破："生命·实践"教育学论纲》续研究之二（下编）［J］. 中国教育科学（中英文），2020（3）：3-29.

［84］中共中央国务院关于进一步加强和改进未成年人思想道德建设的若干意见［J］. 海南政报，2004（6）：3-7.

［85］翟晓磊，李海鹏. 论学校在"校-家-社"关系中的主导地位——空间、权力和知识视角下学校、家庭和社区关系研究［J］. 中国教育学刊，2020（11）：49-53.

［86］张旭宁. 普通高中"班级德育资源"的整合与有效利用［J］. 教学与管理，2016（5）：20.

［87］张玺. 论青少年社区教育的困境及其实践路径——以绵阳市游仙区Y社区为例［J］. 河北青年管理干部学院学报，2017（11）：14.

［88］张俊，吴重涵，王梅雾. 家长和教师参与家校合作的跨界行为研究——基于交叠影响域理论的经验模型［J］. 教育发展研究，2018（2）：78-84.

［89］张德伟. 当代日本教育体系改革的理论基础［J］. 比较教育研究，2014（10）：7-14.

［90］张琪，王红梅，庄鲁，赖松. 学习分析视角下的个性化预测研究［J］. 中国远程教育，2019（4）：38-45.

［91］庄俭. 发展终身教育 推进学习型社会建设［J］. 继续教育，2012（11）：3-5.

［92］邹文篪，田青. "投桃报李"——互惠理论的组织行为学研究述评［J］. 心理科学进展，2012（11）：1879-1888.

［93］周晶晶，耿俊华. 赋权增能：成人教育发展新视角［J］. 成人教育，2016（06）：1-5.

［94］张时飞. 上海癌症自助组织研究：组员参与、社会支持和社会学习的增权效果［D］. 香港中文大学博士毕业论文，2001：24-25.

［95］张俊宗. 努力构建德智体美劳全面培养的教育体系［J］. 中国高等

教育，2019（15）：70-72.

[96] 张晓文. 城市老人社区参与现状及差异性影响因素分析——基于上海市闵行区吴泾街道Y社区［J］. 2018（34）：146-148.

二、书籍专著

[1] 埃德加·莫兰. 方法：天然之天性［M］. 吴泓缈，冯学俊，译. 北京：北京大学出版社，2002：110.

[2] 安东尼·吉登斯. 社会学［M］. 7版. 赵旭东，译. 北京：北京大学出版社，2014：829.

[3] 艾瑞克·霍布斯鲍姆. 极端的年代［M］. 马凡等，译. 南京：江苏人民出版社，2011：435.

[4] 艾德加·莫兰. 社会学思考［M］. 阎素伟，译. 上海：上海人民出版社，2001：83.

[5] 安东尼·吉登斯. 社会学［M］. 7版. 赵旭东，译. 北京：北京大学出版社，2014：789.

[6] 埃德加·莫兰. 复杂性理论与教育问题［M］. 陈一壮，译. 北京：北京大学出版社，2004：67-68.

[7] 阿尔瓦雷斯. 学校社会工作—理论到实践［M］. 章军，译. 北京：中国人民大学出版社，2014：23-25.

[8] 博尔诺夫，教育人类学［M］. 李其龙，等，译. 上海：华东师范大学出版社，2001：14；23；21.

[9] 保尔·朗格朗. 终身教育引论［M］. 周南照，陈树清，译. 北京：中国对外翻译出版公司，1985：15-16.

[10] 陈红梅. 教育共同体现视域下学校与社区互动的研究——基于现代学校制度建设的思考［M］. 武汉：华中科技大学出版社，2015：4；36.

[11] 陈桂生. 人的全面发展理论与现时代［M］. 上海：华东师范大学出版社，2012：125.

[12] 陈常燊. 互惠的美德：博弈、演化与实践理性［M］. 上海：上海人民出版社，2017，56-76.

[13] 陈向明. 质的研究方法与社会科学研究［M］. 北京：教育科学出版社，2000：24-38；195-200.

[14] 查尔斯，M. 赖格鲁特. 重塑学校——吹响破冰的号角［M］. 方向，等，译. 福州：福建教育出版社，2015：87.

[15] 邓敏杰. 创新社区［M］. 北京：中国社会出版社，2002：4.

[16] 丁元竹. 社区研究的理论与方法 [M]. 北京：北京大学出版社, 1995：24.

[17] 单菁菁. 社区情感与社区建设 [M]. 北京：社会科学文献出版社, 2005：25.

[18] 德鲁克基金会. 未来的社区 [M]. 魏青江, 等, 译. 北京：中国人民大学出版社, 2006：149.

[19] 杜威. 我们怎样思维·经验与教育 [M]. 姜文闵, 译. 北京：人民教育出版社, 1991：30.

[20] 段镇. 少先队学 [M]. 上海：上海人民出版社, 2015：24-26.

[21] 杜威. 民主主义与教育 [M]. 王承绪, 译. 北京：人民教育出版社, 2016：97.

[22] 菲尔德. 利他主义倾向——行为科学进化理论与互惠的起源 [M]. 赵培, 等, 译. 长春：长春出版社, 2005：23.

[23] 费孝通. 乡土中国 生育制度 [M]. 北京：北京大学出版社, 1998：91.

[24] 斐迪南·滕尼斯. 共同体与社会——纯粹社会学的基本概念 [M]. 林荣远, 译. 北京：商务印书馆, 2019：32-45；33-34.

[25] 范国睿. 教育生态学 [M]. 北京：人民教育出版社, 2000：163.

[26] 冯友兰. 中国哲学史 [M]. 北京：商务印书馆出版社, 2011：201.

[27] 顾明远, 孟繁华. 国际教育新理念 [M]. 2版. 海口：海南出版社, 2003：37.

[28] 歌德. 浮士德 [M]. 钱春绮, 译. 上海：上海译文出版社, 2013：90.

[29] 盖伊·彼得斯. 政府未来的治理模式 [M]. 北京：中国人民大学出版社, 2001：83.

[30] 格雷厄姆·沃拉斯. 政治中的人性 [M]. 朱曾汶, 译. 北京：商务印书馆, 1995：109.

[31] 哈贝马斯. 在事实与规范之间 [M]. 童世骏, 译. 生活·读书·新知三联书店, 2011：173.

[32] 哈贝马斯. 交往行为理论——行为合理性与社会合理化 [M]. 曹卫东, 译. 上海：上海人民出版社, 2020：359.

[33] 怀特海. 教育的目的 [M]. 王立中, 等, 译. 北京：文汇出版社, 2012：9.

[34] 侯怀银. 社区教育 [M]. 北京：北京师范大学出版社, 2015：7.

［35］胡守钧. 走向共生［M］. 上海：上海文化出版社，2002：276.

［36］何肇发. 社区概论［M］. 广州：中山大学出版社，1991：1-2；11-12；3.

［37］赫伯特·金迪斯. 理性的边界：博弈论与各门行为科学的统一［M］. 上海：上海人民出版社，2011：21-25.

［38］赫伯特·金迪斯. 道德情操与物质利益：经济生活中合作的基础［M］. 北京：中国人民大学出版社，2015：221.

［39］胡守钧. 社会共生论［M］. 上海：复旦大学出版社，2006：20-23.

［40］卡尔·马克思. 资本论［M］. 北京：北京联合出版公司. 2013：序言.

［41］肯·宾默尔. 博弈论与社会契约：公正博弈［M］. 潘春阳，等，译. 上海：上海财经大学出版社，2016：67.

［42］联合国教科文组织国际教育发展委员会. 学会生存：教育世界的今天和明天［M］. 北京：教育科学出版社，1996：174.

［43］林明地. 学校与社区关系［M］. 台北：五南图书出版股份有限公司，2016：30-70.

［44］李兴洲. 学校功能与现代学校制度建设［M］. 北京：开明出版社，2007：18.

［45］刘视湘. 社区心理学［M］. 北京：开明出版社，2013：23；60.

［46］黎熙元. 现代社区概论［M］. 广州：中山大学出版社，2016：76；78；168-209.

［47］林明地《学校与社区关系》［M］. 台北：五南图书出版股份有限公司，2016：49-53；54-57；56. 30-70.

［48］厉以贤. 社区教育学原理［M］. 成都：四川教育出版社，2003：23.

［49］林尚立. 社区民主与治理：案例研究［M］. 北京：社会科学文献出版社，2003：313.

［50］林炳秋. 社区发展的理论与实践——上海市社区研究优秀成果汇编［M］. 上海：上海交通大学出版社，1999：37.

［51］罗伯特·艾克斯罗德. 对策中的制胜之道——合作的进化［M］. 吴坚忠，译. 上海：上海人民出版社，1996：97.

［52］罗杰·迈尔森. 博弈论——矛盾冲突分析［M］. 于寅，等，译. 北京：中国人民大学出版社，2015：13-20.

［53］罗伯特·阿克塞尔罗德. 合作的进化［M］. 吴坚忠，译. 上海：上海译文出版社，2007：126.

[54] 罗伯特·阿克塞尔罗德. 合作的复杂性 [M]. 梁捷, 等, 译. 上海: 上海人民出版社, 2016: 10-21.

[55] 梁漱溟. 中国文化要义 [M]. 上海: 上海人民出版社, 2011: 12-20.

[56] 刘世清. 从管理走向治理——转型期中国教育治理机制研究 [M]. 上海: 华东师范大学出版社, 2019: 13-15.

[57] 马克思恩格斯全集第三卷 [M]. 北京: 人民出版社, 1965: 295-296.

[58] 马仲良. 社区建设简明读本 [M]. 北京: 中国青年出版社, 2003: 3.

[59] 曼瑟尔·奥尔森. 集体行动的逻辑 [M]. 陈郁, 译. 上海: 上海人民出版社, 2014: 3-5.

[60] 迈克尔·富兰. 变革的力量——透视教育变革 [M]. 北京: 教育科学出版社, 2004: 33-45; 118.

[61] 迈克尔·沃尔泽. 正义诸领域——为多元主义与平等一辩 [M]. 褚松燕, 译. 北京: 译林出版社2002年版, 38-78.

[62] 曼瑟尔·奥尔森. 集体行动的逻辑 [M]. 上海三联书店、上海人民出版社, 1995: 导论.

[63] 马特·里德利. 美德的起源: 人类本能与协作的进化 [M]. 吴礼敬, 译. 北京: 机械工业出版社, 2015: 149; 156.

[64] 迈克尔·富兰. 教育变革新意义 [M]. 赵中建, 等, 译. 北京: 教育科学出版社, 2005: 20.

[65] 潘慧玲. 教育研究的取径: 概念与应用 [M]. 上海: 华东师范大学出版社, 2005: 15.

[66] 钱穆. 现代中国学术论衡 [M]. 北京: 三联书店. 2001: 192.

[67] 乔治·桑塔亚纳. 艺术中的理性 [M]. 北京: 北京大学出版社, 2014: 25.

[68] 乔治·米德. 心灵、自我与社会 [M]. 赵月瑟, 译. 上海: 上海译文出版社, 2008: 20.

[69] 孙雅妮, 赵文博, 王嘉宁, 等. 隔代教育现状存在的问题及解决对策的研究 [M]. "十三五"规划科研管理办公室专题资料汇编, 2018: 672-675.

[70] 塞缪尔·鲍尔斯、赫伯特·金迪斯. 合作的物种——人类的互惠性及其演化 [M]. 张弘, 译. 杭州: 浙江大学出版社, 2015: 3; 23-45.

[71] 石中英. 知识转型与教育改革［M］. 北京：教育科学出版社，2001：33－34.

[72] 桑德拉·哈利斯. 美国获奖中小学校长的建议［M］. 方雅婕，李静，译. 北京：中国青年出版社，2007：14.

[73] 石娟. 跨文化统合视域下教师互惠学习研究［M］. 北京：科学出版社，2019：10.

[74] 上海终身教育研究院. 2017－2018上海终身教育发展报告：激发活力，共创共享［M］. 上海人民出版社，2020：110－112.

[75] 郄海霞. 美国研究型大学与城市互动机制研究［M］. 北京：中国社会科学出版社，2009：77.

[76] 田玉荣. 非政府组织与社区发展［M］. 北京：社会科学文献出版社，2008：9；14.

[77] 唐忠新. 中国城市社区建设概论［M］. 天津：天津人民出版社，2000：2.

[78] 唐忠新. 城市社会整合与社区建设［M］. 北京：中国言实出版社，2000：26－38.

[79] 谭祖雪等. 社会调查研究方法［M］. 2版. 北京：清华大学出版社，2019：147.

[80] 唐·倍根，唐纳德·R格莱叶. 学校与社区关系［M］. 周海涛，译. 重庆：重庆大学出版社，2003：3－5.

[81] 王如哲. 知识管理的理论与应用：以教育领域及其革新为例［M］. 台北：五南图书出版有限公司，2012：45－65.

[82] 尾关周二. 共生的理想：现代交往与共生、共同的思想［M］. 卞崇道，等，译. 北京：中央编译出版社，1996.

[83] 沃尔特·范伯格，乔纳斯F. 索尔蒂斯. 学校与社会［M］. 顾明远，译. 北京：教育科学出版社，2006：78.

[84] 小威廉·E. 多尔. 后现代与复杂性教育学［M］. 张光陆，等，译. 北京：北京师范大学出版社，2016，326－327.

[85] 吴文藻，费孝通，王同慧. 花篮瑶社会组织［C］. 南京：江苏人民出版社，1988：导言.

[86] 徐勇，陈伟东. 社区工作实务［M］. 北京：高等教育出版社，2003：1.

[87] 谢芳. 美国社区［M］. 北京：中国社会出版社，2004：17.

[88] 徐永祥. 社区发展论［M］. 广州：中山大学出版社，1991：35.

[89] 徐建平. 学校：在政府、市场与社会之间——现代学校制度的理论探索与启示［M］. 北京：教育科学出版社，2010：297-300.

[90] 郁琴芳. 家校合作50例——区域设计与学校智慧［M］. 上海：华东师范大学出版社，2018：23-89.

[91] 袁秉达，孟临. 社区论［M］. 上海：中国纺织大学出版社，2000：1-2；3.

[92] 阎云翔. 礼物的流动［M］. 上海：上海人民出版社，2000：13.

[93] 叶澜. 教育学原理［M］. 北京：人民教育出版社，2007：14.

[94] 叶澜. "新基础教育"论——关于当代中国学校变革的探究与认识［M］. 北京：教育科学出版社，2016：146-157.

[95] 约翰·E. 丘伯，泰力·M. 默. 政治、市场和学校［M］. 北京：教育科学出版社，2003：30.

[96] 约翰·杜威. 我们怎样思维·经验与教育［M］. 北京：人民教育出版社，2005：导言.

[97] 俞可平. 社群主义［M］. 北京：中国社会科学出版社，2005：导论；129.

[98] 佐藤学. 学习的快乐——走向对话［M］. 钟启泉，译. 北京：教育科学出版社，2004：340.

[99] 詹姆斯·博曼. 公共协商：多元主义、复杂性与民主［M］. 黄相怀，译. 北京：中央编译出版社，2006：16.

[100] 张永理. 社区治理［M］. 北京：北京大学出版社，2019：4；15；107.

[101] 赵小平，陶传进. 社区治理：模式转变中的困境与出路［M］. 北京：社会科学文献出版社，2012：13-25.

[102] 钟源. 胡雪岩［M］. 珠海：珠海出版社，2008：32.

[103] 国家应对人口老龄化战略研究总课题组. 国家应对人口老龄化战略研究总报告［M］. 北京：华龄出版社，2014：23-40；33.

[104] 中共中央国务院关于全面加强新时代大中小学劳动教育的意见［M］. 北京：人民出版社，2020：1-5.

三、电子报告

[1] 邦迪. 负能量理论［DB/OL］. https://baike.baidu.com/item/负能量/6430294?fr=aladdin.

[2] 蔡斯敏. 多元主体参与社区治理［N］. 山西日报，2020-9-22

(11).

［3］惠州市自然资源局. 惠州市住宅项目配套教育设施建设管理办法（试行）［EB/OL］. 2019-7-26/2020-1-27. http://www1. huizhou. gov. cn/pages/cms/huizhou/html/jgfk/7675926a9d934555981715d6af7d76bc. html？ cataId＝26e9e342e60b4864986189d86ff11042.

［4］济南市基爱社会工作服务中心［EB/OL］. http://www. jiaishegong. com/index. php/Index/News/index/id/23. Html2014-08-7/2020-10-01.

［5］民生——百度百科［EB/OL］. https://baike. baidu. com/item/民生/22460？ fr＝aladdin. 2016-11-3/2020-10-13.

［6］关于印发济南市国民经济和社会发展第十三个五年规划纲要［EB/OL］. http://jndpc. jinan. gov. cn/attach/-1/18052214023200873 07. pdf，2016-4-19/2020-10-12.

［7］关于开展文明单位与街镇社区帮扶共建活动的通知［EB/OL］. http://jnny. jinan. gov. cn/art/2018/12/5/art_514_2730392. html. 2018-12-4/2020-10-12.

［8］关于推进制度创新加快流程再造，实现"在泉城全办成"的实施意见［EB/OL］. http://www. laiwu. gov. cn/module/download/downfile. jsp. 2019-9-19/2020-10-12.

［9］关于深入推进社区网格化管理工作的意见［EB/OL］. http://www. huaiyin. gov. cn/art/2013/12/10/art_21157_1502363. html. 2013-12-10/2020-10-13.

［10］关于印发《济南市社区工作者管理办法（试行）》的通知［EB//OL］. http://sd. offcn. com/html/2019/11/316845. html2019-11-23/2020-10-12.

［11］山东省省情资料库—山东年鉴2018—基础教育［DB/OL］. http://lib. sdsqw. cn/ftr/ftr. htm. 2020-10-2.

［12］学术名词暨辞书资讯网［DB/OL］. 国家教育研究院，2012.

［13］夏征农，陈至立. 辞海（第七版）［DB/OL］. http://www. dacihai. com. cn/search_index. html？_st＝1&keyWord＝民生&p＝1&itemId＝481021，2020-9/2020-10-13.

［14］习近平. 全面贯彻党的教育方针努力把我国基础教育越办越好［N］. 人民日报. 2016-09-10（1）.

［15］习近平：关于《中共中央关于制定国民经济和社会发展第十四个五年规划和二〇三五年远景目标的建议》的说明［EB/OL］. 人民网-人民日报，

2020 – 11 – 4/2020 – 11 – 27. http：//cpc. people. com. cn/n1/2020/1104/c64094 – 319 17783. html.

[16] 习近平致中国少年先锋队建队 70 周年的贺信［EB/OL］. http：//www. xinhuanet. com/politics/leaders/2019 – 10/13/c_1125098687. htm2019 – 10 – 13/2020 – 10 – 17.

[17] 袁振国：怎么看 PISA 成绩中国重返世界第一？［EB/OL］. 2019 – 12 – 04/2020 – 01 – 09. https：//mp. weixin. qq. Com/s/Y1P2WJzFzmH1ZCWjRSA1pg.

[18] 中国少年先锋队章程［EB/OL］. http：//qnzz. youth. cn/qckc/202007/t20200727. Htm. 2020 – 7 – 5/2020 – 10 – 17.

[19] 山东省省情资料库—历下区志［DB/OL］. http：//lib. sdsqw. cn/ftr/ftr. htm. 2020 – 10 – 2.

[20] 中华人民共和国教育部 2017 年教育统计数据［EB/OL］. 2018 – 08 – 06/2020 – 01 – 09. http：//www. chyxx. com/industry/201810/686739. html.

[21] 中国共产党第十九届中央委员会第四次全体会议公报［EB/OL］. 中国共产党网，2019/10/31 – 2020/12/3. http：//www. 12371. cn/2019/10/31/ARTI 1572515554956816. shtml.

[22] 中华人民共和国中央人民政府. 教育部关于印发《国家教育事业发展第十二个五年规划》的通知［EB/OL］. （2012 – 06 – 14）［2018 – 12 – 07］http：www. gov. cn/gongbap/content/2012/content_2238967. htm.

[23] 中华人民共和国中央人民政府. 国务院关于印发国家教育事业发展"十三五"规划的通知［EB/OL］. （2018 – 01 – 19）［2017 – 12 – 07］HTTP：//WWW. GOV. CN/ZHENGCE/COTENT/2017 – =1/19/CONTENT_5161341. htm.

[24] 中共中央、国务院印发《中国教育现代化 2035》［EB/OL］. 2019 – 02 – 23/2020 – 01 – 09. http：//www. gov. cn/xin wen/2019 – 02/23/content_5367987. htm.

[25] 中华人民共和国中央人民政府：2021 年全国教育工作会议召开［EB/OL］. 2021 – 01 – 08/2021 – 02 – 07，http：//www. gov. cn/xinwen/2021 – 01/08/content_5 578265. htm.

[26] 中共中央办公厅国务院办公厅印发《关于深化新时代教育督导体制机制改革的意见》［EB/OL］（2020 – 02 – 19）［2020 – 02 – 23］. http：//www. gov. cn/zhengce/2020 – 02/19/content_5480977. htm.

[27] 中共上海市委、上海市人民政府印发《上海教育现代化 2035》的通知［EB/OL］. 2019 – 3 – 21/2021 – 3 – 21. http：//www. shyp. gov. cn/shypq/shypq/upload/201910/1022_141126_329. pdf.

四、外文文献

［1］Amanda Stefanski, Linda Valli, and Reuben Jacobson. Beyond Involvement and Engagement: The Role of the Family in School-Community Partnerships ［J］. School Community Journal, 2016 (26-2): 135-147.

［2］Bernita L. Krumm and Katherine Curry. Traversing School-Community Partnerships Utilizing Cross-Boundary Leadership ［J］. School Community Journal, 2017 (27-2): 99-110.

［3］Butler, Robert, Productive Aging, in Bengtson and Schaie eds. The Course of Later Life, Springer, 1982: 55—64.

［4］Burns Leonard T. Make sure it's Service, Not Just Community Service ［J］. The Education Digest, 1998 (2): 38-41.

［5］Berns, R. M. Child, Family, School, Community: Socialization and support ［M］. Fort Worth, TX: Harcout Brace College Publishers, 1997: 23.

［6］Beck, L. G., and Foster, W. Administration and community: Considering challenges, exploring possibilities. In: J. Murphy and K. S. Louis (eds), Handbook of research on educational administration ［M］. San Fr-anicisco, CA: Jossey-Bass Publishers, 2005: 337-358.

［7］Bret Kloos. Elizabeth Thomas. Albraham Wandersman. Maurice ［M］. J. Elias. James H. Dalton, 2012: 87.

［8］Casto, H., McGrath, B., Sipple, John W., & Todd, L. "Community Aware" education policy: Enhancing individual and community vitality ［J］. Education Policy Analysis Archives, 2016 (50), 3-5, 7-8.

［9］Casto, H. G. "Just one more thing I have to do": School-community partnerships ［J］. School Communit-y Journal, 2016 (1), 139-162.

［10］Crabtree, B. &Miller, W., A Qualitative Approach to Primary Care Research: The Long Interview ［J］, Family Medicine, 1991, 23, 2, p145-151.

［11］Casto, H., McGrath, B., Sipple, John W., & Todd, .L. "Community Aware" education policy: Enhancing individual and community vitality ［J］. Education Policy Analysis Archives, 2016, 24 (50).

［12］D. Cameron Hauseman, Katina Pollock, and Fei Wang. Inconvenient, but Essential: Impact and Influence of School-Community Involvement on Principals' Work and Workload ［J］. School Community Journal, 2017, Vol. 27, No. 1: 83-105.

[13] D. Cameron Hauseman, Katina Pollock, and Fei Wang. Inconvenient, but Essential: Impact and Influence of School-Community Involvement on Principals' Work and Workload [J]. School Community Journal, 2017 (27-1): 83-90; 100-102.

[14] Department for Education, Organisation, services and reach of children's centres: Evaluation of children's centres in England (ECCE, Strand 3) [R]. Research report, 2015: 9-13.

[15] Epstein, J., Galindo, C., & Sheldon, S. Levels of leadership: Effects of district and school leaders on the quality of school programs of family and community involvement [J]. Educational Administration Quarterly, 2011 (47-3): 462-495.

[16] Epstein, J. L., & Sanders, M. G. Connecting home, school, and community: New directions for social research [M]. In M. T. Hallinan (Ed.), Handbook of th-e sociology of education. New York: Kluwer Academic/Plenum Publishers, 2012: 285-306.

[17] Epstein, J. L., & Sanders, M. G. Prospects for change: Preparing educators for school, family, and community partnerships [J]. Peabody Journal ofEducation, 2017 (81-2): 81-120.

[18] Evans, M. P., & Hiatt-Michael, D. B. (Eds.). The power of community enga-gement for educational change [J]. Charlotte, NC: Information Age, 2016: 100.

[19] Epstein, J. L. School and family partnerships [J]. Encyclopedia of educational research (6th ed.): 2002: 1139-1151.

[20] Elin Thygesena, Ragni MacQueen Leifsona, Santiago Martineza. Using ICT training as an arena for intergenerational learning experience. A case study [R]. Scandinavian Conference on Health Informatics, Grimstad, Norway. August 21-22, 2014: 9-15.

[21] Gallagher, D. R., Bagin, D., and Kindred, L. W. The school and community relations (6th.). Boston, MA: Allyn and Bacon, 2010: 6.

[22] Gross, J. M. S., Haines, S. J., Hill, C., Francis, G. L., Blue-Banning, M., & Turnbull, A. P. Strong school-community partnerships in inclusive schools are "part of the fabric of the school…we count on them." [J]. School Community Journal, 2015 (25-2): 9-34.

[23] Gregoric, C., & Owens, L. The impact of school-community involvement

on students, teachers, and the community [M]. Transforming the future of learning with educational research, Hershey, PA: IGI Global, 2015: 221 - 239.

[24] Grant, K. B., & Ray, J. A. Home, school, and community collaboration: Culturally responsive family engagement [M]. Thousand Oaks, CA: Sage, 2016: 34 - 78, 81 - 89.

[25] Green, T. L. From positivism to critical theory: School-community relations toward community equity literacy [J]. International Journal of Qualitative Studies in Education, 2018 (4): 370 - 387.

[26] Gouldner, A. W. The norm of reciprocity: A preliminary statement. American Sociological Review, 1960, 25, 161 - 178.

[27] Hal A. Lawson · Dolf van Veen. Developing Community Schools, Community Learning Centers, Extended-service Schools and Multiservice Schools [M]. Springer International Publishing Switzerland, 2016: 334 - 336.

[28] Hands, C. Creating links between the school and the community beyond its walls: What teachers and principals do to develop and lead school-community partnerships [J]. Teaching and Learning, 2015 (9): 1 - 15.

[29] Hiatt-Michael, D. B. (Ed.). Family involvement in faith-based schools: A volume in family-school-community partnership issues [M]. Charlotte, NC: Information Age, 2017: 145 - 167.

[30] Henry, L. M., Bryan, J., &Zalaquett, C. P. The effects of a counselorled, faith-based, school-family-community partnership on student achievement in a high poverty urban elementary school [J]. Journal of Multicultural Counseling and Development, 2017 (3), 162; 178; 180 - 182.

[31] Hal A. Lawson · Dolf van Veen. Developing Community Schools, Community Learning Centers, Extended-service Schools and Multiservice Schools [M]. Springer International Publishing Switzerland, 2016: 334 - 336.

[32] H. Gintis, Strong Reciprocity and Human Sociality [J]. Journal of Theoretical Biology, vol206, 2000, pp169 - 179.

[33] Horsford, S. D., & Sampson, C. Promise Neighborhoods: The promise and politics of community capacity building as urban school reform [J]. Urban Education, 2014, 49 (8), 955 - 991.

[34] Joppa, M. C., Rizzo, C. J., Nieves, A. V., & Brown, L. K. Pilot investigation of the Katie Brown educational program: A school-community partnership [J]. Journal of School Health, 2016, 86 (4), 288 - 297.

［35］Jangmin Kim. Building Transformative School-community collaboration: a critical paradigm ［M］. 2017: 6.

［36］Judit Szente, Academic Enrichment Programs for Culturally and Linguistically Diverse Children: a service-learing experience ［J］. Childhood Education, Einter2008, 85 (2): 113 – 117.

［37］J. Henrich, and R. Boyd, Why People Punish Defectors: Weak Conformist Transmission can Stabilize costly Enforcement of Norms in Cooperative Dilemmas ［J］. Journal of Theoretical Biology, vol. 208, 2001, pp79 – 89.

［38］JessupFW. Preparation for lifelong education ［J］. Prospects in Education, 1970, −1 (2): 25 – 29.

［39］Kathryn McGinn Luet, Brianne Morettini. "It's Pretty Bad Out There": Challenging Teacher Perspectives Through Community Engagement in a Mentor Training Program ［J］. School Community Journal, 2018 (28), 159 – 186.

［40］Kindred, L. W., Bagin, D., and Gallagher, D. R. The school & community relations (5th) ［M］. Bostan, MA: Allyn and Bacon, 2004: 23 – 56.

［41］Michael T. O'Connor, Frank Daniello. From Implication to Naming: Reconceptualizing School-Community Partnership Literature Using a Framework Nested in Social Justice ［J］. School Community Journal, 2019 (29): 297; 301; 306.

［42］Linda Valli, A Stefanski. Typologizing School-Community Partnerships: A Framework for Analysis and Action ［J］. Urban Education, 2016 (7), 719 – 721; 734 – 747.

［43］Lutz, F. W., and Merz, C. The politics of school/community relations ［M］. New York, NY: Teachers College Columbia University, 2000: 73 – 89.

［44］Luigino Bruni. Reciprocity, Altruism and the Civil Society: In Praise of Heterogeneity ［M］. London: Routledge Taylor& Francis e-library, 2008, xiii.

［45］Merz, C., and Furman, G. Community and schools: Promise & paradox ［M］. New York, NY: Teachers College Press, 2000: 45 – 47; 48 – 49; 24 – 78.

［46］McCracken, G. The Long Interview ［M］. Newbury Park, CA, Sage, 1988.

［47］Maxwell, J. Understanding and validity in Qualitative Research in Education ［M］. Harvard educational review, 1992, 62, 297 – 300.

［48］Miller, P. M., & Hafner, M. M. Moving toward dialogical collaboration: A critical examination of a university-school-community partnership ［J］. Educational Administration Quarterly, 44 (1), 2018: 66 – 110.

［49］Matilda WhiteRiley, Robert L. Kahn, and Anne Foner. Age And Structural Lag: Changes in Work, Family, And Retirement, Wiley, 1994.

［50］Morow-Howel N., Hinterlong J., and Sherraden M.（Eds）. Productive Aging: Concepts and Challenges［M］. Baltimore and London: The Johns Hopkins University Pres, 2001.

［51］Kathryn McGinn Luet, Brianne Morettini. "It's Pretty Bad Out There": Challenging Teacher Perspectives Through Community Engagement in a Mentor Training Program［J］. School Community Journal, 2018（28）, 159－186.

［52］Norman long worth. Learning cities, Learning regions, Learning communities. London: Routledge, 2006: 5.

［53］Norwegian Ministry of Education and Research. Core Curriculum values and Principles for Primary and SecondaryEducation［EB/OL］. 2019－04－09/2020－07－20https://www.reg－jeringen.no/contentassets/53d21ea2bc3a42 02b86b83 cfe 82da93e/corecurriculum.pdf.

［54］Nora S. Laho. Enhancing School-Home Communication Through Learning Management System Adoption: Parent and Teacher Perceptions and Practices［J］. School Community Journal, 2019（1）: 117－122.

［55］Noddings, N. On community［J］. Educational theory, 1996（46－3）: 245－267.

［56］Powell, K. G., & Peterson, N. A. Pathways to effectiveness in substance abuse prevention: empowering organizational characteristics of community-based-coalitions［J］. Human Service Organizations: Management, Leadership & Governance, 38（5）, 2014: 471－486.

［57］Peterson, T. Mechanisms of administrative control over managers in educationnal organizations［J］. Administrative science quarterly, 2005（29）: 537－597.

［58］R. Boyd, H. Gintis, S. Bowles, and P. J. Richerson, The Evolution of Altr-uistic Punishment, Proceeding of the National Academy of Sciences of the United states of America［J］. vol. 100, no. 6, 2003, pp. 3531－3535.

［59］R. Dawkins, The selfish gene［M］. Oxford: oxford university press, 1976: 330－386.

［60］Robert Adams. Social work and Empowerment［M］. Pal-grave Macmillan Limited, 2003: 5.

［61］Sheldon, S. B., & Turner-Vorbeck, T. A.（Eds.）. The Wiley handbook of family, school, and community relationships in education [M]. Hoboken, NJ: Wiley Blackwell, 2019: 24 – 56.

[62] Shore, L. M., Tetrick, L. E., Lynch, P., & Barksdale, K. Social and economic exchange: Construct development and validation [J]. Journal of Applied Social Psychology, 2006, 36, 837 – 867.

[63] Schiefer, D., & Van Der Noll, J. The essentials of Social Cohesion: A literature Review [J]. Social Indicators Research, 2017, 132 (2), 579 – 603.

[64] Sheffield Eric C. Service in Service—Learning Education: the Need for Philosophical Understanding [J]. The High School Journal, 2005, 89 (1): 46 – 53.

[65] Spillane, J. Leadership and learning: Conceptualizing relations between school administrative practice and instructional practice [J]. Societies, 2015 – 5 (2): 277 – 294.

[66] Selznik, P. The moral commonwealth: Social theory and the promise of community [M]. Berkeley, CA: University of California Press, 2000: 34.

[67] Sahlins, M. Stone age economics [M]. New York: Aldine De Gruyter, 1972.

[68] Tate, W. F. Research on schools, neighborhoods, and communities [J]. The American Educational Research Association, 2012 (4): 57 – 67.

[69] Valli, L., Stefanski, A., & Jacobson, R. Typologizing school community partnerships: A framework for analysis and action [J]. Urban Education, 51 (7), 2016: 719 – 747.

[70] Wellman B, B Leighton. Networks, Neighborhoods, and Communities: Approaches to the Study of Community Question [J]. Urban Affairs Quarterly, 1979, 14 (3).

[71] Williams, D. R., & Dixon, S. Impact of garden-based learning on academic outcomes in schools: Synthesis of research between 1990 and 2010 [J]. Review of Educational Research, 2015 – 83 (2), 211 – 235.

[72] 文部科学省. 关于中小学择校制度的实施情况 [EB/OL]. https://www.mext.go.jp/a_menu/shotou/new-cs/1387014.htm. 2018/10/23.

[73] 佐藤晴雄. 改变学校, 改变地区, 相互参与的学校和家庭合作的推进方法. [M]. 东京: 教育出版, 2017: 13.

[74] 平田淳. "学校协议会"教育研究效果——"建立开放学校"民族志. [M]. 东京: 东信堂, 2015: 14.

附　录

附录1：学校负责人访谈提纲

一、基本信息

姓名：	性别：
教龄：	任教科目：
所在学校：	任教年级：
访谈时间：　　年　月　日	访谈地点：

二、基本问题

1. 您能简要介绍一下您的主要职务及学校的基本情况（历史、生源、办学理念）吗？

2. 您了解学校所在的街道或社区居委会的情况吗？是什么促使您或学校开始关注与社区的合作？

3. 您能简要介绍一下目前贵校在开展学校与社区（社区居委会、社区机构或其他企业单位）合作的主要情况吗？开展了哪些相关活动？

4. 能举例说几个与社区开展合作时让您印象深刻的例子吗？请讲明过程与效果，并说说有哪些经验和教训？

5. 学校是否设置专人、专部门与社区处理合作的相关事宜？是否有专门的制度或保障机制？

6. 与社区合作过程中是否有社区中的老年人参与？是否有为老年人与学生共同参与而设计的活动？可否详细说明具体情况。

7. 我在访谈社区的过程中发现，社区在未成年人教育方面做了许多工作和努力，您了解吗？你是如何看待社区未成年人教育的？

8. 您认为学校对社区（人力、教育）资源的开发程度如何？您认为学校在哪些方面获益了？

9. 作为济南市教育水平较高的学校之一，您认为学校与社区合作是否发挥了有效作用？

10. 目前，学校是否邀请过社区人士参与学校管理与教育过程中？对于社区介入学校的管理，从您的角度来说，怎么看？现实是否可行？

11. 您认为理想中的学校与社区合作应该是怎样的？要实现学校与社区之间互惠合作、互相学习，还存在哪些问题？还需要怎样的运行机制、保障和条件？

12. 您对未来学校与社区合作的进一步发展有何计划和期待？

13. 创建文明城市方面有什么举措？与社区是如何进行合作的？

附录2：学生访谈提纲

一、基本信息

姓名：	年级：
性别：	所在学校：
访谈时间：　　年　月　日	访谈地点：

二、基本问题

1. 请先简要介绍一下你的个人基本情况。

2. 你了解学校所在的社区吗？了解学校与社区合作的一些情况吗？

3. 请列举一次令你印象深刻的参与过的学校与社区互动合作活动，并说明一下活动过程、参与感受。

4. 学校是否邀请过社区人士或家长给学生讲课或开展讲座？具体讲一下有哪些？

5. 你对目前学校与社区合作的情况满意吗？你在其中学到了什么？对你的学习与生活有什么影响？

6. 你目前在参与一系列活动时会遇到哪些问题？会如何解决呢？

7. 你认为理想中的学校与社区合作应该是怎样的？你有何计划与期待？

附录3：教师访谈提纲

一、基本信息

姓名：	教龄：
性别：	所在学校：
任教科目：	任教年级：
访谈时间：　　年　月　日	访谈地点：

二、基本问题

1. 请简要介绍一下您的个人基本情况。

2. 您了解学校所在的社区吗？您了解学校与社区合作的情况吗？

3. 您关注过学校与社区合作吗？是什么促使您关注的？

4. 请您简要介绍一下您印象深刻的学校与社区所开展的活动过程、活动方式、内容。

5. 在这些活动之后，您会自我总结并了解学生的感受吗？在活动过程中会关注学生的感受与行为吗？

6. 您认为有必要邀请社区人士参与学校与社区合作吗？与社区合作过程中是否有为老年人与学生共同参与而设计的活动？可否详细说明具体情况。

7. 我在访谈社区的过程中发现，社区在未成年人教育方面做了许多工作，您了解吗？你是如何看待社区的未成年人教育的？

8. 您认为学校对社区（人力、教育）资源的开发程度如何？您认为学校与学生还有您自己在哪些方面获益了？

9. 作为济南市教育水平较高的学校之一，您认为学校与社区合作是否发挥了有效作用？

10. 目前，学校是否有邀请社区人士参与学校管理与教育过程中？对于社区介入学校的管理，从自身的角度来说，您怎么看？现实是否可行？

11. 您了解学校与社区合作相关的政策文件、制度或运行机制吗？

12. 您认为理想中的学校与社区合作应该是怎样的？要实现学校与社区之间互惠合作、互相学习，还存在哪些问题？还需要怎样的运行机制、保障和条件？

附录4：社区书记或管理人员访谈提纲

一、基本信息

姓名：	工龄/职务：
性别：	所在社区：
访谈时间：　　年　月　日	访谈地点：

二、基本问题

1. 您能简要介绍一下社区的基本情况吗？（老年人口比例、社区类型、社区教育发展状况）以及您的工作年限？

2. 如社区有活动中心的话，能否请您简单介绍一下基本情况？并说明一下社区开展的文化教育性活动的主体参与人员是哪些群体？

3. 社区所在的学校（幼儿园、中小学、高中）有哪些？您了解社区内所在学校的具体情况吗？您平时跟这些学校管理者或教师有哪些方面的交往？

4. 社区有无专门负责与学校合作的人员、机构与制度等？在这个过程中有无社会工作者介入并辅助？

5. 学校与社区开展了哪些双向合作的活动？哪些是社区主动开展的？

6. 与学校开展合作的原因、主要方式是什么？请详细描述如何建立合作关系？

7. 您认为影响学校与社区合作的因素（积极因素或消极因素）有哪些？（领导决定？学校主动联系？上级教育行政部门安排？政策规定？实际需求？）

8. 社区选择与学校合作大部分是哪些类型的学校？（小学？幼儿园？中学？高中？）合作过程的参与群体有哪些？有无青少年儿童与老年人共同参与的合作活动？

9. 请举例对您印象深刻的一次学校与社区合作活动的过程和效果，并说说有哪些经验和教训。

10. 关于近期的济南创文明城市方面，社区是否与学校有相关合作事宜或计划？

11. 社区开展老年活动或教育的方式是什么？通常有哪些活动？是定期开展吗？

12. 您认为现有的社区教育资源能够满足社区居民的需求吗？

13. 您认为社区参与学校管理过程中现实呢？会存在哪些问题？

14. 您认为从目前社区发展的状况来看，学校与社区合作还需要什么条件或保障机制？存在哪些困难？

15. 您对未来进一步推动学校与社区合作有什么计划或对未来合作的期待是什么？

附录5：社区活动日常参与人员及社区居民访谈提纲

一、基本信息

姓名：	年龄：
性别：	所在社区：
访谈时间：　　年　月　日	访谈地点：

二、基本问题

1. 请简要介绍一下您的个人情况与社区活动中心的情况？

2. 您经常来社区参加社区活动吗？都是参加什么类型的活动？参与的时间与安排基本是什么样的？

3. 您在日常参与社区活动中，有参与过学校与社区共同举办的活动或项目吗？您能详细地说一下让您印象深刻的活动过程和感受吗？（活动过程中有儿童、青少年参与吗？与他们互动的情况能描述一下吗？）

4. 您参与过学校举办的相关活动吗？（您希望参与学校举办的未成年人活动吗？）您认为社区人员参与学校管理或教育过程中现实吗？会存在哪些问题？

5. 您所在的社区周边学校是否允许社区人员去学校中使用教育设施资源之类的？或者学校为社区老年教育提供哪些方面的支持？

6. 您希望学校能够有指导老师来社区帮助您学习哪方面知识？

7. 您能评价一下目前学校与社区合作的状态和情况吗？其合作过程中存在哪些困难？

8. 您对学校、社区及它们之间的合作有什么建议？

附录6：家长访谈提纲

一、基本信息

姓名：	年龄：
性别：	所在社区：
访谈时间：　　年　月　日	访谈地点：

二、基本问题

1. 请简要介绍一下您的个人情况。
2. 您关注过学校与社区合作吗？是什么促使您关注的？
3. 请您简要介绍一下您印象深刻的学校与社区所开展的过程、活动方式、内容。
4. 在这些活动之后，您会自我总结并了解学生的感受吗？在活动过程中会关注学生的感受与行为吗？
5. 您认为有必要邀请社区人士参与学校与社区合作吗？与社区合作过程中是否有为老年人与学生共同参与而设计的活动？可否详细地说明具体情况。
6. 我在访谈社区的过程中发现，社区在未成年人教育方面做了许多工作，您了解吗？你是如何看待社区未成年人教育的？
7. 您认为学校对社区（人力、教育）资源的开发程度如何？您认为学校与学生还有您自己在哪些方面获益了？
8. 您认为学校与社区合作是否发挥了有效作用？
9. 目前，学校是否有邀请社区人士参与学校管理与教育过程中？对于社区介入学校的管理，从自身的角度来说，您怎么看？现实是否可行？
10. 您了解学校与社区合作相关的政策文件、制度或运行机制吗？
11. 您认为理想中的学校与社区合作应该是怎样的？要实现学校与社区之间互惠合作、互相学习，还存在哪些困难和问题？还需要怎样的运行机制、保障和条件？